Theorien der Sozialpsychologie
Band III

Theorien der Sozialpsychologie

Herausgegeben von Dieter Frey und Martin Irle

Band III:

Motivations- und Informationsver- arbeitungstheorien

Mit Beiträgen von

Mark W. Baldwin, Jürgen Beckmann, Heinz-Gerd Bolten,
Dieter Frey, Bettina Götz-Marchand, Peter Gollwitzer,
Arie W. Kruglanski, Axel Mattenklott, Hans Dieter
Mummendey, Gabriele Osnabrügge, Jürgen Schultz-Gambard,
Norbert Schwarz, Dagmar Stahlberg, Fritz Strack,
Shelagh M.J. Towson, Robert A. Wicklund

**Verlag Hans Huber
Bern Stuttgart Toronto**

CIP-Kurztitelaufnahme der Deutschen Bibliothek

Theorien der Sozialpsychologie
hrsg. von Dieter Frey u. Martin Irle. –
Bern; Stuttgart; Toronto: Huber.
Bd. 3. Motivations- und Informationsverarbeitungstheorien / mit Beitr. von Mark W. Baldwin ... -
1. Aufl. – 1985.
ISBN 3-456-81395-3

NE: Baldwin, Mark W. [Mitverf.]

Erste Auflage
1985
©1985 Verlag Hans Huber Bern
Satz und Druck: Heinz Arm, Bern
Printed in Switzerland

Inhaltsverzeichnis

Vorwort der Herausgeber... 7

Motivationstheorien

BETTINA GÖTZ-MARCHAND
Die Affiliationstheorie von Schachter...................... 11

ROBERT A. WICKLUND; PETER M. GOLLWITZER
Symbolische Selbstergänzung............................... 31

HANS DIETER MUMMENDEY; HEINZ-GERHARD BOLTEN
Die Impression-Management-Theorie...................... 57

DAGMAR STAHLBERG; GABRIELE OSNABRÜGGE; DIETER FREY
Die Theorie des Selbstwertschutzes und der Selbstwerterhöhung.. 79

GABRIELE OSNABRÜGGE; DAGMAR STAHLBERG; DIETER FREY
Die Theorie der kognizierten Kontrolle..................... 127

JÜRGEN SCHULTZ-GAMBARD
Crowding: Sozialpsychologische Erklärungen der Wirkung von
Dichte und Enge.. 175

Informationsverarbeitungstheorien

JÜRGEN BECKMANN; AXEL MATTENKLOTT
Theorien zur sozialen Urteilsbildung...................... 211

FRITZ STRACK
Urteilsheuristiken.. 239

NORBERT SCHWARZ
Theorien konzeptgesteuerter Informationsverarbeitung........ 269

ARIE W. KRUGLANSKI; MARK W. BALDWIN;
SHELAGH M.J. TOWSON
Die Theorie der Laienepistemologie...................... 293

Sachregister... 315

Gesamtinhaltsverzeichnis Band I–III....................... 321
Kurzbiographien der Autoren aller drei Bände............... 323

Vorwort

Sowohl im deutschen als auch im englischen Sprachraum liegen zahlreiche Lehrbücher zur Sozialpsychologie vor, die die relevanten Forschungsbereiche der Psychologie einigermaßen abdecken. Dagegen fehlen Arbeiten und Bücher über die wichtigsten Theorien, die zur Klärung sozialpsychologischer Problembereiche herangezogen werden. In «Kognitive Theorien der Sozialpsychologie» (hrsg. von D. Frey, jetzt Band I der «Theorien der Sozialpsychologie») wurde ein Versuch gemacht, einen Teil der sozialpsychologischen Theorien in einem Band zu sammeln. Dieses Buch hat aber den Nachteil, daß nur ein Teil der gängigen sozialpsychologischen Theorien (die eher konsistenztheoretisch orientiert sind) behandelt wird.

Wir haben uns deshalb vorgenommen, weitere einflußreiche Theorien der Sozialpsychologie in zwei Folgebänden zu vereinigen. Das Ziel dieser Folgebände besteht darin, zwar nicht alle, so doch einige ausgewählte Theorien zu präsentieren und exemplarische Anwendungsgebiete dieser Theorien aufzuzeigen. Die Auswahl der Theorien stützt sich auf eine Durchsicht der bekannten Lehrbücher und Forschungsliteratur der Sozialpsychologie. Kaum eine der Theorien erfüllt, zugegebenermaßen, die Kriterien, die Wissenschaftstheoretiker an eine Theorie stellen. Dennoch sollen die Folgebände aber die wichtigsten Theorien darstellen, mit denen Sozialpsychologen arbeiten. Im Band II werden Gruppentheorien sowie Lern- und Austauschtheorien besprochen, während wir im Band III unterschieden haben zwischen Motivations- und Informationsverarbeitungstheorien. Sicherlich hätte die eine oder andere Theorie auch anders zugeordnet werden können, als wir dies getan haben, je nachdem, welche Kriterien besonders betont werden; ebenso lassen sich Überschneidungen nicht vermeiden. Trotzdem erschien es uns sinnvoll, die Theorien nach den hier vorgeschlagenen Kriterien zu ordnen.

Zur Verbesserung der Qualität der einzelnen Beiträge haben wir nach amerikanischem Vorbild systematische Gutachten über sämtliche Beiträge eingeholt. Jeder einzelne Beitrag wurde von Gutachtern kritisch durchgesehen, schriftlich korrigiert und anschließend vom Autor noch einmal überarbeitet. Im folgenden möchten wir uns auch im Namen der Autoren an dieser Stelle noch einmal bei folgenden Fachkolleg(inn)en recht herzlich für ihre detaillierten und konstruktiven Anmerkungen bedanken:

Elke Benning, Hans-Werner Bierhoff, Günter Bollinger, Helmut Crott, Peter Gollwitzer, Stefan Hormuth, Arie Kruglanski, Martin Kumpf, Reinhard Lütjen, Anne Maass, Gerold Mikula, Günter F. Müller, Oswald Neuberger, Gabriele Osnabrügge, Thomas Ostrom, Margit Popp, Oswald Rogner, Norbert Schwarz, Gun Semin, Dagmar Stahlberg, Fritz Strack, Maren Stürmer, Carsten Unger, Robert A. Wicklund, Erich-H. Witte und Klaus Wortmann. Für die Erarbeitung des Sachregisters zum dritten Band danken wir herzlich Geneviève le Marec.

Kiel und Mannheim, im Juni 1985   Dieter Frey, Martin Irle

Motivationstheorien

Die Herausgeber zum folgenden Beitrag

In Band I dieses dreibändigen Werkes behandeln Haisch & Frey die Theorie sozialer Vergleichsprozesse von Festinger; ebenfalls in diesem Band I erläutern und diskutieren Grabitz & Gniech die Emotions-Theorie von Schachter. Die Affiliationstheorie von Schachter, der erste Beitrag in diesem Band III, steht in engster Beziehung zu den vorgenannten Theorien. Besonders die Emotionstheorie von Schachter ist gern als eine Variante der attributionstheoretischen Erkenntnisperspektive gängiger sozialpsychologischer Forschung vereinnahmt worden; diese Perspektive wird in Band I von Meyer & Schmalt behandelt. Die Theorie der Gesellung («affiliation») ist, so wie die Schachtersche Emotionstheorie, eine Theorie engerer empirischer Geltung als die sozialer Vergleichsprozesse. Diese Theorie ist jedoch durch die Theorie sozialer Vergleichsprozesse erklärbar: eine speziellere Theorie kann auf eine allgemeinere Theorie reduziert werden. Man muß hinzufügen, daß die Theorie sozialer Vergleichsprozesse ein Komplement in der Theorie über Konvergenz und Divergenz in Gruppen (Festinger, s. Irle in Band II dieses Werkes) findet. Die empirischen Forschungen zu diesen Theorien (ob Sub- oder Supra-Theorien) gingen fast nahtlos in Arbeiten über, die Festingers Theorie der kognitiven Dissonanz auf ihren Erklärungsgehalt prüfen (s. Frey in Band I).

Die Affiliationstheorie schließt nicht die Anfangsbedingungen ein, unter denen Menschen Einsamkeit suchen und, wenn gefunden, pflegen und auskosten. Sie beansprucht Erklärungskraft für Anfangsbedingungen, in deren Folge Einsamkeit vermieden oder ihr zu entfliehen versucht wird. Die betroffene Person begibt sich oder gerät so gut wie immer in eine Situation, in der Einsamkeit kontraindiziert ist; sie stellt soziale Vergleiche an und reduziert kognitive Dissonanz.

Die Affiliationstheorie von Schachter

BETTINA GÖTZ-MARCHAND

1. Einleitung

Unter welchen physischen und psychischen Bedrohungen sind wir lieber allein oder mit anderen zusammen? Mit welchen anderen wollen wir zusammen sein? Was erwarten wir vom Kontakt, bzw. was vermeiden wir bei Isolation? Was geschieht tatsächlich beim Zusammensein mit anderen und wie wird dadurch die Streßbewältigung beeinflußt? Diese Fragen sind Gegenstand der Affiliationsforschung, die durch SCHACHTER (1959) angeregt wurde. In seinen ersten Experimenten versuchte er zu erklären, ob Personen, die einen physischen Schmerz erwarten, also Angst haben, lieber mit anderen oder alleine warten, mit wem sie warten wollen und aus welchen Gründen.

Im folgenden soll die ursprüngliche Theorie SCHACHTERS und aufgrund einer kritischen Diskussion die weitere Forschung z. T. unter einer anderen theoretischen Perspektive dargestellt werden.

2. Die ursprüngliche Theorie Schachters

2.1. Theoretische Überlegungen

Ausgangspunkt der Forschung SCHACHTERS (1959) war die Annahme, daß Angst und Kontaktsuche eng zusammenhängen, so daß Angst zu einer Zunahme affiliativer Reaktionen führt (Hypothese 1).

Vor allem zwei Motivationen scheinen – so SCHACHTER – dafür verantwortlich zu sein. Zum einen hoffen ängstliche Personen, daß andere Menschen sie unterstützen und trösten und dadurch ihre Angst direkt reduzieren. Zum anderen nahm SCHACHTER im Anschluß an FESTINGER (1954) an, daß – wie Meinungen und Fähigkeiten – auch Emotionen einem sozialen Vergleichsprozeß unterliegen. Durch ihn soll geprüft werden, ob ein Gefühl als solches richtig und in welchem Ausmaß es angemessen ist. Diese Vergleichsprozesse treten insbesondere dann auf, wenn die Emotion relativ stark und die Situation, in der sie auftritt, relativ neu ist (Hypothese 2a).

Das Bedürfnis nach direkter Angstreduktion und das Bedürfnis nach sozialem Vergleich der Emotion führen dazu, daß Personen, die sich in der gleichen Situation befinden, bevorzugt werden. SCHACHTER schließt daraus: «misery doesn't love just any kind of company, it loves only miserable company» (1959, S. 24) (Hypothese 2b).

Als unerwartetes Nebenergebnis fand SCHACHTER, daß die Beziehung zwischen Angst und Affiliation nur für Erstgeborene und Einzelkinder gilt (Hypothese 3). Dies führt er – lerntheoretisch – darauf zurück, daß diese Personen aufgrund früher Erfahrungen dependenter sind als Spätergeborene. Die Bedürfnisse der neugeborenen ersten Kinder werden von ihren Müttern konsistenter und effektiver befriedigt als die der Spätergeborenen. Diese wiederum erfahren ihre älteren Geschwister häufig als angsterregend. Für die Erst- und Einzelgeborenen werden andere Menschen in bedrohlichen Situationen zu einem generalisierten Verstärker, für die Spätergeborenen zu einer generalisierten Bedrohung.[1]

2.2. Versuchsanordnung und empirische Ergebnisse

Das von SCHACHTER entwickelte und inzwischen klassische Design ermöglicht, die Angst der Vpn zu manipulieren und ihr Kontaktbedürfnis zu messen. Die Untersuchungen fanden unter dem Vorwand statt, es sollten die Auswirkungen von Elektroschocks geprüft werden. Bei den weiblichen Vpn wurde hohe Angst dadurch hergestellt, daß sie sehr schmerzhafte, aber nicht dauerhaft schädliche Schocks erwarteten, niedrige Angst dagegen dadurch, daß nur relativ milde, prickelnde Schocks angekündigt wurden. Die Messung des Affiliationswunsches wurde dadurch glaubhaft gemacht, daß die Vpn zehn Minuten zu warten hätten, solange die Apparate noch eingestellt werden müßten. Sie mußten zuerst schriftlich angeben, ob sie diese Wartezeit lieber allein oder mit anderen verbringen wollten, oder ob es ihnen egal sei. Auf einer Skala von «ich ziehe es sehr vor, allein zu sein» bis «ich ziehe es sehr vor, mit anderen zusammen zu sein» wurde dann die Intensität des Wunsches gemessen.

Die erste Hypothese, daß hohe Angst im Unterschied zu niedriger Angst eine Zunahme des Affiliationsbedürfnisses bewirkt, wurde im ersten Experiment bestätigt. Bei hoher Angst wollten 63 % der Vpn mit anderen Personen warten, im Vergleich zu 33 % bei niedriger Angst. Auch die Intensität des Wunsches unterschied sich signifikant. In den zwei weiteren Experimenten ergab sich diese Beziehung aber erst nach einer internen Reanalyse der Daten, bei der die Vpn unabhängig von der Versuchsbedingung in hoch und niedrig ängstliche eingeteilt wurden.

Die zweite Hypothese, daß dem Kontaktbedürfnis vor allem der Wunsch nach direktiver Angstreduktion und sozialem Vergleich zu-

---

[1] Lerntheoretisch gesehen müßte diese Ableitung aber dazu führen, daß dem Affiliationsbedürfnis der Wunsch nach direkter Angstreduktion und nicht der nach sozialem Vergleich zugrunde liegt.

grundeliege, konnte SCHACHTER nur indirekt plausibel machen, indem er alternative Bedürfnisse ausschloß.

SCHACHTER nahm an, daß Personen außer diesen beiden Motivationen drei weitere Bedürfnisse haben können: nach kognitiver Klarheit über die gesamte experimentelle Situation, nach Flucht und nach indirekter Angstreduktion durch Ablenkung. Die Bedürfnisse nach kognitiver Klarheit (was geht hier eigentlich vor?) und Flucht (wie können wir es bewerkstelligen, hier wegzukommen?) können nur dadurch befriedigt werden, daß über die Situation gesprochen wird. Wären diese Motivationen wirksam, dürften die Vpn bei der Entscheidung zwischen «allein warten» und «mit anderen warten bei keiner oder irrelevanter Kommunikation» keine Präferenzen zeigen. In beiden Wartebedingungen ohne relevante Kommunikation können sie keine Antworten auf ihre Fragen bekommen. Da die Vpn aber auch dann mit anderen Betroffenen warten wollten, wenn keine oder nur irrelevante Kommunikation erlaubt war, schloß SCHACHTER diese Motivationen aus. Das Bedürfnis nach indirekter Angstreduktion («laß' uns über etwas anderes reden, laß' mich an etwas anderes denken»), verwarf er deshalb, weil die Vpn mehr mit anderen in der gleichen Situation als mit solchen in einer anderen Befindlichkeit zusammen sein wollten (Hypothese 2 b), d.h. sich nicht durch das Zusammensein mit Unbeteiligten ablenken wollten. Als weitere Bestätigung galt ihm, daß das Affiliationsbedürfnis bei irrelevanter im Vergleich zu keiner Kommunikation nicht zunahm, d.h. ablenkende Unterhaltung nicht gewünscht wurde.

Aufgrund dieses Ausschlußverfahrens bleiben zwei denkbare Motivationen übrig: das Bedürfnis nach direkter Angstreduktion durch soziale Unterstützung und das Bedürfnis nach sozialem Vergleich der Emotion (Hypothese 2 a). SCHACHTER argumentiert, daß für die Befriedigung dieser Bedürfnisse verbale Kommunikation nicht nötig sei, da auch nonverbale Verhaltensweisen Angst mindern und den Vergleich ermöglichen können (1959, S. 27 f).

. Die dritte Hypothese, daß die Beziehung zwischen Angst und Affiliation nur für Erstgeborene und Einzelkinder gilt, konnte ebenfalls nach internen Reanalysen bestätigt werden.

2.3. Diskussion und kritische Würdigung

SCHACHTER selbst stand seiner Forschung kritisch gegenüber (1959, S. 41, 102, 133). Er wußte, daß er von einem möglicherweise unvollständigen Bedürfniskatalog ausging, daß er die unterstellten Motivationen durch das Ausschlußverfahren nicht eindeutig nachweisen konnte und daß er schließlich seine Befunde zur Variablen «Stellung in der Geschwisterreihe» zwar plausibel machen, aber nicht definitiv erklären konnte.

Die auch für SCHACHTER problematischen internen Reanalysen bedeuten, daß nicht die manipulierte Bedrohlichkeit der Situation, sondern die subjektive Reaktion der Vpn den Affiliationswunsch bedingt. Die Bereitschaft der Vpn, unabhängig von der Situation hoch oder niedrig ängstlich zu reagieren und wenig oder viel Kontakt zu suchen, deutet eher auf den Zusammenhang zwischen Ängstlichkeit als Persönlichkeitseigenschaft und Affiliation hin.

Eine erste grundsätzlichere Kritik ist aber, daß SCHACHTER und die nachfolgenden Autoren das Bedürfnis nach sozialem Vergleich der Emotionen weder theoretisch noch empirisch schlüssig belegen konnten (dazu eindeutiger SCHACHTER 1964). Zum einen beruhen die Versuche, diese Motivation positiv nachzuweisen, meist auf einer zirkulären Argumentation: weil höhere Angst mehr Unsicherheit hervorruft als niedrige Angst, diese Unsicherheit nur durch den Vergleich mit anderen zu mindern sei, führe letztlich hohe Angst zu mehr Affiliation. Sowohl die erhöhte Unsicherheit als auch das Vergleichsmotiv werden dann aber wiederum aus der erhöhten Affiliationsbereitschaft geschlossen (KUSHNIR 1978. S. 181).

Die gleiche zirkuläre Argumentation liegt dann zugrunde, wenn die Bedürfnisse aufgrund der Präferenz für bestimmte, z.B. ähnliche Kontaktpersonen angenommen werden. Da die experimentelle Situation aber zugleich verschiedene Motivationen aktualisieren kann und deshalb «Affiliation» ein uneindeutiger Indikator ist (so schon GERARD, 1963), muß eine bestimmte Wahl nicht zwingend auf *ein* zugrundeliegendes Bedürfnis zurückgeführt werden.

WRIGHTSMAN (1960) nahm eine zweite Angstmessung nach dem gemeinsamen Warten vor. Rückschlüsse von den dort gefundenen veränderten Angstwerten auf vorherige Motivation sind jedoch gar nicht zulässig, obwohl SCHACHTER (1959) und WRIGHTSMAN (1960) dies andeuten.

Zum anderen wird von SCHACHTER (1959) die für den Nachweis dieses Bedürfnisses entscheidende Variable «Unsicherheit über das Gefühl» nur unterstellt und weder gemessen noch manipuliert.

Zunächst ist zu bezweifeln, daß in der typischen Situation in der Tradition SCHACHTERS überhaupt Unsicherheit über die Emotion entsteht. Höchstwahrscheinlich wissen die Vpn, daß sie Angst und nicht irgendein anderes Gefühl haben. Menschen beschreiben ihre Gefühle im Alltag sehr klar (DAVITZ, 1970) und erwachsene Vpn haben längst gelernt, daß Elektroschocks Angst machen und Angst machen dürfen. Der soziale Vergleich kann sich also höchstens auf das angemessene Ausmaß, nicht aber auf die Art des Gefühls beziehen. Gemessen an der im Alltag bekannten Subjektivität von Gefühlen, ist dies aber wahrscheinlich ein relativ unwichtiger Prozeß.

Gerade hohe Angst kann aber auch im Ausmaß so eindeutig empfunden werden, daß nicht erhöhte Affiliationsbestrebungen, sondern unter Umständen Isolationstendenzen folgen (GERARD, 1963; LATANE & WHEELER, 1966; KUSHNIR, 1978). Vergleichsweise hohe Abbruchquoten sprechen dafür, daß die Vpn keine Mühe hatten, ihre Gefühle zu erkennen und folgerichtig zu handeln. Bei SCHACHTER (1959) verließen z.T. 19 % der Vpn das Experiment, vor allem aber bis zu 28 % der Erstgeborenen, die besonders von der Validierung ihrer Gefühle abhängig sein sollen. Entweder also ist das soziale Vergleichsmotiv nicht sehr stark oder aber die Angst ist eindeutig.

Auch in den folgenden Untersuchungen konnte die Variable «Unsicherheit über das Gefühl» nur unzulänglich manipuliert werden. GERARD & RABBIE (1961) und GERARD (1963) gaben ihren Vpn fiktive Rückmeldungen über ihren emotionalen Zustand. Schon die Autoren selbst diskutieren, ob sich die Vpn tatsächlich ihres Gefühls nicht sicher waren oder ob sie erst durch die experimentell geschaffene Diskrepanz zwischen eigenem Empfinden und Rückmeldung unsicher wurden. RABBIE (1963) manipulierte Unsicherheit, indem er die Vpn glauben ließ, die Schocks seien nur für jeden vierten schmerzhaft. Es ist nicht entscheidbar, ob Unsicherheit über das Gefühl der Angst oder eine kognitive Unklarheit über den Grad der Bedrohung entstand, so daß auch hier die Motivation für Affiliation nicht eindeutig ist.

Man kann also nach wie vor nur spekulieren, ob in *dieser* Situation das Bedürfnis nach sozialem Vergleich vorhanden ist. Damit wird nicht ausgeschlossen, daß es in *anderen* Situationen entstehen kann und daß die *Wirkung* sozialer Vergleichsprozesse als Folge des Kontakts antizipiert wird, ohne zugleich *Motivation* für Kontakt zu sein.

Trotzdem wurde weiterhin vor allem von diesem Bedürfnis und dem nach direktiver Angstreduktion ausgegangen. Denkbare andere Motivationen wurden ignoriert; so z.B. das konsumatorische Bedürfnis im Sinne FESTINGERS (1950, S. 280 f), d.h. der Wunsch, ein Gefühl mitzuteilen, ohne etwas anderes damit bewirken zu wollen. Andere, die SCHACHTER zunächst ausschloß, wurden erst wieder post hoc als Erklärungshilfe für unerwartete Ereignisse eingeführt.

Während der erste Kritikpunkt auf die mangelhafte theoretische und empirische Fundierung der angenommenen Motivation für Affiliation abzielte, geht der zweite grundsätzliche Einwand in die Richtung, daß die Affiliationswünsche als ziemlich zufällig gesehen werden können.

Es handelt sich bei den experimentellen Situationen in der Tradition SCHACHTERS um relativ eindeutige, zeitlich begrenzte Situationen niedriger bis mittlerer Angst, die auch ohne andere Personen zu bewältigen sind. Man muß annehmen, daß sozialer Kontakt erst dann wirklich bedeutsam ist, wenn die individuellen Bewältigungsmechanismen nicht ausreichen, d.h. bei hoher Angst vor existentiell bedrohlichen und/oder unklaren Ereignissen. Für einen nur schwach ausgeprägten Affiliationswunsch spricht die Tatsache, daß ein bis zwei Drittel der Vpn zunächst die Alternative, es sei gleichgültig, ob sie allein oder mit anderen warten, wählen (GERARD & RABBIE, 1961; GERARD, 1963; DARLEY & ARONSON, 1966; PAZ & AMIR, 1974). Daraus folgt, daß zufällige Varitationen im experimentellen Verfahren eine Entscheidung für die eine oder andere Verhaltensweise ebenso zufällig entstehen lassen können und dadurch die Interpretation erschwert wird. So z.B. gibt es einen set-Effekt; d.h. Vpn, die in Gruppen über das Experiment informiert wurden, hatten sehr viel höhere Affiliationswerte als allein vorbereitete (HELMREICH & COLLINS, 1967; NAVAR & HELMREICH, 1971). Es muß gefolgert werden, daß von den vorliegenden Untersuchungen nicht auf Situationen tatsächlich hoher Angst geschlossen werden darf.

Drittens ist keine Klarheit über die Variable «Stellung in der Geschwisterreihe» gewonnen worden. Sehr häufig ist diese Variable unüberlegt miterhoben worden. Die wenigen sich widersprechenden Erklärungsversuche (s. 3.3) bleiben weiterhin post hoc Vermutungen. Die frühe Kritik von GLASS et al. (1963), daß es sich um eine ökologische Variable handelt, die sich in verschiedenen Umwelten und Kulturen unterschiedlich auswirkt und nicht unabhängig von anderen Variablen betrachtet werden kann, wurde kaum aufgenommen (außer MILLER & ZIMBARDO, 1966; KUSHNIR, 1978). Schließlich wurde nicht beachtet, daß diese und die meist ebenfalls erhobene Variable «Geschlecht» Indikatoren für komplexe Sozialisationserfahrungen sind. Da einfache kausale Beziehungen zwischen frühen Erfahrungen und späterem Verhalten nicht zu erwarten sind, hätte man längst folgern müssen, daß keine eindeutigen Ergebnisse zu erwarten sind.

Viertens ist die Generalisierbarkeit der Aussage, daß Emotionen einem sozialen Vergleichsprozeß unterliegen, und daß dieser erwünscht ist, bei SCHACHTER (1959) durch die Begrenzung auf «Angst» eingeschränkt. Es wird im folgenden (3.2.) gezeigt, daß nicht jedes starke negative Gefühl zu Affiliation, d.h. der Möglichkeit des sozialen Vergleichs, führt. Da Untersuchungen zu positiven Emotionen fast vollständig fehlen (außer Fox, 1980), ist empirisch bisher nicht bestätigt, daß *jede* ungewöhnliche und starke Erregung zu sozialem Vergleich und damit Affiliation führt.

Aus allen genannten Gründen ist es nicht erstaunlich, daß die Ergebnisse bis heute widersprüchlich sind. Es ist jedoch sehr erstaunlich, daß – obwohl SCHACHTER auf den spekulativen Charakter seiner Forschung hinwies und obwohl ein großer Teil seiner theoretischen und methodischen Fehler auch in Folgeuntersuchungen nicht vermieden wurden – seine Überlegungen z.T. den Status nicht mehr anzuzweifelnder Erkenntnisse erhielten. So gilt z.B. das Bedürfnis nach sozialem Vergleich in der SCHACHTER-Situation als definitiv vorhanden, obwohl es zweifelsfrei nie nachgewiesen wurde.

Es ist deshalb hier nicht sinnvoll, alle Einzelergebnisse zu referieren[2], sondern es soll der Versuch gemacht werden, die Problematik und mögliche Alternativerklärungen aufzuzeigen.

3. Die weitere Forschung

3.1. Zur Frage der Motivation für Affiliation

3.1.1. Einschätzung der Kontaktperson
In der bisherigen Forschung wurden den Vpn unterschiedliche Informationen über die Kontaktperson gegeben, um die verschiedenen Motivationen gegeneinander zu testen. Wie gezeigt wurde, kann von einer Wahl aber nur unzulänglich auf zugrundeliegende Motivationen geschlossen werden.

Um einen theoretischen Bezugsrahmen zu haben, wird hier von einem sehr allgemeinen – eher lerntheoretisch begründeten – Bedürfnis ausgegangen. In einer bedrohlichen Situation wollen Personen vor allem mit ihren Gefühlen und Verhaltensweisen akzeptiert und nicht abgelehnt werden (BYRNE, 1961), um ihr Selbstwertgefühl zu erhalten. Ob die Vpn erwarten, akzeptiert oder abgelehnt zu werden, hängt vor allem davon ab, welches Verhalten der Kontakperson sie aufgrund von mehr oder weniger Vorab-Informationen vermuten. Als Entscheidungskriterium dient also nicht der Zustand der Kontaktpersonen, z.B. gleiche emotionale Lage, sondern damit wahrscheinlich verbundene Empfindungen und Verhaltensweisen gegenüber den Vpn. Welche Verallgemeinerungen lassen sich mit Hilfe dieses Bezugsrahmens finden?

Wie unter Punkt 3.2. gezeigt werden wird, ziehen die Vpn bei sozial unangemessenen Gefühlen Isolation oder Kontakt mit Nicht-Betroffenen vor, um Ablehnung zu vermeiden.

Bei einem sozial angemessenen Gefühl, wie Angst vor einer objektiven Bedrohung, hängt die zu erwartende Akzeptanz u.a. davon ab, ob die anderen Personen ihre augenblickliche Situation kennen und verstehen, ob sie die Situation vergleichbar interpretieren, ob sie überhaupt emotional und verhaltensmäßig ähnlich reagieren oder ob sie im allgemeinen einfühlsame Menschen sind. Ablehnung oder Unverständnis entsteht meist durch das jeweilige Gegenteil.

---

[2] Bei der Autorin kann eine Literaturliste angefordert werden, die – so hofft sie – fast vollständig ist.

Nimmt man zusätzlich an, daß sozialer Vergleich geschieht – unabhängig davon, ob er angestrebt wurde –, so kann eine je abweichende Interpretation der Situation durch andere den Vpn anzeigen, daß sie nicht richtig empfinden. Dieser Hinweis, daß andere höhere oder niedrigere Angst erleben als die Vpn, schafft möglicherweise erst die – bei SCHACHTER von vornherein unterstellte – Unsicherheit. Um der Verunsicherung zu entgehen, werden diese anders empfindenden Personen gemieden. Diese mögliche Vermeidungstendenz läuft der auch anzunehmenden Motivation nach direkter Angstreduktion dann zuwider, wenn die Kontaktpersonen niedrigere Angstwerte haben und deshalb beruhigen könnten.

Aus diesen Überlegungen folgt:

(1) Kontaktpersonen in der gleichen Situation werden solchen in anderen Situationen vorgezogen (SCHACHTER, 1959; DARLEY, 1966; FIRESTONE et al., 1973; ZIMBARDO & FORMICA, 1963), wenn keine weitere Information vorliegt.

Bei SCHACHTER (1959) entschieden sich die Vpn bei hoher Angst und erlaubter oder nicht möglicher Kommunikation für Kontaktpersonen, die auch auf die Schocks warteten. Die Vpn von ZIMBARDO & FORMICA (1963) wählten bei keiner Kommunikation eher und intensiver solche, die auch auf die Schocks warteten, als solche Personen, die das Experiment schon durchlaufen hatten. Die Autoren interpretieren dieses Ergebnis so, daß sozialer Vergleich wichtiger sei als der Wunsch nach kognitiver Klarheit. Es ist aber zu vermuten, daß verbale und non-verbale Anzeichen der Angst eher von den auch betroffenen Personen verstanden und akzeptiert werden als von nicht mehr betroffenen. Daraus folgt, daß sich die Vpn eher von den noch wartenden Kontaktpersonen akzeptiert fühlen würden, die gleiche non-verbale Reaktionen zeigen, als von den schon fertigen. Diese beunruhigen möglicherweise, weil ihr Zustand schlimmer oder weniger schlimm ist, als erwartet wurde (ZIMBARDO & FORMICA, 1963).

(2) Erhalten die Vpn nur Informationen über den gleichen oder abweichenden emotionalen Zustand der anderen, so werden die höher ängstlichen gemieden. Das Verhalten gegenüber gleich oder weniger ängstlichen ist uneindeutiger.

Es ist zu vermuten, daß die Vpn in dieser Situation vermeiden wollen, noch ängstlicher und in ihrer Emotion nicht bestätigt zu werden. Sie werden eher die Chance wahrnehmen, beruhigt zu werden. Höher ängstliche Personen können weder beruhigen, noch bestätigen, sondern sie erhöhen die Angst. Gleich ängstliche Personen können bestätigen, aber nicht beruhigen; weniger ängstliche können angstmindernd sein, aber sie bestätigen nicht.

Bei RABBIE (1963) wollen alle Vpn am wenigsten mit der hoch ängstlichen Kontaktperson zusammen sein oder lehnen sie ab. Die mittel ängstliche wurde am meisten bevorzugt, aber nicht signifikant mehr als die weniger ängstliche Person. Wurden die Vpn aufgrund ihres subjektiven Angstwertes eingeteilt, bestätigte sich die Ablehnung der hoch ängstlichen Kontaktperson auch durch die hoch ängstlichen Vpn. Mittel und niedrig ängstliche Vpn wählten jeweils mittel und niedrig ängstliche Personen, weil sie vergleichbar oder aber auch weil sie verträglicher sind (RABBIE, 1963, S. 648). Ähnliche Ergebnisse zeigen sich bei GERARD (1963) und insofern bei DARLEY & ARONSON (1966), daß Vpn, die nicht wußten, ob die Schocks weh tun würden, die ängstlichere Kontaktperson ablehnten und die ruhigere vorzogen. Abweichend von den hier dargelegten Überlegungen, bevorzugten die eindeutig ängstlichen Vpn jedoch die gleich oder etwas höher ängstliche Kontaktperson. Die Autoren vermuten, daß die unsicheren Vpn noch eine Chance sehen, sich beruhigen zu lassen, während die eindeutig ängstlichen Vpn ihr Gefühl mit ähnlich emotionalen Personen vergleichen wollen (man fragt sich nur wozu). Im übrigen scheint es den Autoren nicht aufgefallen zu sein, daß sie hier unter der Hand eine der zentralen Annahmen SCHACHTERS auf den Kopf stellen, daß nämlich gerade hohe Angst zu hoher Unsicherheit führe.

(3) Kontaktpersonen, die grundsätzlich ähnlich sind, werden solchen vorgezogen, die unähnlich sind, auch wenn sie aktuell in einer anderen Situation sind und deshalb andere Emotionen haben.

Bei MILLER & ZIMBARDO (1966) ziehen die Vpn die Kontaktperson, die eine ähnliche Persönlichkeitsstruktur hat und aktuell in einer anderen Situation ist, derjenigen vor, bei der es umgekehrt ist. Auch die Präferenz gleichgeschlechtlicher, aber aktuell anders empfindender Personen (SCHWARZWALD, 1977; SITTON & WAGONER, 1978) deutet in diese Richtung.

MILLER & ZIMBARDO (1966) interpretieren ihr Ergebnis als soziale Vergleichswahl, bei der die Vpn ihre Gefühle am emotionalen Niveau der persönlich ähnlichen Person messen und nicht so sehr um die augenblickliche Angemessenheit des Gefühls besorgt sind. Es kann aber auch sein, daß die prinzipielle Ähnlichkeit bedeutet, daß die Kontaktperson empathischer und akzeptierender sein würde als die nur aktuell ähnliche.

(4) Akzeptierende und einfühlsame Personen werden gegenüber ähnlichen oder aktuell ähnlich empfindenden bevorzugt. Obwohl schon RABBIE (1963) vorschlägt, die Variablen «Ähnlichkeit vs. Unähnlichkeit des aktuellen Empfindens» und «vermutete Unterstützung vs. Ablehnung» orthogonal gegeneinander zu untersuchen, gibt es nur den Hinweis von DITTES & CAPRA (1962), daß diese Hypothese richtig sein kann.

Der Rückgriff auf FESTINGER (1950) und Ergebnisse der Streß- und Therapieforschung legen aber nahe, daß bei starken Emotionen der

Wunsch nach Akzeptanz eine entscheidendere Motivation ist als die von SCHACHTER (1959) u.a. unterstellten instrumentellen Reaktionen zur Angstreduktion und -überprüfung. Gerade bei Emotionen kann aber auch ein nichtinstrumentelles Kommunikationsbedürfnis (FESTINGER, 1950, S. 280 f) auftreten, d.h. der Wunsch, das Gefühl mitzuteilen, ohne daß eine weitere Zielsetzung damit verbunden ist. (Dies gilt möglicherweise besonders für positive Emotionen.)

Analog zu Prozessen in Therapien kann davon ausgegangen werden, daß – zumindest bei starken Emotionen – eher solche Menschen aufgesucht werden, die bestimmte Grundqualitäten – ähnlich dem Confidanten in der Streß-Forschung (UDRIS, 1982) – besitzen, nämlich Empathie, bedingungslose Wertschätzung und Echtheit (ROGERS, 1972). Ähnlich argumentiert LAUTH (1978).

Im übrigen entspricht diese Interpretation den Ausgangsüberlegungen SCHACHTERS (1959), daß der Säugling durch die verläßliche – nicht ähnlich emotionale – Mutter lernt, andere Menschen als Sicherheitssignal zu empfinden.

3.1.2. Verhalten der Kontaktperson

Die Ergebnisse der Experimente, in denen die Vpn tatsächlich mit Kontaktpersonen zusammen waren, entsprechen der hier gemachten Annahme, daß akzeptierende Personen bevorzugt werden, weil sie streßmindernd sind.

Die Forschung zur social facilitation (GEEN & GANGE, 1977) zeigt, daß die bloße Anwesenheit anderer in Leistungssituationen nicht zwangsläufig zu sozialer Aktivierung oder in Angstsituationen zu Streßminderung (LAUTH, 1978) führt. Schon WRIGHTSMAN (1960) nahm an, daß die Art der Kommunikation darüber entscheiden kann, ob Angst zu- oder abnimmt, konnte dies aber nicht belegen. Er zeigte nur, daß sich die Angstwerte der ähnlich ängstlichen Vpn anglichen im Unterschied zu denjenigen mit weiter auseinanderliegenden Angstwerten, d.h. daß soziale Vergleichsprozesse, aber keine generelle Angstreduktion stattfanden. Nur bei Erstgeborenen nimmt die Angst ab. Nachfolgende Untersuchungen wiesen jedoch immer etwas Angstabnahme bei allen Vpn nach (AMOROSO & WALTERS, 1969; MC DONALD, 1970; BUCK & PARKE, 1972). Dies mag darauf zurückzuführen sein, daß Menschen, die eine Bedrohung teilen, von vornherein sympathischer sind (MORRIS et al., 1976; KENRICK & JOHNSON, 1979) und ihnen Mitempfinden unterstellt wird. Analog zu den Überlegungen zur Motivation für Affiliation wirkt eine in der Situation anwesende Kontaktperson dann akzeptierend, wenn sie das Gefühl der Sicherheit und Unterstützung vermittelt, oder ablehnend, wenn sie als Auslöser für Bewertungsangst empfunden wird (BYRNE, 1961; GEEN, 1976).

Unter der Bedingung, daß die Vpn überhaupt Kontakt wünscht, ist zu erwarten, daß Angstreduktion dann auftritt, (1) wenn die anderen Personen ruhiger und weniger ängstlich sind, und allgemeiner, wenn sie (2) Empathie erwarten lassen, z.B. ein Freund sind. Bei Angst vor einer Schlange führen ruhige Modelle zu mehr Annäherung an das Tier als ängstliche Modelle (GEER & TURTELTAUB, 1967). Ein tolerantes Modell, das systematisch die Schockintensität niedriger einschätzt als die Vpn, bewirkt eine Abnahme des Unwohlseins und Anzeichen reduzierter physiologischer Erregung (CRAIG & PRKACHIN, 1978). Ruhige Kontaktpersonen vermindern die Erregung beim Warten auf Schocks im Unterschied zu aufgeregteren (AMOROSO & WALTERS, 1969; SHAVER & LIEBLING, 1976). In einem Feldexperiment zeigen ELBING & ELLGRING (1977), daß hochängstliche Schüler, die neben niedrigoder mittelängstliche Schüler gesetzt werden, weniger ängstlich wurden als solche Schüler ohne Modell. Bei SPECTOR & SISTRUNK (1978) beruhigen ruhige Kontaktpersonen nicht als solches, sondern nur dann, wenn sie mit den Vpn reden (SPECTOR & SISTRUNK, 1979).

Positive verbale Vorerfahrung mit anderen hat eine erhöhte Streß-Tolerenz zur Folge, eine neutrale Person konnte dies nicht bewirken (LAUTH, 1978). Ebenso ist eine befreundete Kontaktperson bei induziertem Mißerfolg Streß-mindernd, eine fremde dagegen nicht (KISSEL, 1965). Eine Person, die mit dem Aussetzen von Schocks assoziiert ist, reduziert Streß (KELLEY, 1973).

Ebenso wie bei dem Wunsch nach Affiliation oder Isolation interagiert auch hier die Art des Stressors mit der Art der Kontaktperson. Bei BUCK & PARKE (1972) verhielt sich die Kontaktperson unterstützend oder nicht, die Vpn erwarteten eine ängstigende oder peinliche Situation. Bei Peinlichkeit führte die unterstützende Person zu einer Streß-Steigerung, bei Furcht kam es nicht dazu. D.h. je nach Stressor treten Affiliations- oder Vermeidungsreaktionen auf, und nur das damit kongruente Verhalten der Kontaktperson führt zu Streßreduktion (s.a. ELLSWORTH et al., 1978).

3.2. Stressoren und Affiliationstendenz

SCHACHTERS (1959) ursprüngliche Untersuchungen bezogen sich nur auf das Gefühl der Angst. Im folgenden soll untersucht werden, welche weiteren Bedrohungen zu Affiliation und welche eher zu Isolation führen.

SARNOFF & ZIMBARDO (1961) unterschieden zwischen *Furcht* vor realen Objekten und Ereignissen und *Angst* aufgrund unterdrückter, nicht akzeptabler Motive. Furcht erzeugten sie durch die Ankündigung von Elektroschocks, Angst durch die Aufforderung, an objektiv harmlosen, infantilen Objekten (z.B. Nuckel) zu lutschen. Hohe Furcht führt zu mehr, hohe Angst zu weniger Affiliation im Unterschied zu den jeweils weniger ausgeprägten Emotionen.

In weiteren Studien wurde analog dazu, aber theoretisch eindeutiger, zwischen Angst vor physischem Schaden und dem Gefühl der Peinlichkeit oder Scham unterschieden (u.a. BUCK & PARKE, 1972; TEICHMAN, 1973), d.h. variiert, ob ein Gefühl gegenüber anderen gezeigt werden kann oder nicht. LYNCH et al. (1973) wiesen direkt nach, daß die Affiliationstendenz bei induzierter Unangemessenheit des Gefühls abnimmt. TEICHMAN (1978) stellte eine erste systematische Taxonomie von Stressoren auf. Sie unterscheidet zum einen zwischen physischer und Ich-Bedrohung, die den Körper bzw. das Selbstwertgefühl betreffen, und zum anderen zwischen spezifischer und allgemeiner Bedrohung, die subjektiv einschätzbar bzw. eher vage und unklar sind. Daraus ergeben sich vier Kategorien von Stressoren: (1) spezifische physische Bedrohung, z.B. Elektroschocks, Injektionen; (2) allgemeine physische Bedrohung, z.B. Operation, Naturkatastrophe; (3) spezifische Ich-Bedrohung, die mit unakzeptablen Gefühlen verbunden sind, z.B. Nuckeln an infantilen Objekten; und (4) generelle Ich-Bedrohung, d.h. vage, kognitiv unklare Bedrohung des Selbst, z.b. bei Männern der Auftrag zu einer ungewöhnlichen Selbstoffenbarung.

Die bisherigen Ergebnisse zeigen, daß bei spezifischer physischer Bedrohung (GERARD & RABBIE, 1961; GERARD, 1963; RABBIE, 1963; ZIMBARDO & FORMICA, 1963; MILLER & ZIMBARDO, 1966; FIRESTONE et al., 1973) und allgemeiner physischer Bedrohung (ZUCKER et al., 1968; STRÜMPFER, 1970; HOYT & RAVEN, 1973; BEN-YEHOIADA & TEICHMAN, 1976) Menschen eher mit anderen zusammen sein wollen. Bei hoher spezifischer Ich-Bedrohung dagegen, bei der der Selbstwert angegriffen werden kann, nimmt das Affiliationsbedürfnis ab oder es wird der Kontakt mit Menschen in unähnlichen Situationen vorgezogen. Es wird vermutet, daß andere Personen, wenn sie an den vermeintlich unangemessenen Gefühlen teilnehmen können, Furcht vor Ablehnung und damit eine zusätzliche Erregung hervorrufen (SARNOFF & ZIMBARDO, 1961; NAVAR & HELMREICH, 1971; BUCK & PARKE, 1972; DABBS & HELMREICH, 1972; FIRESTONE et al., 1973; TEICHMAN, 1973; ELLSWORTH et al., 1978). Spezifische Ich-Bedrohung scheint also – anders als physische Bedrohungen – komplexere kognitive Prozesse in Gang zu setzen, in denen immer auch Bewertungsängste mitspielen.

Generelle Ich-Bedrohung schließlich zeichnet sich durch emotionale Unklarheit ohne begleitende Unangemessenheit aus und führt zu Affiliation (TEICHMAN, 1974). Gerade zu dieser Art Bedrohung fehlt aber weitere Forschung.

TEICHMANS Taxonomie hat den Vorteil, die bisherige ausschließliche Beschäftigung mit zwei einzelnen, zudem inkonsistent gebrauchten negativen Emotionen überwinden zu können. Als Kritik sei angemerkt, daß es im Einzelfall schwierig ist, zwischen spezifischer und genereller Ich-Bedrohung zu unterscheiden, weil schwer auszumachen ist, wann das Selbstwertgefühl bedroht ist[3], und weil in vielen Situationen beide potentiellen Bedrohungen vorkommen (z.B. BEN-YEHOIADA & TEICH-MAN, 1976). Generell ist es nicht möglich, allein aus der Art der Bedrohung auf die subjektive Bewertung zu schließen. Es sind verschiedene Variablen gefunden worden, die die Interpretation der Situation verändern, z.B. die Höhe der Emotionalität bei Männern (GERARD & RABBIE, 1961), gewohnheitsmäßige Affiliationstendenz (BYRNE, 1961) und Kultur (RAMIREZ et al., 1980)

3.3. Stellung in der Geschwisterreihe und Geschlecht

Wie erwähnt sind die theoretischen Überlegungen zu diesen Variablen und die empirischen Ergebnisse uneindeutig. SCHACHTER (1959) nimmt an, daß Erst- und Einzelgeborene dependenter[4] sind. Aber schon bei ihm heißt es an einer Stelle, die Eltern dieser Kinder verhielten sich konsistenter, indem sie die Angst der Neugeborenen intensiver und effektiver reduzieren (S. 43 ff), und widersprüchlich dazu an anderer Stelle, sie seien inkonsistenter, weil sie erst lernen müßten, mit dem Kind umzugehen (S. 81 ff). ZIMBARDO & FORMICA (1963) dagegen meinen, daß Erst- und Einzelgeborene ein niedrigeres Selbstwertgefühl haben, das durch die erhöhten Erwartungen der Eltern entstehe. MILLER & ZIMBARDO (1966) betonen die Bedeutung altersmäßig angemessener Modelle, durch die Spätergeborene eine realistische Selbstbewertung lernen und dadurch von externen Kriterien unabhängiger werden.

Die empirischen Ergebnisse zu der Frage, welche Persönlichkeitsvariablen zu dem unterschiedlichen Angst- und Affiliationsverhalten führen, sind erwartungsgemäß uneindeutig. Erstgeborene verhalten sich dependenter (BECKER & CARROL, 1962; HELMREICH & COLLINS, 1967). Dagegen wählen gerade unsichere Erstgeborene die Isolation (DARLEY & ARONSON, 1966) und sind weniger dependent als Zweitgeborene (MC GURK & LEWIS, 1972). Die Höhe des Selbstwertgefühls beeinflußt die

---

[3] Die Operationalisierung von TEICHMAN (1974) von allgemeiner Ich-Bedrohung ähnelt auffällig der Operationalisierung von spezifischer Ich-Bedrohung bei ELLSWORTH et al. (1978). Dennoch vermeiden die Vpn bei ELLSWORTH et al. den Kontakt, bei TEICHMAN nicht.

[4] Die Definition von Dependenz als «das Ausmaß, in dem das Individuum andere Personen als Quelle der Zustimmung, Unterstützung, Hilfe und Bezug braucht» (SCHACHTER, 1959, S. 82) ist aber zugleich die Definition für Affiliation, so daß eine klare Unterscheidung fehlt.

Affiliationstendenz, aber Erstgeborene haben kein signifikant niedrigeres Selbstwertgefühl (ZIMBARDO & FORMICA, 1963; dagegen aber BUCK & PARKE, 1972).

Aufgrund der genannten Problematik ist es nicht erstaunlich, daß auch die empirischen Befunde zu dem Angst- und Affiliationsverhalten uneindeutig sind. Ohne dies im einzelnen zu belegen, sollen hier nur zusammenfassende Bemerkungen gemacht werden.

Es scheint so, daß erstgeborene Frauen in angsterregenden Situationen entweder mehr oder gleich viel Angst entwickeln als spätergeborene, daß spätergeborene aber nicht mehr Angst haben als erstgeborene Frauen. Das gleiche gilt für das Affiliationsbedürfnis. Bei Männern dagegen zeigt sich, daß erstgeborene mehr, gleich oder weniger Angst und Affiliationswünsche haben als spätergeborene.[5]

In einigen Untersuchungen, in denen beide Geschlechter der gleichen bedrohlichen Situation ausgesetzt werden, fand sich die Interaktion, daß erstgeborene Frauen ängstlicher sind als spätergeborene, während es bei Männern umgekehrt war. Aber auch diese Ergebnisse sind bei ZUCKER et al. (1968) und MC DONALD (1970) nicht wiederholt worden.

Aufgrund theoretischer Überlegungen bevorzugen einige Autoren die genannte Interaktion (GERARD & RABBIE, 1961; LATANÉ & WHEELER, 1966; HOYT & RAVEN, 1973; SCHWARZWALD et al., 1977), die immerhin einige Plausibilität für sich hat. Man kann annehmen, daß das Empfinden und Zugeständnis von Angst geschlechtstypisch erworben wird, und zugleich, daß Erstgeborene einem höheren Sozialisationsdruck, sich angemessen zu verhalten, ausgesetzt sind. Daraus folgt, daß erstgeborene Männer sich hart und unempfindlich geben müßten, erstgeborene Frauen dagegen abhängig, schwach und ängstlich. Dieser Unterschied sollte bei Spätergeborenen in geringerem Ausmaß vorhanden sein.

Zwei Ergebnisse scheinen standzuhalten. Frauen zeigen in Streß-Situationen im allgemeinen mehr Angst als Männer (MC DONALD, 1970; STRÜMPER, 1970; DABBS & HELMREICH, 1972; KUSHNIR, 1978) und die Beziehung zwischen Angst und Affiliation ist bei Frauen eindeutiger als bei Männern. Frauen dürfen entsprechend dem kulturellen Stereotyp mehr Angst, Affiliationswünsche und tatsächliches Affiliationsverhalten zeigen als Männer. Männer dagegen erleben die gleiche Situation zwiespältiger, weil starke Angst auch als unpassend erlebt wird und die daraus folgende Isolationstendenz mit dem Affiliationswunsch im Kon-

---

[5] Diese Aussagen basieren auf der Analyse der Daten von: SCHACHTER (1959), GERARD & RABBIE (1961), SARNOFF & ZIMBARDO (1961), ZIMBARDO & FORMICA (1963), DARLEY (1966), DARLEY & ARONSON (1966), LATANÉ & WHEELER (1966), HELMREICH & COLLINS (1967), ZUCKER et al. (1967), MC DONALD (1970), STRÜMPFER (1970), NAVAR & HELMREICH (1971), BUCK & PARKE (1972), FIRESTONE et al. (1973), HOYT & RAVEN (1973), TEICHMAN (1973), SCHWARZWALD et al. (1977) und SPECTOR & SISTRUNK (1979).

flikt steht (GERARD & RABBIE, 1961; LATANÉ & WHEELER, 1966; ZUCKER et al., 1968).

4. Schlußfolgerungen

Die Hypothesen SCHACHTERS (1959) können nicht aufrechterhalten, sondern müssen differenziert werden. Dazu im einzelnen:

Zur 1. Hypothese: Die Beziehung «hohe Angst führt zu hoher Affiliation» gilt nur dann, wenn bezogen auf einen spezifischen Stressor weder Eigenschaften der Person noch vermutete oder tatsächliche Reaktionsweisen der Kontaktperson negative Konsequenzen erwarten lassen. Vor allem bei spezifischer Ich-Bedrohung, bei der auch Angst vor Ablehnung entsteht, gibt es eher Isolationstendenzen im Unterschied zu physischen Bedrohungen.

Zur 2. Hypothese: Abweichend von der bisherigen Forschung ist zu vermuten, daß in relativ eindeutigen Situationen niedriger bis mittlerer Angst die Vpn vor allem Akzeptanz und Verständnis suchen. Der Wunsch nach direkter Angstreduktion kann unter diese Motivation subsumiert werden. Das Bedürfnis nach sozialem Vergleich scheint in der Situation in der Tradition SCHACHTERS nicht oder nur kaum vorhanden zu sein, so daß die vielzitierte Aussage «misery loves company, but miserable company only» nicht aufrecht zu erhalten ist. D. h. es ist nicht der Zustand und damit die Vergleichbarkeit der Kontaktperson, sondern es sind ihre erwarteten Verhaltensweisen, die die Entscheidung für Affiliation, Isolation oder Gleichgültigkeit bedingen. Man kann vermuten, daß Individuen aufgrund der vorhandenen Information ein kognitiv-emotionales Kalkül anstellen, um zu entscheiden, welche Wahl ihr Selbstwertgefühl erhält.

Zur 3. Hypothese: «Stellung in der Geschwisterreihe» und «Geschlecht» haben sich als zu grobe Variablen erwiesen. Es scheint dennoch, daß Frauen generell mehr Angst haben oder zugeben als Männer. Zugleich ist die Beziehung zwischen Stressor, Angst und Affiliation für Männer komplexer als für Frauen, weil das Zeigen von Emotionen aufgrund kultureller Erwartungen für sie problematischer ist.

Es bleiben eine Reihe von Problemen offen:

(1) Suchen Individuen bei neuen und/oder starken *positiven* Emotionen Kontakt zu anderen? Zu welchen und aufgrund welcher Motivationen?

(2) Was geschieht in experimentell nicht eingeschränkten Gruppen, die sich unter Streß bilden, und unter welchen Bedingungen entstehen

welche kollektiven Bewältigungsmechanismen?[6] MORRIS et al. (1976) zeigen, daß untereinander fremde Vpn bei physischer Bedrohung mehr interagieren und mehr Kohäsion entwickeln als bei Peinlichkeit und Ambiguität. Dies bedeutet, daß in der eindeutigen Situation mehr Kontakt gesucht wird als in der mehrdeutigen, obwohl gerade die vage Situation geklärt werden müßte.

(3) Wie unterscheiden sich freiwillig und unfreiwillig zusammengestellte Gruppen unter Streß? MC DONALD (1970) fand, daß vor allem bei Erstgeborenen, die allein warten wollten und zum Zusammensein gezwungen wurden, eine Angstangleichung auftrat.

(4) Welche Motivationen entstehen in Situationen wirklich schwerwiegender Bedrohung, z. B. bei einer Krebserkrankung, in denen nicht auf eine gelernte Beziehung zwischen Stressor und Emotion zurückgegriffen werden kann? Welche Verhaltensweisen anderer nicht oder auch Betroffener sind wünschenswert, um die Situation bewältigen zu können?

Diese Fragen gehen über den bisherigen Ansatz, der bei der individuellen Motivation endete, hinaus. Sie sollten aber gestellt werden, um die Brücke zu der dringenden Frage der Streß-Forschung «was geschieht in Systemen sozialer Unterstützung und was sollte geschehen?» zu schlagen (UDRIS, 1982).

Literatur

AMOROSO, D.M. & WALTERS, R.H.: Effects of anxiety and socially mediated anxiety reduction on paired-associate learning. Journal of Personality and Social Psychology, 1969, *11*, 388–396.

BECKER, S.W. & CARROL, J.: Ordinal position and conformity. Journal of Abnormal and Social Psychology, 1962, *65*, 129–131.

BEN-YEHOIADA, E. & TEICHMAN, Y.: Affiliative reactions in an individual crisis situation. Unveröff. Master's Thesis. Tel Aviv: Tel Aviv University 1976. (Zit. nach Y. TEICHMAN 1978.)

BUCK, R.W. & PARKE, R.D.: Behavioral and physiological response to the presence of a friendly or neutral person in two types of stressful situations. Journal of Personality and Social Psychology, 1972, *24*, 143–153.

BYRNE, D.: Anxiety and the experimental arousal of affiliation need. Journal of Abnormal and Social Psychology, 1961, *63*, 660–662.

CRAIG, K.D. & PRKACHIN, K.M.: Social modeling influences on sensory decision theory and psychophysiological indexes of pain. Journal of Personality and Social Psychology, 1978, *36*, 805–815.

DABBS, J.M. & HELMREICH, R.L.: Fear, anxiety, and affiliation following a role-played accident. Journal of Social Psychology, 1972, *86*, 269–278.

---

[6] MORRIS et al. (1976) bemerken zu Recht: «The irony seems clear: Here we have a theoretical position that, granted, is oriented toward understanding of the individual's behavioral dispositions but nonetheless has clear implications for a group's collective coping with stress. And yet, those implications have never been tested» (S. 675).

DARLEY, J.M.: Fear and social comparison as determinants of conformity behavior. Journal of Personality and Social Psychology, 1966, 2, 66–79.

DARLEY, J.M. & ARONSON, E.: Self-evaluation vs. direct anxiety reduction as determinants of the fear-affiliation relationship. Journal of Experimental Social Psychology Supplement, 1, 1966, 2, 66–79.

DAVITZ, J.R.: A dictionary and grammar of emotion. In: M.B. ARNOLD (Ed.), Feelings and emotion. New York: Academic Press 1970, 251–258.

DITTES, J. & CAPRA, P.: Affiliation: Comparability or compatibility? American Psychologist, 1962, 17, 329 (Abstract).

ELBING, E. & ELLGRING, J.M.: Verminderung der Prüfungsangst durch Modellernen im Klassenzimmer. Psychologie in Erziehung und Unterricht, 1977, 24, 1–10.

ELLSWORTH, P.C.; FRIEDMAN, H.S.; PERLICK, D. & HOYT, M.E.: Some effects of gaze on subjects motivated to seek or to avoid social comparison. Journal of Experimental Social Psychology, 1978, 14, 69–87.

FESTINGER, L.: Informal social communication. Psychological Review, 1950, 57, 271–282.

FESTINGER, L.: A theory of social comparison processes. Human Relations, 1954, 7, 117–140.

FIRESTONE, I.J.; KAPLAN, K.J. & RUSSEL, J.C.: Anxiety, fear, and affiliation with similar-state versus dissimilar-state others: Misery sometimes loves nonmiserable company. Journal of Personality and Social Psychology, 1973, 26, 409–414.

FOX, S.: Situational determinants in affiliation. European Journal of Social Psychology, 1980, 10, 303–307.

GEEN, R.G. & GANGE, J.J.: Drive theory of social facilitation. Twelve years of theory and research. Psychological Bulletin, 1977, 84, 1267–1288.

GEEN, R.G.: The role of the social environment in the induction and reduction of anxiety. In I.G. SARASON & C.D. SPIELBERGER (Eds.), Stress and anxiety, Vol. 3. Washington, London: Hemisphere 1976, 105–126.

GEER, J.H. & TURTELTAUB, A.: Fear reduction following observation of a model. Journal of Personality and Social Psychology, 1967, 6, 327–331.

GERARD, H.B.: Emotional uncertainty and social comparison. Journal of Abnormal and Social Psychology, 1963, 66, 568–573.

GERARD, H.B. & RABBIE, J.M.: Fear and social comparison. Journal of Abnormal and Social Psychology, 1961, 62, 586–592.

HELMREICH, R.L. & COLLINS, B.C.: Situational determinants of affiliation preference under stress. Journal of Personality and Social Psychology, 1967, 6, 79–85.

HOYT, M.F. & RAVEN, B.H.: Birth order and the 1971 Los Angeles earthquake. Journal of Personality and Social Psychology, 1973, 28, 123–128.

KELLEY, W.R.: Social facilitation and coping with stress. University Manuskript. New Westminster, Can.: Douglas College 1973. (Zit. nach G. LAUTH 1980.)

KENRICK, D.T. & JOHNSON, G.A.: Interpersonal attraction in aversive environments: A problem of the classical conditioning paradigm? Journal of Personality and Social Psychology, 1979, 37, 572–579.

KISSEL, S.: Stress-reducing properties of social stimuli. Journal of Personality and Social Psychology, 1965, 2, 378–384.

KUSHNIR, T.: A review of the evidence for birth order differences in anxiety and affiliation in stressful situations. Social Behavior and Personality, 1978, 6, 179–186.

LATANÉ, B. & WHEELER, L.: Emotionality and reactions to disaster. Journal of Experimental Social Psychology Supplement 1, 1966, 2, 95–102.

LAUTH, G.: Streßbeeinflussung durch verbale Kommunikation. Unveröff. Dissertation. Universität Mainz 1978.

LAUTH, G.: Soziale Streßreduktion, dominierende Bedingungen und Prozesse. Zeitschrift für Sozialpsychologie, 1980, 11, 85–100.

LYNCH, S; WATTS, W.W.; GALLOWAY, C. & TRYPHONOPOULOS, S.: Appropriateness of anxiety and drive for affiliation. Journal of Research in Personality, 1973, 7, 71-77.

MC DONALD, A.P. Jr.: Anxiety, affiliation, and social isolation. Developmental Psychology, 1970, 3, 242-254.

MC GURK, H. & LEWIS, M.: Birth order: A phenomenon in search of an explanation. Developmental Psychology, 1972, 7, 366.

MILLER, N. & ZIMBARDO, P.G.: Motives for fear-induced affiliation: Emotional comparison or interpersonal similarity. Journal of Personality, 1966, 34, 481-503.

MORRIS, W.N.; WORCHEL, S.; BOIS, J.L.; PEARSON, J.A.; ROUNTREE, C.; SAMAHA, G.M.; WACHTLER, J. & WRIGHT, S.L.: Collective coping with stress: Group reactions to fear, anxiety, and ambiguity. Journal of Personality and Social Psychology, 1976, 33, 674-679.

NAVAR, J. & HELMREICH, R.: Prior social setting, type of arousal, and birth order as determinants of affiliative preference for a working situation. Representative Research on Social Psychology, 1971, 2, 32-42.

PAZ, R. & AMIR, Y.: Affiliative behaviour of approach and avoidance motivated subjects in fear and anxiety situations. European Journal of Social Psychology, 1974, 4, 329-342.

RABBIE, J.: Differential preference for companionship under threat. Journal of Abnormal and Social Psychology, 1963, 67, 643-648.

RAMIREZ, A.C.; GARZA, R.T. & LIPTON, J.P.: The fear-affiliation relationship – a sociocultural revisitation. Journal of Cross-Cultural Psychology, 1980, 11, 173-188.

ROGERS, C.R.: Die klient-bezogene Gesprächstherapie. München: Kindler 1972.

SARNOFF, I. & ZIMBARDO, P.G.: Anxiety, fear, and social affiliation. Journal of Abnormal and Social Psychology, 1961, 62, 356-363.

SCHACHTER, S.: The psychology of affiliation. Stanford, Cal.: Stanford University Press 1959.

SCHACHTER, S.: The interaction of cognitive and physiological determinants of emotional state. In L. BERKOWITZ (Ed.). Advances in experimental social psychology, Vol. 1. New York: Academic Press 1964, 49-80.

SCHWARZWALD, J.; KAVISH, N.; SHOHAM, M. & WAYSMAN, M.: Fear and sex-similarity as determinants of personal space. Journal of Psychology, 1977, 96, 55-61.

SHAVER, P. & LIEBLING, B.A.: Explorations in the drive theory of social facilitation. Journal of Social Psychology, 1976, 99, 259-271.

SITTON, S.C. & WAGONER, D.: Females response to fear in the stress-affiliation paradigm. Journal of Social Psychology, 1978, 104, 147-148.

SPECTOR, P.E. & SISTRUNK, F.: Does the presence of others reduce anxiety? Journal of Social Psychology, 1978, 105, 301-302.

SPECTOR, P.E. & SISTRUNK, F.: Reassurance: A mechanism by which the presence of others reduces anxiety. Journal of Social Psychology, 1979, 109, 119-126.

STRÜMPFER, D.J.W.: Fear and affiliation during disaster. Journal of Social Psychology, 1970, 82, 263-268.

TEICHMAN, Y.: Emotional arousal and affiliation. Journal of Experimental Social Psychology, 1973, 9, 591-605.

TEICHMAN, Y.: Predisposition for anxiety and affiliation. Journal of Personality and Social Psychology, 1974, 29, 405-410.

TEICHMAN, Y.: Affiliative reaction in different kinds of threat situations. In: C.D. SPIELBERGER & I.G. SARASON (Eds.), Stress and anxiety, Vol. 5. New York: Wiley 1978, 131-144.

UDRIS, I.: Soziale Unterstützung: Hilfe gegen Streß? Psychosozial, 1982, 5, Heft 1, 78-91.

WRIGHTSMAN, L.S. Jr.: Effects of waiting with others on changes in level of felt anxiety. Journal of Abnormal and Social Psychology, 1960, 61, 216-222.

ZIMBARDO, P. & FORMICA, R.: Emotional comparison and selfesteem as determinants of affiliation. Journal of Personality, 1963, 31, 141-162.

ZUCKER, R.A.; MANOSEVITZ, M. & LANYON, R.L.: Birth order, anxiety, and affiliation during a crisis. Journal of Personality and Social Psychology, 1968, 8, 354-359.

Die Herausgeber zum folgenden Beitrag

Auch diese Theorie ist – wie die vorausgehend behandelte Theorie – ein Versuch, den Sachverhalt der Selbstverwirklichung sozialpsychologisch zu erklären. Sie ist weniger eine Explikation der Theorie sozialer Vergleichsprozesse (Band I, S. 75–96) wie die voraus behandelte Theorie, sondern eine Explikation der Theorie des Anspruchsniveaus von Lewin. Unter welchen Bedingungen wird das Anspruchsniveau trotz aller Mißerfolge, dieses zu erreichen, nicht gesenkt, sondern konstant gehalten? (Die Erklärung könnte ebenso aus der Theorie kognitiver Dissonanz hergeleitet werden.) Eine Person besitzt ein Image ihres idealen, präskriptiven Selbst. Sie erfüllt diese chronische Präskription nicht. Die Resistenz der Kognition Selbst-Image gegen Änderungen ist (aus welchen Gründen, wird hier wie in der hier vorgestellten Theorie vernachlässigt) extrem hoch. Die Reduktion kognitiver Dissonanz stellt sich her durch Produktion neuer Kognitionen, die mit dem Selbst-Image konsonant sind. Die dissonanten Kognitionen, die auch in der Umwelt gekannte Handlungs-Diskrepanzen zum Selbst-Image repräsentieren, sind nicht aus der Welt geschafft! Die Person demonstriert ihrer Umwelt und sich selbst Symbole der Handlungskompetenz des Erfolgreichen. Symbolische Selbstvervollkommnung reduziert kognitive Dissonanz dadurch, daß sie durch Verhalten (Symbole vorzeigen) nicht auf der einen Waagschale Gewichte wegnimmt, um Gleichgewicht zu erhalten, sondern auf der anderen Waagschale Gewichte hinzufügt. Die Herstellung kognitiven Gleichgewichts reduziert nicht zwangsläufig kognitive Spannung. Der sozialpsychologische Witz der folgend zu behandelnden Theorie liegt darin, daß die betroffene Person erreichen muß, daß in ihrer sozialen Umwelt die Symbole des Erfolges für den Erfolg genommen werden.

Symbolische Selbstergänzung

ROBERT A. WICKLUND

PETER M. GOLLWITZER

Unsere Überlegungen, die zur Formulierung der Selbstergänzungstheorie (WICKLUND & GOLLWITZER, 1982, 1983; GOLLWITZER & WICKLUND, 1985b) geführt haben, basieren auf LEWINS (1926) Arbeiten über zielgerichtetes Handeln. Nach LEWIN entsteht immer dann, wenn sich eine Person ein Ziel setzt, ein sogenanntes «Quasi-Bedürfnis». Damit ist nach LEWIN ein Spannungszustand gemeint, der sich erst dann auflöst, wenn die Person das gesetzte Ziel erreicht hat oder wenn die Person die Absicht aufgibt, das Ziel zu erreichen. Der Spannungszustand ist durch die Zielverpflichtung der Person und nicht durch die bloße Ausführung zielgerichteter Handlungen determiniert. Er bleibt also auch dann bestehen, wenn eine Person in ihren der Zielerreichung dienenden Aktivitäten unterbrochen wird (LISSNER, 1933; MAHLER, 1933; OVSIANKINA, 1928; ZEIGARNIK, 1927). Allerdings – und dies ist für die gegenwärtige Diskussion von Kompensationsprozessen besonders wichtig – konnten LISSNER und MAHLER beobachten, daß der bei Unterbrechung zielgerichteten Handelns perseverierende Spannungszustand durch das Erreichen von Ersatzzielen bedeutend reduziert werden kann. Dies impliziert, daß nicht nur die Erledigung der ursprünglichen Handlung spannungsreduzierende Konsequenzen hat, sondern auch die Erledigung von Ersatzhandlungen.

Selbstbezogene Ziele

In den experimentellen Arbeiten der Mitarbeiter LEWINS wurden den Versuchspersonen ganz einfache Aufgaben, wie z.B. das Bauen eines Turms aus Bausteinen, das Übersetzen eines französischen Textes ins Deutsche oder das Gestalten einer Figur aus Plastillin, aufgetragen. Diese einfachen Arbeiten mögen bei der Beurteilung dieser Experimente Interpretationen begünstigt haben, die von der Möglichkeit absehen, daß die Versuchspersonen die Aufgaben eigentlich im Dienste «höherer» Ziele in Angriff nahmen. HENLE (1944) verwies als erste darauf, daß die Versuchspersonen über das konkrete Aufgabenziel (wie z.B. einen Turm zu bauen oder eine Figur zu modellieren) hinaus ein Ziel mit hohem Selbstbezug anstrebten, nämlich Fleiß, Kreativität oder Intelligenz zu beweisen. Ihrer Meinung nach waren die Versuchspersonen mehr an der Aufrechterhaltung ihres Selbstkonzeptes (bezüglich Fleiß, Kreativität oder Intelligenz) interessiert als am «Bauen eines Turms» oder am «Modellieren einer Figur».

Auch die Untersuchungen HOPPES (1930) – eines weiteren Mitarbeiters von LEWIN – zeigen, daß Versuchspersonen die Beschäftigung mit relativ einfachen Aufgaben durchaus in Bezug zum eigenen «Ich» oder «Selbst» setzen. So zeigten beispielsweise einige von HOPPES Versuchspersonen deutliche Präferenzen für Aufgaben, die zu leicht für die eigene Fähigkeit waren. In dieser Präferenz für zu leichte Aufgaben sah HOPPE ein Anzeichen dafür, daß die Versuchspersonen andere Ziele verfolgten als die bloße Erledigung der Aufgabe. Die Versuchspersonen wählten die leichten Aufgaben, um ihre positiven Selbstkonzepte bezüglich «Fähigkeit» oder «Kompetenz» zu immunisieren; bei der Wahl schwieriger Aufgaben mußten die Versuchspersonen befürchten, die zugehörigen Selbstkonzepte möglicherweise revidieren zu müssen. Eine weitere Beobachtung HOPPES ist bedeutsam: Viele Versuchspersonen, die Mißerfolg erlebt hatten, schrieben die Verantwortlichkeit für Mißerfolg der Schwierigkeit der Aufgabe zu. Dies bedeutet, aus der Sicht HOPPES, daß das Ziel der Versuchsperson nicht ausschließlich darin bestand, das konkrete Aufgabenziel zu erreichen; offensichtlich gab es ein selbstbezogenes Ziel, das mit der Aufrechterhaltung des Ich (oder des Kompetenz-Gefühls) zu tun hatte.

Die Theorie der symbolischen Selbstergänzung befaßt sich mit der Dynamik des Strebens nach derartigen selbstbezogenen Zielen, und es stellt sich somit die Frage, wie sich selbstbezogene Ziele von Zielen unterscheiden, die sich nicht auf das Selbst einer Person beziehen. Wenn es um das Streben nach nicht-selbstbezogenen Zielen geht, beschreiben wir Fortschritte bezüglich der Annäherung an ein Ziel in Worten, die sich auf die konkrete Aufgabenbeschäftigung beziehen (z.B. «dem Turm fehlen noch zwei Bausteine» oder «die Übersetzung der ersten zwei Sätze eines längeren Textes ist abgeschlossen»). Wie aber charakterisiert man Fortschritte hinsichtlich selbstbezogener Ziele? Fortschritte bezüglich selbstbezogener Ziele, wie z.B. «kreativ zu sein», «Musiker zu sein», «religiös zu sein», «sportlich geschickt zu sein», beziehen sich nicht auf das Erreichen eines einzelnen, objektiven Kriteriums, sondern auf das Erwerben sozial festgelegter Zielindikatoren. Das wesentliche Merkmal selbstbezogener Ziele besteht nun darin, daß sie immer gleich eine Reihe von sozial festgelegten Zielindikatoren implizieren. Dazu folgendes Beispiel: Angenommen, eine Person strebt danach, ihre musische Begabung zu entwickeln und ihren Wunsch zu verwirklichen, Musiker zu werden. Dieser Person steht eine ganze Palette von Möglichkeiten zur Verfügung, die wir zweifellos als «Fortschritt» bezüglich dieses selbstbezogenen Zieles interpretieren müssen. So kann sich der angehende Musiker beispielsweise eine Geige exzellenter Qualität kaufen, Unterricht bei einem hervorragenden Musiker nehmen, an musischen Wettbewerben teilnehmen, einem Verein zur Förderung klassischer Musik beitreten und vieles andere mehr.

Symbole einer Selbstdefinition

All diese Aktivitäten sind Indikatoren von «Musiker sein» und die Theorie der Selbstergänzung nennt diese Indikatoren die Symbole einer Selbstdefinition (= selbstbezogenes Ziel), da durch sie die Vollkommenheit einer Selbstdefinition «symbolisiert» werden kann. Symbole sind die «Bausteine» einer Selbstdefinition. Durch ihren Gebrauch und Besitz wird die Selbstdefinition ausgestaltet und aufrechterhalten. Sprachliche Äußerungen, Gesten und Verhaltensweisen des Individuums, aber auch der Besitz dinghafter Zielindikatoren können als Symbole einer Selbstdefinition fungieren. Wichtig ist nur, daß das Individuum durch den Gebrauch dieser Symbole anderen nahelegt, daß es im Besitz der angestrebten Selbstdefinition (z.B. Musiker sein) ist. So betrachtet die Selbstergänzungstheorie auch Selbstbeschreibungen, die die erwünschte Selbstdefinition unterstützen (z.B. «Ich bin ein exzellenter Musiker»), als Symbole einer Selbstdefinition. Dies aus dem einfachen Grunde, weil die sich beschreibende Person geneigt ist anzunehmen, daß andere (d.h. die Rezipienten dieser Behauptung) aufgrund der Selbstbeschreibung auf den Besitz der angestrebten Selbstdefinition schließen.

Woher kommen nun diese Symbole einer Selbstdefinition – oder anders formuliert – wie weiß das Indiviuum, welcher Symbole es sich bedienen muß, um Vollkommenheit bezüglich einer bestimmten Selbstdefinition anzuzeigen? Unsere Antwort auf diese Frage ist eher soziologischer Natur. Wir nehmen an, daß durch die Zugehörigkeit zu einer bestimmten Gesellschaft (bzw. zu ihren Subgruppen) das Individuum lernt, welche Form die Ausgestaltung der Selbstdefinition dieser Gesellschaft (z.B. Vater, Geschäftsmann, Künstler, Schüler; aber auch aggressiv sein, intelligent sein) annehmen darf. Die Bausteine einer Selbstdefinition sind demnach Symbole, die gesellschaftlich definiert sind. Ohne Zugang zu diesen Symbolen ist die Ausgestaltung einer Selbstdefinition nicht möglich, weil der Erwerb von Symbolen das gesellschaftlich definierte Mittel des Strebens nach einer Selbstdefinition ist.

Soziale Realität

Die Selbstergänzungstheorie diskutiert die Bedeutung der Gesellschaft für die Ausgestaltung einer Selbstdefinition noch unter einem weiteren Aspekt: Wenn die Symbole (d.h. die Bausteine oder Indikatoren) einer Selbstdefinition ein gesellschaftliches Produkt sind, welche Rolle spielt dann die Gesellschaft in dem Moment, in dem die Person diese Symbole benutzt, um das zugehörige selbstbezogene Ziel zu erreichen? MAHLER, eine Mitarbeiterin LEWINS, legt eine ganz bestimmte Antwort auf diese Frage nahe.

MAHLER (1933) führte eine bedeutsame Erweiterung des Unterbrechungs-Paradigmas ein; sie studierte in ihren Untersuchungen die Rolle von Ersatzaufgaben als Mittel zur Spannungsreduktion. Der Begriff «Ersatzaufgabe» läßt sich anhand von MAHLERS Versuchsmaterialien erklären: Hatte die Versuchsperson beispielsweise ursprünglich die Aufgabe, ein Haus aus Bausteinen zu bauen, so bestand die Ersatzaufgabe darin, Skizzen von den noch fehlenden Teilen des Hauses anzufertigen. Die Versuchspersonen, denen keine Ersatzaufgabe unmittelbar nach der Unterbrechung angeboten wurde, strebten fast ausschließlich die Wiederaufnahme der ursprünglichen Aufgabe an. Beim Ausführen einer Ersatzaufgabe nahm dagegen die Häufigkeit der Wiederaufnahme der ursprünglichen Aufgabe deutlich ab. Aus diesen Befunden kann geschlossen werden, daß dem Durchführen einer Ersatzaufgabe tatsächlich eine spannungsreduzierende Funktion zukommt.

Wie so oft in psychologischen Untersuchungen war ein unerwartetes Ergebnis der interessanteste und theoretisch ergiebigste Teil dieser Studien: MAHLER stellte fest, daß unterbrochene Aufgaben auch nach Beendigung einer Ersatzaufgabe mit hoher Wahrscheinlichkeit wiederaufgenommen wurden, wenn die Lösung der Ersatzaufgabe dem Versuchsleiter *nicht* mitgeteilt werden durfte. Hatten die Versuchspersonen hingegen die Möglichkeit, die Lösung der Ersatzaufgabe dem Versuchsleiter mitzuteilen, sank die Rate, die ursprüngliche Aufgabe wiederaufzunehmen, auf null. MAHLER interpretierte dieses Ergebnis mittels eines neuen Begriffes: *soziale Realität*. Sie vermutete, daß eine Person einen Spannungszustand erst dann abbauen kann, wenn das Erreichen eines Zieles von anderen zur Kenntnis genommen wird, d.h. das Erreichen des Ziels zu einer sozialen Tatsache geworden ist. Kenntnisnahme durch andere schafft somit eine soziale Realität, an der die Person ihre Fortschritte bezüglich eines gesetzten Zieles mißt. In dem Experiment von MAHLER wurde soziale Realität ganz einfach dadurch geschaffen, daß den Versuchspersonen Gelegenheit gegeben wurde, die Lösung der Ersatzaufgabe dem Versuchsleiter bekannt zu geben.

Die Bedeutung der MAHLERschen Befunde für die Selbstergänzungstheorie ist folgende: Die Person, die nach selbstbezogenen Zielen strebt, benötigt die potentielle Kenntnisnahme erworbener Symbole. Das Symbol einer Selbstdefinition ist somit ein Mittel der Kommunikation mit der Funktion, anderen zu signalisieren, daß man Fortschritte bezüglich eines selbstbezogenen Ziels gemacht hat. Die Art des Symbols spielt dabei keine Rolle.

Solange eine Person annehmen darf, daß das Symbol von anderen zur Kenntnis genommen wird, ist die für die Ausgestaltung der Selbstdefinition so wichtige soziale Realisierung des erworbenen Symbols vollzogen. Ob die Zielperson die sozialen Realisierungsanstrengungen des Individuums nun tatsächlich akzeptiert oder nicht, ist dabei von sekundärer Bedeutung. Wichtig ist vielmehr, daß das Individuum vom Erfolg ihrer sozialen Realisierungsanstrengungen überzeugt ist.

Substitutionsprinzip

Die bisherige Diskussion hat sich ausschließlich auf die Entwicklung einer Selbstdefinition konzentriert. Auf diesem Hintergrund soll nun die Formulierung der zentralen These unserer Theorie versucht werden. Zu diesem Zweck wenden wir uns einem weiteren Begriff der LEWIN-Schule zu, nämlich der Idee des Ersatzprinzips. LEWIN (1926) hat die theoretische Basis für die Experimente von LISSNER und MAHLER geschaffen, indem er im Rahmen seiner Handlungstheorie ein Ersatzprinzip postulierte. Das Ersatzprinzip sieht recht einfach aus: Wenn die ursprünglich intendierte Aufgabe nicht fortgeführt werden kann (z.b. wegen Unterbrechung durch andere Aufgaben), dann besteht keine Möglichkeit, das ursprüngliche Ziel zu verfolgen. Unter solchen Bedingungen bleibt ein Spannungszustand erhalten, der erst dann abgebaut werden kann, wenn das ursprüngliche Ziel wieder verfügbar wird *oder* wenn ein zweckmäßiges Ersatzziel angeboten wird.

Die Bedeutung von «Zweckmäßigkeit» ist durch die Zielorientierung der Person determiniert; insofern bietet sich nicht jedes alternative Ziel als effektiver spannungsreduzierender Ersatz an.

Obwohl LEWIN (1926) die Charakteristika eines adäquaten Ersatzzieles beschreibt, bleibt es LISSNER (1933) vorbehalten, LEWINS Ersatzzielhypothese empirisch zu prüfen. Nachdem eine ursprüngliche Aufgabe unterbrochen worden war, bot LISSNER ihren Versuchspersonen eine Ersatzaufgabe an, die der ursprünglichen Aufgabe ähnlich oder unähnlich war. Erwartungsgemäß erfüllte die ähnliche Aufgabe eine erheblich spannungsreduzierendere Funktion als die unähnliche Aufgabe. Eine weitere, für uns noch bedeutendere Dimension ist der Schwierigkeitsgrad der Ersatzaufgabe im Vergleich zur ursprünglichen Aufgabe. Je schwieriger die Ersatzaufgabe, um so eindeutiger war ihre spannungsabbauende Funktion. Dies impliziert, wie schon HENLE (1944) andeutete, daß die Versuchspersonen nicht nur an der bloßen Aufgabentätigkeit interessiert waren, sondern ihre Aufmerksamkeit auf ein selbtbezogenes Ziel (wahrscheinlich «intelligent zu sein») gerichtet hatten. Denn erst in diesem Falle gilt: je schwieriger die Aufgabe, desto besser indiziert ihre Erledigung das Erreichen dieses Zieles.

Den für unsere Theorie so wichtigen Begriff «selbstbezogenes Ziel» haben wir bereits erläutert. Wir gingen davon aus, daß ein selbstbezogenes Ziel nicht nur durch ein einziges Symbol erreicht werden kann, das dann praktisch als «einzig richtiges» Symbol das Erreichen dieses Zieles indizieren würde. Wir postulierten – angeregt durch die Befunde von LEWIN und seinen Schülern zum Problem der Ersatzhandlung –, daß eine Vielzahl vom Symbolen mit einem selbstbezogenen Ziel kompatibel ist, und damit immer eine Reihe von Möglichkeiten vorliegt, ein selbstbezogenes Ziel anzustreben. Dies impliziert, daß eine Person, die keinen Zugang zu einem relevanten Symbol X hat, das dadurch verursachte Spannungssystem durch Symbol Y reduzieren kann. Eine Person, die ein selbstbezogenes Ziel verfolgt, dürfte demnach danach trachten, den Verlust eines Symbols X durch ein Symbol Y zu ersetzen.

Die Postulate der Selbstergänzungstheorie

Mit diesen, von den Arbeiten LEWINS und seiner Schüler abgeleiteten Überlegungen als Ausgangspunkt, können wir die drei wesentlichen Postulate der Theorie der Selbstergänzung nun kurz zusammenfassen:

Postulat 1: Personen, die sich ein selbstbezogenes Ziel gesetzt haben, versuchen, den Mangel an relevanten Symbolen durch das Zurschaustellen alternativer Symbole auszugleichen. Derartige Anstrengungen einer Person nennen wir «selbstsymbolisierende Handlungen».

Postulat 2: Die Effektivität selbstsymbolisierender Handlungen im Sinne der Ausgestaltung einer Selbstdefinition ist an die soziale Kenntnisnahme erworbener Symbole gebunden.

Postulat 3: Eine Person, die selbstsymbolisierende Handlungen ausübt, vernachlässigt die psychische Befindlichkeit (Gedanken, Motive, Einstellungen, usw.) der sie umgebenden Personen.

Zu jedem dieser drei Postulate existiert eine Reihe empirischer Arbeiten. Wir werden einige dieser Arbeiten im folgenden darstellen und dabei zu veranschaulichen versuchen, wie diese Postulate einer empirischen Prüfung zugeführt werden können. Die Implikationen der drei aufgeführten Postulate sollten auf diese Weise schnell evident werden.

Das Streben nach Ersatz durch alternative Symbole (Postulat 1)

Im Postulat 1 der Selbstergänzungstheorie wird behauptet, daß Individuen, die sich ein selbstbezogenes Ziel gesetzt haben, als «Antwort» auf das Fehlen relevanter Symbole selbstsymbolisierende Handlungen ausüben. Diese Handlungen implizieren das Streben nach alternativen Symbolen, die dann den Verlust bzw. das Fehlen anderer Symbole kompensieren. Um diese These zu testen, hat GOLLWITZER (1983) folgendes Experiment durchgeführt: Versuchspersonen waren Wirtschaftsstudenten einer renommierten Ausbildungsstätte der südwestlichen USA, die sich das Berufsziel «erfolgreicher Manager» gesetzt hatten. Sie wurden von zwei Versuchsleitern begrüßt, und es wurde ihnen erklärt, daß sie an zwei voneinander unabhängigen Studien teilnehmen sollten – an einer ersten Studie im Bereich der differentiellen Psychologie und an einer zweiten Studie im Bereich der Kommunikationspsychologie. Der Versuchsleiter, der sich für die erste Studie verantwortlich erklärte, händigte einen Persönlichkeitsfragebogen aus, der wie ein semantisches Differential gestaltet war. Die Versuchspersonen sollten mittels dieses Fragebogens sich selbst anhand einer Reihe dichotomer Eigenschaftspaare (stark vs. schwach; abhängig vs. unabhängig usw.) beschreiben. Der Versuchsleiter erklärte, er benötige diese Fragebogendaten für folgenden Zweck: Es hätte sich herausgestellt, daß Personen, die in einem bestimmten Berufsbereich erfolgreich sind, sich in ihren Persönlichkeitsmerkmalen sehr ähnlich seien. Man könnte sogar sagen, daß es für jede Berufssparte einen Persönlichkeitstyp gäbe, der geradezu prädestiniert für diesen Beruf ist. Personen mit diesem «idealen» Persönlichkeitstyp würde es besonders leicht fallen, in der zugehörigen Berufsgruppe Erfolg zu erzielen. Er, der Versuchsleiter, würde nun wissen wollen, ob Wirtschaftsstudenten, die das Berufsziel «Manager» anstreben, Persönlichkeitsmerkmale haben, die dem Ideal für diese Berufsgruppe ähnlich bzw. unähnlich sind.

Nachdem die Versuchspersonen den Fragebogen ausgefüllt hatten, gab der Versuchsleiter Rückmeldung. Der einen Hälfte der Versuchspersonen wurde erklärt, ihre Persönlichkeitsmerkmale seien dem Ideal für einen *Manager* sehr ähnlich, die andere Hälfte erfuhr, ihre Persönlichkeitsmerkmale seien dem Ideal relativ unähnlich. In einer Kontrollgruppe wurde den Versuchspersonen der Zweck der Untersuchung anders dargestellt. Ihnen wurde erklärt, man wolle herausfinden, ob Wirtschaftsstudenten Persönlichkeitsmerkmale hätten, die dem Ideal eines *Familienvaters* ähnlich bzw. unähnlich seien.

Welche theoretische Bedeutung hat nun diese Prozedur, der sich die Versuchspersonen freundlicherweise unterzogen. Es ging uns darum, das Fehlen bzw. den Besitz eines relevanten Symbols bezüglich des selbstbezogenen Ziels «Manager sein» zu manipulieren. Wir gingen davon aus, daß Ähnlichkeit mit erfolgreichen Personen im Berufsbereich «Manager» von den Versuchspersonen eindeutig als Manager-Symbol interpretiert wird, und daß fehlende Ähnlichkeit als Fehlen eines wichtigen Symbols verstanden wird.

Daraus folgt, daß Versuchspersonen mit der Rückmeldung fehlender Ähnlichkeit – im Vergleich zu Versuchspersonen mit Ähnlichkeitsrückmeldung – stärker an selbstsymbolisierenden Handlungen interessiert sein sollten.

Um diese These zu testen, wurde den Versuchspersonen in der darauffolgenden, sogenannten zweiten Studie Gelegenheit zur Selbstsymbolisierung gegeben. Diese Versuchsphase wurde vom zweiten Versuchsleiter gestaltet, der sich als Kommunikationspsychologe ausgab. Er erklärte, er würde im Auftrag von IBM Interaktionsprozesse in Entscheidungsgremien der Wirtschaft analysieren. Zu diesem Zweck hätte er eine Studie entworfen, in der von den Versuchspersonen im Rollenspiel Sitzungsprotokolle verschiedener Gremien nachgespielt werden müßten. Die Versuchspersonen sollten dann im Anschluß an dieses Rollenspiel über ihre Empfindungen während des Rollenspiels berichten. Auf diese Weise würde er (der Versuchsleiter) mehr über die Interaktionsprobleme in Entscheidungsgremien der Wirtschaft herausfinden können.

Der Versuchsleiter erklärte dann, das Sitzungsprotokoll des nächsten Rollenspiels offeriere sechs verschiedene Rollen. Diese würden verschiedene Berufstitel umfassen, vom Direktor bis zum Schriftführer, und die Versuchsperson sei nun gebeten, die für sie passende Rolle auszuwählen. Zu diesem Zweck wurde dann ein Schaubild ausgehändigt, das einen Verhandlungstisch zeigte; die sechs verschiedenen Positionen waren nach ihrem «Status» von oben nach unten um den Tisch verteilt. Die Aufgabe der Versuchsperson bestand darin, diejenige Position anzukreuzen, die sie im Rollenspiel einnehmen wollte.

Die theoretische Bedeutung dieses Vorgehens ist folgende: Den Versuchspersonen sollten Symbole im Bereich des selbstbezogenen Zieles «Manager» angeboten werden. Falls Postulat 1 zutrifft, daß Personen das Fehlen von Symbolen bezüglich eines selbstbezogenen Zieles durch alternative relevante Symbole zu kompensieren trachten, dann müßten die Versuchspersonen, denen in der Persönlichkeitsstudie fehlende Ähnlichkeit mit erfolgreichen Managern bestätigt worden war, jetzt nach symbolischem Ersatz streben. Es darf wohl angenommen werden, daß Positionen mit hohem Prestige (z. B. Direktor) einen höheren Ersatzwert haben als Positionen mit niedrigerem Prestige (z. B. stellvertretender Direktor, Abteilungsleiter, Schriftführer). Folglich sollten von den Versuchspersonen, die nach Selbstsymbolisierung strebten (negatives Persönlichkeitsfeedback), höhere Positionen gewählt werden als von

Versuchspersonen, deren Bedürfnis nach Selbstsymbolisierung nicht angeregt worden war (positives Persönlichkeitsfeedback).

Es stellte sich heraus, daß 62 % der Versuchspersonen mit negativem Persönlichkeitsfeedback für das Berufsfeld «Manager» die höchste Position wählten, nämlich die des Direktors, während nur 25 % der Versuchspersonen der Vergleichsgruppe mit positiver Rückmeldung diese Position einnehmen wollten. Die Manipulation der wahrgenommenen Ähnlichkeit der Versuchspersonen mit erfolgreichen «Familienvätern» hatte dagegen keine differenzierenden Effekte auf die Wahl der zu spielenden Position im Entscheidungsgremium. Sowohl in der positiven Feedbackgruppe (28 %) als auch in der negativen Feedbackgruppe (20 %) war der Prozentsatz der Versuchspersonen, die die Position des Direktors einnehmen wollten, relativ niedrig. Dieser zusätzliche Befund führte zu einer signifikanten Interaktion der Faktoren «positive vs. negative Persönlichkeitsrückmeldung» und «Inhalt der Rückmeldung» (Managers vs. Familienvater). Offensichtlich berührte die Manipulation der wahrgenommenen Ähnlichkeit mit einem erfolgreichen Familienvater nicht die Selbstdefinition «Manager»; die Selbstergänzungstheorie läßt dann auch keine Kompensationsbemühungen im Bereich dieser Selbstdefinition erwarten.

Vollständigkeitserzeugende Effekte sozialer Realität (Postulat 2)

Wir können nach Postulat 1 davon ausgehen, daß eine unvollständige Person im Sinne eines Kompensationsprinzips handelt: Je weniger Symbole man aufzeigen kann, um so mehr strebt man nach weiteren Vollständigkeitsindizien (Symbole). Das zweite theoretische Postulat bringt uns zu einer weiteren Hypothese: Erfolgreiche Selbstsymbolisierungsversuche bedürfen der sozialen Realisierung. Wenn die selbstsymbolisierende Person den Eindruck hat, daß die Selbstsymbolisierung vom Publikum zur Kenntnis genommen wurde (oder zur Kenntnis genommen werden wird), resultiert eine erhöhte Vollständigkeit im jeweiligen selbstbezogenen Bereich. Das primär methodische Problem der Überprüfung dieser Hypothese besteht in der Operationalisierung von «erhöhter Vollständigkeit». Am einfachsten erscheint natürlich das direkte Abfragen von Vollständigkeit. Zum Beispiel könnte man eine Person, die sich das selbstbezogene Ziel «Musiker» gesetzt hat, fragen, wie kompetent sie sich eigentlich als Musiker fühlt. Leider läßt ein derartiges Vorgehen völlig außer acht, daß Selbstberichte im Dienst von Selbstsymbolisierungsbedürfnissen stehen können. Daraus folgt, daß man aufgrund eines positiven Selbstberichtes einer Person nicht auf Vollkommenheit dieser Person schließen kann; der positive Selbstbericht könnte genauso gut als Ersatzhandlung für erlebte symbolische Unvollkommenheit fungieren. WICKLUND und GOLLWITZER (1983) haben diese Möglichkeit und ihre Konsequenzen für die oft kritiklos angenommene Validität von Selbstberichten ausführlich diskutiert.

GOLLWITZER (1981) hat den Grad symbolischer Vollständigkeit auf eine andere, indirekte Weise erhoben. Nachdem erste Selbstsymbolisierungsversuche der Versuchspersonen zu einer sozialen Realisierung geführt hatten, bzw. diese soziale Realisierung gescheitert war, wurde ihnen eine zusätzliche Gelegenheit zur Selbstsymbolisierung angeboten. Gemäß dem zweiten Postulat der Selbstergänzungstheorie sollte die glücklose (im Sinne der sozialen Realisierung der Selbstsymbolisierung) Versuchspersonengruppe mehr von dieser weiteren Selbstsymbolisierungsmöglichkeit Gebrauch machen als ihre erfolgreiche Vergleichsgruppe. Im Rahmen der Theorie spiegelt der Grad des Strebens nach Vollständigkeit das Ausmaß der subjektiv erlebten Unvollständigkeit wider.

Der Versuchsablauf wurde folgendermaßen gestaltet: Bereits Wochen vor dem eigentlichen Experiment wurden mittels Fragebogen junge Studentinnen ermittelt, die dem selbstbezogenen Ziel verpflichtet waren, «eine gute Mutter zu sein». Zur Teilnahme am Experiment wurden dann nur diejenigen Studentinnen geladen, die bezüglich des gesteckten Zieles noch sehr unvollkommen (ohne Kinder) waren. Der Versuchsleiter erklärte den Versuchspersonen zu Beginn des Experiments, sie hätten mit einer Partnerin, die sich in einem (dem Raum der Versuchsperson) gegenüberliegenden Zimmer befände, eine Kommunikationsspiel durchzuführen. Der Ablauf der Interaktion solle nun so vonstatten gehen, daß die Versuchsperson zunächst versucht, eine Liste von acht Fragen schriftlich zu beantworten. Der Versuchsleiter erklärte, er werde dann diese Antworten der Partnerin der Versuchsperson zeigen. Die Partnerin würde gebeten, ihre Reaktion auf die Aussagen der Versuchsperson ebenfalls schriftlich zu fixieren. Der Versuchsleiter würde schließlich dafür Sorge tragen, daß die Versuchsperson die Reaktionen der Partnerin einsehen könne.

Die Liste der acht Fragen, die der Versuchsperson vorgelegt wurde, enthielt vier für die Selbstdefinition relevante und vier nicht-relevante Fragen. Eine typische, für die Selbstdefinition «Mutter» relevante Frage lautete: «Wie beliebt sind Sie bei Kindern?» Die nicht-selbstbezogenen Fragen waren dagegen recht allgemein gehalten: «Wie hoch ist das durchschnittliche Heiratsalter?» Die selbstbezogenen Fragen erlaubten Antworten, in denen die Versuchspersonen symbolische Vollständigkeit ausdrücken konnten. Im Vergleich dazu gaben die nicht-selbstbezogenen Fragen den Versuchspersonen praktisch keine Chance, eine ihre Selbstdefinition fördernde Antwort zu ersinnen.

In der Versuchsbedingung «soziale Realität» brachte der Versuchsleiter, nachdem die Versuchspersonen alle Fragen schriftlich beantwortet hatten, die vier selbstbezogenen Fragen/Antworten zur Partnerin der Versuchsperson. Der Versuchsperson wurde erklärt, daß man der Partnerin aus Zeitgründen nur eine zufällige Auswahl von vier Antworten vorlegen könne. Die Versuchsperson erhielt dann eine schriftliche Rückmeldung, die im wesentlichen die Aussagen der Versuchsperson mit anderen Worten in einem bestätigenden Ton wiederholte. Die Versuchspersonen konnten folglich den Eindruck gewinnen, daß die Partnerin ihre Selbstsymbolisierungen zur Kenntnis genommen hatte.

Mit der zusätzlichen Versuchsbedingung «erwartete soziale Realität» sollte außerdem die Frage geprüft werden, ob die bloße Erwartung sozialer Kenntnisnahme bereits ein Vollständigkeitsgefühl aufbauen kann oder ob dazu grundsätzlich tatsächliche soziale Kenntnisnahme erforderlich ist. Diese weitere Versuchsbedingung war mit der Bedingung «soziale Realität» bis auf folgendes identisch: Der Versuchsleiter erklärte, die Partnerin der Versuchsperson habe sich verspätet; demnach würde ihre Rückmeldung erst zu einem späteren Zeitpunkt zu erhalten sein. Dies bedeutete, daß die Versuchsperson in den nächsten Abschnitt des Experiments eintreten mußte, ohne eine konkrete Rückmeldung erhalten zu haben.

Das letzte Drittel der Versuchspersonen wurde schließlich der Kontrollbedingung «keine soziale Realität» zugeteilt. Für diese Versuchspersonen wählte der Versuchsleiter die Antworten auf die vier nichtselbstbezogenen Fragen als Vorlage für die Partnerin. Die Versuchspersonen der Kontrollgruppe bekamen folglich Rückmeldungen nur in bezug auf ihre nicht-selbstbezogenen Aussagen, womit die soziale Realisierung der Selbstsymbolisierungen der Kontroll-Versuchspersonen auf einfache Weise eindeutig ausgeschlossen war.

Im nächsten Abschnitt des Experiments wurde das Ausmaß an Vollständigkeit *indirekt* gemessen. Ein zweiter Versuchsleiter, der seine Untersuchung offensichtlich unabhängig vom ersten Versuchsleiter durchführte, teilte den Versuchspersonen mit, er habe einen Fragebogen entwickelt, mit dem er die Persönlichkeitseigenschaften einer erfolgreichen Mutter festgestellt hätte. Dieser Fragebogen bestand aus zehn bipolaren Eigenschaftsdimensionen, wie zum Beispiel «warm – kalt», «analytisch – intuitiv». Alle zehn Items waren bereits angekreuzt und die Ankreuzungen waren mittels einer durchgezogenen Linie zu einem Persönlichkeitsprofil verbunden. Der Versuchsleiter erklärte, das Profil entspräche dem einer erfolgreichen Mutter. Er sei daran interessiert, mögliche Abweichungen der Versuchspersonen von diesem Ideal-Profil festzustellen.

Die zentrale abhängige Variable war der Abstand zwischen dem Ideal-profil und dem Profil, das die Versuchsperson für sich selbst in den Fra-gebogen eingetragen hatte. Ein geringer Abstand, d. h. eine hohe Ähn-lichkeit des eigenen Profils mit dem einer erfolgreichen Mutter, wurde als ein Selbstsymbolisierungsversuch gewertet. Die Ergebnisse bestäti-gen die These, daß sowohl tatsächliche als auch erwartete soziale Reali-tät das Vollständigkeitsgefühl erhöhen. Die Versuchspersonen der Kon-trollbedingung (keine soziale Realität) zeichneten ihre Persönlichkeits-profile signifikant näher an das Profil der erfolgreichen Mutter als die Versuchspersonen beider Experimentalbedingungen (tatsächliche und erwartete soziale Realität).

Das Vorzeigen eines Symbols: für andere oder für das Selbst?
(Postulat 3)

Eine Anzahl von nur leicht unterschiedlich klingenden Begriffen, wie z. B. Selbstdarstellung («self-presentation»; JONES & PITTMANN, 1982), Selbstüberwachung («self-monitoring»; SNYDER, 1979) oder Eindrucks-bildung («impression management»; SCHLENKER, 1980) dienen in der Sozialpsychologie der Analyse einer besonderen Art sozialen Verhal-tens. All diesen Konzepten unterliegt ein gemeinsames Menschenbild, das man folgendermaßen charakterisieren kann: Die Person verhält sich ihrer sozialen Umwelt gegenüber sensibel und responsiv; sie strebt nach einer klaren Vorstellung davon, was andere von ihr erwarten und ver-sucht, diesen Erwartungen zu entsprechen. Die exakten psychologischen Voraussetzungen dieser Orientierung auf andere bleiben allerdings meist unausgesprochen. Es wird postuliert, daß Personen generell (im Rah-men des SNYDERschen Ansatzes nur bestimmte Menschen, nämlich die Personen mit hoher Selbstüberwachungstendenz) danach streben, einen positiven (bzw. einen konsistenten) Eindruck auf die sie umgebende so-ziale Umwelt zu machen. Einfache, ich-bezogene Wünsche ordnen sich dem Ziel der erfolgreichen Selbstdarstellung, Selbstüberwachung oder Eindrucksbildung unter; die Selbstdarstellung richtet sich völlig nach den Wünschen der jeweils Anwesenden und dient nicht den Bedürfnis-sen oder Eigenschaften des Selbst.

Es stellt sich nun folgende Frage: Handelt es sich bei den Selbstsym-bolisierungen einer symbolisch unvollkommenen Person um ein Phäno-men, das im Rahmen der einen oder anderen Selbstdarstellungsschule bereits beschrieben und erklärt wird? Sowohl Selbstdarstellungen als auch Selbstsymbolisierungen sind «auf andere» gerichtet. Handelt es sich deshalb nicht um das gleiche Phänomen?

Bei genauerem Hinsehen entpuppt sich ein entscheidender Unter-schied. Die Orientierung «auf andere», die von den verschiedenen

Selbstdarstellungsansätzen thematisiert wird, hat zum Ziel, Wünsche oder – allgemeiner gesagt – die Perspektiven eines zu befriedigenden Publikums zu verstehen und sich ihnen entsprechend zu verhalten. D. h. das Selbstdarstellungsziel der Person ist erst dann erreicht, wenn die Person die Wünsche des Publikums korrekt identifiziert hat und ihnen durch die anschließende Selbstdarstellung entsprechen konnte.

Ganz im Gegensatz dazu verfolgt die selbstsymbolisierende Person ein sehr persönliches Ziel, wenn sie sich, um der sozialen Realisierung ihrer Selbstsymbolisierungen willen, um ein Publikum bemüht. Diese Orientierung auf andere ist nicht vom Ziel geleitet, die Wünsche und Eigenschaften des Publikums zu verstehen. Die selbstsymbolisierende Person ist an einer einzigen Qualität ihres Publikums interessiert, nämlich an der Bereitschaft des Publikums, die zur Schau gestellten (Ersatz-) Symbole zur Kenntnis zu nehmen und dies umso mehr, je stärker das zugrundeliegende Unvollständigkeitsgefühl ausgeprägt ist. Die soziale Orientierung der selbstsymbolisierenden Person ist damit nichts weiter als die Suche nach sozialen Realisierungsmöglichkeiten. Derjenige, der die Selbstsymbolisierungen zur Kenntnis nehmen soll, wird nicht in seiner Individualität, d.h. als Person mit individuellen Bedürfnissen und Wünschen erkannt. Er wird nur als deindividualisierter Funktionsträger bezüglich sozialer Realisierungspotenz thematisiert.

GOLLWITZER & WICKLUND (1985a) versuchten in einem Experiment den besonderen Charakter des sozialen Verhaltens selbstsymbolisierender Personen zu veranschaulichen. Diese Studie sollte folgendes verdeutlichen: (1) Selbstsymbolisierungen sind kein bloßes Selbstdarstellungsphänomen, und (2) das Streben nach sozialer Realität kann die Sensibilität anderen gegenüber erheblich stören.

Männliche Versuchspersonen, die sich selbstbezogene Ziele in den Bereichen Mathematik, Journalismus, Fotografie, Schwimmen, Tennis und Wettlaufen gesetzt hatten, nahmen an diesem Experiment teil. Da es Ziel unserer Studie war, zwei entgegenwirkende Prozesse in Gang zu setzen, war es nötig, die folgenden Bedingungen zu schaffen.

Um Selbstdarstellungsprozesse auszulösen, haben wir die Wünsche eines «anderen» salient gemacht. In unserer Studie war dieser «andere» eine attraktive junge Studentin, mit der die Versuchsperson ein längeres Gespräch zum Zwecke des unverbindlichen Kennenlernens erwartete. Wir manipulierten die Wünsche dieser Zielperson, indem wir in einer Versuchsbedingung den Probanden mitteilten, daß sie relativ bescheidene Männer attraktiv fände, während in einer anderen Versuchsbedingung der Eindruck erzeugt wurde, die junge Frau würde selbstsichere, geradezu unbescheidene Männer bevorzugen. Die Vorhersage der verschiedenen Selbstdarstellungsansätze ist klar und einfach: Um bei der Zielperson einen guten Eindruck zu machen, werden sich die Versuchspersonen je nach Versuchsbedingung entweder bescheiden oder anmaßend präsentieren.

Die Tendenz der Versuchspersonen zur Selbstsymbolisierung wurde auf folgende Weise variiert: Die Versuchspersonen mußten einen Persönlichkeitsfragebogen ausfüllen, der aus mehreren bipolaren Eigenschaftspaaren bestand. Der Versuchsleiter trug dann auf denselben Fragebogen das Profil eines «Experten» ein. Einer Versuchsperson, die sich beispielsweise dem selbstbezogenen Ziel «Journalist» verschrieben hatte, wurde dieses Profil als das eines erfolgreichen Journalisten beschrieben. Analog wurde mit den Mathematikern, Fotographen, Schwimmern usw. verfahren. Probanden der einen Versuchsbedingung erfuhren, daß ihr eigenes Profil von dem des Experten sehr abweichend ist. Diese Versuchspersonen mußten folglich vermuten, sie hätten Persönlichkeitsmerkmale, die ihr Ziel behindern, große Journalisten (oder vollendete Fotographen usw.) zu werden. Die Versuchspersonen der anderen Versuchsbedingung erfuhren das genaue Gegenteil und durften folglich annehmen, daß ihrem Ziel, Journalist (Mathematiker usw.) zu werden, von ihren Persönlichkeitsmerkmalen her nichts im Wege stünde. Man kann davon ausgehen, daß negatives Persönlichkeitsfeedback als Fehlen eines relevanten Symbols interpretiert wird und folglich Selbstsymbolisierungsversuche stimuliert; positives Persönlichkeitsfeedback dürfte dagegen den gegenteiligen Effekt produzieren.

Der Ablauf des Experiments stellte sich wie folgt dar: Am Anfang des Versuchs weckte der Versuchsleiter die Erwartung, die Versuchsperson werde in wenigen Minuten eine attraktive, junge Frau kennenlernen. Kurz danach wurde die Selbstdarstellungsvariable eingeführt: die Versuchsperson wurde glaubengemacht, diese Frau sei entweder durch Bescheidenheit oder durch anmaßende Selbstdarstellung zu beeindrucken. Weiterhin wurden die Versuchspersonen beider Selbstdarstellungsbedingungen je zur Hälfte einer Vollständigkeits- und einer Unvollständigkeitsmanipulation ausgesetzt. Schließlich (kurz vor dem erwarteten Zusammentreffen mit der attraktiven Frau) mußten die Versuchspersonen eine schriftliche Selbstbewertung (als Journalist, Mathematiker usw.) abgeben. Die Versuchspersonen erwarteten, daß diese Selbsteinschätzungen der attraktiven Frau vorgelegt werden würden.

In einem derartigen Versuchsparadigma sind zwei konkurrierende Prozesse denkbar: Selbstdarstellung und Selbstsymbolisierung. Von der Perspektive eines Selbstdarstellungstheoretikers aus sollten die Versuchspersonen ihre Selbsteinschätzungen an den Wünschen der attraktiven Frau orientieren. Aus der Perspektive eines Kompensationstheoretikers ist die Situation etwas komplizierter. Sind positive Selbsteinschätzungen erwünscht, besteht für die Versuchsperson mit negativem Persönlichkeitsfeedback kein Konflikt: Eine positive Selbstbeschreibung dient sowohl der Selbstsymbolisierung als auch der Selbstdarstellung. Wenn aber die Gunst der attraktiven Frau nun über eine selbstabwertende, bescheidene Selbstdarstellung zu gewinnen ist, geraten die Versuchspersonen mit negativem Persönlichkeitsfeedback, da sie nach Möglichkeiten der Selbstsymbolisierung Ausschau halten, in einen Konflikt. Negative Selbstbeschreibungen eignen sich schlecht als Ersatz für ein fehlendes wichtiges Symbol; sie würden nur auf weitere Mängel verweisen und die Selbstdefinition der Versuchsperson zusätzlich untergraben.

Die beschriebene Versuchsanordnung erlaubt nun, die zu Beginn dieses Abschnitts aufgeworfene Frage zu entscheiden, ob Selbstsymbolisierungen nichts weiter sind als ein Selbstdarstellungsphänomen. Wäre dies der Fall, müßten Versuchspersonen mit negativem Persönlichkeitsfeedback der von der attraktiven Zielperson erwünschten Bescheidenheit ebenso bereitwillig nachkommen wie Versuchspersonen mit positivem Persönlichkeitsfeedback. Berücksichtigt man dagegen Postulat 3 der Selbstergänzungstheorie, kommt man zu einer gegensätzlichen Vorhersage. Versuchspersonen mit negativem Persönlichkeitsfeedback sollten den Wunsch nach Bescheidenheit seitens der attraktiven Zielperson bei der Formulierung ihrer Selbstbeschreibung ignorieren und positivere Selbstbeschreibungen an die Zielperson richten als ihre Vergleichsgruppe.

Die Versuchspersonen gaben ihre Selbstbeschreibung durch Beantwortung folgender drei Fragen: «Wie fähig sind Sie Ihrer Meinung nach in Ihrem Fachgebiet im Vergleich zu anderen Universitätsstudenten?» «Wieviele Leute kennen Ihre Fertigkeiten in Ihrem Fachgebiet?» «Erfahren Sie soziale Anerkennung durch Ihre Leistungen in Ihrem Fachgebiet?» Da diese drei Fragen in konsistenter Weise beantwortet wurden, faßten wir diese Items zu einem Selbstbeschreibungsindex zusammen. Es zeigt sich, daß Selbstbeschreibungen am negativsten ausfielen, wenn die Zielperson eine bescheidene Selbstbeschreibung verlangte und die Versuchsperson positive Persönlichkeitsrückmeldung erhalten hatten. Bei negativer Persönlichkeitsrückmeldung fielen die Selbstbeschreibungen – trotz Bescheidenheitswunsch seitens der Zielperson – signifikant positiver aus. Waren die Versuchspersonen dahingehend informiert, daß die Zielpersonen positive Selbstbeschreibungen erwartet, zeigten sich keine signifikanten Unterschiede zwischen der Versuchspersonengruppe mit positiver bzw. negativer Persönlichkeitsrückmeldung.

Diese Befunde stützen die im Postulat 3 der Selbstergänzungstheorie formulierten Annahmen. Außerdem ergeben sich für beide theoretischen Positionen – Selbstdarstellung und Selbstergänzung – wichtige Implikationen. Selbstbeschreibungen können offensichtlich einer ganzen Reihe verschiedener psychologischer Ziele dienen, wie etwa einen guten oder konsistenten Eindruck auf ein Publikum zu machen oder symbolische Vollständigkeit in einem selbstbezogenen Bereich zu verfolgen. Deshalb scheint es bei der Beurteilung von Selbstbeschreibungen einer Person unerläßlich, sich darüber Gedanken zu machen, ob die Person einen Mangel an selbstbezogenen Symbolen in die Situation einbringt. Wie unser Experiment zeigt, kann der Versuch, einen bestimmten Grad an Vollständigkeit zu gewinnen, den «normalen» Selbstdarstellungsprozeß deutlich verändern.

Verschiedene Arten der Selbstsymbolisierung

Im Rahmen der Selbstergänzungstheorie ist eine Selbstsymbolisierung ein Kommunikationsversuch, der darauf gerichtet ist, die soziale Realisierung eines (Ersatz-) Symbols der angestrebten Selbstdefinition zu erreichen. Ausgehend von dieser Definition kommen allerlei Aspekte des Individuums – ob nun mündliche Äußerungen, Gesten oder materielle Dinge – zum Zweck der Selbstsymbolisierung in Frage, wobei lediglich wichtig erscheint, daß diese Aspekte für die angestrebte Selbstdefinition relevant sind und das Potential haben, dem selbstsymbolisierenden Individuum soziale Realität zu verschaffen. Die Relevanz einer Selbstsymbolisierung bezüglich einer bestimmten Selbstdefinition wird letztendlich durch das soziale Umfeld des Individuums bestimmt. Dieses soziale Umfeld legt praktisch durch seine Funktion als soziale Realität für die Ausgestaltung der Selbstdefinition fest, welche Formen diese Ausgestaltung – und damit die Selbstsymbolisierungen des Individuums – annehmen darf. In unserer Forschung haben wir eine Reihe verschiedener Selbstsymbolisierungsformen untersucht, die wir hier zwecks einfacherer Darstellung in drei verschiedene Arten der Selbstsymbolisierung gruppiert haben.

Selbstbeschreibungen

Die wohl einfachste, direkteste und am leichtesten zugängliche Form der Selbstsymbolisierung ist die der Selbstbeschreibung. Das Symbol besteht in der verbalen Behauptung des Individuums, es sei im Besitz relevanter Symbole. Die Selbstbeschreibung gewinnt selbstergänzende Qualität, wenn das Individuum ein Publikum für seine Äußerung gefunden hat bzw. dies erwarten darf. Im Rahmen unseres Experiments zum Postulat 3 haben wir ein erstes Beispiel von Selbstsymbolisierung in der Form einer Selbstbeschreibung vorgestellt (GOLLWITZER & WICKLUND, 1985a). Die Effekte der dort beschriebenen Unvollständigkeitsmanipulation auf Selbstbeschreibungen waren ziemlich eindeutig: Verunsicherte Versuchspersonen waren insbesondere daran interessiert, der Interaktionspartnerin einen selbstdefinitionsfördernden Selbstbericht zukommen zu lassen.

WICKLUND & GOLLWITZER (1981, Studie 4) erhöhten die symbolische Unvollkommenheit in einem selbstdefinierenden Bereich, indem sie studentische Versuchspersonen aufforderten, einen Aufsatz über ihren schlechtesten Lehrer zu schreiben. Versuchspersonen der Kontrollbedingung schrieben einen Aufsatz über ihren besten Lehrer. Dieses Vorgehen entspricht der Annahme, daß die Qualität eines früheren Lehrers als Symbol der angestrebten Selbstdefinition fungiert.

Die Versuchspersonen wurden dann in einem zweiten Versuchsabschnitt gebeten, anhand von Prozentsätzen ihre Mitstudenten, die sie als qualifizierter als sich selbst einschätzten, eine möglichst negative Beschreibung ihrer selbst zu geben. Um diese Beschreibungen soziale Realität werden zu lassen, wurden sie als Material für künftige Untersuchungen kenntlich gemacht, wobei die Versuchspersonen gebeten wurden, ihre Selbstbeschreibungen zu signieren. Der Annahme entsprechend, daß Selbstbeschreibungen als Selbstsymbolisierungen fungieren können, zeigte sich, daß Versuchspersonen, die über ihren schlechtesten Lehrer geschrieben hatten, in ihren Selbstbeschreibungen von nur 50 % ihrer Mitstudenten sprachen. Die Kontrollgruppe (bester Lehrer) scheute sich dagegen nicht, einen Prozentsatz von zwei Drittel ihrer Mitstudenten anzugeben. Offensichtlich waren die Versuchspersonen der Experimentalgruppe (schlechtester Lehrer) weniger zu negativeren Selbstbeschreibungen bereit als die Versuchspersonen der Kontrollgruppe (bester Lehrer).

GOLLWITZER, WICKLUND & HILTON (1982) haben die Frage nach der Selbstsymbolisierungsfunktion von Selbstbeschreibungen erneut aufgegriffen. Es wurde gefragt, unter welchen Bedingungen eine Person bereit ist, begangene Fehler einzugestehen. Man nahm an, daß das Aufzählen von Fehlern in einem selbstdefinierenden Tätigkeitsbereich einer *negativen* Selbstsymbolisierung gleichkommen müsse und somit die Vollkommenheit der Selbstdefinition der Person untergräbt. Daraus folgt nun zweierlei:

(1) Personen, die mit einem Mangel an relevanten Symbolen konfrontiert werden, sollten besondere Hemmungen haben, derartige Fehler einzugestehen.

(2) Das Eingestehen von Fehlern sollte zu symbolischer Unvollkommenheit führen, die die Person zu kompensatorischen Selbstsymbolisierungen anregt. Die Ergebnisse zweier experimenteller Studien stützten diese Thesen. Es scheint damit gerechtfertigt anzunehmen, daß Selbstbeschreibungen wie andere Selbstsymbolisierungen das Erleben symbolischer Vollkommenheit/Unvollkommenheit bedingen können.

Soziale Beeinflussung

Eine weitere Form der Selbstsymbolisierung, die soziale Einflußnahme, ist der Selbstbeschreibung sehr ähnlich; beide setzen die Anwesenheit einer Zuhörerschaft voraus. Einflußnahme ist jedoch die sozial akzeptiertere Form der Selbstsymbolisierung, da sie im Vergleich zu den oben besprochenen selbstsymbolisierenden Selbstbeschreibungen weniger egozentrisch und prahlerisch zu sein scheint. Trotzdem können soziale Einflußnahmeversuche erfolgreich als Kompensation fehlender symbolischer Vollständigkeit fungieren, da die Bereitschaft, andere innerhalb eines bestimmten Bereiches zu unterrichten, von seiten der Gesellschaft als ein Kompetenzzeichen im jeweiligen Bereich angesehen wird.

WICKLUND & GOLLWITZER (1981) haben den Zusammenhang zwischen symbolischer Unvollkommenheit und sozialer Einflußnahme in einer korrelativen Studie untersucht. In Studien zur Überprüfung der Selbstergänzungstheorie ist es von entscheidender Bedeutung, auf der Seite der «unabhängigen Variable» eine symbolische Dimension zu bestimmen, die in den Augen der Versuchsperson weitgehend festgelegt ist und nicht einfach zu verändern ist. Ansonsten würden die Versuchspersonen erst gar keine symbolische Unvollkommenheit konstatieren, sondern einfach die in Frage stehende symbolische Dimension zu ihren Gunsten verändern. (Z. B. läßt sich das Symbol «Ausbildung» nicht augenblicklich verändern; es bedarf dazu der Zulassung an eine Ausbildungsstätte, des oft mehrjährigen Besuchs dieser Institution und schließlich des erfolgreichen Prüfungsabschlusses.) Zur Bestimmung symbolischer Un-/Vollkommenheit fragten wir deshalb unsere Versuchspersonen nach der Ausbildungszeit, die sie in dem von ihnen genannten speziellen Kompetenzbereich absolviert hatten. Versuchspersonen mit vergleichsweise kurzer Gesamtausbildungszeit sollten sich weniger vollkommen fühlen als Versuchspersonen mit vielen Ausbildungsjahren.

Die Versuchspersonen wurden weiterhin aufgefordert, einen kurzen selbstdefinitionsrelevanten Aufsatz zu schreiben, der Anfängern im entsprechenden Ausbildungsbereich Anregungen zum Erwerb besserer Kenntnisse geben sollte. Als mögliche «Einflußziele» standen den Vpn 12 unterschiedliche Personengruppen zur Verfügung, von denen zu bestimmen war, wieviele ihren Aufsatz lesen sollten. Der Annahme entsprechend, daß größere symbolische Unvollständigkeit erhöhte Einflußnahmeanstrengungen bedingt, ergab sich ein signifikanter negativer Zusammenhang ($r = -.34$, $N = 111$) zwischen der Anzahl der Ausbildungsjahre und der Anzahl der gewählten Gruppen.

Wir führten eine Reihe weiterer Studien durch, die ebenfalls soziale Einflußnahme als Selbstsymbolisierungsmöglichkeit offerierten (s. WICKLUND & GOLLWITZER, 1982, Kap. 8). Die Versuchspersonen in diesen Studien hatten sich den unterschiedlichsten selbstbezogenen Zielen verschrieben. In einer dieser Studien wurde untersucht, inwieweit man bereit ist, seine eigenen Erziehungsphilosophien für andere als verbindlich zu erklären. Es wurde angenommen, daß für Frauen mit der Selbstdefinition «Mutter» ein eigenes Kind ein Vollständigkeitssymbol darstellt. Wir befragten zwei Frauengruppen (eine mit und eine ohne eigene Kinder), wieviele Eltern in ihrer Nachbarschaft ihre Kindererziehungsphilosophien anwenden sollten. Frauen mit eigenen Kindern nannten einen relativ niedrigen Prozentsatz (weniger als die Hälfte der Eltern der Nachbarschaft), während Frauen ohne eigene Kinder ihre Ansichten über Kindererziehung für einen signifikant höheren Prozentsatz (mehr als zwei Drittel der Eltern der Nachbarschaft) für angemessen hielten. Dieses und ähnliche Ergebnisse (s. WICKLUND & GOLLWITZER, 1982, Kap. 8) lassen den Schluß zu, daß Einflußnahme ein probates Mittel der Selbstsymbolisierung darstellt.

Dinghafte Symbole

Materielle Symbole sind Gegenstände, die über ein Besitzverhältnis mit der Person verknüpft sein können. Beispiele hierfür sind ein imposanter Weinkeller mit erlesenen französischen Rotweinen, der seinen Besitzer als Weinkenner ausweist oder eine gutsortierte Privatbibliothek, die die Selbstdefinition «intellektuell» signalisiert. Der wesentliche Unterschied zwischen Selbstbeschreibung, Einflußnahme und dinghaften Symbolen besteht darin, daß Selbstbeschreibung und Einflußnahme aktives Handeln der Person verlangen, während der Person im Zusammenhang mit bereits erworbenen dinghaften Symbolen eine eher passive Rolle zukommt, solange sie annehmen darf, daß das dinghafte Symbol von anderen zur Kenntnis genommen wird. Bislang wurde die Benutzung von dinghaften Symbolen als Selbstsymbolisierungsmaßnahme nur in zwei korrelativen Untersuchungen analysiert, die in Kontexten angesiedelt sind, die traditionell sehr symbolbeladen sind, nämlich die Geschäftswelt und der Bereich religiösen Verhaltens (s. WICKLUND & GOLLWITZER, 1982, Kap. 9).

Versuchspersonen der ersten Studie waren fortgeschrittene, eindeutig verpflichtete Studenten der Wirtschaftswissenschaften an einer amerikanischen Universität. Prüfungsnoten, Dauer des Studiums und die Anzahl von Job-Interviews mit interessierten Unternehmen u. a. wurden zu einem Index symbolischer Vollständigkeit zusammengefaßt. Die abhängige Variable dieser Studie – das Zurschaustellen dinghafter Symbole – wurde von zwei unabhängigen Beurteilern erfaßt, während die Versuchsperson einen Fragebogen ausfüllte. Als Symbole eines Geschäftsmannes wurden interpretiert: (1) teure Armbanduhr, (2) elegante

Schuhe, (3) Luxusgegenstände, wie z. B. eine Aktentasche aus Leder, (4) keine langen Haare und (5) kein Bart. Für amerikanische Verhältnisse sind lange Haare und/oder Bart für einen seriösen Geschäftsmann nicht angemessen. Die Beobachtungen der Beurteiler wurden zu einem Index der Bereitschaft, dinghafte Symbole zur Schau zu stellen, zusammengefaßt. Setzt man beide Indizes in Zusammenhang, ergibt sich ein negativer Korrelationskoeffizient, der die Interpretation nahelegt, daß Versuchspersonen mit einer schwächeren symbolischen Grundlage für eine Karriere als Geschäftsmann eher dazu neigten, sich mit Erfolgssymbolen zu schmücken als Versuchspersonen mit einer breiteren Grundlage. Analoge Ergebnisse fanden sich mit religiösen Versuchspersonen (WICKLUND & GOLLWITZER, 1982, Kap. 9). Alle Versuchspersonen hatten angegeben, sich der einen oder anderen Konfession zugehörig zu fühlen. Symbolische Unvollkommenheit wurde wie folgt festgestellt: Die Versuchspersonen mußten angeben, ob beide Eltern der eigenen Konfession angehören oder ob ein Elternteil (oder sogar beide) einer anderen Konfession angehört. Wir nahmen an, daß Versuchspersonen mit einem konfessionsfremden Elternteil im Vergleich zu Versuchspersonen mit konfessionsgleichen Eltern eine reduzierte symbolische Vollkommenheit aufwiesen. Ähnlich den Ergebnissen der vorausgegangenen Studie mit Wirtschaftsstudenten, machten die symbolisch unvollständigen Versuchspersonen (im Sinne einer den religiösen Überzeugungen der Versuchsperson konträren konfessionellen Gebundenheit der Eltern) einen intensiveren Gebrauch von dinghaften Symbolen (z. B. Tragen eines Kreuzanhängers) als die Vergleichsgruppe der vollkommenen Versuchspersonen.

Beide Studien veranschaulichen die Kompensationsfunktion dinghafter Symbole. Somit steht der Person, die ein selbstbezogenes Ziel anstrebt, neben Selbstbeschreibungen und sozialer Beeinflussung ein weiteres Selbstsymbolisierungsmittel zur Verfügung. Es stellt sich nun die Frage, ob sich diese drei Arten der Selbstsymbolisierung in ihrer Effektivität unterscheiden. Die Beantwortung dieser Frage sollte sich auf die Art der sozialen Realität beziehen, die durch die jeweilige Selbstsymbolisierung erzielt werden kann. Selbstsymbolisierungen, die eine dauerhafte, unvergängliche Anerkennung durch die Öffentlichkeit garantieren, dürften wohl die stabilsten Vollständigkeitsgefühle nach sich ziehen.

Wie unterscheiden sich nun Selbstbeschreibungen, soziale Einflußnahme und das Zurschaustellen dinghafter Symbole hinsichtlich einer derartigen sozialen Realisierung? Selbstbeschreibungen und soziale Einflußnahme sind Selbstsymbolisierungen, die relativ leicht zum Einsatz gebracht werden können, da für sie lediglich eine entsprechende Öffentlichkeit gefunden werden muß. Beim Zurschaustellen dinghafter Symbole dagegen bedarf es nicht nur einer zur Kenntnisnahme bereiten Öffentlichkeit; das Individuum muß darüber hinaus das in Frage stehende dinghafte Symbol zunächst erst einmal erwerben. Dies ist insofern nicht einfach, da die Gesellschaft offensichtlich kontrolliert, für welche Leistungen derartige Symbole vergeben werden. Deshalb dürfte dinghaften Symbolen eine größere Glaubwürdigkeit zukommen, die dann mit einer relativ dauerhaften Anerkennung einhergehen sollte. Im Vergleich hierzu erscheint die Anerkennung, die durch Selbstbeschreibungen und Einflußnahme erzielt werden, relativ vergänglich; sie muß folglich immer wieder neu «verdient» werden.

Die Rezeption selbstsymbolisierender Handlungen

Bislang haben wir uns ausschließlich mit der psychologischen Situation der selbstsymbolisierenden Person beschäftigt. Die Frage nach den Personen, die als soziale Realität für die kompensatorischen Anstrengungen der selbstsymbolisierenden Person fungieren, wurde weitgehend ausgeklammert. Wie versteht dieses «Publikum» derartige Kompensationsbemühungen? Werden Selbstsymbolisierungen als Kompensationsbemühungen erkannt oder als Ausdruck der Vollkommenheit einer Selbstdefinition betrachtet?

Zunächst ist festzuhalten, daß Selbstdefinitionen gesellschaftliche Produkte sind. Welche Symbole als Bausteine für die Ausgestaltung einer Selbstdefinition fungieren können, ist im «Wissen» der sozialen Umwelt des Individuums verankert. So weiß nicht nur das einzelne Individuum, das nach der Selbstdefinition «Intellektueller» strebt, daß ein Intellektueller gerne alle möglichen Ideen bereitwillig diskutiert, viel liest, eine ganze Reihe von Büchern sein eigen nennt und einen Beruf ausübt, der viel Kopfarbeit verlangt. Auch die soziale Umwelt, die gleichsam als Hintergrund dient, vor dem die individuelle Ausgestaltung einer Selbstdefinition vollzogen wird, weiß sehr wohl von der Zugehörigkeit dieser Symbole zur Selbstdefinition «Intellektueller». Es sollte somit nicht verwundern, daß die soziale Umwelt, auch wenn sie als Zuhörerschaft für die Selbstsymbolisierungen eines einzelnen Individuums auftritt, an der Zusammengehörigkeit der Symbole einer Selbstdefinition festhält. Das Publikum der selbstsymbolisierenden Handlungen eines Individuums dürfte dann praktisch den kompensatorischen Charakter dieser Aktivitäten nicht erkennen. Während das Zurschaustellen eines Erfolgszeichens auf selbstdefinitorischen Schwächen basiert, glaubt das Publikum, daß die Selbstsymbolisierungen des Individuums eine solide symbolische Grundlage indiziert, und vermutet den Besitz weiterer, alternativer Symbole.

HILTON, GOLLWITZER und WICKLUND (1981, in WICKLUND & GOLL-WITZER, 1982) sind diesen Überlegungen empirisch nachgegangen. Den Versuchspersonen wurde die Rolle von Beurteilern zugewiesen, die bereits bearbeitete Fragebögen einer zuvor durchgeführten Selbstergänzungsstudie analysieren sollten. Es handelte sich dabei um die auf Seite 45 beschriebene Studie über soziale Einflußnahme, deren Ablauf den Versuchsteilnehmern zunächst detailliert vorgetragen wurde. Im weiteren wurden ihnen die Fragebögen mit den Angaben über die Anzahl der zu beeinflussenden Gruppen vorgelegt. Aufgabe der Versuchspersonen war es zu schätzen, wieviele Jahre Ausbildungszeit die entsprechenden Personen in ihrem Kompetenzbereich absolviert hatten. Die Ergebnisse waren eindeutig: Je größer die Anzahl der zu beeinflussenden Gruppen, desto höher die geschätzte absolvierte Ausbildungsdauer. Offensichtlich wurde bei der Beurteilung der Selbstsymbolisierungen in der Form der sozialen Einflußnahme die Möglichkeit eines Kompensationsprozesses nicht ins Auge gefaßt. Obwohl die Studie zur sozialen Einflußnahme zeigte, daß höhere Nennungen aus Unvollständigkeitsgefühlen resultierten, wurde der Wunsch nach einem großen Leserkreis als Zeichen großer Kompetenz interpretiert. Die Ergebnisse der Studie von HILTON et al. sprechen für die vermutete generelle Neigung des Publikums, bei der Beobachtung selbstsymbolisierender Handlungen den Glauben an einen positiven Zusammenhang zwischen den Symbolen einer Selbstdefinition nicht kritisch zu hinterfragen.

Eine unabdingbare Voraussetzung für Selbstsymbolisierungsprozesse: Commitment

Mit Commitment bezüglich eines selbstbezogenen Zieles wird in der Selbstergänzungstheorie ein einfacher, aber bedeutender Sachverhalt beschrieben: eine Person hat sich zur Ausgestaltung einer gewählten Selbstdefinition entschieden. Commitment bezüglich einer Selbstdefinition bedeutet also nicht nur, daß die Person die Selbstdefinition für attraktiv hält. Nur wenige würden es beispielsweise nicht für attraktiv halten, «ein Spitzenmusiker zu sein». Trotzdem nehmen nicht alle Menschen das Ziel «Spitzenmusiker» in Angriff, und dies sicherlich nicht deswegen, weil eben nur sehr wenige Menschen musisches Talent besitzen. Es gibt – zum Leidwesen vieler Musiklehrer – mehr Talente, als die Anzahl bekannter Spitzenmusiker vermuten läßt. Viele Talente verweigern eben, aus welchen Gründen auch immer, den mühsamen Weg vom Talent zum Spitzenmusiker.

Mit Commitment bezüglich einer Selbstdefinition meinen wir also eine Handlungsverpflichtung. Nur unter einer derartigen Voraussetzung ist es gerechtfertigt anzunehmen, daß erkanntes Fehlen eines wichtigen Symbols zu «Ausbesserungsversuchen» mittels alternativer Symbole führt. Ein nicht-verpflichtetes Individuum sollte sich dagegen aus dem gewählten selbstdefinierenden Bereich zurückziehen. Dazu wiederum ein Beispiel: Ein Gesangslehrer macht seine neue Schülerin auf ihr relativ geringes Stimmvolumen und die damit verbundenen Schwierigkeiten aufmerksam. Eine nicht-verpflichtete Schülerin wird dies zum Anlaß nehmen, ihre (potentielle) Kompetenz als Sängerin kritisch zu überdenken, dabei eingeschränkte Entwicklungsmöglichkeiten konstatieren und ihre Ansprüche entsprechend herabsetzen; ja sogar die Wahl anderer Freizeitbeschäftigungen mögen ins Auge gefaßt werden. Ganz anders die verpflichtete Schülerin, die versuchen sollte zu kompensieren. So mag sie sich beispielsweise besonders teure Notenbücher anschaffen, ihre Ausbildung einem bekannteren Gesangslehrer übertragen, den Kindern der Nachbarschaft die Grundbegriffe des Gesangs beibringen und ihren Mitschülerinnen von den besonders schweren Arien erzählen, die sie gerade zu singen gelernt hat. Im Prinzip stehen ihr alle alternativen Indikatoren der Selbstdefinition «Musiker» zur Verfügung, und sie wird von der einen oder anderen Möglichkeit Gebrauch machen.

Wie mißt man nun Commitment bezüglich einer Selbstdefinition? Es lassen sich im wesentlichen zwei Vorgehensweisen unterscheiden: (a) Man beobachtet (bzw. erfragt), ob das Individuum kürzlich Anstrengungen zur Ausgestaltung der gewählten Selbstdefinition unternommen hat. Einen Musiker beispielsweise könnte man fragen, wann er das letzte Mal auf seinem Instrument gespielt hat. Hat er lange Zeit nicht gespielt, ist er im Augenblick sicherlich unverpflichtet im Sinne der handlungsmäßigen Ausgestaltung der Selbstdefinition «Musiker». (b) Man bestimmt die Bereitschaft des Individuums, das Streben im selbstdefinierenden Bereich einzustellen. Zum Beispiel kann man eine Person fragen, wieviel es ihr ausmachen würde, wenn sie aus unvorhergesehenen Gründen (z.B. Krankheit) das angestrebte selbstbezogene Ziel aufgeben müßte. Oder man bestimmt, wie lange die Person noch das Streben nach Vollkommenheit der Selbstdefinition aufrecht zu erhalten gedenkt. Leichtes Aufgeben kann man wohl als fehlende Verpflichtung im Sinne der Ausgestaltung dieser Selbstdefinition betrachten.

In unseren empirischen Arbeiten haben wir die eine oder andere dieser Meßmethoden zur Bestimmung von Commitment herangezogen. Meistens haben wir nur die verpflichteten Personen zur Teilnahme an unseren Experimenten eingeladen, da die Selbstergänzungstheorie nur für diese Personen Kompensationsbemühungen postuliert. An den Studien zur sozialen Einflußnahme nahmen jedoch immer sowohl verpflichtete als auch unverpflichtete Personen teil. Diese Studien eignen sich folglich als Test für die Behauptung, daß kompensatorische Selbstsymbolisierungen nur bei verpflichteten Personen auftreten. In der Einflußnahmestudie, die absolvierte Ausbildungszeit mit der Bereitschaft in Beziehung setzte, andere im zugehörigen Interessenbereich zu unterrichten, zeigte sich der erwartete Unterschied zwischen verpflichteten und nichtverpflichteten Versuchspersonen sehr deutlich. Während verpflichtete Versuchspersonen für fehlende Ausbildungsjahre durch erhöhte Einflußnahmeversuche zu kompensieren trachteten, tendierten nichtverpflichtete Versuchspersonen dazu, fehlende Ausbildungsjahre zum Anlaß zu nehmen, ihre Einflußnahmeversuche eher gering zu halten.

Zusammenfassung

Angeregt durch die Arbeiten LEWINS und seiner Mitarbeiter zum Thema Ersatzhandlung wurde eine Theorie der symbolischen Selbstergänzung vorgestellt, die sich im wesentlichen auf drei Postulate reduzieren läßt. *Postulat 1* bestimmt die antezedenten Bedingungen für Selbstsymbolisierungen, d.h. Ersatzhandlungen im Bereich selbstbezogener Ziele. *Postulat 2* beschreibt die vollständigkeitserzeugenden Effekte der sozialen Realisierung von Selbstsymbolisierungen. Im *Postulat 3* werden schließlich die negativen sozialen Konsequenzen selbstsymbolisierender Handlungen angesprochen. Jedes dieser drei Postulate hat eine Reihe von empirischen Arbeiten stimuliert, die bei unterschiedlichen selbstbezogenen Zielen (z.B. religiös zu sein, Musiker, Geschäftsmann) und verschiedenen Selbstsymbolisierungen (z.B. Selbstbeschreibungen, soziale Einflußnahme, Vorzeigen dinghafter Symbole) unterstützende Befunde erbrachten. Eine Grundvoraussetzung für die Anwendbarkeit der Selbstergänzungstheorie ist, daß das Individuum der Ausgestaltung einer Selbstdefinition verpflichtet ist. Für unverpflichtete Individuen werden keine kompensatorischen Selbstsymbolisierungen erwartet.

Literatur

GOLLWITZER, P.M.: The social reality of self-symbolizing: Winning completeness through others. Doctoral dissertation, University of Texas at Austin 1981.

GOLLWITZER, P.M.: Audience anxiety and symbolic self-completion. Paper presented at the International Conference on Anxiety and Self-Related Cognitions. Berlin, July, 1983.

GOLLWITZER, P.M. & WICKLUND, R.A.: Self-symbolizing and the neglect of others' perspectives. Journal of Personality and Social Psychology, 1985a, *48*, 702–715.

GOLLWITZER, P.M. & WICKLUND, R.A.: The pursuit of self-defining goals. In: KUHL, J. & BECKMANN, J. (Eds.). Action control: From cognitions to behavior. New York: Springer, 1985b, S. 61–85.

GOLLWITZER, P.M.; WICKLUND, R.A. & HILTON, J.L.: Admission of failure and symbolic self-completion: Extending Lewinian theory. Journal of Personality and Social Psychology, 1982, *43*, 358-371.

HENLE, M.: The influence of valence on substitution. The Journal of Psychology, 1944, *17*, 11-19.

HILTON, J.L.; GOLLWITZER, P.M. & WICKLUND, R.A.: Naiveté in perceiving the self-symbolizer. Unpublished manuscript, University of Texas at Austin, 1981.

HOPPE, F.: Erfolg und Mißerfolg. Psychologische Forschung, 1930, *14*, 1-63.

JONES, E.E. & PITTMAN, T.S.: Toward a general theory of strategic self-presentation. In: SULS, J. (Ed.). Psychological perspectives on the self. Vol. 1. HILLSDALE, N.J.: Lawrence Erlbaum Associates 1982, S. 231-262.

LEWIN, K.: Vorsatz, Wille und Bedürfnis. Psychologische Forschung, 1926, *7*, 330-385.

LISSNER, K.: Die Entspannung von Bedürfnissen durch Ersatzhandlungen. Psychologische Forschung, 1933, *18*, 218-250.

MAHLER, W.: Ersatzhandlungen verschiedenen Realitätsgrades. Psychologische Forschung, 1933, *18*, 27-89.

OVSIANKINA, M.: Die Wiederaufnahme unterbrochener Handlungen. Psychologische Forschung, 1928, *11*, 302-379.

SCHLENKER, B.R.: Impression management: The self-concept, social identity, and interpersonal relations. Monterey, Cal.: Brooks/Cole 1980.

SNYDER, M.: Self-monitoring processes. In: BERKOWITZ, L. (Ed.). Advances in experimental social psychology. Vol. 12. New York: Academic Press 1979, S. 85-128.

WICKLUND, R.A. & GOLLWITZER, P.M.: Symbolic self-completion, attempted influence, and self-deprecation. Basic and Applied Social Psychology, 1981, *2*, 89-114.

WICKLUND, R.A. & GOLLWITZER, P.M.: Symbolic self-completion. HILLSDALE, N.J.: Lawrence Erlbaum Associates 1982.

WICKLUND, R.A. & GOLLWITZER, P.M.: A motivational factor in self-report validity. In: SULS, J. & GREENSWALD, A.G. (Eds.). Psychological perspectives on the self. Vol. 2. HILLSDALE, N.J.: Lawrence Erlbaum Associates 1983, S. 67-92.

ZEIGARNIK, B.: Das Behalten von erledigten und unerledigten Handlungen. Psychologische Forschung, 1927, *9*, 1-85.

Die Herausgeber zum folgenden Beitrag

Wenn man das Forschungsprogramm einer dominierenden Strömung der Sozialpsychologie dokumentieren will, muß man feststellen, daß diese Strömung sich einer individualistischen Position nähert, die als fast persönlichkeitspsychologisch zu bezeichnen ist. Im Glossar definieren Raven & Rubin in ihrem Lehrbuch «Social Psychology» (2. Auflage, 1983) als «Impression management. The process by which people select and control their own behavior, as well as the situation in which it is displayed, in order to project a desired image to others.» Diese Theorie behandelt das Selbst als ein Image, das eine Person zu realisieren sucht, indem sie als «Sender» ihre soziale Umwelt mit Informationen versorgt, die zu einer kognitiven Repräsentation bei den anderen, den Nachrichten-Empfängern, führt, die ihnen das ideale Selbst des Senders als reales Selbst erschließt. Die Person demonstriert Verhalten so, wie sie sein möchte. Sie versucht, den Eindruck zu steuern, den andere von ihr zu gewinnen versuchen. Sie stellt sich nicht selbst dar, sondern ihr Image davon, wie sie sich ihr Selbst wünscht, wie sie dieses anstrebt. Ihr Image vom Ideal ihres Selbst kann sich in Raum und Zeit ändern je nachdem, welche Erwartungen aus der sozialen Umwelt an diese Person in dieser oder jener sozialen Position und gemäßer Rolle gerichtet werden.

Genaugenommen beschreibt diese Theorie eine einzelne Klasse von Explananda, die sie mit einer einzigen – theoretischen – Hypothese (Explanans) zu erklären sucht. Auf diese Weise gelingt es ihr, diese Klasse von Explananda alternativ zu je anderen Theorien zu erklären, aber auch nur diese Klasse erklärungsbedürftiger Ereignisse. Der eigentliche Wert der Theorie ist heuristisch, indem sie andere Theorien kritisiert wegen Nichtberücksichtigung einer bestimmten Randbedingung, sich sozial erwünscht zu verhalten. Das Selbst ist nicht der Person eigen; es muß nicht nur in sich entdeckt werden, um es zu verwirklichen. Das Image des idealen Selbst ist eine Folge einer übergreifenden sozialen Situation einer Person: Ich bin die/der, die/den andere in mir sehen; ich kann nur die Bezugsgruppe wählen oder wenigstens identifizieren, bei der ich eine Chance habe, eine Impression meines Selbst zu managen, wie ich dieses Selbst als 'Selbst-Image' zu erstreben bereit bin.

Die Impression-Management-Theorie

HANS DIETER MUMMENDEY
HEINZ-GERD BOLTEN

1. Grundlegende Annahmen und historische Vorläufer der Impression-Management-Theorie

Wie viele andere Theorien sozialen Verhaltens geht die Impression-Management-Theorie davon aus, daß Menschen aktiv handeln und sich mit ihrer Umwelt interaktiv auseinandersetzen. Menschen reagieren demnach nicht nur passiv auf interne und externe Reize; sie beeinflussen in gezielter Weise ihre Umwelt, insbesondere ihre soziale Umgebung, also ihre Mitmenschen. Die Beeinflussung von Mitmenschen erfolgt in Interaktionsprozessen, und diese Interaktionsprozesse stehen im Mittelpunkt der Impression-Management-Theorie. Ihre zentrale Annahme besagt, daß Personen ständig bemüht sind, den Eindruck, den sie auf andere Personen machen, zu kontrollieren bzw. zu steuern.

Zur Erklärung und Begründung ihrer Theorie verweisen die Vertreter der Impression-Management-Theorie (z.B. SCHLENKER, 1980; TEDESCHI & RIESS, 1981 a; SNYDER, 1977) explizit auf zumeist phänomenologisch orientierte, soziologische Interaktionstheorien, wie z.b. den symbolischen Interaktionismus (vgl. BLUMER, 1969; ROSE, 1967).

Im Rahmen dieser Theorieansätze werden soziale Interaktionen als durch wechselseitige Erwartungen der an der Interaktion beteiligten Personen beeinflußt angesehen (vgl. z.B. GOFFMAN, 1967, 1969). Bei sozialen Interaktionen werden nicht nur Erwartungen bezüglich des Verhaltens der Interaktionspartner wirksam, sondern die Erwartungen umfassen auch wiederum die Erwartungen der Interaktionspartner. Konkret bedeutet dies, daß eine Person vor der Ausführung einer Verhaltensweise potentielle Reaktionen anderer Personen auf diese Verhaltensweise antizipiert, und je nachdem, ob diese antizipierten Reaktionen als erwünscht oder unerwünscht gelten, wird die Verhaltensweise gezeigt, modifiziert oder unterlassen. Als eine sehr wichtige Reaktion des Interaktionspartners gilt dabei die Bewertung, der Eindruck oder das Bild der agierenden Person, auf das der Interaktionspartner aufgrund des gezeigten Verhaltens schließt. Die agierende Person ist somit stark bemüht, den Eindruck, den eine andere Person von ihr aufgrund des von ihr gezeigten Verhaltens gewinnt, zu steuern. Die verschiedenen Möglichkeiten, derer sich eine Person bedienen kann, um ihre Interaktionspartner erfolgreich zu beeindrucken, wurden bereits früher in der Sozialpsychologie (vgl. TEDESCHI, 1972) als Prozesse sozialer Beeinflussung bzw. persönlichen Machtgewinns beschrieben.

HEIDER (1958) hat eine Theorie der naiven Psychologie entwickelt; danach verhalten sich die Menschen im Alltagsleben wie «naive» Psychologen, die ihre Mitmenschen beobachten und aufgrund ihrer Beobachtungen auf deren Motive, Dispositionen, Intentionen, Persönlichkeitsmerkmale usw. schließen. Diese Schlüsse bestimmen dann weitgehend das Verhalten der Beobachter gegenüber den beobachteten Akteuren.

Während nun bei HEIDER eher der Beobachter im Mittelpunkt des Interesses steht und untersucht wird, nach welchen Kriterien und auf welche Weise er zu seinen «Feststellungen» über die anderen Personen gelangt, steht in der Impression-Management-Theorie eher der beobachtete Akteur im Zentrum der Betrachtung. Dabei wird angenommen, daß der Akteur ebenfalls ein «naiver» Psychologe sei, der in etwa über die gleiche Kompetenz verfüge wie sein Kollege, der Beobachter. Der Akteur weiß also, zu welchen Feststellungen der Beobachter aufgrund des gezeigten Verhaltens über ihn gelangen wird, d.h. der Akteur erwartet bestimmte Reaktionen seitens des Beobachters auf sein eigenes Verhalten. Entsprechend diesen Erwartungen wird der Akteur sich so verhalten, daß vom Beobachter Reaktionen gezeigt werden, die der Akteur für wünschenswert hält (vgl. WEARY & ARKIN, 1981).

Sowohl die kurz skizzierten soziologischen Interaktionstheorien als auch psychologische kognitive Theorien, wie die sich von HEIDER herleitende Attributionstheorie, haben eine gewichtige Bedeutung für die Auffassung vom «Selbst» bzw. «Selbstkonzept» eines Menschen. Mit «Selbstkonzept» bezeichnet man allgemein das Insgesamt der selbstbezogenen Kognitionen und Evaluationen einer Person; man unterscheidet dabei eine Reihe mehr oder weniger spezifischer Selbstkonzepte, z.B. solche, die sich auf die Wahrnehmung und Bewertung der eigenen Fähigkeiten, des eigenen Aussehens oder sozialer Verhaltensweisen der Person beziehen. Dabei ist man heute unter dem Einfluß der genannten psychologischen und soziologischen Theorien weitgehend der Auffassung, daß solche Selbstkonzepte im Verlaufe der sozialen Interaktionen einer Person gebildet und modifiziert werden.

Ein Mensch wird sein allgemeines Selbstkonzept ebenso wie seine spezifischen Selbstkonzepte im Laufe der Zeit als Folge vielfältiger Interaktionen mit anderen Personen im wesentlichen danach herausbilden, was er über sich selbst in Erfahrung bringen kann – diese Erfahrungen werden zu einem großen Teil durch soziale Rückmeldung vermittelt. Was andere Personen über einen Menschen denken, wie sie ihn beurteilen, über ihn reden usw., wird also von Kindheit an die Formung der Selbstkonzepte dieses Menschen bestimmen. Daher können sowohl die hier besprochenen Vorläufer der Impression-Management-Theorie als auch diese selbst in gewisser Weise als «Selbst-Theorien» aufgefaßt werden – als theoretische Ansätze, die beispielsweise das Zustandekommen und die Beeinflussungsmöglichkeiten von Selbstkonzepten zu erklären versuchen. Ebenso wie ein Individuum seine Selbstwahrnehmung und -bewertung über das «Spiegelbild», also über die tatsächlichen oder vermuteten Urteile anderer Personen bilden kann, kann es auch versuchen, dieses Bild, das andere Pesonen über das Individuum haben, zu beeinflussen bzw. systematisch zu manipulieren. Hiermit befaßt sich die Impression-Management-Theorie.

2. Impression-Management

Der Begriff «Impression-Management», weitgehend bedeutungsgleich mit «Image-Control» und «Self-Presentation», besagt, daß Menschen den Eindruck zu steuern bzw. zu kontrollieren versuchen, den sie auf andere Menschen ausüben. Die Person benutzt also ihr eigenes Verhalten, um anderen Personen einen bestimmten Eindruck zu vermitteln oder sich ihnen gegenüber in einer bestimmten Art und Weise darzustellen (TEDESCHI & RIESS, 1981 a; BAUMEISTER, 1982; SNYDER, 1977). Die Begriffe «Impression-Management» und «Self-Presentation» werden gewöhnlich als bedeutungsgleich angesehen; dies soll auch in dem vorliegenden Bericht geschehen, obgleich z.b. SCHNEIDER (1981) hervorhebt, «Impression-Management» lege das Gewicht auf das Erzielen eines Eindrucks, also die Beeinflussung eines Publikums, während «Self-Presentation» stärker die Darstellung des Akteurs selbst betone.

Fast alle Verhaltensweisen eines Menschen können zugleich dem Impression-Management dienen oder sind zumindest durch Impression-Management-Bemühungen beeinflußt, wobei die Impression-Management-Strategien sowohl bewußt als auch unbewußt, d.h. automatisiert erfolgen können und auch entsprechend unterschiedlichen situativen Rahmenbedingungen sehr unterschiedlich ausfallen können. Impression-Management kann auch sowohl gegenüber realen, anwesenden Interaktionspartnern als auch gegenüber einem imaginären, real nicht vorhandenen Publikum ausgeübt werden (vgl. SCHLENKER, 1980). Dies bedeutet, daß Personen bei fast allem, was sie auch gerade tun, zumindest partiell oder nebenbei immer auch Impression-Management betreiben. Ferner unterscheiden sich Individuen teilweise erheblich voneinander in der Fähigkeit, erfolgreich Impression-Management zu betreiben, z.b. in der Fähigkeit, ein Publikum in einer gewünschten Art und Weise zu manipulieren (vgl. SNYDER, 1977, 1979). Auch SCHLENKER (1980) führt einige Persönlichkeitsvariablen auf (z.B. *self-monitoring,*

Tab. 1: Systematik der Selbstpräsentationen nach TEDESCHI, LINDSKOLD & ROSENFELD (1985)

Assertive Selbstpräsentations-Taktik:	Defensive Selbstpräsentations-Taktik:
Der Akteur versucht über eine (positive) Selbstdarstellung das Publikum so zu beeindrucken, daß seine soziale Macht vergrößert wird und eigene Interessen und Wünsche vom Publikum erfüllt werden.	Der Akteur versucht zu verhindern oder zumindest einzuschränken, daß er beim Publikum an Ansehen verliert.
Ingratiation (Schmeicheln): Self-enhancing communication (Kommunikation mit dem Ziel, sich selbst oder andere zu erhöhen) Other-enhancing communication Opinion conformity (Meinungskonformität) Favor-doing (Nett zu anderen sein)	*Predicaments and Face-Work* (sich aus einer mißlichen Lage herauswinden) *Excuses* (sich als nicht verantwortlich hinstellen) *Justifications* (sich rechtfertigen) *Disclaimers and Self-handicapping* (andere über eventuelle spätere, eigene Mißerfolge informieren) *Apologies* (sich entschuldigen)
Intimidation (Einschüchtern)	
Supplication (Hilfsbedürftig erscheinen)	
Self-Promotion (Kompetent und intelligent erscheinen) Entitlements (Verbal Leistungen herausstellen) Enhancements (Eigene Leistung überbewerten) Social Identity (Sich mit einer anerkannten Gruppe identifizieren) Basking in Reflected Glory Blasting (Rivalisierende Gruppen/Personen abwerten)	
Exemplification (sich als beispielhaft, moralisch und integer darstellen)	

Assertive Selbstpräsentations-Strategie:	**Defensive Selbstpräsentations-Strategie:**
Der Akteur ist bemüht, eine langfristig gültige, gute Reputation zu erwerben, die über verschiedene und unterschiedliche Situationen hinweg wirksam ist.	Der Akteur ist bemüht, ein Bild von sich zu vermitteln, wonach er – auch über verschiedene und unterschiedliche Situationen hinweg – nicht in vollem Ausmaß für sein Handeln verantwortlich zu machen ist.
Competence or Expertise (Kompetent bzw. als Experte erscheinen) *Attractiveness* (sich als attraktiv und liebenswert darstellen) *Status and Prestige* (status-, prestigebehaftet, elitär auftreten) *Credibility and Trustworthiness* (sich als glaubwürdig und vertrauenswürdig darstellen) *Self-disclosure* (sich anderen gegenüber öffnen, erschließen)	*Helplessness and Anxiety* (sich als hilflos und ängstlich darstellen) *Alcoholism and Drug Addiction* (alkohol- oder drogensüchtig werden, als Ausdruck der Nichtübernahme von Verantwortung) *Symptoms of Mental Illness* (Übernahme der Rolle des «Geisteskranken», vor allem bei Patienten in Krankenanstalten)

d.h. die bei Personen unterschiedlich stark ausgeprägte Tendenz, ihr eigenes Verhalten zu «überwachen», oder Machiavellismus, d.h. die mehr oder weniger starke Neigung, in sozialen Beziehungen Macht auszuüben), die die Fähigkeit, erfolgreich Selbst-Präsentation zu betreiben, erheblich beeinflussen.

Nach ARKIN (1980) betreiben Menschen im Regelfall Impression-Management, um soziale Anerkennung zu erzielen. Es ist jedoch durchaus möglich, daß eine Person sich selbst ungünstig darstellt, wenn durch diese negative Selbstdarstellung ein gewünschtes Ergebnis erreicht wird (vgl. JELLISON & GENTRY, 1978). In Untersuchungen von FONTANA & KLEIN (1968), FONTANA, KLEIN, LEWIS & LEVINE (1968) sowie WATSON (1972) wurde festgestellt, daß z.B. auch Insassen psychiatrischer Einrichtungen Impression-Management betreiben; dabei kann die Art der Selbstdarstellung in Abhängigkeit von den erwarteten Folgen darin bestehen, sich als «krank» darzustellen, um z.B. eine Entlassung zu verhindern, oder sich selbst als relativ gesund darzustellen, um z.B. eine Rückverlegung auf eine geschlossene Anstalt zu verhindern (vgl. BRAGINSKY, 1981). Insgesamt ist anzunehmen, daß Personen sich in Abhängigkeit von den erwarteten Verhaltenskonsequenzen günstig oder ungünstig darstellen.

2.1. Impression-Management-Techniken

Zur Beschreibung und Klassifikation verschiedener Impression-Management-Techniken werden zumeist allseits bekannte Alltagsverhaltensweisen im Sinne von Impression-Management-Strategien interpretiert (vgl. SCHLENKER, 1980). Systematiken von Impression-Management-Techniken wurden von SNYDER (1977), TEDESCHI & RIESS (1981 b) sowie JONES & PITTMAN (1982) vorgelegt. Eine Zusammenfassung der von verschiedenen Autoren aufgestellten Impression-Management- bzw. Self-Presentation-Taxanomien versuchen TEDESCHI, LINDSKOLD & ROSENFELD (1985). Sie verwenden dabei die aus dem militärischen Bereich übernommenen Ordnungsgesichtspunkte «Taktik» und «Strategie», um darauf hinzuweisen, daß Impression-Management-Techniken eher kurzfristig und situationsspezifisch (Taktik) oder eher langfristig und situationsübergreifend angelegt sein können (Strategie). Weiter unterscheiden sie zwischen «assertiven» (auf Durchsetzung hinauslaufenden) und «defensiven» (verteidigenden) Techniken. Das auf der Basis der beiden genannten Dimensionen erstellte Schema ist in *Tabelle 1* wiedergegeben. Welche Strategie im einzelnen gewählt wird, hängt von den jeweiligen persönlichen und sachlich gegebenen Umständen ab, z.B. den besonderen Fähigkeiten einer Person oder den vorherrschenden situativen Bedingungen.

Insgesamt ist festzustellen, daß die vorgelegten Systematiken von Impression-Management-Techniken als solche nicht empirisch gewonnen, sondern vorwiegend beschreibend-intuitiv aufgestellt worden sind.

2.2. Experimentelle Untersuchungen zu Impression-Management-Techniken

Empirische und experimentelle Studien, in denen einzelne Impression-Management-Techniken in direkter Weise untersucht werden, liegen bisher in relativ spärlicher Zahl vor. Z.B. ließ sich zeigen, daß Impression-Management nicht nur in konkreten Interaktionssituationen erfolgt, sondern auch in Situationen mit nicht unmittelbarer sozialer Interaktion. So beobachteten LEWITTES & SIMMONS (1975), daß Käufer von Sex-Zeitschriften im Unterschied zu Käufern anderer Magazine beim Weitergehen ihre Zeitschriften eher verdeckt tragen, so daß sie auch für zufällig Vorübergehende nicht ohne weiteres erkennbar sind. CIALDINI und Mitarbeiter untersuchten eine als «Basking and Blasting» («basking« bedeutet «Sich-Sonnen», «blasting» meint «Verdammen»; man kann sich im Ruhm anderer Personen sonnen oder sie verfluchen) bezeichnete Impression-Management-Technik (CIALDINI, BORDEN, THORNE, WALKER, FREEMAN & SLOAN, 1976; CIALDINI & RICHARDSON, 1980; RICHARDSON & CIALDINI, 1981). Sie zeigten, daß Personen von Erfolgen anderer profitieren möchten, indem sie auf irgendwelche Gemeinsamkeiten mit diesen Personen hinweisen. Z.B. identifiziert man sich eher mit der heimischen Fußballmannschaft, wenn diese ein Spiel siegreich bestritten hat («*wir* haben gewonnen»), als wenn sie ein Spiel verloren hat («*sie* haben schlecht gespielt»). Durch die Herstellung eines Zusammenhanges zwischen der eigenen Person und erfreulichen bzw. positiven Ereignissen gelingt es Personen, ihr Ansehen zu erhöhen, so daß quasi ein Teil des positiven Ergebnisses für sie dabei abfällt. Ein ähnliches Phänomen stellt der von SCHLENKER (1980) beschriebene «MUM-Effekt» dar («to keep mum» bedeutet «sich mucksmäuschenstill verhalten»): Der Überbringer einer Nachricht wird mit ihrem Inhalt assoziiert, auch wenn eine solche Verbindung de facto nicht besteht. Da der Überbringer einer «schlechten» Nachricht antizipiert, daß er für deren Inhalt bestraft werden könnte (in diesem Falle wäre es für ihn besser, «to keep mum»), während er für eine «gute» Nachricht belohnt würde, versucht er, sein Verhalten so zu modifizieren, daß bei der Nachrichtenübermittlung negative Konsequenzen minimiert und positive Folgen maximiert werden.

Daß Personen versuchen, unvorteilhafte Assoziationen zu vermeiden, wird in einer Untersuchung von COOPER & JONES (1969) deutlich. In ihrem Experiment verändern die Versuchspersonen dann ihre Einstellung,

63

wenn ein Partner mit einer ähnlichen Einstellung wie die Vp unvorteilhaft auftritt. Durch eine Einstellungsänderung erfolgt eine Abgrenzung zum unvorteilhaften Partner, indem die ursprüngliche Gemeinsamkeit (ähnliche Einstellungen) demontiert wird und somit das Negativbild des Partners nicht so leicht auf die Vp abfärbt.

Wie schon oben ausgeführt, antizipieren Menschen die Reaktionen anderer und versuchen entsprechend, ihr Verhalten zu modifizieren. Als Beleg dafür kann eine Untersuchung von DANHEISER & GRAZIANO (1982) herangezogen werden, wonach kooperatives Verhalten eher dann gezeigt wird, wenn weitere zukünftige Interaktionen mit dem Partner erwartet werden. Von TEDESCHI, MALKIS, GAES & QUIGLEY-FERNANDEZ (1980) wird aufgezeigt, daß der erste Eindruck einer Person das weitere Kooperationsverhalten gegenüber dieser Person bestimmt. UNGAR (1981) stellt in drei Feldexperimenten fest, daß die vermuteten Erwartungen anderer Personen die Bildung der eigenen Meinung modifizieren: Personen wurden auf der Straße für eine angebliche Radio-Sendung gebeten, ihre Meinung zu bestimmten fiktiven Ereignissen zu äußern, die jedoch so plausibel waren, daß sie hätten passiert sein können. Hierbei gab der Interviewer Hinweisreize, welche Antwort er wohl erwartete. Entsprechend den 'Erwartungen' des Interviewers reagierten dann auch die Personen. In einem Experiment von BAUMEISTER & JONES (1978) erfahren die Vpn, daß ein Publikum über positive, negative oder gar keine Vorinformationen über sie verfüge. Sofern die Vorinformation ungünstig ist, ziehen die Vpn weitere günstige Informationen zur Selbstbeschreibung heran, über die das Publikum bislang noch nicht verfügt hat. Ist die Vorinformation günstig, so geben sich die Vpn in der Selbstdarstellung moderat. Ist kein vorinformiertes Publikum vorhanden, so entfallen die entsprechenden Techniken der Selbstdarstellung.

Die Reaktionen eines Publikums auf verschiedene Selbstdarstellungsstrategien wurden von SCHLENKER & LEARY (1982) untersucht; z.B. wurden korrekte Selbstdarstellungen hinsichtlich eigener Leistungen mit bescheidenen oder angeberischen Selbstdarstellungen verglichen. Im allgemeinen beurteilt ein Publikum eine korrekte Selbstpräsentation günstig, doch gibt es davon Ausnahmen (z.B. Understatement bei guter Leistung). Verglichen mit Untersuchungen, in denen die Selbstdarstellung der Akteure untersucht wird, zeigt die Untersuchung von Publikumsreaktionen, daß Akteure und Publikum über ein gemeinsames Wissen um Selbstdarstellungsstrategien zu verfügen scheinen.

3. Die Impression-Management-Theorie in Auseinandersetzung mit anderen Theorien

Schon lange vor der Ausformulierung der Impression-Management-Theorie war in der Psychologie, insbesondere in der Differentiellen und diagnostischen Psychologie, das Konzept der «sozialen Erwünschtheit» (social desirability) bekannt (z.B. CRONBACH, 1946; EDWARDS, 1953; zusammenfassend MUMMENDEY, 1981). Man nennt Reaktionen einer Versuchsperson in einem psychologischen Experiment oder in einem Test «sozial erwünscht», wenn die Person entsprechend ihrer Erwartung reagiert, daß die Art ihrer Reaktion die Zustimmung einer sozialen Gruppe (z.B. der Untersucher) findet. Seit langem ist auch bekannt, daß Versuchspersonen in Experimenten in charakteristischer Weise auf von ihnen wahrgenommene bzw. vermutete Anforderungsmerkmale reagieren (ORNE, 1962; PAGE, 1973), d.h. die Versuchsperson reagiert nicht nur auf die im Experiment vorgegebenen Reize, sondern auch auf vermutete Erwartungen der Untersucher. Diese Antworttendenz kann die Validität experimentell oder sonstwie empirisch gewonnener Ergebnisse erheblich beeinträchtigen, da die postulierten Zusammenhänge zwischen den experimentell vorgegebenen Reizen und den folgenden Reaktionen der Versuchspersonen möglicherweise nur auf solchen Erwartungseffekten beruhen. Sowohl solche «Versuchspersonen-Effekte» als auch entsprechende «Versuchsleiter-Effekte» (vgl. ROSENTHAL, 1966) entstehen offenbar dadurch, daß in psychologischen Untersuchungen «denkende» Subjekte agieren, wobei es noch – gewollt oder ungewollt – zu sozialen Interaktionen zwischen Versuchspersonen und Versuchsleitern kommt, in denen nach PAGE (1981) ebenfalls Impression-Management stattfindet.

Ausgehend von dieser Position kritisieren die Theoretiker der Impression-Management-Theorie andere theoretische Positionen, indem sie darauf hinweisen, daß deren experimentelle Befunde tatsächlich häufig methodologische Artefakte seien, daß diese Befunde in den jeweiligen Experimenten durch wirksame Impression-Management-Strategien erklärt werden könnten, und daß diese Befunde somit nicht zur Stützung dieser alternativen Theorien herangezogen werden dürften. Die Impression-Management-Theoretiker stützen ihre Postulate dadurch, daß sie die grundlegenden Experimente anderer Theorien wiederholen, wobei jedoch die Form der Datenerhebung modifziert wird. Um Selbstdarstellungsstrategien zu identifizieren, wird zumeist die Anonymitätsbedingung variert: «Typically, something that happens to the subject will be known to other people (public condition) or will be known only to the subject (private condition); or, the subject's behavior will be known to others, or not» (BAUMEISTER, 1982, S. 4). Wird nun in einem

Experiment in der Öffentlichkeits-Bedingung ein bestimmtes Ergebnis erzielt, das aber in der Privat-Bedingung nicht erzielt wird, so kann das Ergebnis nur auf Impression-Management-Mechanismen zurückgeführt werden.

Als Beispiel für diese Vorgehensweise mag ein Experiment von BOLTEN, MUMMENDEY, & ISERMANN-GERKE (1983) dienen, in welchem sich Personen in einer Öffentlichkeitsbedingung günstiger, sowie in ihren Einstellungen konservativer darstellten als in einer Anonymitätsbedingung. Entsprechende Unterschiede fanden Autoren, die Anonymitäts- und Publikumsbedingungen im Rahmen von Experimenten zur Theorie der objektiven Selbstaufmerksamkeit verglichen (SCHEIER, FENIGSTEIN & BUSS, 1974; INNES & YOUNG, 1975; BORDEN & WALKER, 1978).

Eine andere Methode zur Überprüfung von Impression-Management-Effekten stellt das sogenannte Bogus-Pipeline-Paradigma (BPL) dar. Bei diesem von JONES & SIGALL (1971) entwickelten experimentellen Verfahren wird die Vp angesichts einer eindrucksvollen Apparatur zunächst davon überzeugt, daß der Versuchsleiter ihre wirklichen Einstellungen und Bewertungen «physiologisch messen» könne. Nach dieser «Überzeugungsphase» wird die Versuchsperson dann gebeten, die physiologischen Messungen «vorherzusagen», wobei diese Vorhersage als weitgehend unbeeinflußt von Impression-Management-Taktiken angesehen werden (zum Bogus-Pipeline-Paradigma vgl. BRACKWEDE, 1980). So wiesen z.B. SIGALL & PAGE (1971) nach, daß weiße Amerikaner Farbige bei normaler Paper-Pencil-Einstellungsmessung nicht ungünstiger bewerten als Weiße; mißt man jedoch unter Bogus-Pipeline-Bedingungen, so erfolgt eine sehr ungünstige Bewertung von Farbigen. In einer deutschen Replikation konnten MUMMENDEY, BOLTEN & ISERMANN-GERKE (1982) ein entsprechendes Ergebnis für Türken, bewertet von deutschen studentischen Versuchspersonen, aufzeigen. Ferner fanden MUMMENDEY & BOLTEN (1981) sowie BOLTEN, MUMMENDEY, ISERMANN-GERKE & HEMMERT (1982), daß Personen sich unter der Bogus-Pipeline-Bedingung allgemein weniger sozial erwünscht darstellen als unter üblichen Paper-Pencil-Bedingungen.

Nachfolgend sollen einige Theorien besprochen werden, die unter Einsatz der beiden oben genannten methodologischen Strategien von den Vertretern der Impression-Management-Theorie kritisiert worden sind (vgl. auch TETLOCK & MANSTEAD, 1985; dieser Beitrag konnte ebenso wie die Antwort von J.T. TEDESCHI hier nicht mehr berücksichtigt werden).

3.1. Dissonanztheorie

In der Auseinandersetzung mit der Theorie der kognitiven Dissonanz entwickelte sich die Impression-Management-Theorie etwa zu Anfang der siebziger Jahre. In einem programmatischen Artikel kritisieren TEDESCHI, SCHLENKER & BONOMA (1971) die Grundannahmen der Dissonanztheorie, dergemäß Individuen bestrebt sind, kognitive Dissonanzen zu vermeiden. «Yet, most people seem to be able to tolerate a great deal of logical inconsistency among their behaviors and beliefs. Strong need for consistency would imply the development of coherent ideologies to integrate cognitive elements. But evidence indicates that only a few, if any, individuals reveal a high integration of their belief systems» (TEDESCHI et al., 1971. S. 687). Konsistenz ist nach Auffassung der Autoren vielmehr ein sozial erwünschtes Verhalten, und zu einer Dissonanz-Reduktion kommt es dementsprechend nur dann, wenn ein Akteur glaubt, er werde beobachtet. Dabei sei jedoch wichtig, daß die gezeigten Verhaltensweisen und geäußerten Einstellungen von dem Beobachter so interpretiert würden, daß sie ohne äußeren Druck, also aus 'internalen' Zuständen erfolgten (tacted behavior). Sofern der Beobachter zur Erklärung für die gezeigten Verhaltensweisen und geäußerten Einstellungen auf personenexterne Faktoren (im Sinne von 'mands') zurückgreife, entfalle die Notwendigkeit, sich konsistent darzustellen.

In diesem Sinne kritisieren TEDESCHI et al. (1971) auch das im Rahmen der Dissonanztheorie schon klassisch gewordene Experiment von FESTINGER & CARLSMITH (1959). In diesem wie auch anderen 'forced-compliance-Experimenten' werden Vpn gebeten, sich entgegengesetzt zu ihrer eigentlichen Einstellung zu verhalten. Es zeigte sich nun, daß Personen, die für dieses einstellungsdiskrepante Verhalten hoch belohnt wurden, keine Einstellungsänderung nach dem gezeigten Verhalten erkennen ließen. Solche Personen jedoch, die keine oder nur eine geringfügige Belohnung erhalten hatten, änderten ihr Einstellung nach dem gezeigten Verhalten, so daß dann Einstellung und Verhalten übereinstimmten. Im Rahmen der Dissonanztheorie wird diese inverse Beziehung zwischen Belohnungshöhe und Einstellungsänderung damit erklärt, daß die offensichtlichen Diskrepanzen oder Dissonanzen zwischen Einstellungen und Verhalten, die von den betroffenen Personen als äußerst unangenehm erlebt werden, von den Vpn mit keiner oder nur sehr geringer Belohnung dadurch aufgelöst werden können, daß sie eben entsprechend ihre Einstellung modifizieren. Bei hoch belohnten Vpn erübrigt sich eine solche Einstellungsänderung, da sie die Dissonanz durch Hinweise auf die Belohnung für das Verhalten reduzieren.

Dagegen wird nun – ähnlich wie in anderem theoretischem Zusammenhang, beispielsweise von NUTTIN (1975) – von den Vertretern der

Impression-Management-Theorie postuliert, daß in solchen Experimenten tatsächlich überhaupt keine Einstellungsänderung auftrete. Vielmehr wird angenommen, daß Personen, die für ihr einstellungsdiskrepantes Verhalten keine oder nur eine geringfügige Belohnung erhalten, potentiellen Beobachtern unterstellen, diese interpretierten das gezeigte Verhalten als das Ergebnis einer freien Entscheidung; somit wird den Beobachtern zugleich unterstellt, sie erwarteten von der Versuchsperson Konsistenz. Daher «täuschen» die Versuchspersonen Einstellungsänderungen «vor», um sich eben dem Versuchsleiter gegenüber als konsistent darzustellen – in Wirklichkeit finden jedoch *keine* Einstellungsänderungen statt. Bei denjenigen Personen, die für ihr einstellungsdiskrepantes (counterattitudinal) Verhalten hoch belohnt werden, entfällt die Notwendigkeit, Einstellungsänderung vorzutäuschen, da diese ihre hohe Belohnung als eine Art «Bestechungsgeld» interpretieren, d.h. diese Personen unterstellen den Versuchsleitern des Experiments von FESTINGER & CARLSMITH, sie erwarteten von ihnen nicht Konsistenz, sondern widersprüchliches Verhalten, das sie durch eine relativ hohe Belohnung legitimierten.

Ausgehend von diesen Überlegungen wurden im Rahmen der Impression-Management-Theorie sehr viele experimentelle Untersuchungen zu forced-compliance-Situationen der beschriebenen Art ausgeführt (vgl. zusammenfassend TEDESCHI & ROSENFELD, 1981). Die Bedeutung des Versuchsleiters in forced-compliance-Experimenten wird in einem Experiment von SCHLENKER (1975 b) deutlich. Danach modifiziert die Attraktivität des Versuchsleiters ganz erheblich die Einstellungsänderung. Von FORSYTH, RIESS & SCHLENKER (1977) wird dieses Ergebnis nochmals bestätigt. Bei JOSEPH, GAES, TEDESCHI & CUNNINGHAM (1979) wird die Einstellungsänderung durch die erkennbare Einstellung des Versuchsleiters modifiziert. Diese Autoren zeigen weiter, daß eine Einstellungsänderung dann eher unterbleibt, wenn die Versuchspersonen durch einen Strohmann darauf hingewiesen werden, daß in den Aufsätzen, die sie – selbstverständlich freiwillig – im Gegensinne zu ihrer eigenen Einstellung schreiben sollten (counter-attitudinal essays), ja nicht ihre wahre Einstellung ausgedrückt sein müsse. Bei GAES, KALLE & TEDESCHI (1978), RIESS, KALLE & TEDESCHI (1981) sowie MALKIS, KALLE & TEDESCHI (1982) erfolgte die Einstellungsmessung für jeweils einen Teil der Versuchspersonen durch eine als zuverlässig (reliabel) oder als unzuverlässig bezeichnete Bogus-Pipeline-Apparatur; bei aller Unterschiedlichkeit im Detail zeigte sich bei den verschiedenen Untersuchungen durchweg, daß unter einer «reliablen» Bogus-Pipeline-Bedingung keine Einstellungsänderung auftritt, daß jedoch in den Kontrollgruppen, in denen die Messung durch herkömmliche Paper-Pencil-Verfahren oder durch eine als unzuverlässig dargestellte Bogus-Pipeline-

Apparatur erfolgte, sehr wohl Einstellungsänderungen im Sinne der Dissonanztheorie zu verzeichnen sind. ROSENFELD, MELBURG, GAES, RIESS & TEDESCHI (1980) ließen die zweite Einstellungsmessung, d.h. die Messung der Einstellung nach dem einstellungsdiskrepanten Verhalten, durch einen neuen Versuchsleiter durchführen, der in keiner Beziehung zum vorherigen Versuchsablauf stand. Dabei waren keine Einstellungsänderungen im Sinne der Dissonanztheorie feststellbar. Erfolgten jedoch beide Einstellungsmessungen durch ein und denselben Versuchsleiter, so waren sehr wohl Einstellungsänderungen zu verzeichnen. ROSENFELD, MELBURG & TEDESCHI (1981) baten die Versuchspersonen, sich an ihre ursprünglich erhaltenen Einstellungswerte zu erinnern. Doch nur dann, wenn diese Messung durch einen zweiten Versuchsleiter erfolgte, der keine Kenntnis von der ersten Messung hatte, hatten die Versuchspersonen ihre ursprünglichen Einstellungswerte «vergessen» und entsprechend modifiziert. SCHLENKER, FORSYTH, LEARY & MILLER (1980) fanden in einem Experiment u.a. heraus, daß die Personen ihre Einstellungen dann stärker ändern, wenn sie glauben, sie würden beobachtet.

Alle diese Befunde sprechen für eine Sichtweise von der Art der Impression-Management-Theorie, doch muß darauf hingewiesen werden, daß sich alle hierzu aufgeführten Untersuchungen auf forced-compliance-Situationen beziehen. Und so kritisiert FREY (1978 a) die Vertreter der Impression-Management-Theorie, daß sie «die Dissonanz-Theorie in toto ersetzen» wollten, «aber nur das 'forced-compliance-Paradigma'» (S. 277) behandelten. Andere Phänomene, die im Rahmen der Dissonanztheorie erklärt werden, wie z.b. selektive Informationssuche, sind bislang noch kaum aus einer Impression-Management-Position heraus behandelt worden, so daß die Dissonanztheorie bislang noch nicht komplett durch die Impression-Management-Theorie ersetzbar erscheint.

Auch zur forced-compliance-Situation lassen sich jedoch durchaus Befunde nennen, die der Impression-Management-Annahme widersprechen oder sie relativieren. So finden z.b. GUILD, STRICKLAND & BAREFOOT (1977) heraus, daß auch unter Bogus-Pipeline-Bedingungen entsprechend den Annahmen der Dissonanztheorie Einstellungsänderungen zu konstatieren sind. KAHLE (1978) untersucht in einem forced-compliance-Experiment den Einfluß der Faktoren «Höhe der Bezahlung», «Einstellung des Versuchsleiters» und «Self-Esteem» auf die Meinungsänderung der Versuchspersonen. Signifikant wurde der Effekt der Versuchsleiter-Einstellung. Dieses Ergebnis entspricht zwar der Impression-Management-Annahme, allerdings erwies sich neben weiteren, im vorgegebenen Zusammenhang nicht weiter interessierenden Effekten die aus der Impression-Management-Theorie vorherzusagende Wechselwirkung zwischen «Versuchsleiter-Einstellung» und «Bezahlung» als nicht signifikant; stattdessen war die aus der Dissonanztheorie vorherzusagende Interaktion «Self-Esteem» × «Bezahlung» interpretierbar. Auch PAULHUS (1982), der in Experimenten zum forced-compliance-Paradigma Erklärungen durch die Impression-Management- und die Dissonanztheorie einander gegenüberstellt, findet Belege für beide Erklärungsansätze. Der Autor vermutet, daß sie unterschiedliche Adressaten beeindrucken sollen: «self-presentation, to placate the audience; dissonance reduction, to placate the self» (PAULHUS, 1982, S. 851).

3.2. Attributionstheorie

Bezogen auf die Attributionstheorie wird die Aussage, daß Personen Erfolge mit Vorliebe kausal intern und Mißerfolge extern attributieren (vgl. JONES & NISBETT, 1971), von Vertretern der Impression-Management-Theorie dahingehend interpretiert, daß solche unterschiedlichen Kausalattribuierungen nicht tatsächlich, sondern nur zur Selbstdarstellung gegenüber anderen Personen stattfänden (vgl. WEARY & ARKIN, 1981, sowie die experimentelle Studie von JELLISON & GREEN, 1981). FREY (1978 b) stellt fest, daß Akteure auf Erfolg oder Mißerfolg bei Anwesenheit vs. Nicht-Anwesenheit eines Publikums unterschiedlich reagieren; die gewählte Impression-Management-Strategie hängt dabei auch davon ab, ob das Publikum Informationen über den Erfolg oder Mißerfolg der Person hat. Ähnliche Ergebnisse finden sich auch bei TETLOCK (1981). In diesem Experiment erklären die Versuchspersonen Lebenssituationen von sich selbst oder von Bekannten in einer Öffentlichkeitsbedingung oder in einer Anonymitätsbedingung. In der Öffentlichkeitsbedingung stellten die Personen eigene Lebenssituationen im Vergleich mit denjenigen von Bekannten günstiger dar als in der Anonymitätsbedingung, so daß sie ein entsprechend günstigeres Bild von sich vermittelten. Nach SCHNEIDER (1969) stellen sich erfolgreiche Personen gegenüber einem Publikum günstiger dar als in einer Anonymitätsbedingung. SCHLENKER (1975 a) fand, daß die eigene Leistungsfähigkeit in einer Anonymitätsbedingung hoch, in einer Öffentlichkeitsbedingung, wenn einer Gruppe die Leistung der Versuchsperson bekannt ist, jedoch relativ realistisch dargestellt wird. KOLDITZ & ARKIN (1982) fanden, daß die Versuchspersonen in der Öffentlichkeitsbedingung nach einem Mißerfolg eher leistungsmindernde als leistungssteigernde Drogen wählten, während in einer Anonymitätsbedingung keine entsprechenden Wahlpräferenzen auftraten.

Doch nicht nur das bloße Vorhandensein eines Publikums beeinflußt die Art und Weise, wie sich eine Person darstellt, sondern, wie HENDRICKS & BRICKMAN (1974) herausfanden, auch der Status des Publikums. Ebenso wirken sich Persönlichkeitsmerkmale auf die Selbstdarstellung aus. So unterscheiden sich Personen mit unterschiedlichen Werten auf der «Self-Monitoring»-Skala in ihrem Verhalten, wenn man sie bittet, ihre Verantwortlichkeit für ihren Erfolg oder Mißerfolg darzustellen (ARKIN, GARBRENYA, APPELMAN & COCHRANE, 1979). Aber auch hier wirkt sich immer aus, ob die Darstellung der Selbstverantwortung anonym oder öffentlich erfolgt. Der Status des Publikums und Persönlichkeitsmerkmale (hoch sozial-ängstlich vs. niedrig sozial-ängstlich) modifizieren auch in Experimenten von ARKIN, APPELMAN & BERGER (1980) die Art der Selbstdarstellung bei Versuchspersonen. Von den Autoren wird noch zusätzlich eine Bogus-Pipeline-Bedingung eingeführt; unter dieser Bedingung stellen sich die Personen in bezug auf ihre persönliche Verantwortlichkeit für ihre Leistung bescheidener dar als in der traditionellen Paper-Pencil-Bedingung. Auch RIESS, ROSENFELD, MELBURG & TEDESCHI (1981) wenden die Bogus-Pipeline-Apparatur an; dabei zeigt sich, daß in einer «unreliablen» Bogus-Pipeline-Bedingung die Personen insgesamt mehr externe Kausalinterpretationen heranziehen als in einer «reliablen» Bedingung. Unberührt hiervon ergibt sich jedoch auch in dieser Untersuchung, daß Erfolge eher internal und Mißerfolge eher external attribuiert werden.

Wenngleich nicht unbedingt widerlegt ist, daß Personen sich eher für Erfolge als für Mißerfolge verantwortlich fühlen, so zeigen die oben berichteten Untersuchungen doch, daß die Zuschreibung von Verantwortlichkeit durch Impression-Management-Strategien erheblich beeinflußt wird. Während man sich für Erfolge oder positive Ereignisse gerne persönlich verantwortlich machen will – z.b. zeigt SCHLENKER (1975 c) experimentell, daß Mitglieder erfolgreicher Gruppen im Gegensatz zu Mitgliedern erfolgloser Gruppen sich selbst für den Erfolg verantwortlich machen – versucht man Mißerfolge oder negative Ereignisse vorwiegend durch äußere Faktoren zu erklären, damit Beobachter die eigene Person auch bei Mißerfolgen nicht negativ oder als unfähig bewerten.

3.3. Weitere Theorien

Im Rahmen der Gerechtigkeitstheorie wird postuliert, daß Menschen glauben, in einer gerechten Welt zu leben (LERNER, 1970). Personen äußern beispielsweise Schuldgefühle oder Unbehagen, wenn sie glauben, gegenüber anderen Personen zu viel Geld zu erhalten. Nach RIVERA & TEDESCHI (1976) verschwinden jedoch solche Schuldgefühle dann, wenn die Messung unter Bogus-Pipeline-Bedingungen erfolgt. Dabei nimmt die Freude über das erhaltene Geld mit der Höhe des Geldbetrages zu, unabhängig davon, ob eine Überbezahlung vorliegt oder nicht. REIS & GRUZEN (1976) stellen fest, daß in einer Anonymitätsbedingung Personen bemüht sind, ihren Geldanteil gegenüber einem Mitspieler zu maximieren. In der Öffentlichkeitsbedingung wird jedoch von Personen vorgeschlagen, das Geld gleichmäßig auf alle Partner zu verteilen. Die-Theorie der gerechten Welt erweist sich somit, nimmt man die Perspektive der Impression-Management-Theorie ein, nur für solche Fälle als gültig, in denen das Individuum unter der Kontrolle sozialer Verhaltenskonsequenzen steht.

Neben den bisher behandelten Theorien wird noch eine Vielzahl von sozialen Phänomenen im Lichte der Impression-Management-Theorie reanalysiert, ohne daß dies hier ausführlich besprochen werden soll. So erklärt z.b. ARKIN (1980) geschlechtsspezifisches Verhalten damit, daß eine Anpassung an Geschlechtsrollen-Erwartungen sozial erwünscht sei. «Most people conform to the traditional sex-role stereotypes because attractive others approve of such conformity» (S. 168). Von SILVERMAN, RIVERA & TEDESCHI (1979) und BAUMEISTER (1982) wird prosoziales Verhalten als eine Impression-Management-Strategie dargestellt. Die «foot-in-the-door»-Technik wird von SNYDER (1977) als eine Impression-Management-Strategie interpretiert. WRIGHT & BREHM (1982) setzen sich mit der Impression-Management-Sicht von Reaktanzphänomenen (z.b. BAER, HINKLE, SMITH & FENTON, 1980; SCHLENKER, 1980) auseinander. HASS & MANN (1976) interpretieren antizipatorische Einstellungsänderungen als Selbstdarstellungstechnik. Eine ausführlichere Übersicht über Selbstpräsentationsphänomene wurde von BAUMEISTER (1982) vorgelegt. Zum Zeitpunkt der Erstattung dieses Berichtes (1983) erscheinen laufend weitere Arbeiten, in denen verschiedenste Theorieansätze und Phänomene sozialen Verhaltens unter dem Gesichtspunkt des Impression-Management abgehandelt werden.

4. Kritische Schlußbemerkung

Die sozialpsychologische Theorienbildung ist durch die systematische Herausstellung von Selbstdarstellungstaktiken und -strategien im Experiment wie im Alltagsleben sicherlich bereichert worden. Doch soll hier kritisch angemerkt werden, daß von Vertretern der Impression-Management-Theorie bislang noch zu wenige empirisch begründete Aussagen zu Selbstdarstellungsmechanismen vorliegen; zu einem großen Teil handelt es sich um mehr oder weniger plausibel erscheinende theoretische Feststellungen. Überdies ist auch die Impression-Management-Theorie so umfassend formuliert worden, daß relativ schnell die Frage auftaucht, welches soziale Verhalten eigentlich *nicht* auf Impression-Management zurückzuführen sei. Haben z.B. Menschen überhaupt Einstellungen, oder werden Einstellungen nur gegenüber anderen Personen geäußert, um bei ihnen guten Eindruck zu machen?

Die Vertreter der Impression-Management-Theorie haben sich zuerst mit anderen Theorien auseinandergesetzt, wobei sie deren Aussagen im Sinne von Impression-Management reinterpretieren. Dabei ist es ihnen recht häufig gelungen zu zeigen, daß in den für die konkurrierenden Theorien wesentlichen Experimenten Selbstdarstellungsstrategien der Versuchspersonen eine gewichtige Rolle spielen. Damit wird zwar eine mangelnde Validität der experimentellen Grundlagen dieser Theorien nahegelegt, doch müßte auf die Zurückweisung alternativer Theorien eine stärkere Elaboration der eigenen Theorie folgen. Ein wichtiges Verdienst der Impression-Management-Theorie ist jedenfalls darin zu erblicken, daß auf die Wirksamkeit von Tendenzen der Sozialen Erwünschtheit auf das menschliche Verhalten im Alltagsleben ebenso wie im psychologischen Experiment zusammenfassend hingewiesen wird.

Literatur

ARKIN, R.M.: Self-presentation. In: WEGNER, D.M.; VALLACHER, R.R. (Eds.): The self in social psychology. London, New-York: Oxford Univ. Press 1980.

ARKIN, R.M.; APPELMAN, A.J.; BERGER, I.M.: Social anxiety, self-presentation, and the self-serving bias in causal attribution. Journal of Personality and Social Psychology, *38*, 23–35, 1980.

ARKIN, R.M.; GABRENYA, W.K. jr.; APPELMAN, A.S.; COCHRANE, S.T.: Self-presentation, self-monitoring, and the self-serving bias in causal attribution. Personality and Social Psychology Bulletin, *5*, 73–76, 1979.

BAER, R.; HINCKLE, S.; SMITH, K.; FENTON, M.: Reactance as a function of actual versus projected autonomy. Journal of Personality and Social Psychology, *38*, 416–422, 1980.

BAUMEISTER, R.F.: A self-presentational view of social phenomena. Psychological Bulletin, *91*, 3–26, 1982.

BAUMEISTER, R.F.; JONES, E.E.: When self-presentation is constrained by the target's knowledge: Consistency and compensation. Journal of Personality and Social Psychology, *36*, 608–618, 1978.

BLUMER, H.: Symbolic interactionism. Englewood Cliffs: Prentice-Hall 1969.

BOLTEN, H.-G.; MUMMENDEY, H.D.; ISERMANN-GERKE, M.: Die Theorie der objektiven Selbstaufmerksamkeit im experimentellen Vergleich mit der Impression-Management-Theorie und dem Bogus-Pipeline-Paradigma. Bielefelder Arbeiten zur Sozialpsychologie, *98*, 1983.

BOLTEN, H.-G.; MUMMENDEY, H.D.; ISERMANN-GERKE, M.; HEMMERT, E.: Bericht und Bewertung von Verhalten im Straßenverkehr unter Bogus-Pipeline- und Paper-Pencil-Bedingungen. Bielefelder Arbeiten zur Sozialpsychologie, *94*, 1982.

BORDEN, R.J.; WALKER, J.W.: Influence of self-observation versus other-observation on immediate and delayed recall. The Journal of General Psychology, *99*, 293–298, 1978.

BRACKWEDE, D.: Das Bogus-Pipeline-Paradigma: Eine Übersicht über bisherige experimentelle Ergebnisse. Zeitschrift für Sozialpsychologie, *11*, 50–59, 1980.

BRAGINSKY, B.: On being surplus: its relationship to impression management and mental patienthood. In: TEDESCHI, J.T. (Ed.): Impression Management Theory and Social Psychological Research. New York: Academic Press 1981.

CIALDINI, R.B.; BORDEN, R.J.; THORNE, A.; WALKER, M.R.; FREEMAN, S,; SLOAN, L.R.: Basking in reflected glory: Three (football) field studies. Journal of Personality and Social Psychology, *34*, 366–375, 1976.

CIALDINI, R.B.; RICHARDSON, K.D.: Two indirect tactics of image management: Basking and blasting. Journal of Personality and Social Psychology, *39*, 406–415, 1980.

COOPER, J.; JONES, E.E.: Opinion divergence as a strategy to avoid being miscast. Journal of Personality and Social Psychology, *13*, 23–28, 1969.

CRONBACH, L.J.: Response sets and test validity. Educational and Psychological Measurement, *6*, 475–494, 1946.

DANHEISER, P.R.; GRAZIANO, W.G.: Self-monitoring and cooperation as a self-presentational strategy. Journal of Personality and Social Psychology, *42*, 497–505, 1982.

EDWARDS, A.L.: The relationship between the judged desirability of a trait and the probability that the trait will be endorsed. Journal of Applied Psychology, *37*, 90–93, 1953.

FESTINGER, L.; CARLSMITH, J.M.: Cognitive consequences of forced compliance. Journal of Abnormal and Social Psychology, *58*, 203–210, 1959.

FONTANA, A.F.; KLEIN, E.B.: Self-presentation and the schizophrenic «defizit». Journal of Consulting and Clinical Psychology, *32*, 250–256, 1968.

FONTANA, A.F.; KLEIN, E.B.; LEWIS, E.; LEVINE, L.: Presentation of the self in mental illness. Journal of Consulting and Clinical Psychology, *32*, 110–119, 1968.

FORSYTH, D.R.; RIESS, M.; SCHLENKER, B.R.: Impression management concerns governing reactions to a faulty decision. Representative Research in Social Psychology, *8*, 12–22, 1977.

FREY, D.: Die Theorie der kognitiven Dissonanz. In: FREY, D. (Hrsg.): Kognitive Theorien der Sozialpsychologie. Bern, Stuttgart, Wien: Huber 1978 a.

FREY, D.: Reactions to success and failure in public and private conditions. Journal of Experimental Social Psychology, *14*, 172–179, 1978 b.

GAES, G.G.; KALLE, R.J.; TEDESCHI, J.T.: Impression management in the forced compliance situation. Journal of Experimental Social Psychology, *14*, 493–510, 1978.

GOFFMAN, E.: Stigma – Über Techniken der Bewältigung beschädigter Identität. Frankfurt a.M.: Suhrkamp 1967.

GOFFMAN, E.: Wir alle spielen Theater. München: Piper 1969.

GUILD, P.D.; STRICKLAND, L.H.; BAREFOOT, J.C.: Dissonance theory, self-perception, and the bogus pipeline. European Journal of Social Psychology, *7*, 465–476, 1977.

HASS, R.G.; MANN, R.W.: Anticipatory belief change: Persuasion or impression management? Journal of Personality and Social Psychology, *34*, 105–111, 1976.

HEIDER, F.: The psychology of interpersonal relations. New York: 1958.

HENDRICKS, M.; BRICKMAN, P.: Effects of status and knowledgeability of audience on self-presentation. Sociometry, *37*, 440–449, 1974.

INNES, J.M.; YOUNG, R.F.: The effect of presence of an audience, evaluation apprehension and objective self-awareness on learning. Journal of Experimental Social Psychology, *11*, 35–42, 1975.

JELLISON, J.M.; GENTRY, K.A.: Self-presentation of the seeking of social approval. Personality and Social Psychology Bulletin, *4*, 227–230, 1978.

JELLISON, J.M.; GREEN, J.: A self-presentation approach to the fundamental attribution error. Journal of Personality and Social Psychology, *40*, 643–649, 1981.

JONES, E.E.; NISBETT, R.E.: The actor and the observer: Divergent perceptions of the causes of behavior. Morristown: General Learning Press 1971.

JONES, E.E.; PITTMAN, T.S.: Toward a general theory of strategic self-presentation. In: SULS, J. (Ed.): Psychological Perspectives on the Self. Hillsdale, N.J.: Erlbaum 1982.

JONES, E.E.; SIGALL, H.: The bogus pipeline: a new paradigm for measuring affect and attitude. Psychological Bulletin, 76, 349-364, 1971.

JOSEPH, J.M.; GAES, G.G.; TEDESCHI, J.T.; CUNNINGHAM, M.R.: Impression management effects in the forced compliance situation. The Journal of Social Psychology, 107, 89-98, 1979.

KAHLE, L.R.: Dissonance and impression management as theories of attitude change. Journal of Social Psychology, 105, 53-64, 1978.

KOLDITZ, T.A.; ARKIN, R.M.: An impression management interpretation of the self-handicapping strategy. Journal of Personality and Social Psychology, 43, 492-502, 1982.

LERNER, M.J.: The desire for justice and reactions to victims. In: MACAULAY, M.J.; BERKOWITZ, L. (Eds.): Altruism and helping behavior. New York: Academic Press, 205-229, 1970.

LEWITTES, D.J.; SIMMONS, W.I.: Impression management of sexually motivated behavior. Journal of Social Psychology, 96, 39-44, 1975.

MALKIS, F.S.; KALLE, R.J.; TEDESCHI, J.T.: Attitudinal politics in the forced compliance situations. Journal of Social Psychology, 117, 79-91, 1982.

MUMMENDEY, H.D.: Methoden und Probleme der Kontrolle sozialer Erwünschtheit (Social Desirability). Zeitschrift für Differentielle und Diagnostische Psychologie, 2, 199-218, 1981.

MUMMENDEY, H.D.; BOLTEN, H.-G.: Die Veränderung von Social-Desirability-Antworten bei erwarteter Wahrheitskontrolle (Bogus-Pipeline-Paradigma). Zeitschrift für Differentielle und Diagnostische Psychologie, 2, 151-156, 1981.

MUMMENDEY, H.D.; BOLTEN, H.-G.; ISERMANN-GERKE, M.: Experimentelle Überprüfung des Bogus-Pipeline-Paradigmas: Einstellungen gegenüber Türken, Deutschen und Holländern. Zeitschrift für Sozialpsychologie, 13, 300-311, 1982.

NUTTIN, J.M., Jr.: The illusion of attitude change. London: Academic Press 1975.

ORNE, M.T.: On the social psychology of the psychological experiment: With particular reference to demand characteristics and their implications. American Psychologist, 17, 776-783, 1962.

PAGE, M.M.: Effects of demand cues and evaluation apprehension in an attitude change experiment. Journal of Social Psychology, 89, 55-62, 1973.

PAGE, M.M.: Demand compliance in laboratory experiments. In: TEDESCHI, J.T.: Impression Management Theory and Social Psychological Research. New York: Academic Press 1981.

PAULHUS, D.: Individual differences, self-presentation, and cognitive dissonance: the concurrent operation in forced compliance. Journal of Personality and Social Psychology, 43, 838-852, 1982.

REIS, H.T.; GRUZEN, J.: On mediating equity, equality, and self-interest: the role of self-presentation in social exchange. Journal of Experimental Social Psychology, 12, 487-503, 1976.

RICHARDSON, K.D.; CIALDINI, R.B.: Basking and blasting: tactics of indirect self-presentation. In: TEDESCHI, J.T. (Ed.): Impression Management Theory and Social Psychological Research. New York: Academic Press 1981.

RIESS, M.; KALLE, R.J.; TEDESCHI, J.T.: Bogus pipeline attitude assessment, impression management, and misattribution in induced compliance settings. Journal of Social Psychology, 115, 247-258, 1981.

RIESS, M.; ROSENFELD, P.; MELBURG, V.; TEDESCHI, J.T.: Self-serving attributions: biased private perceptions and distorted public descriptions. Journal of Personality and Social Psychology, 41, 224-231, 1981.

RIVERA, A.N.; TEDESCHI, J.T.: Public versus private reactions to positive inequity. Journal of Personality and Social Psychology, *34,* 895–900, 1976.

ROSE, A.: Systematische Zusammenfassung der Theorie der symbolischen Interaktion. In: HARTMANN, H. (Hrsg.): Moderne amerikanische Soziologie. Stuttgart: 219–231, 1967.

ROSENFELD, P.; MELBURG, V.; GAES, G.G.; RIESS, M.; TEDESCHI, J.T.: Dissociation of experimenters in the forced compliance paradigm. Unpublished manuscript, State University of New York at Albany 1980.

ROSENFELD, P.; MELBURG, V.; TEDESCHI, J.T.: Forgetting as an impression management strategy in the forced-compliance paradigm. Journal of Social Psychology, *114,* 69–74, 1981.

ROSENTHAL, R.: Experimental effects in behavioral research. New York 1966.

SCHEIER, M.F.; FENIGSTEIN, A.; BUSS, A.H.: Self-awareness and physical aggression. Journal of Experimental Social Psychology, *10,* 264–273, 1974.

SCHLENKER, B.R.: Self-presentation: managing the impression of consistency when reality interferes with self-enhancement. Journal of Personality and Social Psychology, *32,* 1030–137, 1975 a.

SCHLENKER, B.R.: Liking for a group following an initiation: impression management or dissonance reduction? Sociometry, *38,* 99–118, 1975 b.

SCHLENKER, B.R.: Group member's attributions of responsibility for prior group performance. Representative Research in Social Psychology, *6,* 96–108, 1975 c.

SCHLENKER, B.R.: Impression management: the self-concept, social identity, and interpersonal relations. Belmont, Calif.: Brooks/Cole 1980.

SCHLENKER, B.R.; FORSYTH, D.R.; LEARY, M.R.; MILLER, R.S.: Self-presentational analysis of the effects of incentives on attitude change following counterattitudinal behavior. Journal of Personality and Social Psychology, *39,* 553–577, 1980.

SCHLENKER, B.R.; LEARY, M.R.: Audiences' reactions to self-enhancing, self-denigration, and accurate self-presentations. Journal of Experimental Social Psychology, *18,* 89–104, 1982.

SCHNEIDER, D.J.: Tactical self-presentation after success and failure. Journal of Personality and Social Psychology, *13,* 262–268, 1969.

SCHNEIDER, D.J.: Tactical self-presentations: toward a broader conception. In: TEDESCHI, J.T. (Ed.): Impression management theory and social psychological research. New York: Academic Press 1981.

SIGALL, H.; PAGE, R.: Current stereotypes: a little fading, a little faking. Journal of Personality and Social Psychology, *18,* 247–255, 1971.

SILVERMAN, L.L.; RIVERA, A.N.; TEDESCHI, J.T.: Transgression-compliance: guilt, negative affect, or impression management? Journal of Social Psychology, *108,* 57–62, 1979.

SNYDER, M.: Impression management. In: WRIGHTSMAN, L.S. (Ed.): Social psychology. Monterey, Calif.: Brooks/Cole 1977.

SNYDER, M.: Self-monitoring processes. In: BERKOWITZ, L. (Ed.): Advances in experimental social psychology (Vol. 12). New York: Academic Press 1979.

TEDESCHI, J.T. (Ed.): The social influence processes. Chicago: Aldine-Atherton 1972.

TEDESCHI, J.T. (Ed.): Impression management theory and social psychological research. New York: Academic Press 1981.

TEDESCHI, J.T.; LINDSKOLD, S.; ROSENFELD, P.: Introduction to social psychology. St. Paul: West 1985.

TEDESCHI, J.T.; MALKIS, F.S.; GAES, G.G.; QUIGLEY-FERNANDEZ, B.: First impression, norms, and reactions to threats. Human Relations, *33,* 647–657, 1980.

TEDESCHI, J.T.; RIESS, M.: Identities, the phenomenal self, and laboratory research. In: TEDESCHI, J.T. (Ed.): Impression management theory and social psychological research. New York: Academic Press 1981 a.

TEDESCHI, J.T.; RIESS, M.: Verbal strategies in impression management. In: ANTAKI, C. (Ed.): The psychology of ordinary explanations of social behavior. London: Academic Press 1981 b.

TEDESCHI, J.T.; ROSENFELD, P.: Impression management theory in the forced compliance situation. In: TEDESCHI, J.T. (Ed.): Impression management theory and social psychological research. New York: Academic Press 1981.

TEDESCHI, J.T.; SCHLENKER, B.R.; BONOMA, T.V.: Cognitive dissonance: private ratiocination or public spectacle? American Psychologist, 26, 685–695, 1971.

TETLOCK, P.E.: The influence of self-presentation goals on attributional reports. Social Psychology Quarterly, 44, 300–311, 1981.

TETLOCK, P.E.; MANSTEAD, A.S.R.: Impression management versus intrapsychic explanations in social psychology: A useful dichotomy? Psychological Review, 92, 59–77, 1985.

UNGAR, S.: The effects of other's expectancies on the fabrication of opinions. Journal of Social Psychology, 114, 173–185, 1981.

WATSON, C.: Roles of impression management in the interview, self-report, and cognitive behavior of schizoprenics. Journal of Consulting and Clinical Psychology, 38, 452–456, 1972.

WEARY, G.; ARKIN, R.M.: Attributional self-presentation. In: HARVEY, J.H.; ICKES, W.J.; KIDD, R.F. (Eds.): New directions in attribution reserach (Vol. 3). Hillsdale, N.J.: Erlbaum 1981.

WRIGHT, R.A.; BREHM, S.S.: Reactance as impression management: a critical review. Journal of Personality and Social Psychology, 42, 608–618, 1982.

Die Herausgeber zum folgenden Beitrag

Zur Theorie des Selbstwertschutzes und der Selbstwerterhöhung kann ebenso wie in einigen anderen Kapiteln dieses Bandes keine präzise ausformulierte, elaborierte Theorie vorgestellt werden. Vielmehr haben es sich die Autoren des vorliegenden Beitrages zur Aufgabe gemacht, verschiedene (sozial-)psychologische Forschungsgebiete dahingehend zu analysieren, inwieweit in ihnen – mehr oder weniger explizit – das Motiv Selbstwertschutz und/oder Selbstwerterhöhung zur Vorhersage und/- oder Interpretation empirischer Sachverhalte herangezogen wurde. Dabei wird eine Fülle von Arbeiten aus sehr heterogenen Forschungsgebieten zusammengetragen und das Motiv Selbstwertschutz/Selbstwerterhöhung als eine wichtige Determinante menschlichen Verhaltens bestätigt: Neben der z.Zt. in der Forschung noch immer sehr populären Frage, inwieweit Selbstwertschutz und -erhöhungsmotive die Attribution eigener Leistungen beeinflussen, wird z.b. angesprochen, ob solche Motive auch – zumindest teilweise – die Suche nach selbstwertrelevanten Informationen sowie deren Interpretation, Bewertung und Erinnerung steuern. Allerdings stellen die Autoren neben der Bedeutung eines selbstwerttheoretischen Ansatzes immer wieder auch dessen Grenzen heraus, indem sie mit dem Motiv Selbstwertschutz/Selbstwerterhöhung erklärbare Forschungsergebnisse stets auch mit alternativen theoretischen Ansätzen konfrontieren. So wird z.b. wiederholt betont, daß gerade auch viele der in diesem Beitrag dargestellten Arbeiten die Kognitions-Motivationsdebatte in der Sozialpsychologie immer wieder haben aufleben lassen, ein Grund mehr vielleicht, warum wir unseres Erachtens auch in Zukunft weitere interessante Arbeiten in der selbstwerttheoretischen Forschung erwarten dürfen.

Die Theorie des Selbstwertschutzes und der Selbstwerterhöhung

DAGMAR STAHLBERG
GABRIELE OSNABRÜGGE
DIETER FREY

1. Einleitende Bemerkungen

Wenn der vorliegende Beitrag «Die Theorie des Selbstwertschutzes und der Selbstwerterhöhung» überschrieben wurde, so läßt sich dieser Titel strenggenommen nur aufgrund des Anspruches an Kürze und Prägnanz einer solchen Überschrift rechtfertigen. Denn obwohl in der Vergangenheit durchaus einzelne Autoren von einer solchen Theorie gesprochen haben (vgl. z.B. DITTES, 1959; JONES, 1973; u.a.), können entsprechende Formulierungen sicher nicht den Anforderungen, die an eine präzise ausformulierte Theorie zu stellen wären, genügen. Vielmehr lassen sich aus sehr heterogenen Forschungsbereichen eine Vielzahl von Hypothesen extrahieren, die mehr oder weniger explizit auf eine oder beide der folgenden selbstwerttheoretischen Grundannahmen rekurrieren:

- Menschen sind grundsätzlich motiviert, ihr Selbstwertgefühl[1] zu schützen bzw. zu erhöhen (vgl. FREY & BENNING, 1983; STAHLBERG & FREY, 1983);
- dieses Bedürfnis nach Selbstwertschutz und Selbstwerterhöhung ist um so stärker, je niedriger das akute Selbstwertgefühl einer Person, d.h. je weniger ihr Bedürfnis nach möglichst positiver Selbstbewertung erfüllt ist (vgl. DITTES, 1959; JONES, 1973, u.a.).

Im folgenden sollen diese allgemeinen Hypothesen anhand relevanter Forschungsarbeiten konkretisiert und diskutiert werden. In Absatz 2.1. wird dabei die Frage aufgegriffen, inwieweit ein Motiv, den eigenen Selbstwert zu schützen und/oder zu erhöhen, Einfluß darauf nimmt, welche selbstbezogenen Informationen Personen aktiv suchen oder ver-

---

[1] Begriffe wie Selbst, Selbstkonzept oder Selbstwertgefühl werden in der psychologischen Literatur sehr unterschiedlich definiert und angewendet (vgl. z.B. WELLS & MARWELL, 1976; SCHNEEWIND, 1977). Allerdings hat sich in der Sozialpsychologie ein relativ einheitliches «Selbst»-Verständnis herausgebildet (FREY & BENNING, 1983): Als *Selbstkonzept* wird die Summe der Urteile einer Person über sich selbst bezeichnet (z.B. «Ich bin intelligent»). Die affektiven Beurteilungen dieser einzelnen Ansichten über die eigene Person, d.h. deren positive bzw. negative Bewertungen, werden *Selbsteinschätzungen* genannt (z.B. «Es ist gut, daß ich intelligent bin»). Das Selbstwertgefühl wiederum ergibt sich als Summe der gewichteten Selbsteinschätzungen.

meiden und wie sie auf entsprechende Informationen affektiv und kognitiv reagieren. Absatz 2.2. beschäftigt sich sodann mit der Selbstwahrnehmung von Personen, genauer gesagt mit der Frage, ob die Wahrnehmung und Beurteilung eigener Eigenschaften sowie die Interpretation eigener Leistungen vom Motiv Selbstwertschutz beeinflußt werden. In Absatz 2.3. schließlich wird untersucht, ob Personen mit einmal aufgenommenen selbstrelevanten Informationen in selbstwertdienlicher Weise umgehen, indem sie z.b. ihre Aufmerksamkeit auf positive Seiten ihrer Person zentrieren oder primär solche positiven selbstbezogenen Informationen im Gedächtnis speichern.

2. Spezifische selbstwerttheoretische Hypothesen und relevante Forschungsergebnisse

2.1. Die Auseinandersetzung mit Rückmeldungen über die eigene Person

Alle Arten von Informationen, die das Selbstkonzept einer Person tangieren, können ihr Selbstwertgefühl stabilisieren, erhöhen oder herabsetzen (vgl. FREY & BENNING, 1983). Verschiedene Autoren, die an Effekten unterschiedlich hohen Selbstwertes in ganz verschiedenen Forschungszusammenhängen interessiert waren (z.B. interindividuelle Unterschiede in der Beeinflußbarkeit), haben sich diese Tatsache zunutze gemacht, indem sie das Selbstwertgefühl ihrer Vpn dadurch manipulierten, daß sie ihnen fiktive Leistungserfolge bzw. -mißerfolge zurückmeldeten (vgl. ZELLNER, 1970; NISBETT & GORDON, 1967, u.a.). Diesen Einfluß selbstbezogener Informationen auf das Selbstwertgefühl vorausgesetzt, kann man aus selbstwerttheoretischer Sicht die folgenden allgemeinen Hypothesen aufstellen:

1. Personen suchen selektiv nach positiven Informationen über die eigene Person und vermeiden die Auseinandersetzung mit selbstwertbedrohlichen Rückmeldungen.
2. Personen reagieren affektiv und kognitiv positiver auf für sie selbst schmeichelhafte Informationen als auf selbstwertbedrohliche Rückmeldungen. D.h. zum Beispiel, sie bewerten Informationen der ersten Art als glaubwürdiger, zutreffender und akzeptabler und finden deren Sender sympathischer verglichen mit ihren Reaktionen auf die eigene Person abwertende Informationen.

2.1.1. Selektive Informationssuche

Obwohl die Annahme selbstwertdienlicher Informationssuche eine recht einfache und aufgrund von Alltagserfahrungen möglicherweise unmittelbar einleuchtende Strategie des Selbstwertschutzes thematisiert, sind empirische Studien, die diese und ähnliche Hypothesen ganz explizit überprüfen, nicht besonders zahlreich. Die Arbeiten, die uns für eine selbstwerttheoretische Position von Belang erscheinen, wurden zunächst zumeist im Rahmen dissonanztheoretischer Forschung durchgeführt, die sich auf allgemeinerer Basis mit der selektiven Suche nach bestimmten – entscheidungskonsonanten und entscheidungsdissonanten – Informationen beschäftigt (vgl. dazu z.B. FREY, 1981a; 1986). Selbstwertrelevant im engeren Sinne wurden entsprechende Forschungsarbeiten durch ein insbesondere von FREY und Mitarbeitern (vgl. z.B. FREY, 1978; 1981b; FRIES & FREY, 1980; WYER & FREY, 1983) angewandtes Paradigma, das sich wie folgt beschreiben läßt: Vpn, die einen Intelligenztest bearbeitet haben, erhalten entweder relativ zu ihren zuvor geäußerten Erwartungen positive oder negative Rückmeldungen über ihr Testergebnis. Sie werden also entweder mit der Information, daß ihre mit dem Test gemessene Intelligenz hinter ihren Erwartungen zurückbleibt oder diese überschreitet, konfrontiert. Anschließend erhalten sie die Gelegenheit, aus verschiedenen angebotenen Texten, in denen die Validität von Intelligenztests entweder argumentativ untermauert oder aber angezweifelt wird, einen oder mehrere zur Lektüre auszuwählen. Da die Urteile über die Validität von Intelligenztests, die in den jeweiligen Texten zu erwarten sind, für die Vpn schon an den ihnen zur Auswahl vorgelegten Titeln ersichtlich sind, ließen sich aus einem selbstwerttheoretischen Modell die folgenden Vorhersagen über das Informationssuchverhalten von Personen ableiten: Vpn, die eine negative Intelligenztestrückmeldung erhalten haben, sollten im besonderen Maße solche Informationen nachfragen, die die Validität von Intelligenztests in Frage stellen (Selbstwertschutz), während Personen mit positivem Leistungsfeedback vergleichsweise zur erstgenannten Personengruppe stärker solche Informationen anfordern sollten, die Intelligenztests als valide Meßinstrumente beschreiben (Selbstwerterhöhung).

FREY und Mitarbeiter (vgl. z.B. FREY, 1981) berichten verschiedene Studien, die mit diesem Paradigma durchgeführt wurden und deren Ergebnisse die selbstwerttheoretische Interpretation der Suche nach selbstwertrelevanten Informationen stützen. So zeigte sich, daß Personen, die ein negativ von ihren Erwartungen abweichendes Intelligenztest-Ergebnis zurückgemeldet bekamen, verstärkt solche Informationen nachfragten, die die Validität von Intelligenztests in Frage stellten, und zumindest tendenziell solche Informationen vermieden, die für selbstwertbedrohlich waren, weil sie Intelligenztests als wertvolle diagnostische Instrumente beschrieben. Vpn dagegen, die zu ihren Erwartungen positiv diskrepante Ergebnisse erzielten, zeigten keine solche selektive Präferenz für die intelligenztestabwertenden Informationen.

81

Hochängstliche Vpn bemühten sich sogar um die Bestätigung einer für sie selbstwerterhöhenden Rückmeldung, indem sie selektiv positive Beurteilungen von Intelligenztests nachfragten und negative Bewertungen solcher Tests aktiv vermieden. Während diese und ähnliche Befunde (vgl. z.B. auch SNYDER & COWLES, 1979) also durchaus die Annahme einer selektiven Präferenz für positive Informationen über die eigene Person belegen, stellten demgegenüber MISCHEL, EBBESEN & ZEISS (1973) fest, daß Vpn, denen die Gelegenheit gegeben wurde, sich mit positiven und negativen Informationen über die eigene Person zu beschäftigen, sich insgesamt gesehen längere Zeit mit den Beschreibungen der negativen Seiten als mit denen der positiven Seiten ihrer Persönlichkeit auseinandersetzten. Ausdrücklich in Frage gestellt wurde die Annahme (primär) selbstwertdienlicher Informationssuche insbesondere auch durch die Arbeiten von TROPE (1979, 1980) und SWANN & REED (1981). So untersuchte TROPE (1979, 1980), inwieweit primär das Streben nach Selbsterkenntnis oder aber das Motiv Selbstwertschutz die Entscheidungen von Personen für oder gegen die Bearbeitung zur Wahl gestellter Aufgaben beeinflußt, von deren Lösung oder Nicht-Lösung sie sich Aufschluß über ihren Besitz oder Nicht-Besitz an bestimmten Fähigkeiten und damit selbstwertrelevantes Feedback versprechen. Er ging dabei von den folgenden Annahmen aus: Ist das Streben nach Selbsterkenntnis das primäre, die Aufgabenwahl steuernde Motiv, sollten solche Aufgaben präferiert werden, von deren Lösung (Nicht-Lösung) relativ eindeutig auf eine hohe (geringe) Ausprägung von Fähigkeit A geschlossen werden kann, verglichen mit solchen Aufgaben, deren Lösung bzw. Nicht-Lösung keine Aussagen über den Besitz oder Nicht-Besitz von A zuläßt. Andererseits leitet TROPE aus der selbstwerttheoretischen Position die Vorhersage ab, daß Personen diagnostisch wertvolle Informationen über ihre eigenen Fähigkeiten möglicherweise nur dann präferieren, wenn solche Informationen ausschließlich ein hohes eigenes Fähigkeitsniveau aufdecken könnten, nicht aber wenn sie ausschließlich eine sichere Diagnose über geringe Fähigkeiten erlauben würden (vgl. auch KUKLA, 1978).

Zur Überprüfung beider theoretischer Positionen variierte TROPE (z.B. 1980) die von den Vpn wahrgenommene Diagnostizität von Aufgaben für hohe und geringe Fähigkeitsausprägungen unabhängig voneinander. Hohe Diagnostizität einer bestimmten Aufgabe für die niedrige Ausprägung einer Fähigkeit (z.B. Auge-Hand-Koordination) induzierte TROPE dadurch, daß er den Vpn anhand von graphischen Abbildungen erläuterte, daß von Personen mit sehr geringen Auge-Hand-Koordinationsfähigkeiten erzielte minimale Testwerte eindeutig unterhalb derjenigen von Personen mit entsprechenden reichen Fähigkeiten lägen. Geringe Diagnostizität für eine sehr niedrig ausgeprägte Auge-Hand-

Koordination zeigte sich in den Graphiken dann in der relativen Ähnlichkeit der erreichten minimalen Zahl von Aufgabenlösungen der Personen mit guten und derjenigen mit geringen Fähigkeiten. Entsprechend wurde die Diagnostizität für ein hohes Fähigkeitsniveau anhand der Differenz der maximal erreichten Punktwerte zwischen Personen mit den beiden Fähigkeitsausprägungen variiert. Die Vpn hatten nach dem Betrachten der entsprechenden Graphiken die Möglichkeit, zwischen Aufgaben mit hoher bzw. niedriger Diagnostizität für hohe oder geringe Fähigkeiten zu wählen. Es zeigte sich, daß die Vpn stets nach den diagnostisch wertvolleren Aufgaben griffen, auch dann, wenn diese die Gefahr bargen, eine sehr geringe Fähigkeit zu bescheinigen (hohe Diagnostizität der Aufgabe für geringe Fähigkeiten) und damit potentiell selbstwertbedrohlich waren (vgl. auch TROPE, 1979). Der einzige Hinweis auf das Wirken des Motivs Selbstwertschutz/Selbstwerterhöhung läßt sich in den von TROPE berichteten Befunden darin sehen, daß die Präferenz für diagnostisch wertvolle Aufgaben stärker ausgeprägt bei Aufgaben war, die hohe anstatt niedrige Fähigkeiten erkennen lassen sollten.

Ebenfalls wenig Unterstützung für die Annahme selbstwertdienlicher Informationssuche entnehmen auch SWANN & READ ihren experimentellen Befunden. Sie gingen der Frage nach, ob Personen nicht möglicherweise statt selbstwertdienlicher solche selbstbezogenen Informationen suchen, die mit ihrem Selbstbild konsistent sind. Während der selbstwerttheoretische Ansatz eine solche selbstbildkonsistente Informationssuche nur für Personen mit positivem Selbstkonzept vorhersagt, gleichzeitig aber postuliert, daß Personen mit niedrigem Selbstwertgefühl ebenso oder sogar noch stärker an selbstwerterhöhenden (und damit selbstbildinkonsistenten) Informationen interessiert sein sollten, würden Vertreter einer konsistenztheoretischen Position zwar für Personen mit hohem Selbstwertgefühl die selektive Suche nach positiven Rückmeldungen, für Personen mit niedrigem Selbstwertgefühl dagegen eine Bevorzugung negativer Informationen über das eigene Selbst vorhersagen. SWANN & READ leiten ihre Annahme einer solchen «search for feedback that fits» aus der empirisch wiederholt gefundenen Tatsache ab, daß Personen generell dazu tendieren, hypothesenbestätigende Informationen zu suchen und in ihrer Aussagekraft zu überschätzen (vgl. SNYDER & SWANN, 1978; GRABITZ & GRABITZ-GNIECH, 1973; KOZIELECKI, 1966; u.a.).

In der Tat konnten SWANN & READ die Hypothese der selektiven Suche nach selbstbildkonsistenten Informationen empirisch belegen: Vpn in ihren Experimenten zeigten stärkeres Interesse an Informationen, die ihr eigenes Selbstkonzept stützten, als an Informationen, die ihrem Selbstbild widersprachen, und zwar selbst dann, wenn erstere aus einer negativen Bewertung ihrer Person durch andere Versuchsteilnehmer bestanden: Vpn, die zuvor angegeben hatten, sich selbst zu mögen, lasen Bewertungen ihrer selbst durch andere angebliche Versuchsteilnehmer dann ausführlicher, wenn sie annahmen, ihr Beurteiler würde sie prinzipiell ebenfalls mögen, als wenn sie annahmen, er würde sie ablehnen. Vpn dagegen, die sich selbst tendenziell nicht mochten, befaßten sich länger mit solchen Urteilen, die von Personen stammten, die sie angeblich nicht so günstig beurteilt hatten.

Insgesamt gesehen verdeutlichen diese zuletzt genannten Arbeiten, daß sich die Hypothese «Personen sind stärker an positiven als an negativen selbstwertrelevanten Informationen interessiert» in dieser Einfachheit nicht aufrecht erhalten läßt: Personen neigen häufig durchaus dazu, sich (primär) mit selbstwertbedrohlichen Rückmeldungen auseinanderzusetzen. Allerdings müssen solche Befunde unseres Erachtens nicht zwangsläufig einem selbstwerttheoretischen Ansatz widersprechen, nämlich z.b. dann nicht, wenn man davon ausgeht, daß es unter bestimmten Umständen dem Selbstwert *langfristig* dienlicher ist, die Konfrontation mit selbstwertbedrohenden Informationen zumindest kurzfristig in Kauf zu nehmen. Solche Umstände könnten darin bestehen, daß eine Person erwartet, die selbstwertbedrohende Information widerlegen zu können und sie damit langfristig aus der Welt zu schaffen, anstatt sie (möglicherweise immer wieder) vermeiden zu müssen. Ebenso wäre eine Präferenz für selbstwertbedrohende Informationen z.b. dann nicht selbstwertabträglich, wenn eine Person meint, aufgrund der Kenntnis negativer Informationen über ihr Selbst, eigene Defizite beheben oder zukünftige selbstwertbedrohliche Erlebnisse verhindern zu können. So kann es z.b. für eine Person langfristig selbstwertdienlicher sein, wenn sie in genügendem Abstand vor einer zu erwartenden Prüfung realistisches (d.h. möglicherweise auch negatives) Feedback über den eigenen Leistungsstand erfragt, da sie bis zum Prüfungstermin entsprechende Lücken noch füllen kann. Die Untersuchung der Effekte solcher Faktoren wie Nützlichkeit und Widerlegbarkeit von Informationen, die sich in der Vergangenheit als wichtige Determinanten der selektiven Informationssuche nach Entscheidungen herausgestellt haben (vgl. FREY, 1981a, 1981c, 1981d, 1982, 1986, FREY & ROSCH, 1984, FREY & WICKLUND, 1978), würde damit unseres Erachtens auch in der Forschung zur Auseinandersetzung mit selbstbezogenen Informationen eine interessante Perspektive eröffnen und eine weitere Überprüfung selbstwerttheoretischer Annahmen erlauben.

2.1.2. *Kognitive und affektive Reaktionen auf selbstbezogene Informationen*

In der oben genannten zweiten Hypothese wurde postuliert, daß Personen schmeichelhafte Informationen über die eigene Person als glaubwürdiger und akzeptabler bewerten als entsprechende negative Rückmeldungen. Affektiv sollten Personen ebenfalls positiver sowohl auf eine positive Bewertung ihrer selbst als auch auf deren Urheber reagieren. Der Nachweis selbstwertdienlicher kognitiver Reaktionen auf zumindest indirekt selbstwertrelevante Informationen wurde wiederum u.a. von FREY (1978, 1981, sowie FREY, FRIES & OSNABRÜGGE, 1983) erbracht. In mehreren Experimenten zeigte sich dabei, daß Vpn, die mit negativen Rückmeldungen über ihre Intelligenz konfrontiert wurden, selbstwertschützende Informationen (negative Aussagen über Intelligenztests) für zuverlässiger hielten als selbstwertbedrohende Informationen (positive Aussagen über Intelligenztests). Die damit verbundene Abwertung von Intelligenztests wurde um so stärker beobachtet, je selbstwertbedrohender die fiktive Rückmeldung war, d.h. je stärker sie in negativer Richtung von den Erwartungen der Vpn abwich. WYER & FREY (1983) berichten zudem, daß Vpn, die ein positives Feedback in einem zuvor bearbeiteten Intelligenztest erhalten hatten, diesen als valider und reliabler einstuften als Vpn, die ein fiktives negatives Ergebnis mitgeteilt bekommen hatten. Folgerichtig wiesen dann z.b. auch IRLE & KROLAGE (1973) nach, daß unerwartete positive Informationen über die eigene Person stärker akzeptiert werden als unerwartete negative Rückmeldungen: Vpn änderten ihre Selbsteinschätzung stärker nach zu ihren Erwartungen diskrepantem positiven Feedback als nach vergleichbar erwartungsdiskrepanten negativen Rückmeldungen. Korrespondierende Ergebnisse wurden in zahlreichen anderen Experimenten gefunden (vgl. z.B. SNYDER, SHENKEL & LOWERY, 1977; SICOLY & ROSS, 1977; SHAVIT & SHOUVAL, 1980, u.a.).

Allerdings können entsprechende Forschungsergebnisse nicht unhinterfragt bleiben. So wurde von verschiedenen Autoren (DMITRUK, COLLINS & CLINGER, 1973; SNYDER & SHENKEL, 1976) die Annahme formuliert, daß Vpn in den beschriebenen Studien fiktive positive Persönlichkeitsgutachten nur deshalb eher akzeptierten als entsprechende negative Rückmeldungen, weil sie erstere für Personen allgemein als charakteristischer betrachteten als die in den Experimenten gegebenen negativen Rückmeldungen. So fanden z.B. DMITRUK et al. (1973), daß positive und negative Persönlichkeitsgutachten von Vpn dann gleichermaßen akzeptiert wurden, wenn auch die negativen Gutachten relativ allgemein und daher mehr oder weniger auf jedermann zutreffend gehalten waren. Auch SNYDER & SHENKEL bestätigten die Annahme einer durch die Vpn wahrgenommenen unterschiedlichen Repräsentativität der in den berichteten Experimenten vorgelegten negativen und positiven Persönlichkeitsgutachten: Ihre Vpn betrachteten ein positives Gutachten im Vergleich zu einem negativen Gutachten nicht nur als bessere Beschreibung ihrer selbst, sondern auch als charakteristischer für Personen im allgemeinen. Gleichzeitig machen die Ergebnisse von SNYDER & SHENKEL aber auch deutlich, daß diese als unterschiedlich wahrgenommene Repräsentativität positiver und negativer Gutachten die größere Akzeptanz positiver Gutachten als passende Beschreibung der eigenen Person nicht vollständig erklären kann.

Die Vpn in ihrem Experiment äußerten nämlich durchaus die Ansicht, daß die positive Beschreibung sie selber noch besser kennzeichnen würde als Personen im allgemeinen, während sich bei negativen Informationen keine solchen Unterschiede aufzeigen ließen, und bestätigten mit diesem Verhalten wiederum selbstwerttheoretische Hypothesen.

Allerdings lassen sich, ebenso wie weiter oben für die Befunde zur selektiven Informationssuche ausgeführt, durchaus Bedingungen denken, unter denen Personen negative Rückmeldungen über sich selbst für valider halten und stärker akzeptieren als positive Informationen. Solche Bedingungen wurden z.b. von EAGLY & ACKSEN (1971), JONES & RATNER (1967), JONES & PINES (1968), sowie STROEBE (1977) postuliert bzw. empirisch nachgewiesen. Die Ergebnisse dieser Arbeiten lassen sich in Kürze wie folgt zusammenfassen:

(1) Personen zeigen dann eine stärkere Akzeptanz selbstwertbedrohender Rückmeldungen (indem sie z.b. ihr Selbstkonzept solchen Informationen stärker anpassen als positiven Rückmeldungen), wenn sie erwarten, daß zukünftige Leistungen ihrerseits oder Bewertungen ihrer selbst durch andere Personen ebenfalls zu negativen Urteilen führen werden (vgl. z.b. EAGLY & ACKSEN, 1971; JONES & PINES, 1968 sowie JONES & RATNER, 1967). Diese Ergebnisse widersprechen allerdings z.b. dann der selbstwerttheoretischen Position nicht, wenn man davon ausgeht, daß negatives Feedback, das einem akzeptierten positiven Feedback folgt, als aversiver empfunden wird, als wenn es sich an bereits negative Informationen über die eigene Person anschließt (vgl. dazu ARONSON & LINDER, 1965).

(2) Personen, die ein negatives Selbstbild besitzen, zeigen nur z.t. eine vergleichbar positive Bewertung selbstwertschmeichelnder Informationen wie Personen mit positivem Selbstkonzept (vgl. KORMAN, 1968; SHRAUGER & LUND, 1975). Wie im vorangegangenen Abschnitt schon erwähnt, würde eine selbstwerttheoretische Position eine stärkere Akzeptanz positiver selbstrelevanter Informationen bei Personen mit niedrigem Selbstwert vorhersagen als bei Personen mit positivem Selbstkonzept, während Konsistenztheoretiker genau Gegenteiliges postulieren würden. Die experimentellen Befunde bestätigen dabei weder die eine noch die andere Position in wünschenswerter Klarheit (vgl. z.b. SHAVIT & SHOUVAL, 1980; GLENN & JANDA, 1977).

Die damit angesprochene Kontroverse zwischen Konsistenz- und Selbstwerttheoretikern wurde allerdings insbesondere innerhalb der

Forschung zum Thema *affektive* Reaktionen auf positives und negatives Feedback ausgetragen. Das klassische, die selbstwerttheoretische Position stützende Experiment wurde dabei von DITTES (1959) durchgeführt. Er verabreichte Vpn mit hohem oder niedrigem Selbstwertgefühl nach einer Gruppendiskussion falsches Feedback derart, daß sie entweder von ihrer Gruppe akzeptiert worden waren oder nicht. Personen, die annahmen, sie seien von der Gruppe nicht akzeptiert worden, fanden diese generell wenig attraktiv (vgl. dazu auch THIBAUT & KELLEY, 1959; CARTWRIGHT & ZANDER, 1960). Hatten die Vpn jedoch ein positives Feedback erhalten, so schätzten sie ihre Gruppe als um so attraktiver ein, je geringer ihr Selbstwertgefühl war (ähnliche Ergebnisse berichten JONES, KNUREK & REGAN, in JONES, 1973). WALSTER (1965) wies darüber hinaus nach, daß auch einzelne Personen (hier ein männlicher Strohmann des Versuchsleiters), die Versuchspersonen (hier Studentinnen) positive Rückmeldungen gaben (hier die Vp zum Ausgehen einluden), dann attraktiver gefunden wurden, wenn die Vpn ein niedriges im Vergleich zu einem hohen Selbstwertgefühl besaßen. Obwohl also in der Mehrzahl der Studien in diesem Bereich die Selbstwerttheorie stützende Ergebnisse gefunden wurden (vgl. JONES, 1973; SHRAUGER, 1975; METTEE & ARONSON, 1974), existieren auch hier abweichende Befunde, die das konsistenztheoretische Modell untermauern (vgl. z.B. DEUTSCH & SOLOMON, 1959).

Insgesamt betrachtet legen die derzeit veröffentlichten empirischen Arbeiten dabei die folgenden Schlußfolgerungen nahe:

(1) Personen reagieren affektiv positiver auf Mitteilungen und deren Sender, wenn erstere positive im Vergleich zu negativen Bewertungen ihrer Person enthalten.

(2) Diese Tendenz zeigt sich stärker ausgeprägt bei Personen mit einem geringen Selbstwertgefühl.

(3) Unter Bedingungen allerdings, in denen ein positives Feedback einer Person zu unglaubwürdig erscheint (z.B. weil es zu diskrepant zum Selbstkonzept ist), wird sie dessen Urheber als inkompetent und damit häufig auch weniger sympathisch beurteilen als einen aus ihrer Sicht «realistischeren» Beobachter (vgl. dazu z.B. die Kritik von SHRAUGER, 1975, an den Versuchsbedingungen von DEUTSCH & SOLOMON, 1959). So fand DUTTON (1972) dann Konsistenzeffekte, wenn Vpn über sehr stabile und damit hoch änderungsresistente negative Selbsteinschätzungen verfügten. Selbstwerttheoretische Effekte wurden dagegen von demselben Autor dann beobachtet, wenn sich die Vpn hinsichtlich der von ihnen geäußerten negativen Selbstbeurteilungen sehr unsicher gezeigt hatten. Ebenso zeigte REGAN (1976), daß Vpn entsprechend konsistenztheoretischer Vorhersagen reagieren, wenn eine positive Bewertung durch eine dritte Person eindeutigen Erfahrungen mit den eigenen Fä-

higkeiten widerspricht, während sie bei Abwesenheit eines solchen salienten faktischen Widerspruchs gemäß selbstwerttheoretischer Gesetze zu reagieren scheinen. REGAN gab ihren Vpn auf einer bestimmten Dimension ihrer Persönlichkeit (Kreativität) aufgrund eines von diesen zuvor bearbeiteten Testes positives oder negatives Feedback. Die Vpn hatten anschließend ihre Sympathie für einen Versuchsleiterhelfer anzugeben, der sie zuvor auf derselben Dimension (Kreativität) oder hinsichtlich einer anderen Eigenschaft (Intelligenz) positiv bewertet hatte. Dabei zeigte sich unter der Bedingung, daß sich die Testrückmeldung und die Helferbeurteilung auf dieselben Dimensionen bezogen, ein leichter wenn auch nicht signifikanter Konsistenzeffekt: Personen fanden den sie lobenden Helfer dann sympathischer, wenn sie zuvor eine positive als wenn sie eine negative Rückmeldung erhalten hatten. Lobte dagegen der Versuchsleiterhelfer die Vp für eine andere Qualität (Intelligenz) als die getestete (Kreativität), zeigte sich eindeutig ein selbstwerttheoretischer Effekt: Vpn mit negativem Kreativitätsfeedback mochten den lobenden Versuchshelfer lieber als Vpn mit rückgemeldeter hoher Kreativität.

Affektive Reaktionen von Personen auf positive und/oder negative selbstbezogene Rückmeldungen folgen also insgesamt eher selbstwerttheoretischen Prinzipien: Vorausgesetzt der Sender einer positiven Information wirkt nicht extrem unglaubwürdig, wird er sowohl von Personen mit negativem als auch mit positivem anfänglichen Selbstkonzept sympathischer gefunden als ein Urheber negativer Beurteilungen. Andererseits läßt sich aus den oben genannten experimentell nachgewiesenen teilweisen selbstbildkonsistenten kognitiven Reaktionen auf selbstbezogene Rückmeldungen auch darauf schließen, daß nicht Selbstwertschutz und -erhöhungsmotive allein die Reaktionen auf solche Informationen steuern. Vielmehr scheint das Selbstkonzept einer Person auf zweierlei Weise Einfluß auf ihren Umgang mit selbstwertrelevantem Feedback zu nehmen: So nehmen z.B. METTEE & ARONSON (1974) an, daß eine Person mit geringem Selbstwertgefühl «needs positive feedback more, but finds it harder to believe» (METTEE & ARONSON, 1974, S. 253). Während METTEE & ARONSON damit einerseits durchaus die Existenz von Selbstwertschutz und -erhöhungsmotiven annehmen, heben sie mit der zitierten Aussage auch auf Prinzipien der Informationsverarbeitung ab: Personen mit negativem Selbstkonzept erwarten ihrer Ansicht nach vorrangig negative Rückmeldungen und bewerten gemäß den Gesetzmäßigkeiten hypothesengesteuerter Informationsverarbeitung (vgl. KOZIELECKI, 1966; SWANN & READ, 1981) solche Informationen, die ihrem Selbstbild entsprechen, als valider und glaubwürdiger als von der Selbstbeurteilung abweichende Informationen. Empirisch konnte diese differenzierte Analyse kognitiver und affektiver Reaktionen auf selbstbezogene Rückmeldungen in jüngerer Zeit von MCFARLIN & BLASCOVICH (1981) bestätigt werden: Ihre Vpn mit chronisch niedrigem Selbstwertgefühl erwarteten zwar eher Mißerfolge als Erfolge, gaben aber an, einen Erfolg einem Mißerfolg vorzuziehen.

Darüber hinaus aus den vorliegenden Ergebnissen auf das Wirken eines Konsistenzmotivs im Sinne eines *Bedürfnisses* nach selbstwert- bzw. selbstbildkonsistenten Rückmeldungen zu schließen (vgl. dazu JONES, 1973), scheint uns dagegen aufgrund der vorliegenden Daten nicht gerechtfertigt. Gerade die Tatsache, daß Personen mit niedrigem Selbstwert auf positive Rückmeldungen affektiv besonders positiv reagieren, solang diese Informationen glaubwürdig sind, widerspricht unseres Erachtens der Annahme, daß Personen zu ihrem Selbstbild diskrepante Rückmeldungen stets – d. h. auch wenn sie positiv sind – als aversiv erleben.

2.2. Selbst- und Fremdwahrnehmung

Während in den vorangegangenen Abschnitten primär danach gefragt wurde, wie Personen – affektiv und kognitiv – auf Rückmeldungen über die eigene Person bzw. ihr Verhalten reagieren, soll im folgenden untersucht werden, inwieweit Personen sich selbst, eigenes Verhalten und besonders eigene Leistungen in selbstwertdienlicher Weise wahrnehmen und interpretieren.

2.2.1. Wahrnehmung und Beurteilung eigener und fremder Eigenschaften

Innerhalb der Forschung zur Wahrnehmung und Beurteilung eigener und fremder Eigenschaften lassen sich die folgenden drei selbstwerttheoretischen Hypothesen identifizieren:
1. Personen tendieren dazu, das Ausmaß ihrer positiven Eigenschaften zu überschätzen, dasjenige ihrer negativen Eigenschaften dagegen zu unterschätzen. Sie sollten darüber hinaus Verhalten und Eigenschaften anderer Personen kritischer (negativer) beurteilen, als wenn sie dasselbe Verhalten bzw. dieselbe Eigenschaft bei sich selbst wahrnehmen.
2. Personen neigen dazu, die generelle Bedeutung derjenigen Eigenschaften, die sie an sich selbst positiv bewerten, zu überschätzen. Dies wird sich zum Beispiel darin äußern, daß sie andere Personen vermehrt nach solchen Dimensionen beurteilen, auf denen sie mit sich selbst besonders zufrieden sind.
3. Personen werden andere Personen so wahrnehmen und/oder beurteilen, daß das eigene Selbstwertgefühl bei einem sozialen Vergleich geschützt bzw. sogar erhöht werden kann.
   Im folgenden sollen einige empirische Arbeiten diskutiert werden, die sich mehr oder weniger explizit mit diesen drei Hypothesen beschäftigt haben.

2.2.1.1. Wahrnehmungen eigener positiver und negativer Eigenschaften und Verhaltensweisen

Verschiedene Forschungsarbeiten belegen, daß die Selbstwahrnehmung von Personen, d. h. die Wahrnehmung und Beurteilung eigener Eigenschaften und Verhaltensweisen, häufig selbstwertschmeichelnden Verzerrungen unterliegt. Solche Verzerrungen wurden z. B. in der Wahrnehmung und Beurteilung aggressiver Verhaltensweisen und in der Forschung zu Gerechtigkeitseinschätzungen in sozialen Beziehungen beobachtet. So ließen MUMMENDEY, LINNEWEBER & LÖSCHPER (1984) Vpn sich in den Initiator oder das Opfer einer Aggression, die sie in einem Filmausschnitt beobachteten, hineinversetzen. Danach hatten beide Vpn-Gruppen die aggressive Handlung nach ihrer Angemessenheit und ihrer Aggressivität zu beurteilen. Wie erwartet, beurteilten die Vpn, die sich mit dem Aggressor identifizierten, die Tat als weniger unangemessen und tendenziell weniger aggressiv als die Vpn, die sich in das Opfer hineinversetzt hatten. Diese Unterschiede zwischen Vpn in der Aggressor- und der Opferperspektive zeigten sich zudem unabhängig davon, ob das aggressive Verhalten eine aggressive Interaktion eröffnete oder nur als Reaktion auf eine vom Interaktionspartner zuvor ausgeführte aggressive Handlung erfolgte. Insgesamt belegen diese und andere Studien (DAGLORIA & DERIDDER, 1977; FELSON, 1978, u. a.) daß Aggressoren ihre Handlungen als legitime, angemessene, normgemäße und gerechtfertigte Reaktionen auf bestimmte Situationen wahrnehmen, während die Opfer die gleiche Handlung als ungerechtfertigt und unangemessen betrachten. Ähnliche «egozentrische» Verzerrungen zugunsten des eigenen Selbstwertgefühls beobachteten andere Autoren im Rahmen der Forschung zur Wahrnehmung von Gerechtigkeit in sozialen Beziehungen: Hier zeigte sich, daß Personen eigene Investitionen materieller und immaterieller Natur (wie z. B. eigene positive Eigenschaften und Verhaltensweisen) häufig überschätzten (vgl. MÜLLER & CROTT, 1978).

Weitere Studien, die sich noch unmittelbarer mit der Frage beschäftigten, ob Personen sich selbst positiver als z. B. ein außenstehender Beobachter und damit in selbstwertdienlicher Weise wahrnehmen, stellten allerdings interindividuelle Unterschiede im Ausmaß, zu dem Personen sich selbst realistisch bzw. selbstwertdienlich wahrnehmen oder beurteilen, fest. So verglichen LEWINSOHN, MISCHEL, CHAPLIN & BARTON (1980) die Selbstbeurteilung von Versuchspersonen hinsichtlich ihrer sozialen Fähigkeiten mit den Urteilen von Beobachtern, die diese Vpn in einer sozialen Interaktion beobachtet hatten. Es zeigte sich, daß nicht-depressive Vpn ihre sozialen Fähigkeiten, verglichen mit den Beobachterurteilen, zu hoch ansetzten, während Depressive in den Selbstbeurteilungen höhere Übereinstimmung mit den Beobachtern erzielten.

Während diese Forschungsarbeiten nahelegen, daß nicht-depressive Personen das Ausmaß ihrer positiven Eigenschaften häufig überschätzen, während Personen mit niedrigem Selbstwertgefühl oder hoher Depressivität anders herum zu einer realistischeren Selbstsicht tendieren, läßt ein Experiment von SHRAUGER & TERBOVIC (1976) Wahrnehmungsverzerrungen vorrangig auf seiten der Personen mit niedrigem Selbstwertgefühl vermuten. Die Autoren gingen dabei von der obengenannten Hypothese aus, daß Personen dasselbe Verhalten oder die gleiche Leistung möglicherweise unterschiedlich beurteilen, je nachdem, ob sie selbst oder eine andere Person deren Urheber sind. Die Versuchspersonen hatten dabei die Leistung einer Person anhand einer Videoaufzeichnung zu beurteilen, wobei der einen Hälfte von ihnen die Aufzeichnung ihrer eigenen Bearbeitung einer Aufgabe dargeboten wurde, während die übrigen Vpn eine angeblich andere Person zu beurteilen hatten, deren Verhalten allerdings genau ihr eigenes Verhalten in einer früheren Leistungssituation replizierte. Es zeigte sich, daß Vpn mit hohem Selbstwertgefühl keinerlei unterschiedliche Leistungsbeurteilungen in Abhängigkeit von der zu beurteilenden Person (self/other) vornahmen. Vpn mit niedrigem Selbstwertgefühl neigten hingegen dazu, die Aufgabenlösung für weniger korrekt zu halten und eine größere Prozentzahl anderer Versuchspersonen als besser einzuschätzen, wenn sie sich selbst als Akteur sahen, als wenn sie meinten, das Leistungsverhalten einer anderen Person zu beobachten.

Insgesamt lassen diese Ergebnisse die Schlußfolgerung zu, daß sich Personen mit hohem Selbstwertgefühl dieses erhalten, indem sie eigenes und fremdes Verhalten sowie eigene und fremde Eigenschaften in selbstwertdienlicherer Weise wahrnehmen als Vpn mit niedrigem Selbstwertgefühl. Verzerrungen scheinen sowohl bei Personen mit hohem Selbstwert vorzuliegen (zu positive Bewertungen eigener Eigenschaften) als auch bei Personen mit niedrigem Selbstwert (zu negative Bewertungen eigener Leistungen). Diese Unterschiede im Gebrauch selbstwertdienlicher Strategien bei Personen mit unterschiedlich hohem Selbstwertgefühl bzw. mit unterschiedlich ausgeprägter Depressivität finden ihre Entsprechung in fast allen der in diesem Beitrag angesprochenen Forschungsbereiche (vgl. auch Abs. 2.1.2., Abs. 2.2.2.1.1. sowie Abs. 2.3.1.).

2.2.1.2. Selektive Gewichtung von Urteilsdimensionen

LEWECKI (1983) fand in einem Experiment zunächst starke Unterstützung für die Annahme, daß Personen aus Selbstschutz- und -erhöhungsmotivation heraus Dimensionen, auf denen sie sich selbst besonders positiv beurteilen, als besonders zentral bei der Beurteilung anderer Personen und damit als besonders wichtige Eigenschaften ansehen. Weitere experimentelle Daten ließen ihn allerdings zu dem Schluß kommen, daß nicht Selbstwertschutz- und -erhöhungsmotive für derartige Effekte verantwortlich zu machen sind. Vielmehr schließt LEWECKI aus seinen empirischen Befunden auf eine salienzbedingte Vermittlung des Einflusses der Selbstwahrnehmung auf die Wahl von Urteilsdimensionen, anhand derer andere Personen beurteilt werden, derart, daß Personen primär positives Feedback aus ihrer Umgebung aufnehmen und aus dessen Dominanz auf die besondere Wichtigkeit ihrer positiven Eigenschaften schließen. Tatsächlich zeigte sich bei Vpn, die ein unspezifisches allgemeines positives Feedback erhalten hatten, eine noch ausgeprägtere Korrelation zwischen den Dimensionen, auf denen die Selbstbeurteilung positiv war, und deren Zentralität bei der Beurteilung anderer Personen als bei Vpn, die kein entsprechendes Feedback erhalten hatten. Ausgehend von einem Bedürfnis nach Selbstwertschutz hätte LEWECKI bei den Vpn mit Erfolgsfeedback (stärkere Bedürfnisbefriedigung) eine geringere Korrelation von positiver Selbstbeurteilung und Zentralitätsmaßen erwartet als bei Personen ohne Erfolgsfeedback (stärkeres Motiv, den eigenen Selbstwert zu schützen oder zu erhöhen).

Untersuchungen, in denen Vpn spezifische Erfolgs- bzw. Mißerfolgsrückmeldungen erhielten, führten dagegen zu Ergebnissen, die sich gut mit der Annahme, ein Motiv insbesondere nach Selbstwertschutz beeinflusse die Beurteilung der Wichtigkeit von Eigenschaften, vereinbaren lassen. Untersuchungen von FREY und Mitarbeitern erbrachten experimentelle Daten, die zeigen, daß Vpn, die negatives (positives) Feedback auf einer bestimmten Persönlichkeitsdimension erhalten hatten, die Wichtigkeit dieser Eigenschaften abwerteten (aufwerteten): Je positiver Personen auf einer bestimmten Dimension abschneiden (Erfolg in einem Schulfach), als um so wichtiger und wünschenswerter betrachten sie diese Dimension (ROST, FREY & ROST-SCHAUDE, 1975). Ebenso wurde die Wichtigkeit hoher Intelligenz von Versuchspersonen um so stärker bezweifelt, je schlechter ihr Testergebnis in einem Intelligenztest ausfiel (FREY & STAHLBERG, unveröffentlichtes Manuskript).

Zusammenfassend betrachtet belegen die hier aufgeführten Studien in recht konsistenter Weise, daß Personen Eigenschaften, die sie an sich selbst positiv beurteilen, als wichtiger einschätzen als solche Eigenschaften, mit denen sie in bezug auf die eigene Person weniger zufrieden sind. Unklar ist derzeit allerdings, inwieweit derartige Zusammenhänge primär informationstheoretisch (durch die Salienz positiver Eigenschaften aufgrund häufigerer positiver im Vergleich zu negativen Rückmeldungen) oder motivational, im Sinne des Selbstwertschutzes, wie es die Ergebnisse von FREY und Mitarbeitern nahelegen, vermittelt werden.

2.2.1.3. Selbstwertschutz durch Abwertung anderer Personen

WILLS (1981) hat in einem Übersichtsreferat eine Reihe von Untersuchungen zusammengetragen, die aufzeigen, daß Personen aus Selbstwertschutzmotivation heraus dazu neigen, andere Personen abzuwerten. So konnte in verschiedenen Arbeiten demonstriert werden, daß Personen, die in ihrem Selbstwert bedroht wurden (durch negative Leistungsrückmeldung und/oder beleidigende Äußerungen des Versuchsleiters), dazu tendierten, eine Stimulusperson (den Experimentator, eine andere Vp, Mitglieder einer ethnischen Minorität usw.) stärker abzuwerten, als wenn eine solche Selbstwertbedrohung nicht experimentell induziert worden war (vgl. z. B. STRICKER, 1963; BERKOWITZ & HOLMES, 1959; GRIFFITT & GUAY, 1969). Experimentelle Befunde von TESSER & CAMPBELL (1982) machen sogar deutlich, daß Personen unter bestimmten Bedingungen, nämlich einer hohen persönlichen Relevanz einer Leistung, dazu neigen, Leistungen guter Freunde als gering einzuschätzen, während sie z. B. Fremden durchaus eine gute Leistung in einem persönlich relevanten Bereich zugestehen. Die Autoren interpretieren diese Befunde ebenfalls im Sinne eines Selbstwertschutzmodells, da sie annehmen, daß eine besonders gute Leistung eines guten Freundes, der auf einer wichtigen Dimension als Vergleichsmaßstab herangezogen wird, eine Person in ihrem Selbstwert sehr stark bedroht wird. Ein vergleichbares Selbstwertschutzmotiv, wenn auch auf Gruppenebene, läßt sich für die häufig beobachtete relativ positive Bewertung der eigenen Gruppe (ingroup favourism) und die Abwertung konkurrierender Gruppen (outgroup discrimination) verantwortlich machen (vgl. z. B. TAJFEL, 1981; TURNER, 1975). Auch MUMMENDEY & SCHREIBER (1983) bestätigen, daß Mitglieder einer Gruppe die Leistungen anderer Gruppen zumindest dann abwerten, wenn darin die einzige Möglichkeit zu einer positiven Beschreibung der Leistung der eigenen Gruppe besteht.

Hieran anschließend lassen sich auch zahlreiche Befunde aus der Vorurteilsforschung mit dem Einfluß eines Selbstwertschutzmotives erklären. So zeigen verschiedene Studien, daß negative Vorurteile z. B. gegenüber ethnischen Minoritäten insbesondere in sozial niedrigeren Schichten relativ weit verbreitet sind (vgl. SMEDLEY & BAYTON, 1978; BREWER & CAMPBELL, 1976). Im Sinne eines Selbstwertschutzansatzes sind solche Ergebnisse so zu interpretieren, daß Personen mit sozial niedrigem Status ihren Selbstwert stärker bedroht sehen und als Schutz gegen eine solche Bedrohung zu abwertenden Vorurteilen gegenüber gesellschaftlich noch schlechter gestellten Minoritätengruppen (z. B. rassische Minderheiten) tendieren. Dieses ermöglicht sowohl eine relative Aufwertung der eigenen Gruppe als auch eine Distanzierung von noch statusniederen Gruppen (vgl. HARDING, PROSHANSKY, KUTNER & CHEIN, 1969).

Insgesamt liegen damit zahlreiche Untersuchungen vor, die sich in ihrer Gesamtheit überzeugend als Untermauerung der Annahme anführen lassen, daß die Beurteilung anderer Personen häufig motivational bedingten Verzerrungen unterliegt. Noch weiter gefaßt implizieren zum Beispiel die Überlegungen WILLS (1981) dabei zusätzlich die Annahme, daß Personen zwar nicht immer soweit gehen, andere Personen explizit abzuwerten, da eine solche Strategie durchaus unangenehme interpersonelle Konsequenzen haben kann. Häufig werden jedoch Personen, die sich in ihrem Selbstwert bedroht fühlen, weniger aktiv ihre relative Erfolgsbilanz korrigieren, sondern sich darin bescheiden, ihre Aufmerksamkeit auf Personen zu richten, die ihnen ohnehin auf wichtigen Dimensionen unterlegen sind. Derartige Formen sozialen Vergleichs werden ebenfalls das Selbstwertgefühl von Personen nach Mißerfolgen schützen. Eine solche Strategie konnte HAKMILLER (1966) nachweisen. Weibliche Collegestudenten, die sich durch ein fiktives Feedback entweder stark oder nur sehr schwach in ihrem Selbstwert bedroht fühlten, konnten zu ihren eigenen Testergebnissen dasjenige einer anderen Person zum Vergleich heranziehen. Diese Wahl hatten die Vpn aufgrund der Kenntnis der Rangreihe ihres eigenen Testergebnisses und der Testergebnisse der übrigen Vpn vorzunehmen. Dabei zeigte sich, daß Vpn, die sich stark in ihrem Selbstwert bedroht sahen, viel häufiger um das Testergebnis einer Person nachsuchten, die schlechter als sie selbst abgeschnitten hatte, als Personen, die sich in ihrem Selbstwert weniger bedroht fühlten. Aus der ersten Gruppe wählten 54 % den Vergleich mit der Vp mit dem schlechtesten Ergebnis, von den übrigen dagegen nur 22 %. Gleichzeitig konnte HAKMILLER nachweisen, daß sich die Vpn, die sich durch das negative Feedback in ihrem Selbstwert bedroht sahen, tatsächlich durch die Konfrontation mit dem Ergebnis von noch schlechteren Vpn erleichtert fühlten. Insgesamt zeigt diese, wie verschiedene andere Studien (vgl. GRUDER, 1977; WILLS, 1981), daß neben dem Bedürfnis, eigene Ansichten, Fähigkeiten und Eigenschaften möglichst korrekt zu bewerten, das Motiv nach Selbstwertschutz und Selbstwerterhöhung einen entscheidenden Einfluß auf die Wahl sozialer Vergleichspersonen nimmt.

2.2.2. Erklärung eigener Leistungserfolge und -mißerfolge: Selbstwertdienliche Attributionen

Den in den vergangenen Jahren bis heute sicherlich populärsten Forschungsbereich, in dem auf eine Erklärung menschlichen Verhaltens durch eine Motivation des Selbstwertschutzes bzw. der Selbstwerterhöhung zurückgegriffen wurde, bilden eine große Zahl von Arbeiten über die Attributionen von Leistungsergebnissen. In diesem Zusammenhang wurde die Frage aufgeworfen, worauf Personen eigene Erfolge und Mißerfolge zurückführen, und die Hypothese aufgestellt, derartige Attributionen erfüllten Funktionen des Selbstwertschutzes und der Selbstwerterhöhung. Als Ausgangsbasis solcher Überlegungen können empirische Arbeiten betrachtet werden, die zeigen, daß nicht Erfolgs- oder Mißerfolgserlebnisse per se ein erhöhtes bzw. erniedrigtes Selbstwertgefühl nach sich ziehen. Vielmehr werden die Effekte solcher Erlebnisse in entscheidendem Maße dadurch vermittelt, auf welche Ursachen eine Person ihre Erfolge oder Mißerfolge zurückführt: Externe Attribuierung eines erlebten Mißerfolges kann dabei offensichtlich das Selbstwertgefühl einer Person schützen, und nur dessen interne Zuschreibung, z. B. auf das eigene fehlende Bemühen oder stärker noch auf eigene mangelnde Fähigkeiten wird mit großer Wahrscheinlichkeit das Selbstwertgefühl einer Person erniedrigen (vgl. z. B. SAUER & KRAUSSNER, 1980). Andersherum läßt sich schließen, daß Erfolge nur dann in einem erhöhten Selbstwertgefühl resultieren, wenn sie von der handelnden Person intern attribuiert werden. Auch Erfolge werden jedoch dann keinen oder nur geringen Einfluß auf das Selbstwertgefühl der handelnden Person nehmen, wenn sie äußeren Umständen, wie z. B. der Leichtigkeit der Aufgabe oder dem Zufall, attribuiert werden (vgl. WEINER, RUSSELL & LERMAN, 1978).

Geht man nun mit der von uns eingangs formulierten Annahme davon aus, daß Menschen grundsätzlich bemüht sind, das eigene Selbstwertgefühl zu schützen und/oder zu erhöhen, sollten sie also dazu tendieren, eigene Erfolge intern (Selbstwerterhöhung), eigene Mißerfolge dagegen extern (Selbstwertschutz) zu attribuieren. Tatsächlich fand eine solche Annahme schon früh Eingang in die psychologische Forschung. So beobachtete HOPPE schon 1930, daß seine Vpn dazu neigten, für Mißerfolge, die sie erlitten, die Verantwortung abzulehnen. Auch HOPPE interpretierte dieses Verhalten als Strategie des Selbstwertschutzes. Die Ausweitung dieses Gedankenganges im Sinne einer postulierten Attributionsasymmetrie – also die Rückführung eigener Erfolge auf interne, eigener Mißerfolge dagegen auf externe Faktoren – wurde dann ab Mitte der 70er Jahre zum theoretischen Rahmen umfangreicher empirischer Arbeiten, der sogenannten «self-serving bias» – oder «egotism»-Forschung.

In einer Vielzahl von Untersuchungen konnte die oben beschriebene Attributionsasymmetrie verläßlich nachgewiesen werden. So ließen SNYDER, STEPHAN & ROSENFIELD (1976) Vpn in einem wettbewerbsorientierten Spiel entweder Erfolg oder Mißerfolg erleben. Dabei zeigte sich – kongruent mit der «self-serving bias»-Hypothese –, daß Gewinner ihren Erfolg eigenen Fähigkeiten zuschrieben, während Verlierer die Ursachen ihres Mißerfolgs eher in unglücklichen Umständen suchten. BERNSTEIN, STEPHAN & DAVIS (1979) untersuchten die Kausalattributionen von Studenten nach einer Prüfung. Auch in dieser Felduntersuchung waren eindeutige «egotism»-Effekte zu beobachten: Die befragten Studenten attribuierten gute Noten vornehmlich ihren eigenen Fähigkeiten, schlechte Noten dagegen der besonderen Schwierigkeit der Prüfung oder unglücklichen Umständen.

Nicht nur eigene Handlungsergebnisse unterliegen jedoch so einer Verzerrung im Sinne des «self-serving bias». So kann angenommen werden, daß auch die Erfolge und Mißerfolge anderer Personen, sofern sie persönliche Relevanz für einen Beobachter besitzen, von letzterem auf Ursachen zurückgeführt werden, die seinem Selbstwert schmeicheln. Solche persönliche Relevanz kann zum einen dadurch gegeben sein, daß der Beobachter eine Mitverantwortung für die Leistung der handelnden Person wahrnimmt (z. B. unter Bedingungen der Kooperation) oder im Gegensatz dazu, wenn er mit dieser konkurriert. Empirische Befunde stützen auch hier die Annahme einer motivational bedingten Verzerrung der Ursachen von Handlungsergebnissen. So zeigten CARVER, DEGREGORIO & GILLIS (1980), daß Fußballtrainer Mißerfolge ihrer Mannschaft auf diejenigen Kausalfaktoren zurückführten, für die sie selbst *nicht* verantwortlich waren. BOSKI (1983) fand darüber hinaus, daß auch die Leistungsergebnisse anderer Personen, die die gleiche Aufgabe wie ein Beobachter lösen sollen, von diesem zugunsten des eigenen Selbstwertgefühls interpretiert werden: Insbesondere Vpn, die selbst einen Mißerfolg erlitten hatten und dessen Ursachen sowie die Gründe dafür, daß eine zweite Person offensichtlich besser abgeschnitten hatte, nennen sollten, attribuierten ausgesprochen selbstwertdienlich. So machten sie für den eigenen Mißerfolg z. B. äußere Umstände (mangelnde Konfrontation mit entsprechenden Aufgaben in der Vergangenheit) verantwortlich und führten den Erfolg der anderen Person weniger auf deren Fähigkeiten oder Bemühen, sondern relativ häufiger auf Glück oder sogar Betrug zurück, als Personen, die selbst Erfolg gehabt hatten. Weiterhin variierten STEPHAN, KENNEDY & ARONSON (1977) die persönliche Relevanz der Ergebnisse anderer Personen für die Vpn dadurch, daß diese mit den erstgenannten in Kooperation oder aber im Wettstreit standen. Es zeigte sich, wie aus selbstwerttheoretischen Überlegungen vorhersagbar, daß in der Kooperationsbedingung auch für den Mißerfolg des Partners externale und für seinen Erfolg internale Erklärungen herangezogen wurden, während sich bei Wettbewerb ein umgekehrtes Attributionsmuster beobachten ließ. Diese Effekte waren allerdings in ihrer Ausprägung abhängig von der Art der Beziehung zwischen den beteiligten Personen; d. h. sie zeigten sich ausgeprägt nur dann, wenn die attribuierende Person mit einem befreundeten Partner kooperierte bzw. mit einem nicht befreundeten Partner konkurrierte.

Ein dritter bedeutender Forschungsbereich, in dem «self-serving bias»-Effekte nachgewiesen werden konnten, befaßt sich mit der Verantwortungsübernahme von Gruppenmitgliedern für eine Gruppenleistung. So fanden Ross & Sicoly (1979), daß Vpn dann einen stärkeren eigenen Beitrag zu einer Gruppenleistung angaben, wenn diese Leistung zuvor als Erfolg an sie rückgemeldet wurde, als wenn sie ein Mißerfolgsfeedback erhalten hatten. Gleichzeitig wurden die Vpn gebeten, alle von ihnen erinnerten Beiträge der einzelnen Gruppenmitglieder (einschließlich des eigenen Beitrags) danach zu bewerten, inwieweit sie das Gruppenergebnis verschlechtert bzw. verbessert hätten. Auch hierbei zeigte sich in Übereinstimmung mit einer Selbstwertschutzhypothese, daß die Vpn, deren Gruppe einen Mißerfolg rückgemeldet bekommen hatte, die Beiträge ihrer Partner als deutlich schlechter bewerteten als Vpn in den angeblich erfolgreichen Gruppen. Unterschiede in der Bewertung der eigenen Leistung in Abhängigkeit vom Feedback für die Gruppenleistung waren dagegen wesentlich schwächer. Die Vpn im Experiment von Ross & Sicoly zeigten also eine eindeutige Tendenz, ihre Partner stärker für Gruppenmißerfolge als für Gruppenerfolge verantwortlich zu machen, während sie sich selber stärker für Gruppenerfolge zuständig sahen. Vergleichbare Ergebnisse werden von verschiedenen anderen Autoren berichtet (vgl. z. B. Forsyth & Schlenker, 1977; Schlenker, 1975; Schlenker & Miller, 1977a; Thompson & Kelley, 1981).

Allerdings sei schon an dieser Stelle darauf hingewiesen, daß zwar der Einfluß der hier diskutierten Selbstschutz- und/oder - erhöhungsmotive auf die Verantwortungsübernahme einzelner Gruppenmitglieder für eine Gruppenleistung durch diese Experimente gut belegt wurde, daß aber gerade innerhalb dieser und ähnlicher Paradigmen auch Befunde aufgezeigt worden sind, die die Bedeutung weiterer Determinanten der Attribution von Gruppenergebnissen deutlich machen (vgl. dazu z. B. Zuckerman, 1979). Als wichtigste solcher Einflußfaktoren, die spezifisch für die Attribution von Gruppenergebnissen gelten, lassen sich zusammenfassend die folgenden nennen:

1. Wird eine Vp erst nach einer bestimmten Zeit gebeten, Verantwortung für Gruppenleistungen zwischen sich und ihren Partnern aufzuteilen, können selektive Erinnerungsprozesse ihre Attributionen beeinflussen. So zeigen verschiedene Untersuchungen, daß Personen selbstbezogene im Vergleich zu anderweitigen Informationen (wie hier z. B. Partnerbeiträge) besser erinnern (vgl. z. B. Markus, 1977). Zurückgeführt werden diese Ergebnisse auf die Existenz eines Selbstschemas (vgl. dazu auch Abs. 2.3.1.), das es ermöglicht, selbstrelevante Informationen besonders effizient zu verarbeiten. Solche schemageleiteten Erinnerungsprozesse können zu einer generellen Überschätzung eigener Beiträge (auch bei Gruppenmißerfolgen) führen (vgl. Ross & Sicoly, 1979).

2. Salienzeffekte können bei sofortiger Attribution von Gruppenleistungen dazu führen, daß eine Vp die Beiträge ihrer Partner generell (auch bei Erfolg) zunächst überschätzt, da ihre Aufmerksamkeit während der Bearbeitung der Gruppenaufgabe primär auf die Umwelt und somit auch auf den Partner gerichtet ist (vgl. zum Nachweis solcher «Actor-Observer»-Effekte BURGER & RODMAN, 1983).

Beide Prozesse schließen allerdings einen «self-serving bias» im Sinne der stärkeren Selbstattribution von Gruppenerfolgen im Vergleich zu Gruppenmißerfolgen nicht aus, wie z. B. auch die empirischen Befunde von ROSS & SICOLY (1979) deutlich machen.

2.2.2.1. Alternative Erklärungen der «self-serving bias»-Befunde

Insgesamt gesehen, scheint also zunächst eine Vielzahl empirischer Arbeiten die Existenz attributionaler Selbstwertschutz- und -erhöhungsstrategien zu bestätigen. Von verschiedenen Autoren wird allerdings die hier dargestellte empirische Evidenz nicht als zwingender Beweis der Existenz und Wirksamkeit eines Motives Selbstwertschutz/Selbstwerterhöhung betrachtet. Insbesondere von zwei Seiten werden alternative Erklärungen einer keinesfalls bestrittenen Attributionsasymmetrie bei Erfolgen und Mißerfolgen vorgeschlagen. Sie sollen im folgenden kurz diskutiert werden.

2.2.2.1.1. Strategien des Selbstwertschutzes versus Informationsverarbeitungsprozesse

Als Meilenstein in der Erforschung der asymmetrischen Attributionen bezeichnet KRAHÉ (1984) die Arbeit von MILLER & ROSS (1975). Diese Autoren entwickelten aufgrund einer kritischen Durchsicht der bisherigen «self-serving bias»-Forschung ein rein informationstheoretisches Erklärungsmodell für die empirisch gefundenen Effekte. Sie machen primär drei Informationverarbeitungsprinzipien für solche Effekte verantwortlich:

1. Personen erwarten eher Erfolge als Mißerfolge und neigen dazu, erwartete Handlungsergebnisse intern, nicht erwartete dagegen extern zu erklären.

2. Die von Personen wahrgenommene Kovariation zwischen ihren Handlungen und deren Ergebnissen ist größer bei ansteigendem Erfolg als bei gleichbleibendem Mißerfolg, bei dem Veränderungen des Verhaltens nicht zu einer Veränderung des Handlungsergebnisses führen.

3. Falsche Kontingenzvorstellungen veranlassen Personen dazu, eigene Kontrollmöglichkeiten über Handlungsergebnisse vorwiegend mit positiven und weniger mit negativen Ergebnissen zu assoziieren.

MILLER & ROSS beanspruchen eine Überlegenheit ihrer theoretischen Position über ein selbstwerttheoretisches Modell aufgrund der größeren

Sparsamkeit ihres Ansatzes, die im Verzicht auf die Annahme bestimmter Motive besteht.

Diese Herausforderung an die Verfechter einer motivationalen Bedingtheit von Attributionsasymmetrien bei Erfolg und Mißerfolg wurde in den folgenden Jahren durch eine Vielzahl von Autoren aufgegriffen, die versuchten, die Existenz selbstwertschützender und selbstwerterhöhender Attributionsvoreingenommenheiten nachzuweisen. Das Ergebnis dieser Bemühungen läßt sich angesichts des derzeitigen Forschungsstandes unseres Erachtens wie folgt zusammenfassen. Zunächst schließen TETLOCK & LEVI (1982) aus ihrer Analyse der Kognitions-Motivationsdebatte, daß eine fundierte Entscheidung zugunsten der Überlegenheit des einen oder anderen Ansatzes aus folgenden Gründen nicht zu treffen sei: Zum einen läßt sich eine klare konzeptuelle Trennung zwischen kognitiven und motivationalen Determinanten von Kausalattributionen augenblicklich nicht vornehmen, und zum anderen läßt sich zwischen kognitiven und motivationalen Erklärungen rein aufgrund attributionaler Daten nicht entscheiden. TETLOCK & LEVI fordern daher zunächst eine Identifizierung und Klärung konzeptueller Ambiguitäten sowohl innerhalb der kognitiven als auch innerhalb der motivationalen Position, die dann wiederum eine empirische Überprüfung zentraler Punkte ermöglichen sollte.

Während wir uns einer solchen Forderung nach größerer konzeptueller Klarheit beider Positionen durchaus anschließen, scheint uns darüber hinaus jedoch aus den vorliegenden empirischen Befunden eine weitere Schlußfolgerung möglich: «Self-serving bias»-Effekte lassen sich weder als ausschließlich motivational bedingte Wahrnehmungsverzerrungen noch als bloße Ergebnisse fehlerhafter Informationsverarbeitungsprinzipien erklären. Vielmehr können beide Prozesse am Zustandekommen asymmetrischer Attributionen beteiligt sein. Die Existenz *beider* Prozesse läßt sich unseres Erachtens durch empirische Daten untermauern. So sollten z. B. ausgehend von der selbstwerttheoretischen Grundannahme, daß Personen mit niedrigem Selbstwertgefühl ein stärkeres Bedürfnis nach Selbstwertschutz bzw. -erhöhung besitzen, letztere auch einen ausgeprägteren «self-serving bias» zeigen. Empirische Studien belegen hier allerdings recht konsistent genau Gegenteiliges: Im Vergleich zu Personen mit hohem Selbstwertgefühl dokumentieren Personen mit niedrigem Selbstwertgefühl weniger selbstwertdienliche Attributionen bis hin zu überwiegend interner Attribution von Mißerfolgen und externer Attribution von Erfolgen (vgl. z. B. SCHWARZER & JERUSALEM, 1982; FEATHER, 1983, u. a.).[2] Einem Informationsverarbeitungs-

---

[2] Korrespondierende Ergebnisse werden auch aus der kognitiv ausgerichteten Depressionsforschung berichtet: Zahlreiche Untersuchungen zeigen, daß depressive Personen, die in der Regel ebenfalls ein sehr niedriges Selbstwertgefühl besitzen (vgl. BECK, 1967;

ansatz folgend, läßt sich dieser Befund wie folgt erklären: Personen mit niedrigem Selbstwert leiten aus ihrem negativen Selbstkonzept pessimistische Leistungserwartungen ab, erleben daher Mißerfolge als erwartungskonsistent. Gemäß den Annahmen von MILLER & ROSS sollte daher bei diesen Personen ein umgekehrtes Attributionsmuster zu finden sein wie bei Personen mit hohem Selbstwertgefühl.

Während damit der Informationsverarbeitungsansatz einerseits eine Erklärung für mit selbstwerttheoretischen Annahmen nur sehr schwer zu vereinbarende Befunde liefert, wurde andererseits von verschiedenen Autoren angezweifelt, daß die von MILLER & ROSS (1975) postulierten Informationsverarbeitungsprinzipien tatsächlich die einzigen Bestimmungsgrößen des «self-serving bias» darstellen. In ihrem Zweifel an der Position von MILLER & ROSS können sich die Verfechter einer motivationalen Erklärung asymmetrischer Attributionsmuster auf einige neuere Untersuchungen berufen, die mit den Annahmen eines rein informationstheoretischen Modells nicht vereinbar sind. So konnte z.b. in verschiedenen Studien nachgewiesen werden, daß selbstwertdienliche Attributionen auch dann zu beobachten waren, wenn Mißerfolge erwartet und Erfolge unerwartet waren (vgl. BERNSTEIN, STEPHAN & DAVIS, 1979; DAVIS & STEPHAN, 1980, u.a.).

Auch andere empirische Daten ließen eine ausschließlich kognitive Erklärung des «self-serving bias»-Effektes als unzureichend erscheinen (vgl. dazu ZUCKERMAN, 1979). An dieser Stelle sind insbesondere zwei neuere Arbeiten von STEPHAN & GOLLWITZER (1981) sowie GOLLWITZER, EARLE & STEPHAN (1982) zu nennen, die sich direkt um den Nachweis motivationaler vermittelnder Prozesse bei der Entstehung von Attributionsasymmetrien bemühten.[3] STEPHAN & GOLLWITZER gaben ihren Vpn

---

ABRAMSON, SELIGMAN & TEASDALE, 1978), Leistungserfolge häufig extern, Mißerfolge dagegen intern attribuieren (FEATHER, 1983; KUIPER, 1978; RIZLEY, 1978; u.a.; vgl. auch die noch komplexeren Annahmen bezüglich eines typisch depressiven Attributionsstils von ABRAMSON, SELIGMAN & TEASDALE, 1978). METALSKY, ABRAMSON, SELIGMAN, SEMMEL & PETERSON (1982) weisen allerdings anhand empirischer Daten darauf hin, daß hohe Depressivitätswerte durchaus auch die Folge selbstwertabträglicher Attributionsstrategien darstellen können und daher nicht unbedingt (nur) als deren Ursache betrachtet werden müssen.

[3] Für eine motivationale Vermittlung der beobachteten «egotism»-Effekte sprechen auch Befunde von FEDEROFF & HARVEY (1976) u.a., die selbstwertdienliche Attributionen in umfangreicherem Maße bei Personen nachweisen konnten, die sich in einem Zustand selbstzentrierter Aufmerksamkeit befanden. Selbstzentrierte Aufmerksamkeit sollte nach DUVAL & WICKLUND (1972) sowie WICKLUND (1975) den Effekt haben, daß Personen ihre Mißerfolge als besonders aversiv, ihre Erfolge dagegen als besonders angenehm empfinden (vgl. auch Abs. 2.3.2.). Ein selbstwerttheoretischer Ansatz würde daher – wie auch experimentell gefunden – einen stärkeren «self-serving bias»-Effekt unter selbstaufmerksamen im Vergleich zu nicht selbstaufmerksamen Personen erwarten, während ein rein informationstheoretischer Ansatz keine solchen Unterschiede vorhersagen würde.

fiktive Mißerfolgs- oder Erfolgsrückmeldungen für eine zuvor erbrachte Leistung. Gleichzeitig wurde den Vpn durch ein von ihnen beobachtetes Meßgerät ihre angebliche physiologische Erregung angezeigt. Die eine Hälfte der Vpn erhielt die Mitteilung, sie sei stark physiologisch erregt, während die anderen Vpn auf dem Anzeigegerät ablesen konnten, daß sie sich auf einem normalen (d.h. keine Veränderung zum Zustand vor dem Feedback) Erregungsniveau befanden. Der Grund für diese *fiktive* Erregungsrückmeldung bestand in der Annahme der Autoren, daß – vorausgesetzt es bestünde eine motivationale Vermittlung des «self-serving bias»-Effektes – die Vpn, die sich in dem Glauben befanden, sie wären durch das Leistungsfeedback sehr erregt, einen stärkeren «self-serving bias» zeigen sollten als «nicht erregte» Vpn. Insgesamt bestätigten die Ergebnisse eine solche motivationale Erklärung der «egotism»-Effekte: Vpn führten in der Erregungsbedingung ihren Erfolg stärker auf interne Faktoren zurück als Vpn in der Nichterregungsbedingung. Auch in weiteren Experimenten konnten GOLLWITZER und Mitarbeiter (s. oben) die Bedeutung motivationaler Prozesse für das Zustandekommen der «self-serving bias»-Effekte überzeugend bestätigen und damit die Grenzen einer rein kognitiven Erklärung asymmetrischer Attributionen aufzeigen.

2.2.2.1.2. Selbstdarstellung versus Selbstwerterhöhung

Während MILLER & ROSS (1975) versuchten, den «self-serving bias» auf einfache Prinzipien der Informationsverarbeitung zurückzuführen, wurde Ende der 70er Jahre eine zweite wiederum motivationale Erklärung dieser Effekte vorgeschlagen. Nicht Selbstwertschutz- und -erhöhungsbedürfnisse, sondern das Bedürfnis, zufriedenstellende Beziehungen zu anderen Personen aufzubauen bzw. sich anderen Menschen gegenüber möglichst positiv darzustellen, wurde nunmehr als Ursache von «egotism»-Effekten betrachtet (vgl. WEARY & ARKIN, 1981). Personen beanspruchen nach dieser Erklärung also nur deshalb mehr Verantwortung für ihre Erfolge bzw. führen ihre Mißerfolge auf externale Ursachen zurück, um sich ihren Interaktionspartnern gegenüber in ein möglichst vorteilhaftes Licht zu rücken. Eine solche Erklärung der «self-serving bias»-Effekte wird gestützt durch Experimente, in denen die Vpn stärker selbstwertdienliche Attributionsverzerrungen zeigten, wenn sie die Ursachen ihrer Leistungen öffentlich als Grundlage für eine Diskussion über ihre Person benannten, als wenn sie davon ausgehen konnten, daß ihre Angaben privat bleiben würden (vgl. TETLOCK, 1981).

Insbesondere bestätigt sahen sich die Vertreter dieses Ansatzes jedoch durch experimentelle Ergebnisse im Rahmen der «self-serving bias»-Forschung, die nicht hypothesenkonform ausfielen und die Annahme notwendig machten, daß Personen unter bestimmten Bedingungen auf selbstwertdienliche Attributionen verzichten bzw. sogar dazu neigen, Erfolge eher extern, Mißerfolge dagegen intern zu attribuieren. Diese sogenannten *gegendefensiven* Attributionen (BRADLEY, 1978) brachten die Vertreter eines einfachen Selbstwertschutzansatzes zunächst in Verlegenheit, lassen sich dagegen überzeugend als Selbstdarstellungsstrategien interpretieren, wenn man annimmt, daß die Vpn in den Experimenten erwarteten, sie würden aufgrund ihrer Attributionen von anderen Personen bewertet werden. Unter dieser Prämisse lassen sich die folgenden Bedingungen spezifizieren, unter denen Personen nach selbstdarstellungstheoretischen Überlegungen weniger selbstwertdienlich oder sogar gegendefensiv (counter-defensive) attribuieren sollten:

1. Eine Person wird dann auf selbstwertdienliche Attributionen verzichten, wenn sie durch diese ihre Zuhörer abwerten würde und dies vermeiden möchte. Betrachtet sich eine Person z.b. öffentlich als Urheber für Gruppenerfolge, lehnt dagegen Verantwortung für Mißerfolge ab, wird sie sich bei den übrigen Gruppenmitgliedern unbeliebt machen, während diese eine gegendefensive Attribution von Erfolg und Mißerfolg einzelner Mitglieder durch stärkere Sympathiebekundungen honorieren werden (vgl. dazu z.b. die Befunde von FORSYTH, BERGER & MITCHELL, 1981). Daß sich Vpn durchaus so verhalten, daß sie nicht Gefahr laufen, negative Reaktionen anderer Personen zu provizieren, konnte wiederholt experimentell bestätigt werden. So zeigte z.b. FREY (1978), daß Vpn, die durch eine öffentliche externe Attribution eines Mißerfolges (hier die Abwertung eines durchgeführten Intelligenztestes) gleichzeitig die Ergebnisse erfolgreicherer Vpn diskreditiert hätten (weil sie damit einem invaliden Meßinstrument zugeschrieben wurden), auf eine solch selbstwertdienliche Erklärung für ihr schlechtes Testergebnis verzichteten. SCHLENKER & MILLER (1977 b) sowie STEPHAN et al. (1977) fanden darüber hinaus Belege für die Annahme, daß Personen selbstwertdienliche Attributionen, die die Abwertung einer anderen Person implizierten, dann in geringerem Maße vornahmen, wenn ihnen an dieser anderen Person etwas lag als wenn letztere für die Vp eher bedeutungslos war.

2. Selbstwertdienliche Attributionen eigener Leistungsergebnisse sollten auch dann unterbleiben, wenn die attribuierende Person erwartet, daß ihr Interaktionspartner den selbstwertschmeichelnden Charakter solcher Erklärungen von Erfolgen und Mißerfolgen durchschauen würde. Dieses ist zum einen besonders dann zu erwarten, wenn ein Interaktionspartner die gesamte Handlungssequenz beobachtet und daher selbständig zu einer Erklärung der Leistung des Akteurs gelangt. So konnten REGAN, GOSSELINK, HUBSCH & ULSH (1975) zeigen, daß Vpn, die erwarteten, daß ihre Leistungen von Beobachtern bewertet würden, diese weniger selbstwertdienlich attribuierten als Vpn, die

keinerlei Bewertung durch Beobachter antizipierten (vgl. auch ARKIN, APPELMAN & BURGER, 1980). Zum anderen sagt der Selbstdarstellungsansatz weniger selbstwertschmeichelnde Attributionen dann vorher, wenn die attribuierende Person befürchten muß, daß ihre Interaktionspartner derartige Erklärungen ihrer Leistungen unglaubwürdig finden werden, weil vergangene Leistungen (z.b. fortwährende Mißerfolge) solchen Attributionen widersprechen oder zukünftige Leistungen (nicht replizierte Erfolge) sie falsifizieren könnten. Auch diese Annahmen konnten empirisch bestätigt werden: So fanden WORTMAN, CONSTANZO & WITT (1973), daß Vpn, die erwarteten, eine erbrachte Leistung wiederholen zu müssen, diese weniger selbstwertdienlich attribuierten als Vpn, die keine neuerliche Leistungssituation antizipierten. Ähnliche experimentelle Befunde wurden von ZUCKER (1976) sowie WEARY, HARVEY, PERLOFF, SCHWEIGER & OLSON (1979) berichtet.

Während durch diese Befunde der Einfluß von Selbstdarstellungsbedürfnissen auf öffentlich geäußerte Attributionen von Leistungen nachgewiesen werden konnte, werden durch weitere Studien allerdings auch die Grenzen der Erklärungskraft des Selbstdarstellungsansatzes in der «self-serving bias»-Forschung aufgezeigt. So wäre z.b. aufgrund eines solchen Ansatzes zu fordern, daß «egotism»-Effekte stets nur unter Öffentlichkeitsbedingungen zu beobachten sein sollten. Gelingt es dagegen, Vpn glaubwürdig zu versichern, daß die von ihnen vorgenommenen Attributionen nur ihnen selbst zugänglich seien, sollte im Sinne eines Selbstpräsentationsansatzes kein «self-serving bias»-Effekt auftreten. Verschiedene Autoren konnten aber gleichermaßen starke selbstwertdienliche Attributionen sowohl unter öffentlichen als auch unter privaten Bedingungen nachweisen (vgl. z.b. GREENBERG, PYSZCZYNSKI & SOLOMON, 1982). Überdies überprüften RIESS, ROSENFELD, MELBURG & TEDESCHI (1981) die Existenz von selbstdarstellungsunabhängigen Attributionsasymmetrien mittels der «bogus-pipeline»-Prozedur, die Vpn den Eindruck vermittelt, sie seien an eine Art Lügendetektor angeschlossen, der feststellen könne, ob sie tatsächlich ihre wahren Ansichten über die Ursachen ihrer Leistung äußerten. Aufgrund selbstdarstellungstheoretischer Überlegungen wäre zu erwarten, daß Vpn selbstwertdienliche Attributionen nur dann vornehmen, wenn sie sie herkömmlich mittels eines «paper-pencil»-Tests angeben. Werden sie dagegen aufgefordert, die eigenen Attributionen in der «bogus-pipeline»-Bedingung zu äußern, sollte jede aus strategischen Überlegungen vorgenommene Attributionsasymmetrie unterbleiben, da die Vp erwartet, falsche Angaben ihrerseits könnten durch die Versuchsleiter aufgrund des «Lügendetektors» sofort durchschaut werden. Tatsächlich fanden die Autoren sowohl in der «paper-pencil» als auch in der «bogus-pipeline»-Bedingung «self-serving bias»-Effekte, was einer ausschließlichen Vermittlung die-

103

ser Effekte durch das Motiv, sich anderen gegenüber möglichst positiv darzustellen, widerspricht.

Selbstdarstellungsbemühungen allein können also die bisherige empirische Evidenz in der «self-serving bias»-Forschung nicht ausreichend erklären. Anders herum ließe sich aber die Mehrzahl der hier referierten Befunde zum Vorkommen gegendefensiver Attributionen durchaus mittels eines selbstwerttheoretischen Modells erklären (vgl. dazu auch STAHLBERG & FREY, 1983): Attributionen, die sich bei der Konfrontation mit zukünftigen eigenen Leistungen oder Beobachterurteilen offensichtlich als zu selbstwertschmeichelnd herausstellen, implizieren möglicherweise eine stärkere Bedrohung des eigenen Selbst als eine von Anfang an bescheidenere Erklärung der eigenen Leistung. Ebenso kann man davon ausgehen, daß auch negative Reaktionen signifikanter Anderer auf eine Person, die durch zu selbstwertdienliche Attributionen gemeinsam erbrachter Leistungen diese anderen insgesamt gesehen ungerecht behandelt, eine starke Bedrohung des Selbst dieser Person darstellen können. Selbstdarstellungsstrategien können in diesem Sinne durchaus im Dienste des Selbstwertschutzes stehen.[4]

2.2.2.1.3. Self-serving bias: Ein Effekt mit vielen Ursachen

Betrachtet man die hier ausgeführten Forschungsergebnisse zum «self-serving bias» zusammenfassend und versucht abschließend, die Frage zu beantworten, inwieweit Attributionen eigener und fremder Leistungen durch das Motiv des Selbstwertschutzes und der Selbstwerterhöhung beeinflußt werden, lassen sich unseres Erachtens die folgenden Schlußfolgerungen ziehen: Insgesamt hat die Forschung das Vorkommen asymmetrischer Attributionen bei Erfolg und Mißerfolg in verschiedenen Paradigmen gut bestätigt. Dieses als «self-serving bias» bezeichnete Phänomen wurde ursprünglich mit der Motivation von Personen, ihren Selbstwert zu erhöhen oder zu schützen, erklärt und später auch mittels alternativer theoretischer Ansätze interpretiert (MILLER & ROSS, 1975,

---

[4] In der Literatur werden unter dem Stichwort «impression-management» oder «self-presentation» noch eine Vielzahl anderer Verhaltensweisen beschrieben, die einer positiven Selbstdarstellung dienen. Obwohl für derartige Verhaltensweisen häufig das Bemühen um soziale Anerkennung verantwortlich gemacht wird (vgl. ARKIN, 1980), lassen sie sich ebenso gut als Strategien des Selbstwertschutzes bzw. der Selbstwerterhöhung interpretieren, wenn man davon ausgeht, daß kognizierte Rückmeldungen durch signifikante Andere das Selbstwertgefühl einer Person entscheidend beeinflussen (vgl. dazu das Konzept des «looking-glass-self» von COOLEY, 1902; MEAD, 1934, sowie die von SHRAUGER & SCHOENEMAN, 1979, berichteten empirischen Befunde). Eine solche selbstwerttheoretische Interpretation positiver Selbstdarstellungen läßt sich z.b. stützen auf die Befunde von JONES, RHODEWALT, BERGLAS & SKELTON (1981), die nachwiesen, daß eine bei Vpn provozierte positive (negative) Selbstdarstellung in einem erhöhten (erniedrigten) Selbstwertgefühl resultierte.

sowie WEARY & ARKIN, 1981). Sowohl die Bedeutsamkeit von Informationsverarbeitungsprinzipien als auch die Annahme des Einflusses von Selbstdarstellungsbemühungen können Teilbereiche der «self-serving bias»-Forschung dabei gut erklären und haben deutlich gemacht, daß ein Selbstwertschutzansatz bei der Konfrontation mit sämtlichen Ergebnissen dieses Forschungsbereiches zu kurz greift (s. die Befunde zu den interindividuellen Unterschieden und bezüglich gegendefensiver Attributionen in Öffentlichkeitssituationen). Gleichzeitig kann man aufgrund des derzeit vorliegenden Forschungsstandes schließen, daß weder ein informationstheoretischer noch ein Selbstdarstellungsansatz ihrerseits in der Lage sind, alle vorliegenden Ergebnisse befriedigend zu erklären, und daß das Motiv des Selbstwertschutzes bzw. der Selbstwerterhöhung sich klar als *eine* wichtige Determinante der Attributionen von Leistungsergebnissen erwiesen hat (vgl. die Untersuchungen von GOLLWITZER und seinen Kollegen sowie von RIESS et al., 1981; GREENBERG et al., 1982).

2.2.2.2. Vorbereitung selbstwertdienlicher Attributionen durch eigenes Verhalten: «Self-Handicapping»

BERGLAS & JONES (1978) sowie JONES & BERGLAS (1978) gebührt das Verdienst, durch ihre Arbeiten darauf hingewiesen zu haben, daß Personen nicht nur einmal vollbrachte Leistungen in selbstwertdienlicher Weise erklären, sondern daß sie vielmehr unter bestimmten Bedingungen dazu neigen, schon durch ihr Verhalten vor oder während des Erbringens einer Leistung deren selbstwertschützende bzw. -erhöhende Attribution vorzubereiten. Dieses von ihnen als «self-handicapping» beschriebene Verhalten besteht in folgender Handlungssequenz: Eine Person, die erwartet, auf einem für sie persönlich bedeutsamen, selbstwertrelevanten Gebiet eine Leistung erbringen zu müssen, befürchtet aufgrund bestimmter Vorerfahrungen mit vergleichbaren Aufgaben einen selbstwertbedrohlichen Mißerfolg. Um nun eine defensive Attribution für ihr drohendes Versagen schon im voraus bereitzustellen, legt sie sich ein «handicap» zu, das nach erbrachter Leistung für den wahrscheinlichen Mißerfolg verantwortlich gemacht werden kann. Ein solches «handicap» mag z.B. darin bestehen, daß eine Person unausgeschlafen in eine Prüfung geht oder vor dieser starke Beruhigungsmittel schluckt. Für eine schlechte Note in der Prüfung kann der Prüfling dann im nachhinein statt eines eventuellen Mangels an wichtigen Fähigkeiten oder Bemühen seinen schlechten körperlichen Zustand (Müdigkeit, Konzentrationsschwächen) verantwortlich machen. Aber auch im unwahrscheinlicheren Fall des Erfolges fährt die Person, die die «handicapping»-Strategie anwendet, durchaus nicht schlecht: Da sie ihren Erfolg trotz eines vorhandenen «handicaps» verbuchen kann, darf sie sich besondere Fähigkeiten oder Anstrengungen zuerkennen.[5] Die Annahme des Einsatzes solcher «self-handicapping»-Strategien, z.b. in Form klinischer Symptome, findet sich schon sehr früh vor allem in psychoanalytischen Konzepten, wo ihnen ebenfalls selbstwertdienliche Funktionen zugeschrieben werden (vgl. z.B. ADLER, 1913). Erst BERGLAS & JONES unterzogen aber diese Hypothese einer empirischen Überprüfung. Sie ließen ihre Vpn zunächst einen Leistungstest bearbeiten, dessen Aufgaben für die eine Hälfte der Vpn relativ leicht lösbar, für die übrigen Vpn jedoch unlösbar waren. Beide Vpn-Gruppen bekamen allerdings ein erfolgreiches Abschneiden im Gesamttest rückgemeldet. Anschließend erwarteten alle Vpn, eine zweite ähnliche Aufgabe zu bearbeiten. Während dabei die Gruppe mit den zuvor bearbeiteten lösbaren Aufgaben davon ausgehen sollte, im neuerlichen Test ebenfalls erfolgreich zu sein, sollten die Vpn, die sich mit den unlösbaren Aufgaben auseinandergesetzt hatten, befürchten, ihren angeblichen, für sie unerklärlichen Erfolg nicht replizieren zu können. Die Autoren gingen davon aus, daß nur diese zweite Gruppe zur Aufrechterhaltung des Selbstwertes bzw. ihres Kompetenzgefühls auf eine angebotene «self-handicapping»-Strategie zurückgreifen würde. Um diese Hypothese zu überprüfen, wurden die Vpn vor der Durchführung des zweiten Leistungstests gebeten, eines von zwei Medikamenten einzunehmen, deren Einfluß auf Leistungen angeblich geprüft werden sollte. Dem einen Medikament (Pandocrin) wurde dabei eine leistungshemmende, dem anderen (Actavil) eine leistungssteigernde Wirkung zugeschrieben. Als abhängige Variable diente nun die Wahl eines der beiden Medikamente. Wie erwartet zeigte sich bei den Vpn, die ein für sie unerklärliches, weil mit ihren wahrgenommenen Leistungen inkonsistentes Erfolgsfeedback erhalten hatten, eine eindeutige Präferenz für das Pandocrin («self-handicapping»). Vpn dagegen in der Bedingung «konsistentes Erfolgsfeedback» griffen nur zu einem sehr geringen Prozentsatz zu diesem leistungshemmenden Medikament (vgl. auch JONES & BERGLAS, 1978).

Die BERGLAS & JONES-Experimente bestätigen also, daß Personen, die befürchten, einen Leistungserfolg nicht replizieren zu können, defensive Attributionen eines möglichen Versagens durch «self-handicapping»-Strategien vorbereiten, indem sie ein angeblich leistungshemmendes Me-

---

[5] Beide Prozesse spiegeln die von KELLEY (1971) postulierten Attributionsprinzipien «Discounting» und «Augmenting» wider: Bei einem Mißerfolg reduziert eine mögliche Attribution auf ein «self-handicap» die Bedeutung weiterer potentieller Ursachenfaktoren, wie Begabung oder Anstrengung (discounting-principle), während bei einem Erfolg die Annahme von diesen behindernden Faktoren (self-handicap) die Bedeutung vorhandener, ihn fördernder Ursachen (Begabung oder Anstrengung) verstärkt (augmenting principle).

dikament einnehmen. Diese Annahme konnte auch in verschiedenen weiteren Experimenten untermauert werden. So wurde z.b. nachgewiesen, daß der Konsum von Alkohol sowie die Angabe von Testangst oder hypochondrischen Beschwerden als «self-handicapping»-Strategien benutzt werden (SMITH, SNYDER & HANDELSMAN, 1982; SMITH, SNYDER & PERKINS, 1983, u.a.). Gerade die beiden letztgenannten Experimente, die sehr ähnlich konzipiert sind, machen die weitgehende Praxisrelevanz der «self-handicapping»-Forschung deutlich.

Sie belegen, daß hochängstliche und stark hypochondrische Vpn nur dann in Erwartung eines Testmißerfolges vermehrte Testangst oder gesundheitliche Beschwerden angeben, wenn diese Symptome als Entschuldigung für ein Leistungsversagen dienen können. Hatten die Autoren dagegen deutlich darauf hingewiesen, daß die geforderte Leistung nicht durch Testangst oder körperliche Beschwerden beeinflußt werde, gaben beide Gruppen von Vpn deutlich weniger Symptome (handicaps) an. Diese Forschung veranschaulicht auch, daß die beschriebene «self-handicapping»-Strategie nur bei gelegentlichem und maßvollem Einsatz ihre selbstwertdienlichen Funktionen erfüllt. Exzessiv eingesetzt schafft sie sicherlich, zumindest langfristig, mehr Probleme für eine Person als sie anfänglich zu lösen verspricht (vgl. zu einer Diskussion pathologischer «self-handicapping»-Strategien SNYDER & SMITH, 1982).

Abschließend sei noch darauf hingewiesen, daß ähnlich, wie für die «self-serving bias»-Forschung diskutiert, unter den Sozialpsychologen, die sich mit «self-handicapping»-Phänomenen beschäftigen, Uneinigkeit über die beteiligten vermittelnden Mechanismen besteht. Obwohl die ursprüngliche Position vom Motiv Selbstwertschutz und -erhöhung ausgeht, bieten z.B. KOLDITZ & ARKIN (1982) eine selbstdarstellungstheoretische Erklärung der «self-handicapping»-Befunde an. Während frühere experimentelle Arbeiten von BERGLAS & JONES (1978) gegen eine solche rein selbstdarstellungstheoretische Erklärung sprechen, konnten KOLDITZ & ARKIN experimentelle Daten anführen, die belegen, daß «self-handicapping»-Strategien primär der öffentlichen Selbstdarstellung dienen. Möglicherweise muß man daher, ähnlich wie schon in dem Absatz zur «self-serving bias»-Forschung angesprochen, davon ausgehen, daß beide Motive Selbstdarstellung und Selbstwertschutz die hier beschriebenen Effekte beeinflussen. So ziehen auch KOLDITZ & ARKIN keine stringente Grenze zwischen beiden Erklärungsansätzen: «Successful attempts at impressing others and successful attempts to avoid the disapproval of others may allow or justify feelings of self-competence» (KOLDITZ & ARKIN, 1982, S. 501).

2.3. Aktualisierung selbstwertrelevanter Informationen

2.3.1. Selektive Erinnerung

Die Annahme, daß Personen selbstwertschmeichelnde und selbstwertbedrohliche Informationen nicht in gleicher Weise speichern und damit auch aus der Erinnerung wieder abrufen können, findet sich schon sehr früh in psychoanalytischen Konzepten (vgl. z.B. FREUD, 1936). Mit der Idee der Verdrängung vergangener, das Selbst einer Person bedrohender Ereignisse, verließ FREUD die Annahme primär passiver Erinnerungs- und Vergessensvorgänge und postulierte einen aktiven Anteil einer Person daran, was sie «vergißt» und was sie erinnert. Ein solcher Gedanke, daß das, was wir erinnern, durch motivationale Bedürfnisse des Selbstschutzes und der Selbstwerterhöhung beeinflußt wird, hat sich z.t. bis in die Gegenwart hinein erhalten (GREENWALD, 1980). In der Tat findet die Hypothese der selektiven Erinnerung selbstwertrelevanter Informationen zumindest auf den ersten Blick in verschiedenen empirischen Studien durchaus Unterstützung. So legte z.B. ZILLIG (1928, zit. nach MARKUS, 1980) seinen Vpn, die zur Hälfte weiblichen, zur Hälfe männlichen Geschlechts waren, verschiedene Zitate berühmter Schriftsteller vor, in denen diese sich entweder in schmeichelhafter oder abfälliger Weise über Frauen geäußert hatten. Anschließend forderte er die Vpn auf, von diesen Aussprüchen möglichst viele zu reproduzieren. Dabei zeigte sich, daß die weiblichen Vpn erheblich mehr positive Zitate zum Thema Frau erinnerten als die männlichen Vpn; d.h. die weiblichen Vpn erinnerten die für sie stärker selbstwertdienlichen Informationen besonders gut. Die Erinnerung an noch unmittelbarer selbstwertrelevante Informationen untersuchten MISCHEL, EBBESEN & ZEISS (1976), indem sie ihre Vpn, die einen Persönlichkeitstest ausgefüllt hatten, das ihnen rückgemeldete Testergebnis reproduzieren ließen. Dabei zeigte sich eine selbstwertdienliche selektive Erinnerung der positiv bewerteten Aspekte des Selbst. Während diese Experimente deutlich machen, daß Personen angenehme Informationen über die eigene Person besser erinnern als selbstwertbedrohende Mitteilungen, konnten KUIPER & MCDONALD (1982) zeigen, daß sich eine vergleichbare Tendenz, primär Positives zu erinnern, nicht zeigte, wenn Eigenschaften anderer Personen erinnert werden sollten. So konnten die Vpn von KUIPER & MCDONALD mehr negative als positive Eigenschaften anderer Personen (z.B. eines guten Bekannten oder einer hypothetischen Durchschnittsperson) aus dem Gedächtnis reproduzieren und erinnerten ebenfalls, wie auch aus selbstwerttheoretischer Sicht zu erwarten, mehr negative Informationen über andere als über sich selbst (vgl. dazu auch Abs. 2.2.1.3.).

IRLE und KOLAGE bestätigten darüber hinaus die Annahme, daß Personen retrospektiv selbstbezogene Informationen (hier von den Vpn erreichte Intelligenztestergebnisse) zu ihren Gunsten verzerren (vgl. auch BUCHWALD, 1977). Entgegengesetzte Effekte beobachteten allerdings WYER & FREY (1983). Ihren Vpn blieben unerwartete Mißerfolge länger im Gedächtnis haften als anderen Vpn ihre Erfolge. Die Autoren erklären allerdings auch dieses Ergebnis z. T. mit dem Motiv nach Selbstwertschutz: Die Vpn, die Mißerfolge rückgemeldet bekamen, beschäftigten sich in der Hoffnung, dieses negative Feedback widerlegen zu können, besonders intensiv mit diesen Informationen. Eine solche stärkere Auseinandersetzung mit den negativen Informationen führte zu ihrer effizienteren Verarbeitung und damit auch leichteren Abrufbarkeit.

Zwingender im Rahmen eines Selbstwertschutzansatzes zu interpretierende Ergebnisse zeigten sich allerdings wiederum in Arbeiten, die sich mit dem sogenannten *Zeigarnik-Effekt* beschäftigen. ZEIGARNIK, eine Schülerin LEWINS, hatte 1927 festgestellt, daß Personen Aufgaben, bei deren Erfüllung sie unterbrochen worden waren, besser erinnerten, als wenn sie diese vollendet hatten. ROSENZWEIG (1943), GLIXMAN (1949) u. a. wiesen in Nachfolgestudien jedoch nach, daß unter bestimmten Bedingungen kein Zeigarnik-Effekt zu beobachten ist. Wurde den Vpn durch die experimentellen Bedingungen nahegelegt, daß Unterbrechungen bei der Ausführung ihrer Aufgabe eine schlechte Leistung ihrerseits indizierten, während die mögliche Vollendung einer Aufgabe eine gute Leistung bedeutete, zeigte sich eine Umkehrung des Zeigarnik-Effektes: Unter diesen Bedingungen erinnerten die Vpn die von ihnen vollendeten Aufgaben besser als die nicht fertiggestellten. Leistungserfolge wurden also erinnert, während Leistungsmißerfolge eher vergessen wurden. Eine weitere Bestätigung des damit nahegelegten selbstwertdienlichen Charakters dieser Art selektiver Erinnerung erbrachten in jüngster Zeit zudem PAVUR & LITTLE (1981). Sie nahmen an, daß primär Vpn, die ohnehin ein niedriges Selbstwertgefühl besitzen, eine Aufgabenunterbrechung, die einen Mißerfolg anzeigt, als Selbstwertbedrohung empfinden sollten. Vpn dagegen, die ein stabiles positives Selbstkonzept besitzen, sollten sich nach Ansicht von PAVUR & LITTLE nicht in gleichem Maße durch einen Mißerfolg bedroht fühlen. Daher erwarteten die Autoren selektives Vergessen nicht vollendeter Aufgaben vornehmlich bei Vpn mit niedrigem Selbstwert. Die experimentellen Daten untermauerten diese Hypothese und damit auch die Annahme, daß das Bemühen um Selbstwertschutz als eine mögliche Erklärung selektiver Erinnerungsprozesse verantwortlich zu machen ist.

Es läßt sich also eine Vielzahl solcher und ähnlicher Untersuchungsergebnisse durch ein Motiv des Selbstwertschutzes bzw. der Selbstwerterhöhung erklären. Allerdings besteht in der Forschung über selektive Erinnerungsprozesse ebenso wie innerhalb anderer in diesem Beitrag diskutierter Forschungsbereiche die Tendenz, einen motivationalen

Selbstwertschutzansatz durch die ökonomischere Annahme einfacher schemageleiteter Informationsverarbeitung zu ersetzen. Und sicherlich läßt sich in keinem anderen der hier zitierten Untersuchungsgebiete eine nicht-motivationale, d.h. rein kognitive Erklärung nachgewiesener «selbstwertdienlicher» Strategien durch die vorliegenden Forschungsergebnisse so überzeugend erhärten. Der kognitive Ansatz geht von der Annahme aus, das Selbst einer Person stelle ein Schema dar, das es ermögliche, selbstrelevante Informationen in besonders effizienter Weise zu verarbeiten (wahrzunehmen, zu speichern, zu reaktivieren). Das Selbstschema einer Person stellt genauer gesagt eine hierarchisch organisierte Wissensstruktur im Langzeitgedächtnis dar, die die Verarbeitung von selbstrelevanten Informationen sowohl erleichtert als auch in bestimmte Richtung lenkt, d.h. selektiv beeinflußt (vgl. ROGERS, KUIPER & KIRKER, 1977).

Auf Erinnerungsprozesse angewandt bedeutet dies: Personen erinnern nicht deshalb besonders viele positive Informationen über das eigene Selbst, weil sie einem Bedürfnis nach Selbstwertschutz und -erhöhung nachgeben, sondern vielmehr deshalb, weil ihr Selbstkonzept im großen und ganzen durchaus positiv ist und Schemakonsistentes – so die Annahme kognitiv ausgerichteter Erinnerungsforscher – besser erinnert wird als Schemainkonsistentes (MARKUS, 1977). In verschiedenen Untersuchungen konnte mit interessanten Versuchsanordnungen die Annahme bestätigt werden, daß selbstbezogene Informationen aufgrund des postulierten Selbstschemas weitaus effizienter verarbeitet werden können als anderweitige nicht selbstrelevante Informationen (vgl. z.B. ROGERS, KUIPER & KIRKER, 1977). Relevant für die hier zu behandelnde Fragestellung sind dabei vorrangig solche Studien, die sich mit intraindividuellen Unterschieden im selektiven Erinnern befassen. Während aufgrund eines Selbstwertschutzansatzes zu erwarten wäre, daß insbesondere Personen mit niedrigem Selbstwertgefühl selbstrelevante negative Informationen als bedrohlich empfinden und dazu tendieren sollten, sie zu vergessen (vgl. dazu z.B. PAVUR & LITTLE, 1981; DITTES, 1959), sagt ein Schemaansatz vorher, daß Personen konsistent zu ihrem Selbstkonzept erinnern sollten: Personen mit stabilem hohen Selbstwertgefühl sollten zwar vorwiegend positive selbstbezogene Informationen erinnern, Personen mit niedrigem Selbstwert sollten dagegen ebenfalls schemakonsistent vorrangig negative Informationen über das eigene Selbst im Gedächtnis behalten. Insgesamt hat eine solche informationstheoretische Erklärung von Erinnerungsprozessen in den vergangenen Jahren überzeugende Unterstützung erfahren. So konnte SILVERMAN (1964) zeigen, daß Vpn mit hohem Selbstwertgefühl Testantworten dann besser erinnerten, wenn sie positives als wenn sie negatives Feedback für ihre Leistung erhalten hatten, während sich das genau entgegengesetzte Datenmuster bei Vpn mit niedrigem Selbstwertgefühl nachweisen ließ. SWANN & READ (1981) bestätigten dieses Ergebnis: Vpn mit einer positiven Selbsteinschätzung erinnerten positives Feedback von anderen Personen besser als eine negative Rückmeldung. Entgegengesetztes war wiederum bei Personen mit niedrigem Selbstwertgefühl zu beobachten.[6] Insgesamt wird durch diese und ähnliche Forschungsergebnisse die entscheidende Determination von Erinnerungsprozessen durch Selbstschemata bestätigt. Die zuvor berichteten und selbstwerttheoretisch erklärten Ergebnisse können weitgehend mittels des Schemaansatzes alternativ interpretiert werden. Schwierigkeiten für einen rein kognitiven Erklärungsansatz bereiten allenfalls die Ergebnisse von PAVUR & LITTLE (1981), die sicherlich weiterer Bestätigung bedürfen, um ein schlagkräftiges Argument einer selbstwerttheoretischen Erklärung selektiver Erinnerungsprozesse darzustellen. Aus den bisherigen empirischen Befunden läßt sich daher unseres Erachtens das folgende Fazit ziehen: Selektive Erinnerungsprozesse lassen sich gut durch die Annahme schemageleiteter Informationsverarbeitung erklären. Die Beteiligung motivationaler Prozesse kann dagegen derzeit weder als bestätigt noch als eindeutig von der Hand gewiesen betrachtet werden. Zukünftige Forschung, die der Frage eventueller motivationaler Einflüsse auf Erinnerungsprozesse nachgehen möchte, sollte sich unseres Erachtens dabei primär mit möglichen Langzeiteffekten beschäftigen. Viele der bisherigen Studien, die Erinnerungseffekte prüfen, haben die Erinnerungen ihrer Vpn an im Experiment gegebene selbstwertrelevante Informationen häufig sofort im Anschluß an dieses erfragt. Abschließend soll zudem ein kurzer Ausblick auf weitere Erinnerungseffekte gegeben werden, die sich im Sinne des Selbstwertschutzes oder der Selbstwerterhöhung interpretieren lassen und deren intensive Untersuchung möglicherweise zukünftig ein weiteres Feld für Konfrontationen motivationaler und kognitiver Positionen erschließen wird (vgl. insbesondere GREENWALD, 1980).

1. Der «Knew-it-all-along»-Effekt

In verschiedenen Untersuchungen konnte nachgewiesen werden, daß Personen häufig nach dem Eintreten eines Ereignisses der Meinung

---

6 Eine Vielzahl vergleichbarer Untersuchungen beschäftigte sich darüber hinaus gerade in jüngerer Zeit mit unterschiedlichen Erinnerungsinhalten bei depressiven und nicht depressiven Personen. Ähnlich wie in bezug auf das Selbstwertgefühl lassen sich hier unter der Annahme schemageleiteter Informationsverarbeitung unterschiedliche selektive Erinnerungsprozesse bei depressiven Personen mit primär negativem Selbstkonzept im Vergleich zu nicht depressiven Personen mit primär positivem Selbstkonzept erwarten. Tatsächlich zeigte sich in verschiedenen Studien, daß depressive Personen mehr negative selbstbezogene bzw. weniger positive selbstbezogene Informationen erinnerten als nicht depressive Vergleichsgruppen (BUCHWALD, 1977; WENER & REHM, 1975, u. a.).

sind, genau dieses auch erwartet zu haben, obwohl dies nachweisbar (aufgrund einer Vorhermessung überprüft) nicht der Fall war (FISCH-HOFF, 1975; THIELE, 1983, u.a.). Eine solche Tendenz, die Erinnerungen an eigene Erwartungen in Übereinstimmung mit beobachteten Ereignissen zu bringen, ermöglicht es einer Person, ein Gefühl persönlicher Kompetenz und damit ihr Selbstwertgefühl aufrecht zu erhalten.

2. Vergessen von Meinungsänderungen

Konsistenz im eigenen Handeln, Denken und Fühlen wird in unserem Kulturkreis weitgehend positiv bewertet, während entsprechende Inkonsistenzen eher negative Umweltreaktionen provozieren (vgl. dazu TE-DESCHI, SCHLENKER & BONOMA, 1971). Verschiedene Autoren konnten nun nachweisen, daß Personen eigenes Verhalten bzw. eigene Einstellungen im nachhinein häufig als konsistenter wahrnehmen, als sie es tatsächlich gewesen sind (vgl. dazu BEM & MCCONNELL, 1972, u.a.). Auch derartige Erinnerungsverzerrungen lassen sich durchaus als selbstwertdienlich betrachten.

3. Erinnern positiver Entwicklungen

Andererseits, so zeigt eine Arbeit von MUMMENDEY & STURM (1982), täuschen uns Erinnerungsverzerrungen möglicherweise Veränderungen vor, wo tatsächlich keine sind, vorausgesetzt, dies dient einem positiven Selbstbild. Personen, die retrospektiv um eine Beschreibung ihres Selbst in der Vergangenheit gebeten wurden, tendierten im Vergleich mit einer aktuellen Selbstbeschreibung dazu, ihr früheres Selbst mit negativeren Eigenschaften auszustatten. Damit belegten sie eine selbstwertdienliche positive Entwicklung ihrer Person. Einen Hinweis auf sich hierbei auswirkende Erinnerungsverzerrungen fanden MUMMENDEY & STURM in der Tatsache, daß solche Veränderungen stets nur von retrospektiv befragten Vpn angegeben wurden, während in einer Längsschnittstudie keine solchen positiven Veränderungen festgestellt werden konnten.

4. Egozentrische Erinnerungen

GREENWALD (1980) weist auf die Tatsache hin, daß «the past is remembered as if it were a drama in which self was the leading player» (GREENWALD, 1980, S. 604); oder mit anderen Worten: Personen neigen dazu, im nachhinein die eigene Bedeutung für das Auftreten und Nichtauftreten einer Vielzahl von Ereignissen zu überschätzen. Derartige egozentrische Verzerrungen beobachtete z.B. JERVIS (1976) in der internationalen Politik: Politiker in wichtigen Positionen betrachteten das Verhalten ihrer internationalen Verhandlungspartner in starkem Maße als entweder durch das eigene Verhalten hervorgerufen oder als durch den Wunsch, letzteres zu beeinflussen, motiviert. Eine solche Überschätzung der eigenen Bedeutung in der Erinnerung kann durchaus selbstwertdienliche Funktionen erfüllen. Weitere Forschungen auf diesen Gebieten könnten also unseres Erachtens dazu beitragen, die Annahme der Beeinflußbarkeit von Erinnerungsprozessen durch selbstwertschützende Motive zu überprüfen.

2.3.2. Selbstwertschutz und objektive Selbstaufmerksamkeit

Das aktuelle Selbstwertgefühl einer Person wird u.a. dadurch bestimmt, auf welche Dimensionen ihres Selbst ihre Aufmerksamkeit gerichtet ist. Stehen von ihr negativ bewertete Aspekte im Fokus ihrer Aufmerksamkeit (z.B. bei interner Attribution eines Mißerfolges), sollte das aktuelle Selbstwertgefühl recht niedrig sein, während die Salienz positiver Aspekte des Selbst (z.b. intern attribuierte Erfolge) ein erhöhtes Selbstwertgefühl nach sich ziehen sollte. Die Bedeutung solcher Salienzeffekte für das momentane Selbstwertgefühl einer Person konnte in verschiedenen experimentellen Studien bestätigt werden. So zentrierten GERGEN & TAYLOR (1969) die Aufmerksamkeit ihrer Vpn dadurch auf positive Aspekte ihres Selbst, daß sie sie aufforderten, innerhalb von 20 Minuten eine Rede über sich selbst zu verfassen, in der sie sich möglichst positiv darstellten. Das anschließend gemessene Selbstwertgefühl der Vpn war unter dieser Bedingung deutlich gegenüber den vorexperimentellen Messungen erhöht. Ein vergleichbarer Anstieg des Selbstwertgefühls war dagegen bei den Vpn der Kontrollgruppe nicht zu beobachten. Diese Ergebnisse untermauern also die Annahme, daß allein durch eine selektive Aktualisierung gespeicherter Ansichten über das eigene Selbst das Selbstwertgefühl von Personen beeinflußbar ist (vgl. dazu auch die ähnlich interpretierbaren Ergebnisse von JONES, RHODEWALT, BERGLAS & SKELTON, 1981, sowie GERGEN, 1965).

Eine Erhöhung der Salienz bestimmter Aspekte des Selbst und deren Folgen sind auch Gegenstand der Theorie der objektiven Selbstaufmerksamkeit (DUVAL & WICKLUND, 1972; WICKLUND, 1975). Unter objektiver Selbstaufmerksamkeit wird dabei ein Zustand verstanden, bei dem die Aufmerksamkeit einer Person primär auf das eigene Selbst und nicht auf die Umgebung gerichtet ist. Selbstaufmerksamkeit, so postulieren DUVAL & WICKLUND (1972) und bestätigten experimentell ICKES, WICKLUND & FERRIS (1973),[7] führt zu einer Intensivierung der jeweilig aktualisierten positiven oder negativen Aspekte des Selbst und damit zu einer Erhöhung oder einer Erniedrigung des globalen Selbstwertgefühls.

---

[7] Objektive Selbstaufmerksamkeit wurde dabei in der Mehrzahl der im Rahmen der Theorie von DUVAL & WICKLUND durchgeführten Experimente durch einen Spiegel, das Anhören der eigenen Stimme oder das Ansehen von Videoprotokollen eigenen Verhaltens induziert.

Aus selbstwerttheoretischer Sicht sollten Personen daher Umgebungsreize, die Selbstaufmerksamkeit erzeugen, dann zu vermeiden trachten, wenn ihre Aufmerksamkeit ohnehin auf negative Aspekte des Selbst (z.B. einen Mißerfolg) gerichtet ist. Selbstaufmerksamkeit sollte dagegen als angenehm empfunden werden, wenn ohnehin positive Aspekte des Selbst besonders salient sind, also zum Beispiel nach einem Erfolg.

WICKLUND relativiert hiermit die ursprünglich von ihm und DUVAL formulierte Annahme, daß Selbstaufmerksamkeit für eine Person stets aversiv sei, da in diesem Zustand die Aufmerksamkeit fast zwangsläufig auf negative Aspekte des Selbst (insbesondere Diskrepanzen zwischen eigenen Idealvorstellungen und dem realen Selbst) gerichtet sein sollte. In der Zwischenzeit haben verschiedene empirische Befunde die revidierte Sichtweise WICKLUNDS (1975) der situativen Determination der Vermeidung und Suche von Selbstaufmerksamkeit bestätigt: Es konnte wiederholt experimentell nachgewiesen werden, daß nur Personen, die gerade Mißerfolge erlebt hatten, selbstaufmerksamkeitserzeugende Stimuli vermieden, während Vergleichbares bei Vpn, die einen Erfolg verbuchen konnten, nicht zu beobachten war. So gaben DUVAL, WICKLUND & FINE (1971; zit. nach DUVAL & WICKLUND, 1972) ihren Vpn positives oder negatives Feedback auf den Dimensionen Kreativität/Intelligenz. Hatten die Vpn negatives Feedback erhalten, so verließen sie einen Raum, in den sie angeblich zum Warten geführt worden waren, dann signifikant schneller, wenn dieser einen großen Spiegel enthielt (Selbstaufmerksamkeitsbedingung). Hatten die Vpn dagegen positives Feedback erhalten, verweilten sie nicht länger in einem Raum ohne als in einem Raum mit Spiegel. Die Selbstaufmerksamkeit erzeugende Spiegelbedingung wurde also nur nach vorherigem Mißerfolg als aversiv erlebt.

Eine derart selbstwertdienliche Vermeidung von Selbstaufmerksamkeit nach negativem Feedback wurde auch von anderen Autoren beobachtet. So zeigten GIBBONS & WICKLUND (1976), daß männliche Vpn signifikant kürzere Zeit der Aufzeichnung ihrer eigenen Stimme zuhörten, nachdem sie zuvor von einer Helferin des Versuchsleiters negativ bewertet worden waren, als solche Vpn, die eine positive Beurteilung erfahren hatten. Auch GREENBERG, MUSHAM, WICKLUND & LEAK (zit. nach BROCKNER & WALLNAU, 1981) fanden eine stärkere Vermeidung eines Selbstaufmerksamkeit erregenden Spiegels bei Vpn, die negatives Feedback über ihre Persönlichkeit erhalten hatten, als bei solchen Vpn, die Angenehmes über die eigene Person erfahren hatten (vgl. auch GREENBERG & MUSHAM, 1981). Neuere Untersuchungen lassen allerdings noch eine weitere Revision der Annahmen WICKLUNDS notwendig erscheinen: Selbstaufmerksamkeit erzeugende Stimuli werden offensichtlich auch dann von Personen nicht vermieden, wenn diese erwarten, die salienten negativen Aspekte ihres Selbst zukünftig verändern zu können (STEENBERGER & ADERMAN, 1979). Und McDONALD (1980) zeigte, daß Vpn den Zustand der Selbstaufmerksamkeit nach einem negativen Feedback über ihre eigene Kreativität sogar länger in Kauf nahmen als Vpn, die positives Feedback erhalten hatten, wenn ersteren die Möglichkeit gegeben wurde, in der Gegenwart eines Spiegels eine erneute Aufgabe auszuführen, in der sie durch eine bessere Leistung ihren ersten Mißerfolg relativieren konnten. Auch die zuletzt beschriebenen Befunde lassen sich unseres Erachtens mit der hier diskutierten Selbstwertschutz- bzw. -erhöhungstheorie gut vereinbaren. Die Ergebnisse von STEENBERGER & ADERMAN lassen sich so erklären, daß negative Aspekte des Selbst offensichtlich dann nicht selbstwertbedrohend sind, wenn ihre positive Entwicklung antizipiert wird. Wichtiger noch erscheint das Ergebnis von McDONALD, das zeigt, daß Personen eine recht labile angreifbare Strategie des Selbstwertschutzes, nämlich zu vermeiden, die eigene Aufmerksamkeit auf einen Mißerfolg zu richten, wenn möglich zugunsten einer langfristig sichereren Strategie des Selbstwertschutzes aufgeben: Personen werden zunächst bemüht sein, eigene Defizite zu beheben, und nur in den Fällen, wo ihnen dies nicht möglich erscheint, werden sie danach trachten, die Salienz solcher Aspekte möglichst zu vermeiden (vgl. auch dazu FREY, WICKLUND & SCHEIER, 1978; WICKLUND & FREY, 1980).

3. Abschließende Bemerkungen

Der vorliegende Beitrag sollte deutlich gemacht haben, daß trotz des Fehlens eines ausgearbeiteten theoretischen Rahmens, den man bedenkenlos als Selbstwerttheorie akzeptieren könnte, das Erklärungsprinzip Selbstwertschutz/Selbstwerterhöhung in der Forschung in ganz unterschiedlichen Bereichen als Grundlage empirischer Arbeiten bzw. zur Interpretation empirischer Befunde herangezogen wurde. Selbstwertschutz- und -erhöhungsmotive erwiesen sich dabei – wie die beschriebenen Ergebnisse veranschaulicht haben – als wichtige Determinanten menschlichen Verhaltens: Sie beeinflussen,

– welche Informationen über die eigene Person wir aktiv suchen bzw. vermeiden und wie wir auf solche Informationen affektiv und kognitiv reagieren,
– wie wir uns selbst und andere Personen wahrnehmen und beurteilen und mit wem wir uns vergleichen,
– worauf wir Ergebnisse eigener und fremder Leistungen zurückführen, und
– ob wir uns wohlfühlen oder nicht, wenn unsere Aufmerksamkeit primär auf die eigene Person gerichtet ist.

Weniger klar ist dagegen aus den vorliegenden Forschungsergebnissen abzulesen, inwieweit auch Erinnerungsprozesse durch Motive des Selbstwertschutzes bzw. der Selbstwerterhöhung gesteuert werden.

Gleichzeitig haben die hier diskutierten Befunde allerdings auch deutlich gezeigt, daß menschliches Verhalten viel zu komplex ist, um durch ein einziges motivationales Prinzip wie das Selbstwertschutz- und -erhöhungsmotiv umfassend erklärbar zu sein. Empirische Studien haben so auch immer wieder die Grenzen einer möglichen Selbstwerttheorie aufgezeigt und die Annahme weiterer, selbstwertrelevantes Verhalten steuernder Prinzipien notwendig gemacht. Im Rahmen unserer Darstellung wurde dabei wiederholt auf die folgenden beiden Erklärungsprinzipien abgehoben:

Prinzipien der schemageleiteten Informationsverarbeitung
Ausgehend von der Annahme, daß Personen ein Selbstschema besitzen, das die Verarbeitung selbstwertrelevanter Informationen steuert, können viele Ergebnisse aus den dargestellten Forschungsarbeiten statt selbstwerttheoretisch und damit motivational auch durch das Wirken einfacher Prinzipien der Informationsverarbeitung erklärt werden. Insbesondere die in der Literatur des öfteren berichteten Konsistenzeffekte derart, daß z.B. Personen mit niedrigem Selbstwertgefühl negative Rückmeldungen als glaubwürdiger beurteilen oder besser erinnern als positive Informationen über die eigene Person, lassen sich selbstwerttheoretisch nicht erklären. Sie sind dagegen mit der Annahme schemageleiteter Informationsverarbeitung sehr gut vereinbar. Allerdings kann, auch darauf haben wir im Verlauf dieses Beitrages wiederholt hingewiesen (vgl. Abs. 2.2.2.1.1.), auch ein rein kognitiver Ansatz eine selbstwerttheoretische Interpretation vieler Befunde nicht in toto ersetzen.

Das Bemühen um Selbstdarstellung
Viele der hier berichteten Untersuchungsergebnisse können nicht ohne weiteres zweifelsfrei auf eines der beiden Motive Selbstwertschutz/ Selbstwerterhöhung oder Selbstdarstellung zurückgeführt werden. D.h. häufig könnten bestimmte Verhaltensweisen zweierlei Bedürfnisse der handelnden Personen widerspiegeln, nämlich ihren Wert in ihren eigenen Augen oder den Augen wichtiger anderer Personen zu maximieren. So erscheint es uns – obwohl wir im Abschnitt zur Attributionsasymmetrie darauf hingewiesen haben, daß Bedürfnisse des öffentlichen «Face-Savings» allein kaum die beschriebenen «self-serving bias»-Effekte erklären können – weiterhin eine für die zukünftige Forschung vielversprechende Aufgabe, beide Motive als unterscheidbare Ursachen menschlichen Verhaltens miteinander zu konfrontieren und sie in ihrer Bedeutung zu gewichten.

Literatur

ABRAMSON, L.Y.; SELIGMAN, M.E.P. & TEASDALE, J.D.: Learned helplessness in humans: Critique and reformulation. Journal of Abnormal Psychology, 87, 49-74, 1978.

ADLER, A.: Individualpsychologische Behandlung der Neurosen. In: D. SARASON (Hrsg.), Jahreskurse für ärztliche Fortbildung (S. 39-51). München: Lehmann 1913.

ARKIN, R.M.: Self-presentation. In D. WEGNER & R. VALLACHER (Hrsg.), The self in social psychology (S. 158-182). New York: Oxford University Press 1980.

ARKIN, R.M.; APPELMAN, A.J. & BURGER, J.M.: Social anxiety, self-presentation, and the self-serving bias in causal attribution. Journal of Personality and Social Psychology, 38, 23-35, 1980.

ARONSON, E. & LINDER, D.: Gain and loss of esteem as determinants of interpersonal attractiveness. Journal of Experimental Social Psychology, 1, 156-171, 1965.

BECK, A.T.: Depression: Clinical, experimental, and theoretical aspects. New York: Harper & Row 1967.

BEM, D.J. & McCONNELL, H.K.: Testing the self-perception explanation of dissonance phenomena: On the salience of premanipulation attitudes. Journal of Personality and Social Psychology, 14, 23-31, 1970.

BERGLAS, S. & JONES, E.E.: Drug choice as a self-handicapping strategy in response to noncontingent success. Journal of Personality and Social Psychology, 36, 405-417, 1978.

BERKOWITZ, S. & HOLMES, D.S.: The generalization of hostility to disliked objects. Journal of Personality, 27, 565-577, 1959.

BERNSTEIN, W.M.; STEPHAN, W.G. & DAVIS, R.: Explaining attributions for achievement: A path analytic approach. Journal of Personality and Social Psychology, 37, 1810-1821, 1979.

BOSKI, P.: Egotism and Evaluation in self and other attributions for achievement related outcomes. European Journal of Social Psychology, 13, 287-304, 1983.

BRADLEY, G.W.: Self-serving biases in the attribution process: A re-examination of the fact or fiction question. Journal of Personality and Social Psychology, 36, 56-71, 1978.

BREWER, M.B. & CAMPBELL, D.T.: Ethnocentrism and intergroup attitudes: East African evidence. New York: Halstead Press 1976.

BROCKNER, J. & WALLNAU, L.B.: Self-esteem, anxiety, and the avoidance of self-focused attention. Journal of Research in Personality, 15, 277-291, 1981.

BUCHWALD, A.M.: Depressive mood and estimates of reinforcement frequency. Journal of Abnormal Psychology, 86, 443-446, 1977.

BURGER, J.M. & RODMAN, J.L.: Attributions of responsibility for group tasks: The egocentric bias and the actor - observer difference. Journal of Personality and Social Psychology, 45, 1232-1242, 1983.

CARTWRIGHT, D. & ZANDER, A. (Hrsg.): Group dynamics - Research and theory (2. Aufl.). Evanston, Ill.: Row, Peterson and Co. 1960.

CARVER, C.S.; DEGREGORIO, G.D. & GILLIS, P.: Fieldstudy evidence of ego-defensive bias in attribution among two categories of observer. Personality and Social Psychology Bulletin, 6, 44-50, 1980.

COOLEY, C.H.: Human nature and social order. New York: Scribner's Sons 1902.

DAGLORIA, J. & DERIDDER, R.: Aggression in dyadic interaction. European Journal of Social Psychology, 7, 189-219, 1977.

DAVIS, M.E. & STEPHAN, W.G.: Attributions for exam performance. Journal of Applied Social Psychology, 10, 235-248, 1980.

DEUTSCH, M. & SOLOMON, L.: Reaction to evaluation by others influenced by self-evaluation. Sociometry, 22, 92-113, 1959.

DITTES, J.E.: Attractiveness of group as a function of self-esteem and acceptance by group. Journal of Abnormal and Social Psychology, 59, 77-82, 1959.

DMITRUK, V.M.; COLLINS, R.W. & CLINGER, D.L.: The «Barnum effect» and acceptance of negative personal evaluation. Journal of Consulting and Clinical Psychology, 41, 192-194, 1973.

DUTTON, D.G.: Effect of feedback parameters on congruence versus positivity effects in reactions to personal evaluations. Journal of Personality and Social Psychology, 24, 366-371, 1972.

DUVAL, S & WICKLUND, R.A.: A theory of objective self-awareness. New York: Academic Press 1972.

EAGLY, A.H. & ACKSEN, B.A.: The effect of expecting to be evaluated on change toward favorable and unfavorable information about oneself. Sociometry, 34, 411-422, 1971.

FEATHER, N.T.: Some correlates of attributional style: Depressive symptoms, self-esteem, and protestant ethic values. Personality and Social Psychology Bulletin, 9, 125-135, 1983.

FEDEROFF, N.A. & HARVEY, J.H.: Focus of attention, self-esteem, and the attribution of causality. Journal of Research in Personality, 10, 336-345, 1976.

FELSON, R.B.: Aggression as impression management. Social Psychology, 41, 205-213, 1978.

FISCHHOFF, B.: Hindsight and foresight: The effect of outcome knowledge on judgment under uncertainty. Journal of Experimental Psychology, Human Perception, and Performance, 1, 288-299, 1975.

FORSYTH, D.R.; BERGER, R.E. & MITCHELL, T.: The effects of self-serving vs. otherserving claims of responsibility on attraction and attribution in groups. Social Psychology Quarterly, 44, 59-64, 1981.

FORSYTH, D.R. & SCHLENKER, B.R.: Attributional egocentrism following performance of a competitive task. Journal of Social Psychology, 102, 215-222, 1977.

FREUD, A.: Das Ich und die Abwehrmechanismen. München: Kindler (Originalausgabe: 1936) 1980[3].

FREY, D.: Reactions to success and failure in public and private conditions. Journal of Experimental Social Psychology, 14, 172-179, 1978.

FREY, D.: Informationssuche und Informationsbewertung bei Entscheidungen. Bern, Stuttgart, Wien: Huber 1981a.

FREY, D.: The effect of negative feedback about oneself and cost of information on preferences for information about the source of this feedback. Journal of Experimental Social Psychology, 1981b, 17, 42-50.

FREY, D.: Postdecisional preferences for decision-relevant information as a function of the competence of its source and the degree of familiarity with this information. Journal of Experimental Social Psychology, 1981c, 17, 51-67.

FREY, D.: Reversible and irreversible decisions: Preference for consonant information as a function of attractiveness of decision alternatives. Personality and Social Psychology Bulletin, 1981d, 7, 621-626.

FREY, D.: Different levels of cognitive dissonance, information seeking and information avoidance. Journal of Personality and Social Psychology, 1982, 43, 1175-1183.

FREY, D.: New research on selective exposure to information. In: Berkowitz, L. (Hrsg.), Advances in Experimental Social Psychology. Vol. 19, 1986.

FREY, D. & BENNING, E.: Das Selbstwertgefühl. In H. MANDL & G.L. HUBER (Hrsg.), Emotion und Kognition (S. 148-182). München: Urban & Schwarzenberg 1983.

FREY, D.; FRIES, A. & OSNABRÜGGE, G.: Reactions to failure after taking a placebo: A study of dissonance reduction. Personality and Social Psychology Bulletin, 9, 481-488, 1983.

FREY, D. & ROSCH, M.: Information seeking after decisions: The roles of novelty of information and decision reversibility. Personality and Social Psychology Bulletin, 1984, 10, 91-98.

FREY, D. & STAHLBERG, D.: Selection of information after receiving valid or potentially invalid self-threatening information. Unveröffentlichtes Manuskript 1984.

FREY, D. & WICKLUND, R.: A clarification of selective exposure: The impact of choice. Journal of Experimental Social Psychology, 1978, *14*, 132–139.

FREY, D.; WICKLUND, R.A. & SCHEIER, M.F.: Die Theorie der objektiven Selbstaufmerksamkeit. In D. FREY (Hrsg.), Kognitive Theorien der Sozialpsychologie (S. 192–216). Bern: Huber 1978.

FRIES, A. & FREY, D.: Misattribution of arousal and self-threatening information. Journal of Experimental Social Psychology, 1980, *16*, 405–416.

GERGEN, K.J.: The effects of interaction goals and personalistic feedback on presentation of self. Journal of Personality and Social Psychology, *1*, 413–425, 1965.

GERGEN, K.J. & TAYLOR, M.G.: Social expectancy and self-presentation in the status hierarchy. Journal of Experimental Social Psychology, *5*, 79–92, 1969.

GIBBONS, F.X. & WICKLUND, R.A.: Selective exposure to self. Journal of Research in Personality, *10*, 98–106, 1976.

GLENN, R.N. & JANDA, L.H.: Self-ideal discrepancy and acceptance of false personality interpretations. Journal of Personality Assessment, *41*, 311–316, 1977.

GLIXMAN, A.F.: Recall of completed and incompleted actitivities under varying degrees of stress. Journal of Experimental Psychology, *39*, 281–296, 1949.

GOLLWITZER, P.M.; EARLE, B. & STEPHAN, W.G.: Affect as a determinant of egotism: Residual excitation and performance attributions. Journal of Personality and Social Psychology, *43*, 702–709, 1982.

GRABITZ, H.J. & GRABITZ-GNIECH, G.: Der kognitive Prozeß vor Entscheidungen: Theoretische Ansätze und experimentelle Untersuchungen. Psychologische Beiträge, *15*, 522–249, 1973.

GREENBERG, J. & MUSHAM, C.: Avoiding and seeking self-focused attention. Journal of Research in Personality, *15*, 191–200, 1981.

GREENBERG, J.; PYSZCZYNSKI, T. & SOLOMON, S.: The self-serving attributional bias: Beyond self-presentation. Journal of Experimental Social Psychology, *18*, 56–67, 1982.

GREENWALD, A.G.: The totalitarian ego. American Psychologist, *35*, 603–618, 1980.

GRIFFITT, W. & GUAY, P.: «Object» evaluation and conditioned affect. Journal of Experimental Research in Personality, *4*, 1–8, 1969.

GRUDER, C.L.: Choice of comparison persons in evaluating oneself. In J.M. SULS & R.L. MILLER (Hrsg.), Social comparison processes: Theoretical and empirical perspectives (S. 21–41). Washington, D.C.: Hemisphere 1977.

HAKMILLER, K.L.: Threat as a determinant of downward comparison. Journal of Experimental Social Psychology, *2*, (Supplement 1), 32–39, 1966.

HARDING, J.; PROSHANSKY, H.; KUTNER, B. & CHEIN, I.: Prejudice and ethnic relations. In G. LINDZEY & E. ARONSON (Hrsg.), Handbook of social psychology, (Bd. 5). Reading, MA: Addison-Wesley 1969.

HECKHAUSEN, H.: Motivation und Handeln. Berlin: Springer 1980.

HOPPE, F.: Untersuchungen zur Handlungs- und Affektpsychologie: Bd. IX. Erfolg und Mißerfolg. Psychologische Forschung, *14*, 1–63, 1930.

ICKES, W.J.; WICKLUND, R.A. & FERRIS, C.: Objective self-awareness and self-esteem. Journal of Experimental Social Psychology, *9*, 202–219, 1973.

IRLE, M. & KROLAGE, J.: Kognitive Konsequenzen irrtümlicher Selbsteinschätzungen. Zeitschrift für Sozialpsychologie, *4*, 36–50, 1973.

JERVIS, R.: Perception and misperception in international politics. Princetown, NJ: Princetown University Press 1976.

JONES, E.E. & BERGLAS, S.: Control of attributions about the self through self-handicapping strategies: The appeal of alcohol and the role of underachievement. Personality and Social Psychology Bulletin, *4*, 200–206, 1978.

JONES, E.E.; RHODEWALT, F.; BERGLAS, S. & SKELTON, J.A.: Effects of strategic self-presentation on subsequent self-esteem. Journal of Personality and Social Psychology, *41*, 407–421, 1981.

JONES, S.C.: Self and interpersonal evaluations: Esteem theories versus consistency theories. Psychological Bulletin, *79*, 185–199, 1973.

JONES, S.C. & PINES, H.A.: Self-revealing events and interpersonal evaluations. Journal of Personality and Social Psychology, *8*, 277–281, 1968.

JONES, S.C. & RATNER, C.: Commitment to self-appraisal and interpersonal evaluations. Journal of Personality and Social Psychology, *6*, 442–447, 1967.

KELLEY, H.H.: Attributions in social interaction. Morristown, NJ: General Learning Press 1971.

KOLDITZ, T.A. & ARKIN, R.M.: An impression-management interpretation of the self-handicapping strategy. Journal of Personality and Social Psychology, *43*, 492–502, 1982.

KORMAN, A.K.: Task success, task popularity and self-esteem as influences on task liking. Journal of Applied Psychology, *52*, 484–490, 1968.

KOZIELECKI, J.: The mechanism of self-confirmation of hypothesis in a probalistic situation. International Congress of thinking. Moscow 1966.

KRAHÉ, B.: Der «self-serving bias» in der Attributionsforschung: Theoretische Grundlagen und empirische Befunde. Psychologische Rundschau, *35*, 79–97, 1984.

KUIPER, N.A.: Depression and causal attributions for success and failure. Journal of Personality and Social Psychology, *36*, 236–246, 1978.

KUIPER, N.A. & MACDONALD, M.R.: Self and other perception in mild depressives. Social Cognition, *1*, 223–239, 1982.

KUKLA, A.: An attributional theory of choice. In L. BERKOWITZ (Hrsg.), Advances in experimental social psychology (Bd. 11, S. 113–144). New York: Academic Press 1978.

LEWICKI, P.: Self-image bias in person perception. Journal of Personality and Social Psychology, *45*, 384–393, 1983.

LEWINSOHN, P.M.; MISCHEL, W.; CHAPLIN, W. & BARTON, R.: Social competence and depression: The role of illusory self-perceptions. Journal of Abnormal Psychology, *89*, 203–212, 1980.

MARKUS, H.: Self-schemata and processing information about the self. Journal of Personality and Social Psychology, *35*, 63–78, 1977.

MARKUS, H.: The self in thought and memory. In D.M. WEGNER & R.R. VALLACHER (Hrsg.), The self in social psychology (S. 102–130). New York: Oxford University Press 1980.

MCDONALD, P.J.: Reactions to objective self-awareness. Journal of Research in Personality, *14*, 250–260, 1980.

MCFARLIN, D.B. & BLASCOVICH, J.: Effects of self-esteem and performance feedback on future affective preferences and cognitive expectations. Journal of Personality and Social Psychology, *40*, 521–531, 1981.

MEAD, G.H.: Mind, self and anxiety. Chicago: University of Chicago Press 1934.

METALSKY, G.I.; ABRAMSON, L.Y.; SELIGMAN, M.E.P.; SEMMEL, A. & PETERSON, C.: Attributional styles and life events in the classroom: Vulnerability and invulnerability to depressive mood reactions. Journal of Personality and Social Psychology, *43*, 612–617, 1982.

METTEE, D.R. & ARONSON, E.: Affective reactions to appraisal from others. In T.L. HUSTON (Hrsg.), Foundations of interpersonal attraction (S. 235–283). New York: Academic Press 1974.

MEYER, W.-U.; FOLKES, V. & WEINER, B.: The perceived informational value and affective consequences of choice behavior and intermediate difficulty task selection. Journal of Research in Personality, *10*, 410–423, 1976.

MILLER, D.T. & ROSS, M.: Self-serving biases in the attribution of causality. Fact or fiction. Psychological Bulletin, 82, 213–225, 1975.

MISCHEL, W.; EBBESEN, E.B. & ZEISS, A.R.: Selective attention to the self: Situational and dispositional determinants. Journal of Personality and Social Psychology, 27, 129–142, 1973.

MISCHEL, W.; EBBESEN, E.B. & ZEISS, A.M.: Determinants of selective memory about the self. Journal of Consulting and Clinical Psychology, 44, 92–103, 1976.

MÜLLER, G.F. & CROTT, H.W.: Soziale Austauschprozesse und ihr ökonomischer Bezug: Die Equity-Theorie. In H.W. CROTT & G.F. MÜLLER (Hrsg.), Wirtschafts- und Sozialpsychologie (S. 55–65). Hamburg: Hoffmann & Campe 1978.

MUMMENDEY, A.; LINNEWEBER, V. & LÖSCHPER, G.: Actor or victim of aggression: Divergent perspectives – Divergent evaluations. European Journal of Social Psychology, 14, 297–311, 1984.

MUMMENDEY, A. & SCHREIBER, H.-J.: Better or just different? Positive social identity by discrimination against or by differentiation from outgroups. European Journal of Social Psychology, 13, 389–397, 1983.

MUMMENDEY, H.D. & STURM, G.: Eine fünfjährige Längsschnittuntersuchung zu Selbstbildänderungen jüngerer Erwachsener und zum Einfluß kritischer Lebensereignisse. Bielefelder Arbeiten zur Sozialpsychologie (Forschungsbeitrag No. 90) 1982.

NISBETT, R.E. & GORDON, A.: Self-esteem and susceptibility to social influence. Journal of Personality and Social Psychology, 5, 268–276, 1967.

PAVUR, E.J. & LITTLE, S.G.: Self-esteem and formality of instructions as variables influencing selective recall. Journal of Research in Personality, 15, 292–301, 1981.

REGAN, J.W.; GOSSELINK, H.; HUBSCH, J. & ULSH, E.: Do people have inflated views of their own ability? Journal of Personality and Social Psychology, 31, 295–301, 1975.

REGAN, J.: Liking for evaluators: Consistency and self-esteem theories. Journal of Experimental Social Psychology, 12, 159–169, 1976.

RIESS, M.; ROSENFELD, P.; MELBURG, V. & TEDESCHI, J.T.: Self-serving attributions: Biased private perceptions and distorted public descriptions. Journal of Personality and Social Psychology, 41, 224–231, 1981.

RIZLEY, R.C.: Depression and distortion in the attribution of causality. Journal of Abnormal Psychology, 87, 32–48, 1978.

ROGERS, T.B.; KUIPER, N.A. & KIRKER, W.S.: Self-reference and the encoding of personal information. Journal of Personality and Social Psychology, 35, 677–688, 1977.

ROSENZWEIG, S.: An experimental study of «repression» with special reference to need-persistive and ego-defensive reactions to frustration. Journal of Experimental Psychology, 32, 64–74, 1943.

ROSS, M. & SICOLY, F.: Egocentric biases in availability and attribution. Journal of Personality and Social Psychology, 37, 322–336, 1979.

ROST, W.; FREY, D. & ROST-SCHAUDE, E.: Der Einfluß von Erfolg und Mißerfolg auf Attraktivitätsurteile im Bereich der Schule. In W. TACK (Hrsg.), Bericht über den 29. Kongreß der Deutschen Gesellschaft für Psychologie in Salzburg (S. 321–323). Göttingen, Toronto, Zürich: Hogrefe 1975.

SAUER, C. & KRAUSSNER, P.: Effekte interner vs. externer Ursachen-attribution und selbst vs. nicht selbst veränderbarer Konsequenzen aversiver Stimulation auf Leistung und emotionale Betroffenheit. Unveröffentlichtes Manuskript 1980.

SCHLENKER, B.R.: Group member's attributions of responsibility for prior group performance. Representative Research in Social Psychology, 6, 96–108, 1975.

SCHLENKER, B.R. & MILLER, R.S.: Egocentrism in groups: Self-serving bias or logical information processing. Journal of Personality and Social Psychology, 35, 755–764, 1977 a.

SCHLENKER, B.R. & MILLER, R.S.: Group cohesiveness as a determinant of egocentric perceptions in cooperative groups. Human Relations, 30, 1039–1055, 1977 b.

SCHNEEWIND, K.A.: Selbstkonzept. In T. HERMANN, P.R. HOFSTÄTTER, H.P. HUBER & WEINERT, F.E. (Hrsg.), Handbuch psychologischer Grundbegriffe (S. 424–431). München: Kösel 1977.

SCHWARZER, R. & JERUSALEM, M.: Selbstwertdienliche Attributionen nach Leistungsrückmeldungen. Zeitschrift für Entwicklungspsychologie und Pädagogische Psychologie, 14, 47–57, 1982.

SHAVIT, R. & SHOUVAL, R.: Self-esteem and cognitive consistency effects on self – other evaluation. Journal of Experimental Social Psychology, 16, 417–425, 1980.

SHRAUGER, J.S.: Responses to evaluation as a function of initial self-perceptions. Psychological Bulletin, 82, 581–596, 1975.

SHRAUGER, J.S. & LUND, A.K.: Self-evaluations and reactions to evaluations from others. Journal of Personality, 43, 94–108, 1975.

SHRAUGER, J.S. & SCHOENEMAN, T.J.: Symbolic interactionist view of self-concept: Through the looking glass darkly. Psychological Bulletin, 86, 549–573, 1979.

SHRAUGER, J.S. & TERBOVIC, M.L.: Self-evaluation and assessments of performance by self and others. Journal of Consulting and Clinical Psychology, 44, 564–572, 1976.

SICOLY, F. & ROSS, M.: Facilitation of ego-biased attributions by means of self-serving observer feedback. Journal of Personality and Social Psychology, 35, 734–741, 1977.

SILVERMAN, I.: Self-esteem and differential responsiveness to success and failure. Journal of Abnormal and Social Psychology, 69, 115–119, 1964.

SMEDLEY, J.W. & BAYTON, J.A.: Evaluative race-class stereotypes by race and perceived class of subjects. Journal of Personality and Social Psychology, 36, 530–535, 1978.

SMITH, T.W.; SNYDER, C.R. & HANDELSMAN, M.M.: On the self-serving function of an academic wooden leg: Test anxiety as a self-handicapping strategy. Journal of Personality and Social Psychology, 42, 314–321, 1982.

SMITH, T.W.; SNYDER, C.R. & PERKINS, S.C.: The self-serving function of hypochondrical complaints: Physical symptoms as self-handicapping strategies. Journal of Personality and Social Psychology, 44, 787–797, 1983.

SNYDER, C.R. & COWLES, C.: Impact of positive and negative feedback based on personality and intellectual assessment. Journal of Consulting and Clinical Psychology, 47, 207–209, 1979.

SNYDER, C.R. & SHENKEL, R.J.: Effects of «favorability», modality, and relevance on acceptance of general personality interpretations prior to and after receiving diagnostic feedback. Journal of Consulting and Clinical Psychology, 44, 34–41, 1976.

SNYDER, C.R.; SHENKEL, R.J. & LOWERY, C.R.: Acceptance of personality interpretations: The «Barnum effect» and beyond. Journal of Consulting and Clinical Psychology, 45, 104–114, 1977.

SNYDER, C.R. & SMITH, T.W.: Symptoms as self-handicapping strategies: The virtues of old wine in a new bottle. In G. WEARY & H.L. MIRELS (Hrsg.), Integrations of clinical and social psychology (S. 104–127). New York: Oxford University Press 1982.

SNYDER, M. & SWANN, W.: Hypothesis testing processes in social interaction. Journal of Personality and Social Psychology, 36, 1202–1212, 1978.

SNYDER, M.L.; STEPHAN, W.G. & ROSENFIELD, D.: Egotism and attribution. Journal of Personality and Social Psychology, 33, 435–441, 1976.

STAHLBERG, D. & FREY, D.: Selbstwertschutz und Selbstwerterhöhung. Zeitschrift für personenzentrierte Psychologie und Psychotherapie, 2, 11–20, 1983.

STEENBERGER, B.N. & ADERMAN, D.: Objective self-awareness as a nonaversive state: Effect of anticipating discrepancy reduction. Journal of Personality, 47, 330–339, 1979.

STEPHAN, C., KENNEDY, J.C. & ARONSON, E. (1977): The effects of friendship and outcome on task attribution. Sociometry, 40, 107–112, 1977.

STEPHAN, W.G. & GOLLWITZER, P.M.: Affect as mediator of attributional egotism. Journal of Experimental Social Psychology, *17*, 443–458, 1981.

STRICKER, G.: Scapegoating: An experimental investigation. Journal of Abnormal and Social Psychology, *67*, 125–131, 1963.

STROEBE, W.: Self-esteem and interpersonal attraction. In S. DUCK (Hrsg.), Theory and practice in interpersonal attraction. London: Academic Press 1977.

STROEBE, W.; EAGLY, A.H. & STROEBE, M.S.: Friendly or just polite? The effect of self-esteem on attribution. European Journal of Social Psychology, *7*, 265–274, 1977.

SWANN, W.B. & READ, S.J.: Self-verification processes: How we strain our self-conceptions. Journal of Experimental Social Psychology, *17*, 351–372, 1981.

TAJFEL, H.: Human groups and social categories: Studies in social psychology. Cambridge: Cambridge University Press 1981. Deutsch: Gruppenkonflikt und Vorurteil. Bern: Hans Huber 1982.

TEDESCHI, J.T.: Schlenker, B.R., & Bonoma, T.V.: Cognitive dissonance: Private ratiocination or public spectacle? American Psychologist, *26*, 685–695, 1971.

TESSER, A. & CAMPBELL, J.: Self-evaluation maintenance and the perception of friends and strangers. Journal of Personality, *50*, 261–279, 1982.

TETLOCK, P.E.: The influence of self-presentation goals on attributional reports. Social Psychology Quarterly, *44*, 300–311, 1981.

TETLOCK, P.E. & LEVI, A.: Attribution bias: On the inconclusiveness of the cognition – motivation debate. Journal of Experimental Social Psychology, *18*, 68–88, 1982.

THIBAUT, J.W. & KELLEY, H.H.: The social psychology of groups. New York: Wiley 1959.

THIELE, B.: Der Knew-it-all-along-Effekt. Eine Untersuchung zur Psychologie des intuitiven Urteilsverhaltens. Unveröffentlichte Diplomarbeit, Universität Kiel, Institut für Psychologie 1983.

THOMPSON, S.C. & KELLEY, H.H.: Judgments of responsibility for acitivities in close relationships. Journal of Personality and Social Psychology, *41*, 469–477, 1981.

TROPE, Y.: Uncertainty reducing properties of achievement tasks. Journal of Personality and Social Psychology, *37*, 1505–1518, 1979.

TROPE, Y.: Self-assessment, self-enhancement, and task preference. Journal of Experimental Social Psychology, *16*, 116–129, 1980.

TURNER, J.C.: Social comparison and social identity: Some prospects for intergroup behavior. European Journal of Social Psychology, *5*, 5–34, 1975.

WALSTER, E.: The effect of self-esteem on romantic liking. Journal of Experimental Social Psychology, *1*, 184–197, 1965.

WEARY, G. & ARKIN, R.: Attributional self-presentation. In J.H. HARVEY, W. ICKES, & R.F. KIDD (Hrsg.), New directions in attribution research (Bd. 3, S. 225–246). Hillsdale, NJ: Erlbaum 1981.

WEARY, G.; HARVEY, J.H.; PERLOFF, R.; SCHWEIGER, P.K. & OLSON, C.T.: Effects of performance outcome, anticipated future performance and publicity of interpretive activities on causal attribution. Vortrag anläßlich des Annual Meeting of the Midwestern Psychological Association, Chicago, Ill. 1979.

WEINER, B.; RUSSELL, D. & LERMAN, D.: Affective consequences of causal ascriptions. In J.H. HARVEY, W.J. ICKES, & R.F. KIDD (Hrsg.), New directions in attribution research (Bd. 2, S. 59–90). Hillsdale, NJ: Erlbaum 1978.

WELLS, L.E. & MARWELL, G.: Self-esteem. Beverly Hills, CA: Sage 1976.

WENER, A. & REHM, L.P.: Depressive affect: A test of behavioral hypotheses. Journal of Abnormal Psychology, *84*, 221–227, 1975.

WICKLUND, R.A.: Objective self-awareness. In L. BERKOWITZ (Hrsg.), Advances in experimental social psychology (Bd. 8, S. 233–275). New York: Academic Press 1975.

WICKLUND, R.A. & FREY, D.: Cognitive consistency: motivational vs non-motivational perspectives. In: Forgas, J. (Hrsg.), Social cognition: Perspectives on everyday understanding. London: Academic Press 1981, 141–163.

WICKLUND, R.A. & FREY, D.: Self-awareness theory: When the self makes a difference. In: Wegener D.M. & Vallacher, R.R. (Hrsg.), The self in social psychology. Oxford University Press 1980. S. 31–54.

WILLS, T.A.: Downward comparison principles in social psychology. Psychological Bulletin, *90*, 245–271, 1981.

WORTMAN, C.B.; CONSTANZO, P.R. & WITT, T.R.: Effect of anticipated performance on the attributions of causality to self and others. Journal of Personality and Social Psychology, *27*, 372–381, 1973.

WYER, R.S. & FREY, D.: The effects of feedback about self and others on the recall and judgments of feedback-relevant information. Journal of Experimental Social Psychology, *19*, 540–559, 1983.

ZEIGARNIK, B.: Über das Behalten von erledigten und unerledigten Handlungen. Psychologische Forschung, *9*, 1–85, 1927.

ZELLNER, M.: Self-esteem, reception, and influenceability. Journal of Personality and Social Psychology, *15*, 87–93, 1970.

ZUCKER, E.C.: The effect of anticipated performance on the causal attributions of actors and oberservers for success and failure. Unveröffentlichte Dissertation. University of Rochester 1976.

ZUCKERMAN, M.: Attribution of success and failure revisited, or: The motivational bias is alive and well in attribution theory. Journal of Personality, *47*, 245–287, 1979.

Die Herausgeber zum folgenden Beitrag

Obwohl die noch vor wenigen Jahren geäußerte Vermutung, der kontrolltheoretische Ansatz werde den Attributions-«boom» ablösen, in dieser Form nicht eingetreten ist, ist dieser Ansatz doch zu einem zentralen Forschungsbereich der Sozialpsychologie geworden. Als Grundgedanke liegt der Kontrollforschung die Beobachtung zugrunde, daß Personen, die für sie aversive Ereignisse oder Zustände kontrollieren zu können glauben, durch diese Ereignisse in weniger starkem Ausmaß negativ beeinträchtigt werden.

Im Gegensatz zu dem umgangssprachlichen Verständnis von Kontrolle, nach dem diese dann vorliegt, wenn durch eigene Handlungen aktiv auf die Umwelt Einfluß genommen werden kann, ist der sozialpsychologische Kontrollbegriff jedoch breiter gefaßt: Kontrolle kann auch dadurch gegeben sein, daß sich eine Person erklären kann, warum *ihr ein bestimmtes Ereignis zugestoßen ist, oder wenn sie zumindest vorhersehen kann, was* ihr zustoßen wird. *Probleme innerhalb des Kontrollansatzes bestehen zur Zeit vor allem im theoretischen Bereich, so z.B. in dem Fehlen einer einheitlichen Theorie als Grundlage sowie der ungeklärten Frage, durch welche Prozesse die aufgezeigten Effekte vermittelt werden.*

In dem folgenden Artikel wird eine umfassende Darstellung der Forschung mit Herausarbeitung der theoretischen Grundannahmen versucht, wobei jedoch aufgrund des Umfanges des Forschungsbereiches immer noch eine Auswahl relevanter Forschungsergebnisse und theoretischer Ansätze getroffen werden mußte.

Auf jeden Fall zeigen die ebenfalls dargestellten zahlreichen Beispiele angewandter Forschung die außerordentlich hohe Relevanz dieses Forschungsbereichs für die Lösung praktischer Probleme auf, die die Forschung zur Kontrolle sicherlich noch eine Zeit lang aktuell bleiben lassen wird.

Die Theorie der kognizierten Kontrolle

GABRIELE OSNABRÜGGE
DAGMAR STAHLBERG
DIETER FREY

1. Einleitung

Der Kontrollbegriff ist in den letzten Jahren zu einem zentralen Begriff sozialpsychologischer Forschung geworden. Die Idee, daß Personen bestrebt sind, Ereignisse und Zustände in ihrer Umwelt kontrollieren zu können, wurde jedoch schon viel früher in unterschiedlichen Versionen geäußert (z.b. NIETZSCHE, 1912; ADLER, 1929; MALINOWSKI, 1955; WHITE, 1959). Auch erste empirische Belege für die nachteiligen Auswirkungen des Fehlens von Kontrolle wurden bereits relativ früh, zunächst in Tierexperimenten, erbracht (MOWRER & VIEK, 1948; RICHTER, 1957). In der letztgenannten Studie von RICHTER beispielsweise zeigten Ratten, die die Erfahrung gemacht hatten, daß sie aus einem Bassin mit Wasser entkommen konnten, Schwimmleistungen von bis zu 60 Stunden und mehr, während Ratten, die die Erfahrung des Entkommen-Könnens zuvor nicht gemacht hatten, häufig schon nach kurzer, turbulenter Auswegsuche aufgaben und sogar starben. Im Humanbereich berichten verschiedene Autoren über Beobachtungen an Kriegsgefangenen, Insassen nationalsozialistischer Konzentrationslager oder psychiatrischer Anstalten sowie an verwitweten Personen (BETTELHEIM, 1943; ENGEL, 1968; LEFCOURT, 1973; SELIGMAN, 1975), nach denen Hilflosigkeitserfahrungen bzw. insbesondere die Wahrnehmung, eigene aversive Lebenssituationen nicht verändern zu können, zu Apathie und Rückzug bis hin zu medizinisch unerklärbaren Todesfällen führen können («sudden death phenomenon», RICHTER, 1957).

Im Anschluß an derartige zunächst unsystematische Beobachtungen beschäftigt sich die neuere Forschung in kontrollierten Labor- und Feldexperimenten differenziert mit den Folgen von Kontrollverlust sowie – wenn auch in geringerem Ausmaß – mit Bestrebungen von Personen, eigene Einflußmöglichkeiten dort herzustellen, wo diese nicht gegeben sind. Diesen Forschungsarbeiten liegt allerdings nicht eine einheitliche und umfassende Theorie zugrunde, sondern sie erfolgten auf der Basis verschiedener theoretischer Ansätze, die zu mehr oder weniger umfassenden Teilaspekten des skizzierten Gegenstandsbereiches formuliert wurden. Dennoch lassen sich eine Reihe grundlegender Konzepte und Hypothesen identifizieren. Diese sollen in dem folgenden Beitrag dargestellt und anhand empirischer Forschungsarbeiten diskutiert werden.

2. Grundlegende Konzepte und Hypothesen der Forschung zur kognizierten Kontrolle

Der Begriff der Kontrolle wird zwar vereinzelt als Vorliegen objektiver Kontingenzen zwischen einer Handlung und deren Konsequenzen definiert (z.B. MILLER, 1981). Die meisten Autoren betrachten jedoch die subjektive Überzeugung oder Wahrnehmung eines Individuums als entscheidend, was in der Verwendung von Begriffen wie wahrgenommene Kontrolle, psychologische Kontrolle oder in diesem Beitrag kognizierte Kontrolle zum Ausdruck kommt. So liegt z.B. dem umfangreichsten theoretischen Ansatz innerhalb des Bereiches der Forschung zur kognizierten Kontrolle, der Theorie der gelernten Hilflosigkeit, die Auffassung von Kontrollierbarkeit als *Wahrnehmung* von Handlungs-Ergebnis-Kontingenzen zugrunde (zur Darstellung der Theorie vgl. unten). Die Auffassung von Kontrollierbarkeit als subjektive Wahrnehmung oder Empfindung einer Person trägt Forschungsergebnissen Rechnung, nach denen subjektiv wahrgenommene Kontrollmöglichkeiten weder tatsächlich bestehen (Illusionen von Kontrolle, vgl. 2.1.1) noch tatsächlich ausgeübt werden müssen (potentielle Kontrolle, vgl. 2.2.1), um das Erleben und Verhalten von Personen zu beeinflussen.

Neben der relativ engen Auffassung von Kontrolle als Wahrnehmung der Möglichkeit zur Einflußnahme auf Ereignisse oder Zustände durch eine instrumentelle Handlung, auf die sich die bisher genannten Auffassungen bezogen, wurden von anderen Autoren sehr viel umfassendere Konzeptionen des Kontrollbegriffes vorgelegt (vgl. bereits AVERILL, 1973). So kogniziert nach FREY, KUMPF, OCHSMANN, ROST-SCHAUDE & SAUER (1977) eine Person auch dann Kontrolle, wenn sie ein Ereignis lediglich vorhersehen oder ein bereits eingetretenes Ereignis erklären kann. THOMPSON (1981) definiert Kontrolle als die Überzeugung einer Person, ihr stünde eine Reaktionsmöglichkeit zur Verfügung, durch die die Aversivität eines Ereignisses reduziert werden kann, und unterscheidet vier mögliche Formen kognizierter Kontrolle: (1) *Beeinflußbarkeit* (behavioral control) besteht, wenn eine Person die Möglichkeit wahrnimmt, ein Ereignis oder dessen Folgen durch ihr Verhalten modifizieren zu können. (2) *Vorhersehbarkeit* (information control) beschreibt den Zugang zu Informationen über ein zu erwartendes Ereignis. (3) *Kognitive Kontrolle* (cognitive control) liegt vor, wenn eine Person glaubt, über kognitive Strategien wie Uminterpretation oder Vermeidung zu verfügen, durch die die erlebte Aversivität eines Ereignisses reduziert werden kann. (4) Schließlich kann eine Person auch *retrospektive Kontrolle* (retrospective control) ausüben, indem sie bereits eingetretene Ereignisse nachträglich auf bestimmte Ursachen zurückführt.[1] Nach diesem breiteren Verständnis kann Kontrolle somit nicht nur durch aktive Einflußnahme auf die Umwelt, sondern auch durch kognitive Aktivität ausgeübt werden, durch die entweder die wahrgenommene Bedrohung reduziert und/oder die kognitive Strukturierung der Umwelt ermöglicht wird. In dem vorliegenden Beitrag soll die empirische Forschung zu allen vier von THOMPSON (1981) genannten Kontrollformen berücksichtigt werden. Kontroll*verlust* besteht dementsprechend, wenn eine Person entweder gar keine Kontrolle ausüben kann (d.h. das Ereignis ist weder beeinflußbar noch vorhersehbar noch erklärbar noch kognitiv kontrollierbar), oder wenn Kontrolle nicht in einer Form vorliegt, die der Person als angemessen erscheint.

Die in der Literatur formulierten allgemeinen Hypothesen zum Umgang mit Kontrolle und den Auswirkungen von Kontrollverlust lassen sich in Anlehnung an FREY et al. (1977) wie folgt zusammenfassen:

1. Personen sind bestrebt, Zustände und Ereignisse in sich selbst und ihrer Umwelt kontrollieren zu können (Annahme einer Kontrollmotivation).

2. Kogniziert eine Person, daß sie für sie bedeutsame Ereignisse oder Zustände nicht kontrollieren kann, so beeinträchtigt dies ihr Erleben und Verhalten (negative Folgen von Kontrollverlust). Die Wahrnehmung von Kontrollmöglichkeiten über aversive Ereignisse reduziert dagegen den durch diese hervorgerufenen Streß bzw. eliminiert ihn ganz.

3. Die Art der Reaktion auf wahrgenommenen Kontrollverlust (d.h. ob aktiv oder passiv reagiert wird sowie die Intensität, Stabilität und Generalität der Reaktionen) ist abhängig von der subjektiven Bedeutsamkeit des nicht zu kontrollierenden Ereignisses/Zustandes, von der Sicherheit der Überzeugung, keine Kontrolle ausüben zu können, sowie davon, auf welche Ursachen der Kontrollverlust zurückgeführt wird.

In den folgenden drei Abschnitten (2.1. bis 2.3.) werden die einzelnen Hypothesen erläutert und die empirische Forschung dazu dargestellt.

2.1. Die Annahme einer Motivation nach Kontrolle

Die bekanntesten Konzeptionen einer Kontrollmotivation stammen von WHITE (1959) und DECHARMS (1968). Beide nehmen an, daß eine Motivation besteht, sich selbst als Verursacher von Handlungen und Verän-

---

[1] AVERILL (1973) nennt Entscheidungskontrolle (die Möglichkeit zur Wahl zwischen zwei oder mehreren Alternativen) als weitere Form der Kontrolle. Im Anschluß an die Argumentation von THOMPSON (1981) läßt sich die Möglichkeit, Entscheidungen zwischen Alternativen treffen zu können, jedoch als eine Form von Beeinflußbarkeit auffassen und soll daher nicht gesondert betrachtet werden.

derungen in der Umwelt zu erleben («Effizienzmotivation», WHITE, 1959), und daß entsprechende Erfahrungen in Gefühlen eigener Wirksamkeit und Kompetenz (WHITE, 1959) bzw. persönlicher Verursachung (DECHARMS, 1968) resultieren. Besondere Bedeutung hat das Konzept der Kontrollmotivation innerhalb der Attributionstheorie erhalten, in der die Annahme, Attributionen würden so vorgenommen, daß sie der attribuierenden Person die Umwelt als kontrollierbar erscheinen lassen, unter dem Stichwort des funktionalistischen Ansatzes diskutiert wird (BAINS, 1983; KELLEY, 1967; WORTMAN, 1976)[2]. Als empirische Manifestationen der Einflüsse einer Kontrollmotivation werden von WORTMAN (1976) und BAINS (1983) vor allem die Ergebnisse von Untersuchungen zur sog. «Illusion von Kontrolle» (dargestellt unter 2.1.1), zur interpersonalen Dispositionsattribution (2.1.2) sowie zur Verantwortungszuschreibung nach Unfällen (2.1.3) interpretiert.

2.1.1. Die «Illusion von Kontrolle»

Für ein Bedürfnis zur Wahrnehmung von Kontrollierbarkeit der Umwelt sprechen zunächst die Ergebnisse von Experimenten, nach denen Personen unter bestimmten Bedingungen zu Überschätzungen ihrer eigenen Einflußmöglichkeiten neigen. LANGER (1975) stellte die Hypothese auf, daß diese «Illusion von Kontrolle» sogar in objektiv zufallsabhängigen Situationen auftritt. Sie sieht diese Annahme durch die Ergebnisse einer Reihe von Experimenten bestätigt, nach denen in zufallsabhängigen Situationen dieselben Faktoren wie in fähigkeitsabhängigen Situationen die Erfolgszuversicht beeinflussen. Tatsächlich zeigten in einem ersten Experiment die Vpn dann höhere Erfolgszuversicht (d.h. wetteten höhere Beträge auf den eigenen Sieg), wenn sie in einem objektiv zufallsabhängigen Kartenspiel gegen einen weniger attraktiv und kompetent erscheinenden Partner spielten. In weiteren Experimenten wurden den Vpn Lotterielose verkauft. In diesen Untersuchungen verlangten die Vpn bei einem angebotenen Weiterverkauf ihres Loses dann mehr Geld (bzw. waren weniger häufig zu einem Tausch ihres Loses gegen das einer anderen Lotterie bereit), wenn sie ihr Los selbst gezogen hatten, anstatt daß es ihnen vom Experimentator zugeteilt worden war (Manipulation der aktiven Beteiligung), wenn die Lotterielose Buchstaben statt abstrakter Symbole trugen (Manipulation der Vertrautheit mit dem Stimulusmaterial) oder wenn die Vpn die Zahlen einer dreistelligen Losnummer an drei verschiedenen Tagen statt auf einmal erhielten und

---

2 Als weitere Funktionen von Attributionen wurden bisher die Aufrechterhaltung und Erhöhung des Selbstwertgefühls, die positive Selbstdarstellung sowie die Wahrnehmung der Welt als gerecht genannt (TETLOCK & LEVI, 1982, vgl. zu ersterem auch den Beitrag von STAHLBERG, OSNABRÜGGE & FREY in diesem Band).

so öfter an die Lotterie erinnert wurden (Manipulation der passiven Beteiligung). WORTMAN (1975) zeigte weiterhin, daß die Illusion von Kontrolle dann größer ist, wenn die Vpn vor der Durchführung der kontrollierenden Handlung (in diesem Fall der Ziehung eines Loses) wußten, welches Ergebnis sie erreichen wollten (d.h. welches Los gewinnen würde). Die Einführung solcher Aspekte fähigkeitsorientierter Situationen sollte nach LANGER (1975) keine Auswirkungen haben, wenn die Vpn die Situation tatsächlich als zufallsabhängig betrachten würden.

Obwohl damit die Annahme einer auf der Kontrollmotivation basierenden Tendenz zur generellen Überschätzung eigener Einflußmöglichkeiten durch LANGERS Experimente grundsätzlich bestätigt wird, wurde sie in zweierlei Hinsicht modifiziert: Zum einen wurden in neueren Experimenten die Bedingungen für das Auftreten der entsprechenden Effekte genauer spezifiert, zum anderen werden die aufgezeigten Verschätzungen heute in der Literatur eher durch fehlerhafte Informationsverarbeitungs- als durch motivationale Prozesse vermittelt gesehen.

Mehrere Experimente zur genaueren Bestimmung der Determinanten der Illusion von Kontrolle wurden von ALLOY und ABRAMSON durchgeführt (ALLOY & ABRAMSON, 1979, 1982). In diesen Experimenten schätzten die Vpn direkt den Grad der Kontrolle ein, den sie durch eine eigene Reaktion (Drücken eines Knopfes) über ein erwünschtes Handlungsergebnis (Aufleuchten eines grünen Lichtes) glaubten ausüben zu können. Die Ergebnisse dieser sowie einiger anderer neuerer Untersuchungen lassen sich in den folgenden vier Punkten zusammenfassen:[3]

(1) ALLOY und ABRAMSON (1979) teilten die Vpn ihrer Experimente nach deren Werten in einem Depressionsfragebogen in hoch und niedrig Depressive ein. Überraschenderweise schätzten Vpn mit hohen Depressionswerten in allen Experimenten ihre Einflußmöglichkeiten akkurat ein. In zwei weiteren Untersuchungen zeigten sowohl Vpn mit hohen Depressionswerten (GOLLIN, TERRELL & JOHNSON, 1977) als auch klinisch depressive Personen (GOLLIN, TERRELL, WEITZ & DROST, 1979) auch in zufallsabhängigen Spielsituationen, wie sie von LANGER verwendet worden waren, keine Illusion von Kontrolle. Depressive scheinen damit nicht nur keinen «self serving»-Bias (ABRAMSON & MARTIN, 1981), sondern auch keinen «control serving»-Bias zu zeigen.

(2) Nicht-Depressive schätzten die Kontingenz zwischen ihrer Handlung und deren Folgen richtig ein, wenn objektive Kontingenzen bestanden und das erwünschte Handlungsergebnis gleichzeitig nicht zu häufig auftrat und neutrale Valenz besaß (ALLOY & ABRAMSON, 1979, 1. Exp.).

---

[3] Einen umfangreicheren Überblick über die human- und tierexperimentelle Forschung zur Wahrnehmung von Kontigenzen geben ALLOY und TABACHNIK (1984).

Sie *über*schätzten jedoch in einer objektiv unkontrollierbaren Situation die eigenen Kontrollmöglichkeiten, wenn das erwünschte Handlungsergebnis häufig auftrat (ALLOY & ABRAMSON, 1979, 2. Exp.; vgl. bereits JENKINS & WARD, 1965) und/oder es zusätzliche positive Valenz besaß (dadurch, daß die Vpn beim Aufleuchten des Lichtes Geld gewannen; ALLOY & ABRAMSON, 1979, 3. Exp.).

(3) Nicht-depressive Studenten *unter*schätzten außerdem tatsächlich vorhandene Kontigenz, wenn das angestrebte Handlungsergebnis (in diesem Fall das Aufleuchten des grünen Lichtes) mit Mißerfolg assoziiert war (d.h. mit dem Verlust von Geld; ALLOY & ABRAMSON, 1979, 4. Exp.). Dieses Ergebnis läßt sich als «Verzicht auf Kontrolle» interpretieren: Da die Vpn ein negatives Ereignis (Verlust von Geld) offenbar nicht vermeiden konnten, ist es der Aufrechterhaltung des Glaubens an die eigenen Einflußmöglichkeiten am dienlichsten, diese in diesem speziellen Fall retrospektiv zu unterschätzen (vgl. zum Verzicht auf Kontrolle 2.1.4).

(4) Richtige Einschätzungen der Nicht-Kontingenz positiver Ereignisse geben nicht-depressive Vpn auch dann ab, wenn sie vorher eine Bedingung durchlaufen haben, in der sie Beeinflußbarkeit tatsächlich ausüben konnten (ALLOY & ABRAMSON, 1982), oder wenn die Möglichkeit von Nicht-Kontingenz vorher explizit genannt worden ist (PETERSON, 1980).

Wie bereits angedeutet, hat sich eine motivationale Interpretation der Illusion von Kontrolle als nicht zwingend erwiesen, denn es wurde eine Reihe informationsverarbeitungstheoretischer Alternativerklärungen für die Ergebnisse vorgeschlagen, die ohne den Rückgriff auf motivationale Einflüsse auskommen. So betrachten z.B. ABRAMSON & ALLOY (1980) die fehlerhaften Einschätzungen von Kontingenzen als Folge logischer Fehler: Personen verfügen aufgrund früherer Erfahrungen über Erwartungen wie «Wenn ich Kontrolle habe, werden erwünschte Handlungsergebnisse häufig auftreten» oder «Wenn ich Kontrolle habe, kann ich mich durch Übung verbessern». Sie betrachten die genannten Bedingungen jedoch nicht nur als hinreichend, sondern auch als notwendig und nehmen daher logisch nicht mehr gerechtfertigte Umkehrungen vor wie «Wenn erwünschte Ereignisse häufig auftreten, habe ich Kontrolle darüber». Andere Autoren sehen die Illusion von Kontrolle als Spezialfall einer generellen Tendenz, die Kovariation zwischen zwei Ereignissen in Richtung auf bestehende Erwartungen zu verzerren (ALLOY & TABACHNIK, 1984; CROCKER, 1981). Die Gegenüberstellung motivationaler und informationsverarbeitungstheoretischer Erklärungsansätze spiegelt die sog. Motivations-Kognitions-Debatte in der Attributionstheorie wider, die nach TETLOCK & LEVI (1982) aufgrund konzeptueller Unklarheiten beider Positionen z.Zt. nicht lösbar ist.[4] Allerdings werden von den meisten informationsverarbeitungstheoretisch orientierten Autoren motivationale Einflüsse auch nicht ausgeschlossen (ALLOY & ABRAMSON, 1980; ALLOY & TABACHNIK, 1984). So könnte die motivationale Signifikanz einer Situation einer der Faktoren sein, die zur Bildung/Aktualisierung spezifischer Schemata, Erwartungen oder Theorien führen, die dann wiederum die Informationsaufnahme und -verarbeitung steuern.

2.1.2. Interpersonale Dispositionsattribution

Einflüsse einer Kontrollmotivation auf die Attribution lassen sich auch im interpersonalen Bereich aufzeigen. Einer der klassischen Attributionsfehler bei der Zuschreibung von Handlungsursachen besteht darin, daß Beobachter die Bedeutung persönlicher und dispositionaler Faktoren des Akteurs auf Kosten des Einflusses situativer Kräfte überschätzen.[5] So nahmen z.B. in der klassischen Untersuchung von JONES & HARRIS (1967) Zuhörer auch dann eine gewisse Übereinstimmung zwischen der pro-Castro-Rede eines Redners und seiner privaten Einstellung an, wenn sie wußten, daß dem Redner die zu vertretende Position vorgegeben worden war. Auch dieser Attributionsfehler wird als Folge des Einflusses einer Kontrollmotivation interpretiert (BAINS, 1983; TETLOCK & LEVI, 1982), denn durch die Attribution auf dispositionale Kräfte wird das Verhalten der beobachteten Person über verschiedene Situationen hinweg leichter vorhersehbar. «We supposedly make dispositional attributions to facilitate our control over the social environment and to enhance predictability» (JONES, 1979, S. 107).

Die kontrolltheoretische Interpretation der aufgezeigten Überschätzung des Einflusses dispositonaler Faktoren wird durch die Ergebnisse einer Reihe weiterer Untersuchungen unterstützt. So sollte das Bedürfnis nach Vorhersehbarkeit des Verhaltens und folglich auch die Dispositionsattribution dann noch ausgeprägter sein, wenn die Vpn eine weitere Interaktion mit der zu bewertenden Person antizipieren, als wenn dies nicht der Fall ist. Diese Hypothese konnte in verschiedenen Experimenten bestätigt werden (BERSCHEID, GRAZIANO, MONSON & DERMER, 1976; MILLER & NORMAN, 1975; MILLER, NORMAN & WRIGHT, 1978). Zusätzlich stellten MILLER et al. (1978) fest, daß Personen mit hohen Werten in

---

4 Vgl. zu dem gleichen Problem in der Forschung zur Theorie des Selbstwertschutzes den Beitrag von STAHLBERG, OSNABRÜGGE & FREY in diesem Band.

5 Im Gegensatz zu Beobachtern attribuieren die Akteure selbst ihr Verhalten eher auf situationale Bedingungen (JONES & NISBETT, 1971). Der genannte Attributionsfehler tritt allerdings dann nicht auf, wenn die Beobachter in die gleiche räumliche Perspektive versetzt werden wie die Akteure (STORMS, 1973), wenn sie zu Empathie mit dem Akteur aufgefordert werden (REAGAN & TOTTEN, 1975) oder wenn die Salienz situativer Einflußbedingungen erhöht wird (AJZEN, DALTO & BLYTH, 1979).

einer Skala zur Erfassung der Kontrollmotivation bei der Antizipation einer weiteren Begegnung in noch höherem Ausmaß dispositionale Attributionen vornahmen als Personen mit niedriger Kontrollmotivation.

In einer Studie von SMITH & BREHM (1981) zogen Typ A-Personen stärkere Dispositionsattributionen aus der Beobachtung eines (angeblich) zukünftigen Opponenten als Typ B-Personen, wobei Typ A-Personen eine besonders hohe Kontrollmotivation zugeschrieben wird (vgl. Kap. 2.1.5). Schließlich fanden SWAN, STEPHENSON & PITTMAN (1981), daß Personen besonders dann nach diagnostisch besonders bedeutsamen Informationen über zukünftige Interaktionspartner suchten, wenn sie vorher die Erfahrung von Unkontrollierbarkeit gemacht hatten (und somit hinsichtlich der Befriedigung des Kontrollbedürfnisses depriviert waren). Insgesamt sind die beschriebenen Befunde somit gut mit der Annahme vereinbar, daß das Bedürfnis nach Vorhersehbarkeit des Verhaltens von Interaktionspartnern eine Präferenz für dispositionale Attributionen hervorruft.

2.1.3. Die Verantwortungszuschreibung nach Unfällen

Ebenfalls auf die Einflüsse einer Kontrollmotivation wurde das Phänomen zurückgeführt, daß den unschuldigen Opfern von Katastrophen oder Unglücksfällen häufig zumindest teilweise eigene Verantwortung für ihr Schicksal zugeschrieben wird. Nach WALSTER (1966) versuchen Beobachter durch derartige Attributionen die bedrohliche Kognition der potentiellen Unkontrollierbarkeit solcher Schicksalsschläge zu vermeiden. Schreibt der Beobachter nämlich dem Opfer die Schuld zu und nimmt sich selbst gleichzeitig als dem Opfer unähnlich wahr (oder kogniziert, er selbst hätte sich anders verhalten), so reduziert sich damit subjektiv die Gefahr, daß ihm das gleiche zustoßen könnte.[6] Aus diesen Überlegungen heraus ist weiterhin zu erwarten, daß einem Opfer bei gravierenden Folgen eines Unglücksfalles mehr Verantwortung zugeschrieben wird (höhere Bedrohung des Beobachters) als bei weniger schwerwiegenden Konsequenzen (keine oder geringe Bedrohung). Diese Hypothese konnte WALSTER (1966) in ihrem klassischen Experiment bestätigen, in dem die Vpn die Verantwortung einer Person beurteilen sollten, deren am Berg geparkter Wagen sich selbständig gemacht hatte: Richtete dieser schwere Schaden an, wurde der

---

6 Einen ähnlichen Ansatz stellt die Theorie der gerechten Welt dar (LERNER, 1980), die eine Motivation zur Wahrnehmung der Welt als gerecht und geordnet annimmt und als Reaktion auf die Wahrnehmung unschuldiger Opfer ebenfalls vorhersagt, daß diese aufgrund ihres Verhaltens oder Charakters verantwortlich gemacht werden, sofern der Beobachter nicht den Schaden des Opfers kompensieren und auf diesem Wege Gerechtigkeit herstellen kann (vgl. zum Überblick über die Forschung zur Theorie der gerechten Welt auch LERNER & MILLER, 1978).

Stimulusperson mehr Verantwortung zugeschrieben als bei nur geringem Schaden.

Im Anschluß an verschiedene fehlgeschlagene Replikationsversuche der Ergebnisse von WALSTER (1966) wurden ihre Überlegungen von SHAVER (1970) zu der sog. Defensiv-Attributions-Hypothese erweitert, nach der eine Wechselwirkung zwischen den Variablen «persönliche Ähnlichkeit zwischen Vp und Stimulusperson» und «Schwere der Unfallfolgen» besteht.

Nach der Defensiv-Attributions-Hypothese laufen zwar bei geringer persönlicher Ähnlichkeit zwischen Vp und Stimulusperson die von WALSTER angenommenen Prozesse ab (und der Stimulusperson wird um so mehr Verantwortung zugeschrieben, je schwerwiegender die Unfallfolgen sind), bei zunehmender Ähnlichkeit rückt jedoch – da sich die Vp nicht mehr so leicht sagen kann, sie selbst sei ganz anders als die Stimulusperson – die Befürchtung in den Vordergrund, auch sie könne einmal einen solchen Unfall verursachen und dafür verantwortlich gemacht werden. Um einen damit antizipierbaren Tadel für eventuelles eigenes zukünftiges Verhalten zu vermeiden, wird der Beobachter der Stimulusperson um so weniger Verantwortung zuschreiben, je schwerwiegender die Unfallfolgen sind. BURGER (1981) sieht nach seiner Übersicht über die relevante Forschung die Annahmen SHAVERS als bestätigt an. Die Verantwortungszuschreibung nach Unfällen scheint damit neben der Kontrollmotivation auch durch eine Motivation zur Vermeidung von Vorwürfen an die eigene Person beeinflußt zu werden (vgl. zur Kritik der Defensiv-Attributions-Hypothese jedoch FINCHAM & JASPERS, 1980).

Auch für die Ergebnisse zur Defensiv-Attributions-Hypothese wurden nicht-motivationale Alternativerklärungen vorgeschlagen, die im wesentlichen damit argumentieren, daß extremeren Ereignissen (wie schweren Unfällen) im allgemeinen eine niedrigere Auftretenswahrscheinlichkeit zugeschrieben und daher dem Opfer mehr persönliche Verantwortung attribuiert wird (BREWER, 1977; WORTMAN & LINDER, 1973). Tatsächlich konnte in einigen Experimenten aufgezeigt werden, daß Unterschiede in der Verantwortungsattribution in Abhängigkeit von der Schwere des Unfalls dann nicht auftraten, wenn dessen Auftretenswahrscheinlichkeit konstant gehalten worden war (WORTMAN & LINDER, 1973; TYLER & DEVINITZ, 1981). BURGER (1981) verweist weiterhin auf Untersuchungen, in denen keine Beziehung zwischen der manipulierten Schwere des Unfalls und dessen wahrgenommener Auftretenswahrscheinlichkeit gefunden wurde, aber dennoch die erwartete Beziehung zwischen der Schwere des Unfalls und dem Ausmaß der Verantwortungszuschreibung bestand (z.B. LOWE & MEDWAY, 1976; MEDWAY & LOWE, 1975). Er kritisiert außerdem, daß durch den nicht-motivationalen Ansatz die Interaktion der Variablen «Schwere des Unfalls» und «Ähnlichkeit zwischen Stimulusperson und Beobachter» nicht adäquat erklärt werden könne. Für eine motivationale Erklärung der Verantwortungszuschreibung nach Unfällen spricht außerdem eine Fehlattributionsstudie von THORNTON (1984). Nach THORNTON (1984) sollte Defensiv-Attributions-Verhalten, wenn es tatsächlich durch motivationale Erregungsprozesse vermittelt wird, dann nicht auftreten, wenn den Vpn eine alternative Möglichkeit zur Erklärung ihrer Erregung (d.h. zur Fehlattribution, vgl. COTTON, 1981) zur Verfügung gestellt wird. THORNTON (1984) konnte nicht nur diese Hypothese bestätigen, sondern in einem zweiten Experiment auch aufzeigen, daß Defensiv-Attributions-Verhalten dadurch verstärkt wird, daß den Vpn ihre emotionale Reaktionen durch die Induktion von objektiver Selbstaufmerksamkeit (vgl. FREY, WICKLUND & SCHEIER, 1978) besonders salient gemacht werden. Beide Ergebnisse unterstützen die Annahme, daß motivationale Erregung an der Vermittlung von Defensiv-Attributions-Verhalten beteiligt ist.

Zusammenfassend läßt sich sagen, daß innerhalb der genannten drei Forschungsbereiche eine Reihe von Ergebnissen vorliegt, die prinzipiell mit der Annahme einer Kontrollmotivation in Einklang stehen, wobei jedoch nicht-motivationale Alternativerklärungen z.Zt. nicht ausgeschlossen werden können. Neben den genannten werden noch weitere Phänomene wie der knew-it-all-along-Effekt sowie Stereotypisierung, Aberglaube oder die Zuschreibung der Sündenbockfunktion an Personen oder Personengruppen letztlich auf das Bedürfnis nach Vorhersehbarkeit und Beeinflußbarkeit der Umwelt zurückgeführt (vgl. CAMPBELL & TESSER, 1983; BAINS, 1983). Die allgemeine Annahme, Personen seien motiviert, Kontrolle zu suchen und auszuüben, wurde jedoch in zwei Richtungen differenziert: Zum einen wurden situative Bedingungen isoliert, unter denen Personen auf Kontrollmöglichkeiten verzichten, zum anderen wurden interindividuelle Unterschiede im Ausmaß der Kontrollmotivation angenommen und deren Auswirkungen untersucht. Auf diese beiden Punkte soll in den folgenden Abschnitten eingegangen werden.

2.1.4. Situative Einflußfaktoren auf die Motivation nach Kontrolle

Situative Bedingungen, unter denen entgegen den Annahmen einer generellen Kontrollmotivation auf Kontrolle verzichtet wird, wurden in erster Linie in bezug auf die Kontrollformen Beeinflußbarkeit und Vorhersehbarkeit untersucht. Im Hinblick auf den Verzicht auf *Beeinflußbarkeit* liegen folgende Ergebnisse vor:

(1) Auf Beeinflußbarkeit wird verzichtet, wenn sich eine Person von den zur Verfügung stehenden Verhaltensmöglichkeiten keine Reduktion der antizipierten Aversivität eines Ereignisses verspricht bzw. eine sol-

che Reduktion mit höherer Sicherheit durch andere Personen erwartet. Tatsächlich überließen die Vpn in einem Experiment von MILLER, HARKAVEY & HAMMEL (1979, zit. nach MILLER, 1980) die Möglichkeit, einen elektrischen Schlag durch eine schnelle instrumentelle Reaktion abstellen zu können, dann einem Partner, wenn dieser in einem vorherigen Reaktionszeittest die besseren Leistungen erbracht hatte.

(2) Personen bemühen sich weiterhin dann nicht aktiv um Beeinflussungsmöglichkeiten, wenn ihnen ohnehin ein positiver Situationsausgang sicher erscheint.

In diesem Zusammenhang berichten RODIN, RENNERT & SOLOMON (1980) über ein Experiment, in dem die Vpn entscheiden konnten, welche von mehreren auf ihren Geschmack hin zu beurteilenden Stoffe sie probieren wollten. Es wurde jedoch von den Leistungen der Vpn in einer vorherigen Wahrnehmungsaufgabe abhängig gemacht, ob ihnen die Wahlmöglichkeit tatsächlich zur Verfügung gestellt wurde oder nicht. Durch diese Versuchsanordnung sollte sich somit der Wunsch der Vpn, Beeinflußbarkeit ausüben zu können, in ihrer Leistung ausdrücken. RODIN et al. (1980) fanden, daß Personen sich dann nicht aktiv (d.h. durch besonders gute Leistungen) um die Möglichkeit zur Wahl bemühten, wenn sie ohnehin erwarteten, alle Stoffe würden angenehm schmecken.

(3) Auf Beeinflußbarkeit kann schließlich verzichtet werden, wenn Personen die Verantwortung scheuen, die mit der Bereitschaft, Kontrolle auszuüben, verbunden ist. So stellten MIRALSKY & LANGER (1978) in einer Befragung New Yorker Bürger fest, daß zwar 66 % der Befragten der Ansicht waren, Einbrüche seien durch geeignete Vorbeugungsmaßnahmen vermeidbar. Nur wenige hatten jedoch tatsächlich entsprechende Maßnahmen ergriffen. Nach MIRALSKY & LANGER (1978) antizipierten die Vpn möglicherweise, daß bei ihnen trotzdem eingebrochen werden würde, und vermieden dadurch, daß sie von vornherein auf Beeinflußbarkeit verzichteten, die Kognition, ein aversives Ereignis trotz eigener Anstrengung offenbar doch nicht verhindern zu können (vgl. jedoch TYLER, 1981, zur Kritik dieser Argumentation).

Es läßt sich weiterhin annehmen, daß auf Beeinflußbarkeit dann verzichtet wird, wenn die Durchführung der Kontrollreaktion zu hohe Anstrengung erfordert oder wenn das erforderliche Verhalten von dritten Personen vermutlich negativ sanktioniert wird. Diese Hypothesen wurden jedoch noch nicht empirisch überprüft.

Die Ergebnisse von Untersuchungen zu der Frage, wann auf *Vorhersehbarkeit* verzichtet wird, wurden kürzlich von MILLER (1981) in der sog. «Blunting-Hypothese» theoretisch aufgearbeitet. Nach MILLER wird zunächst so lange die Vorhersehbarkeit aversiver Ereignisse bevorzugt, wie gleichzeitig eine Möglichkeit besteht, diese zu beeinflussen.

137

Diese Hypothese wird bestätigt durch zwei Experimente von AVERILL et al. (AVERILL, O'BRIEN & DEWITT, 1977; AVERILL & ROSENN, 1972), in denen die Vpn sich entscheiden mußten, welche von zwei möglichen Spuren eines Tonbandes sie sich anhören wollten. Auf der einen der beiden Spuren war dabei Musik zu hören, auf der anderen jedoch Warnsignale, die das Einsetzen (angeblich) zu erwartender elektrischer Schläge ankündigten. In beiden Untersuchungen wählten die Vpn dann häufiger Vorhersehbarkeit (d.h. die Spur des Tonbandes, auf der die Warnsignale zu hören waren), wenn ihnen gleichzeitig die Möglichkeit zur Verfügung stand, die elektrischen Schläge durch eine instrumentelle Reaktion zu vermeiden. Die Präferenz für Vorhersehbarkeit war weiterhin um so größer, je höher angeblich die Wahrscheinlichkeit war, daß die instrumentelle Reaktion tatsächlich Erfolg haben würde, d.h. die Vpn den elektrischen Schlag tatsächlich verhindern konnten. Ist dagegen keine Beeinflußbarkeit vorhanden, so wird nach MILLER auf Vorhersehbarkeit verzichtet, da sich in diesem Fall die wahrgenommene Bedrohung eher durch Umstrukturierungs-, vor allem aber durch Ablenkungsstrategien reduzieren läßt. Diese können bei Unvorhersehbarkeit effektiver durchgeführt werden. Auch diese Annahme wird durch die geschilderten Untersuchungen bestätigt: In Bedingungen ohne Beeinflussungsmöglichkeiten präferierten die meisten Vpn die Musikspur eines Tonbandes, durch die sie sich ablenken konnten. Vorhersehbarkeit wird bei nicht vorhandener Beeinflußbarkeit nach MILLER nur dann präferiert, wenn gleichzeitig situative Bedingungen Ablenkungsstrategien unmöglich machen, oder die Bedrohung zu intensiv ist, als daß die Person sich ablenken könnte. Über diese Argumentation hinaus nimmt MILLER weiterhin an, daß Personen sich in der Fähigkeit unterscheiden, sich von bedrohlichen Reizen ablenken zu können. Sie kann damit auch die Tatsache erklären, daß in beiden oben dargestellten Experimenten eine Minderheit der Vpn auch dann Vorhersehbarkeit wählte, wenn Beeinflußbarkeit unmöglich, Ablenkung aber möglich war (diese Vpn konnten sich generell schlecht ablenken) bzw. auf Vorhersehbarkeit verzichtete, obwohl Beeinflußbarkeit möglich war (Vpn mit einer hoch ausgeprägten Fähigkeit sich abzulenken). Insgesamt machen die von MILLER (1981) zitierten Befunde deutlich, daß der Verzicht auf Vorhersehbarkeit sowohl von situations- als auch von personspezifischen Faktoren bzw. von deren Wechselwirkungen abzuhängen scheint.

2.1.5. *Interindividuelle Unterschiede in der Motivation nach Kontrolle*
Als weitere Differenzierung einer allgemeinen Hypothese der Motivation nach Kontrolle wurde angenommen, daß interindividuelle Unterschiede im Ausmaß der Motivation nach Kontrolle bestehen (BURGER & COOPER, 1979; BAINS, 1983). So weisen nach GLASS (1977) insbesondere

Typ A-Personen, die durch Wettbewerbsneigung, Leistungsorientierung, ständigen Zeitdruck und Feindseligkeit gekennzeichnet sind, eine ausgeprägte Kontrollmotivation auf, während Personen des B-Typs weniger bestrebt sind, Kontrolle aufrechtzuerhalten und Kontrollverlust als weniger bedrohlich erleben.[7] In verschiedenen Untersuchungen zeigten Typ A-Personen auch tatsächlich einen charakteristischen Reaktionsstil, der die Annahme einer besonders hohen Kontrollmotivation bei dieser Personengruppe stützt: So reagieren Typ A- im Vergleich zu Typ B-Personen auf drohenden Kontrollverlust zunächst mit stärkerem Bemühen, Kontrolle aufrechtzuerhalten bzw. wiederherzustellen (z.B. durch Leistungssteigerungen nach einem Leistungsmißerfolg; vgl. KRANTZ & GLASS, in GLASS, 1977; FAZIO, COOPER, DAYSUN & JOHNSON, 1981). Bei länger andauernder Exposition an unkontrollierbare Ereignisse zeigen Typ A-Personen jedoch zumindest dann, wenn die Kontrollverlust anzeigenden Reize salient sind, stärkere Beeinträchtigungen als Typ B-Personen (KRANTZ, GLASS & SNYDER, 1974; s.a. BUNSON & MATTHEWS, 1981). Weniger saliente Hinweisreize scheinen Typ A-Personen zunächst zu negieren, was konsistent mit ihrer Tendenz wäre, unangenehme Gefühle und/oder Symptome kognitiv zu vermeiden (CARVER, COLEMAN & GLASS, 1976; WEIDNER & MATTHEWS, 1978). Diese Ergebnisse bestätigen GLASS' Interpretation des Typ A-Verhaltens (als charakteristischen Reaktionsstil auf drohenden Kontrollverlust, der auf eine besonders hohe Kontrollmotivation zurückgeht) und unterstützen ebenfalls die Annahme interindividueller Unterschiede in der Kontrollmotivation.

2.2. Auswirkungen von Kontrollverlust bzw. der Bereitstellung von Kontrollmöglichkeiten

Wurde im vorigen Kapitel aufgezeigt, daß Personen motiviert sind, Kontrollierbarkeit herzustellen, so soll in diesem Kapitel auf die zweite der eingangs formulierten Hypothesen eingegangen werden, nach der kognizierter Verlust von Kontrolle über wichtige Ereignisse das Erleben und Verhalten eines Individuums beeinträchtigt, während die Wahrnehmung von Kontrollmöglichkeiten über aversive Ereignisse den durch diese hervorgerufenen Streß reduziert. Diese wichtigste Annahme der Forschung zur kognizierten Kontrolle wurde in einer ganzen Reihe von

---

[7] Das Konzept des Typ A- Typ B-Verhaltens (FRIEDMAN & ROSENMAN, 1974) hat in der Forschung besondere Aufmerksamkeit durch seine Nützlichkeit als Prädiktor für das Auftreten koronarer Herzerkrankungen gewonnen (z.b. HAYNES, FEINLEIB & KANNEL, 1980). Weitere psychologische Konzeptualisierungen neben der von GLASS (1977) werden dargestellt und verglichen bei MATTHEWS (1982).

Labor- und Feldexperimenten untersucht, wobei im einfachsten Fall zwei Gruppen miteinander verglichen werden: Eine Gruppe wird einem aversiven Ereignis/Zustand ausgesetzt und ihr wird Kontrollierbarkeit in einer ihrer möglichen Formen (Beeinflußbarkeit, Vorhersehbarkeit, kognitive Kontrolle oder retrospektive Kontrolle) zur Verfügung gestellt. Eine andere Gruppe wird dem gleichen Ereignis/Zustand ausgesetzt, ohne jedoch Kontrolle ausüben zu können. Dabei wurde in fast allen Untersuchungen das Ausmaß der tatsächlich erhaltenen aversiven Stimulation konstant gehalten, so daß die aufgezeigten Unterschiede in den Folgen aversiver Stimulation zwischen Gruppen mit und ohne Kontrollmöglichkeiten nicht auf die unterschiedliche Stärke dieser Stimulation zurückgeführt werden können. Die Forschungsergebnisse sollen für die verschiedenen Kontrollformen getrennt dargestellt werden (vgl. für ausführlichere Überblicksreferate AVERILL, 1973; MILLER, 1979, 1981; THOMPSON, 1981).

2.2.1. Beeinflußbarkeit aversiver Stimulation

Beeinflußbarkeit wurde den Vpn in experimentellen Untersuchungen auf sehr unterschiedliche Arten zur Verfügung gestellt: So konnten diese dem aversiven Ereignis ausweichen (escape), sein Eintreten verhindern (avoid) oder das Ereignis hinsichtlich zentraler Charakteristika wie Dauer, Intensität, Reihenfolge einzelner Komponenten oder Zeitpunkt von Ruhepausen modifzieren. Eine Unterform von Beeinflußbarkeit besteht, wenn das Individuum das Ereignis zwar ertragen muß, jedoch das Ereignis selbst auslösen kann (Selbstadministration im Vergleich zu Fremdadministration durch den VI oder eine andere Person). Die Auswirkungen kognizierter Beeinflußbarkeit wurden in so vielen Untersuchungen erfaßt, daß inzwischen differenzierte Aussagen einerseits hinsichtlich ihrer Effekte auf verschiedene abhängige Variablen wie physiologische Erregung, subjektive Einschätzungen von Angst, Schmerzhaftigkeit/Aversivität des Reizes und eigene Befindlichkeit, subjektive Präferenzen für oder gegen Beeinflußbarkeit sowie Verhaltensmaße wie Leistungs- oder Aktivitätsindikatoren möglich sind. Andererseits lassen sich all diese Effekte nach ihrer Ausprägung in unterschiedlichen Phasen der Exposition an ein aversives Ereignis (Antizipations-, Einwirkungs- und post-Stressor-Phase) betrachten. Im folgenden sollen die verschiedenen Effekte kognizierter Beeinflußbarkeit nacheinander für die einzelnen Phasen anhand empirischer Ergebnisse erläutert werden.

Während der *Antizipations*periode (Erwartung eines aversiven Stimulus) konnten relativ konsistent positive Effekte der Bereitstellung von Beeinflussungsmöglichkeiten nachgewiesen werden. In einer Untersuchung von SZPEILER und EPSTEIN (1976) erwarteten die Vpn nach einem

Countdown (1–10) einen elektrischen Schlag, wobei eine Gruppe von Vpn glaubte, diesen Schlag durch eine schnelle Reaktion während der letzten beiden Countdown-Zahlen verhindern zu können. Die Kontrollgruppe führte zwar ebenfalls die instrumentelle Reaktion durch, nahm jedoch an, der elektrische Schlag würde zufällig einsetzen oder ausbleiben. Bereits in der Phase vor der instrumentellen Reaktion (Countdown-Zahlen 1–7) zeigte die Gruppe mit wahrgenommener Beeinflußbarkeit geringere physiologische Erregung und berichtete über weniger Ängstlichkeit als die Vpn der Kontrollgruppe. Auch STOTLAND & BLUMENTHAL (1964) beobachteten eine geringere Ängstlichkeit ihrer Vpn, wenn diese die Reihenfolge der Untertests einer Intelligenztestbatterie selbst bestimmen konnten. Personen scheinen weiterhin die Möglichkeit zu Kontrollreaktionen (Abstellen eines elektrischen Schlages) deren Fehlen vorzuziehen, wenn sie zwischen beiden Bedingungen wählen können (MILLER, GRANT & NELSON, 1978, in MILLER, 1980). Auch präferieren es Vpn, elektrische Schläge selbst auszulösen als sie sich vom Experimentator erteilen zu lassen (PERVIN, 1963; BALL & VOGLER, 1971). Beeinflußbarkeit hat demnach in der Antizipationsperiode positive Effekte auf die physiologische Erregung und die subjektive Ängstlichkeit und wird gegenüber Unbeeinflußbarkeit vorgezogen.

Im Hinblick auf die Effekte von Beeinflußbarkeit während der *Einwirkungs*phase sprechen Forschungsergebnisse dafür, daß Personen bereit sind, längere oder intensivere Stimulation zu ertragen, wenn sie glauben, die Stimulation gegebenenfalls abstellen zu können (BOWERS, 1968; STAUB, TURSKY & SCHWARZ, 1971, 2. Exp.). In der Einwirkungsphase sind die Effekte von Beeinflußbarkeit auf die physiologische Erregung, die subjektiv empfundene Ängstlichkeit und Aversivität der Stressoren sowie auf die Leistungsfähigkeit weniger eindeutig (THOMPSON, 1981). Neuere Untersuchungen zeigen jedoch, daß möglicherweise Charakteristika der geforderten Kontrollreaktion (wie z.B. die erforderliche Anstrengung) hier die Effekte von Beeinflußbarkeit modifizieren (vgl. unten).

Die *Nach*wirkungen der Exposition an unbeeinflußbare Stimulation wurden in zwei unabhängigen Forschungsansätzen von GLASS, SINGER et al. und von SELIGMAN et al. untersucht. In ihren bekannten «urban stress»-Untersuchungen verglichen GLASS und SINGER (zusammenfassend GLASS & SINGER, 1972) zwei Gruppen von Vpn, die Lärm entweder nicht beeinflussen oder durch einen Knopfdruck abstellen konnten. Vpn, die glaubten, den Lärm abstellen zu können, wiesen anschließend eine höhere Frustrationstoleranz und bessere Leistungen in einer Korrekturaufgabe auf als Vpn, die unbeeinflußbarem Lärm ausgesetzt waren. Dieser Unterschied zeigte sich auch dann, wenn die Vpn der ersteren Gruppe auf Bitten des Experimentators auf die tatsächliche Durchführung ihrer Kontrollreaktion verzichteten («potentielle Kontrolle») oder nur einer weiteren Person signalisieren konnten, Beeinflußbarkeit auszuüben («indirekte Kontrolle»).

Die Nacheffekte unbeeinflußbarer Stimulation sind ebenfalls Gegenstand der umfangreichen experimentellen Forschung zur Theorie der gelernten Hilflosigkeit (SELIGMAN, 1975; ABRAMSON, SELIGMAN & TEASDALE, 1978), die als Folge der Erfahrung von Unbeeinflußbarkeit drei Beeinträchtigungen vorhersagt, nämlich (1) eine Herabsetzung der Motivation, überhaupt Beeinflußbarkeit ausüben zu wollen, (2) eine Beeinträchtigung der Fähigkeit, nachfolgende tatsächlich bestehende Handlungs-Ergebnis-Kontingenzen lernen zu können und (3) Furcht, die mit zunehmender Sicherheit bezüglich der Unbeeinflußbarkeit in Depression übergehen kann.[8] Den meisten Experimenten zur Theorie der gelernten Hilflosigkeit liegt ein Versuchsplan mit drei Gruppen zugrunde, in dem die Gruppen mit und ohne Beeinflussungsmöglichkeiten hinsichtlich des Ausmaßes der aversiven Stimulation vergleichbar gemacht und mit einer Kontrollgruppe ohne Stimulation verglichen werden. So konnte beispielsweise in einer Untersuchung von HIROTO (1974) eine Gruppe von Vpn lauten Lärm durch einen Knopfdruck abstellen (Beeinflußbarkeitsbedingung). Eine zweite Gruppe erwartete ebenfalls Beeinflussungsmöglichkeiten, mußte jedoch erfahren, daß keine ihrer möglichen Reaktionen zu dem erwünschten Erfolg führte (Hilflosigkeitsbedingung). In der Kontrollgruppe schließlich wurde den Vpn in identischem Ausmaß Lärm vorgespielt, sie sollten sich diesen jedoch nur passiv anhören. HIROTO (1974) konnte zeigen, daß die Vpn der Hilflosigkeitsbedingung in einer zweiten Phase des Experiments signifikant schlechter als beide anderen Gruppen lernten, Lärm durch eine instrumentelle Reaktion abzustellen. In einem weiteren im Rahmen der Hilflosigkeitsforschung entwickelten Paradigma wird wahrgenommene Unbeeinflußbarkeit dadurch hervorgerufen, daß die Vpn Aufgaben bearbeiten, die tatsächlich unlösbar sind, oder daß sie für einzelne Lösungsschritte zufälliges Erfolgs- und Mißerfolgsfeedback erhalten, so daß sie für die Aufgaben ebenfalls keine Lösung finden (z.B. ROTH & BOOTZIN, 1974; ROTH & KUBAL, 1975). Insgesamt konnten die kognitiven, motivationalen und affektiven Defizite als Folge wahrgenommener Unbeeinflußbarkeit in einer Vielzahl von Untersuchungen reliabel aufgezeigt werden (s. zum Überblick über die Forschung zur gelernten Hilflosigkeit z.B. MILLER & NORMAN, 1979; SAUER & MÜLLER, 1980).

---

[8] Nach ABRAMSON, SELIGMAN & TEASDALE (1978) sind unter bestimmten Bedingungen (interne Attribution der Ursachen der fehlenden Beeinflußbarkeit; vgl. Kap. 2.3) auch Beeinträchtigungen des Selbstwertgefühles zu erwarten.

Trotz der vielen empirischen Belege für die positiven Effekte kognizierter Beeinflußbarkeit fanden sich jedoch auch Hinweise auf negative Auswirkungen. So hatten bereits BRADY, PORTER, CONRAD & MASON (1958) in ihren berühmten «executive monkeys»-Untersuchungen gefunden, daß Affen, die elektrische Schläge durch instrumentelle Reaktionen verhindern konnten, Magengeschwüre entwickelten und z.T. sogar starben, ihre Partner, die parallel dazu die gleichen Schläge nur passiv ertrugen, jedoch nicht. Der Widerspruch zwischen den zuvor beschriebenen positiven Effekten von Kontrolle und den Ergebnissen von BRADY et al. (1958) läßt sich nach WEISS (1968, 1971) jedoch wie folgt aufklären: Die Möglichkeit, aversive Stimulation zu beeinflussen, führt dann zu Belastungssymptomen, wenn sehr viele Kontrollreaktionen ausgeführt werden müssen und auf die einzelnen Reaktionen nur selten direktes Erfolgsfeedback folgt. WEISS bestätigte seine Hypothesen in Experimenten mit Ratten, wobei er als abhängige Variable das Ausmaß der Magengeschwürbildung erfaßte. Ähnliche Ergebnisse zeigten sich auch in zwei neueren Humanexperimenten, in denen die abhängigen Variablen in der Einwirkungsphase erfaßt wurden. So fanden OBRIST, GAEBELEIN, TELLER, LANGER, GRIGNOLO, LIGHT & MCCUBBIN (1978) stärkere (bzw. länger andauernde) physiologische Erregung sowie höher eingeschätzte Involviertheit, Anstrengung und empfundenen Streß bei Vpn, die eine schwierige, als bei bei Vpn, die eine einfache durchzuführende Kontrollreaktion ausüben konnten. In einer Untersuchung von SOLOMON, HOLMES & MCCAUL (1980) reduzierte zudem die Bereitstellung einer Kontrollreaktion nur dann die subjektive Ängstlichkeit einer Gruppe von Vpn auf das Maß einer Gruppe ohne wahrgenommene Bedrohung, wenn sie wenig, nicht aber wenn sie viel Anstrengung erforderte (die physiologische Erregung wurde in dieser Untersuchung allerdings durch Beeinflussungsmöglichkeiten nicht reduziert). Beeinflußbarkeit scheint damit während der Einwirkungsphase dann negative Effekte zu haben, wenn die entsprechende Reaktion schwierig und/oder anstrengend ist. Weniger positive Effekte in der post-Stressor-Phase sind möglicherweise dann zu erwarten, wenn die Reaktion häufig durchgeführt werden muß und die Person darüber im unklaren bleibt, ob sie mit ihrer Reaktion Erfolg hat oder nicht. Die genannten Ergebnisse weisen damit darauf hin, daß die globale Annahme positiver Effekte wahrgenommener Beeinflußbarkeit differenziert werden muß.

2.2.2. Vorhersehbarkeit aversiver Ereignisse
Stimuli und Ereignisse können auch in Abhängigkeit davon als unterschiedlich aversiv empfunden werden, ob dem Rezipienten bestimmte Informationen über den Stimulus/das Ereignis vorher bekannt sind. Vorhersehbarkeit kann bestehen hinsichtlich des Zeitpunktes oder der

Bedingungen, unter denen ein Ereignis auftritt (zeitliche Vorhersehbarkeit), oder es können Informationen darüber vorliegen, um was für ein Ereignis es sich handelt und/oder welche Auswirkungen es hat (inhaltliche Vorhersehbarkeit). Die Effekte von Vorhersehbarkeit wurden wiederum sowohl in der Antizipations- als auch in der Einwirkungs- und in der post-Stressor-Phase erfaßt.

a) Zeitliche Vorhersehbarkeit

Obwohl zeitliche Vorhersehbarkeit relativ eindeutig präferiert wird (vgl. oben), scheinen unter dieser Bedingung physiologische Erregung und subjektive Ängstlichkeit in der Antizipationsperiode höher zu sein als bei zeitlicher Unvorhersehbarkeit (MILLER, 1981)[9]. Diese Unterschiede zwischen Bedingungen mit und ohne zeitliche Vorhersehbarkeit zeigen sich um so deutlicher, je länger die Vpn auf das aversive Ereignis warten müssen (MONAT, 1976).

In der Einwirkungsphase konnten weder positive noch negative Effekte zeitlicher Vorhersehbarkeit konsistent nachgewiesen werden (MILLER, 1981; FUREDY, 1975). So schätzten z. B. die Vpn von PERVIN (1963) durch Signale angekündigte elektrische Schläge als weniger anstrengend und schmerzhaft ein als unangekündigte Schläge, und die Vpn von WEIDNER & MATTHEWS (1978) berichteten bei unvorhersehbarem Lärm über mehr physische Symptome als bei vorhersehbarem. GLASS, SINGER & FRIEDMAN (1969, 1. Exp.) konnten dagegen keine Unterschiede in der eingeschätzten Aversivität von entweder regelmäßig einsetzendem (vorhersehbarem) oder unregelmäßig einsetzendem (unvorhersehbarem) Lärm nachweisen.

Positive Effekte von Vorhersehbarkeit fanden GLASS et al. (1969, 1. Exp.) jedoch wieder in der Phase nach der Beendigung des Lärms. Nach vorhersehbarem Lärm zeigten die Vpn eine höhere Frustrationstoleranz und bessere Leistungen als nach unvorhersehbarem Lärm. Damit scheint zusammenfassend Vorhersehbarkeit präferiert zu werden und negative Nacheffekte aversiver Stimulation zu verringern, obwohl sie die Erregung während der Erwartung des aversiven Ereignisses eher steigert und das Ereignis selbst offenbar nicht konsistent als weniger aversiv oder weniger schmerzhaft erlebt wird.

b) Inhaltliche Vorhersehbarkeit

Auch für inhaltliche Vorhersehbarkeit konnte eine Reduktion der antizipatorischen Erregung nicht konsistent nachgewiesen werden (MILLER,

---

[9] Die Aussagen zu den Ergebnissen der Einführung zeitlicher Vorhersehbarkeit beziehen sich auf Experimente, in denen den Vpn in keiner Bedingung Beeinflußbarkeit zur Verfügung stand.

1981). Die Effekte während der Einwirkungsphase scheinen davon abzuhängen, welche Art von Informationen den Vpn präsentiert wird. So gaben STAUB & KELLETT (1972) ihren Vpn, die elektrischen Schlägen zunehmender Stärke ausgesetzt wurden, vorher Informationen über die verwendete Apparatur (Prozedur-Informationen) oder Informationen über zu erwartende Symptome (Sensations-Informationen). Vpn, die beide Arten von Informationen erhalten hatten, beurteilten elektrische Schläge erst bei höheren Intensitäten als schmerzhaft und ertrugen intensivere Schläge als Vpn, die entweder eine oder keine der beiden Arten von Informationen erhalten hatten. In anderen Untersuchungen fanden sich allerdings differentielle Effekte beider Informationsarten. So fand JOHNSON (1973), die aufgeblasene Blutdruckmanschetten als Stressoren verwendete (diese führen durch den Sauerstoffmangel im Gewebe zu Schmerzsensationen), daß Informationen über Einzelheiten des Vorgehens keinen Effekt hatten, daß Informationen über typische zu erwartende Symptome (Kribbeln, Taubheit usw.) jedoch zu einer Reduktion der emotionalen Belastung führten (die Intensität der Sensationen wurde jedoch nicht unterschiedlich eingeschätzt). Auch in einer Untersuchung von JOHNSON, MORRISEY & LEVENTHAL (1973) zeigten die Patienten während einer Magenspiegelung nur dann weniger Anzeichen von Spannung und Ruhelosigkeit, wenn sie mit Sensations-, nicht aber wenn sie mit Prozedur-Informationen vorbereitet worden waren (Patienten beider Gruppen benötigten allerdings weniger Tranquilizer zu einer ausreichenden Beruhigung vor der Untersuchung als die Kontrollgruppe). Sensations-Informationen üben somit im allgemeinen einen deutlicheren Einfluß aus als Prozedur-Informationen. Diese Aussage muß allerdings in einer Hinsicht eingeschränkt werden: LEVENTHAL, BROWN, SACHAM & ENQUIST (1979, 1. Exp.) konnten positive Effekte von Sensations-Informationen auf das Erleben des aversiven Stressors Kälte nur dann aufzeigen, wenn den Vpn nicht gleichzeitig mitgeteilt worden war, die Sensationen seien schmerzhaft.

In einer ganzen Reihe von Studien wurden schließlich die Auswirkungen vorbereitender Informationen auf die Rekonvaleszenz nach operativen Eingriffen untersucht. Dabei hat sich jedoch gezeigt, daß Informationen nicht generell, sondern nur unter bestimmten Bedingungen zu einem günstigeren Verlauf der Rekonvaleszenz führen. So fanden LANGER, JANIS & WOLFER (1975) als Folge von vorbereitenden Informationen über Prozeduren und Sensationen vor, während und nach einer Operation keine Verringerung des postoperativen Verbrauchs an Schlaf- und Beruhigungsmitteln und vor der Operation sogar eine leichte Verschlechterung des (durch Fremdratings eingeschätzten) Bewältigungsverhaltens und der Ängstlichkeit. Aus anderen Untersuchungen ergeben sich Hinweise darauf, daß Informationsgabe nur bei gleichzeitiger Bereitstellung von Möglichkeiten zu eigener gesundheitsbezogener Aktivität (Bewegungsübungen usw.) oder kognitiver Streßbewältigung (z. B. Ablenkung) positive Auswirkungen hat (EGBERT, BATTITT, WELCH & BARTLETT, 1964; CROMWELL, BUTTERFIELD, BRAYFIELD & CURRY, 1977). Als weitere Moderatorvariablen wurden im Anschluß an die klassische Untersuchung von JANIS (1958) vor allem das Ausmaß der präoperativen Angst sowie interindividuelle Unterschiede in Streßbewältigungsstilen untersucht, ohne daß hier jedoch eindeutige Beziehungen festgestellt werden konnten. Insgesamt kann der Forschungsstand zu diesen beiden Variablen nur als inkonsistent bezeichnet werden (vgl. zum Überblick DAVIES-OSTERKAMP, 1977; MILLER, 1981).

2.2.3. Kognitive Kontrolle
Kognitive Kontrolle wird dann ausgeübt, wenn eine Person durch eine kognitive Strategie die wahrgenommene Aversivität eines Ereignisses reduziert. Hierzu können sehr viele verschiedene Strategien benutzt werden, so z. B. Ablenkung, Konzentration auf die positiven Aspekte eines Ereignisses, Uminterpretation des Ereignisses als harmlos, Einnehmen einer sachlich-analytischen Einstellung gegenüber dem Ereignis, Einordnung des Ereignisses in einen übergeordneten Plan (Sinnverleihung) usw. Kognitive Kontrolle hat nach THOMPSON (1981) fast ausschließlich positive Effekte sowohl auf die antizipatorische Erregung als auch auf die empfundene Aversivität der Stimuli. So fand z. B. HOUSTON (1977) weniger Ängstlichkeit während eines Examens und bessere Noten bei Schülern, die Strategien wie Intellektualisierung, Isolation, Verneinung oder Rationalisierung anwendeten, als bei Schülern, die nicht über derartige Strategien verfügten. In einer weiteren Untersuchung von HOLMES und HOUSTON (1974) empfanden die Vpn elektrische Schläge als weniger belastend und zeigten weniger physiologische Erregung, wenn sie instruiert worden waren, die (leichten) elektrischen Schläge eher als interessante neue Erfahrung anzusehen oder möglichst ruhig und uninvolviert zu bleiben. In der bereits zitierten Untersuchung von LANGER et al. (1975) schließlich zeigten Patienten vor einem operativen Eingriff weniger Streß (durch die Krankenschwestern eingeschätzt) und verlangten nach der Operation weniger Schmerz- und Beruhigungsmittel, wenn ihnen zuvor kognitive Uminterpretation, beruhigende Selbstgespräche und Ablenkung als Streßbewältigungsstrategien empfohlen worden waren. Während diese Untersuchungen damit insgesamt die positiven Folgen der Anwendung kognitiver Kontrollstrategien bestätigen, scheint die Frage der relativen Effizienz verschiedener Strategien noch nicht geklärt (THOMPSON, 1981).

146

2.2.4. Retrospektive Kontrolle

Eine Person stellt dann retrospektive Kontrolle her, wenn sie ein Ereignis bestimmten Ursachen zuschreibt, also eine wissenschaftliche oder laientheoretische Erklärung vollzieht. Eine solche Erklärung kann die Umwelt nachträglich wieder als sinnvoll und geordnet erscheinen lassen und/oder implizieren, daß das Ereignis in Zukunft vermieden werden kann (zukünftige Beeinflußbarkeit). Aufgrund der Ergebnisse relevanter Untersuchungen wurde die Annahme formuliert, daß besonders die nachträgliche Übernahme eigener Verantwortung für das Ereignis der Aufrechterhaltung der Wahrnehmung eigener Kontrollmöglichkeiten dient (WORTMAN, 1976). So zeigen z. B. nach MEDEA & THOMPSON (1974) Opfer von Vergewaltigungen Selbstbeschuldigungstendenzen, da die Übernahme eigener Verantwortung impliziert, daß sie sich in Zukunft durch eine Änderung des eigenen Verhaltens schützen können (s. a. JANOFF-BULMAN, 1979). CHODOFF, FRIEDMAN & HAMBURG (1964) fanden, daß sich die Eltern von Kindern mit tödlichen Erkrankungen häufig selbst in irgendeiner Form für die Krankheit ihres Kindes verantwortlich machen oder anklagen. Nach Ansicht der Autoren dienen diese Selbstanschuldigungen oft dem Zweck, die nicht tolerierbare Schlußfolgerung zu vermeiden, daß niemand für dieses Unglück verantwortlich ist und die Krankheit, deren Ursachen unbekannt sind, durch nichts beeinflußt werden kann. JANOFF-BULMAN & WORTMAN (1977) schließlich erhoben die Attributionen querschnittsgelähmter Unfallopfer und ließen deren Bewältigungsverhalten durch das Pflegepersonal einschätzen. Die Patienten zeigten um so besseres Bewältigungsverhalten, je mehr sie den Unfall für unvermeidbar hielten, je weniger sie anderen Personen und je mehr sie sich selbst die Schuld an dem Unfall zuschrieben. Während sich somit die Übernahme eigener Verantwortung nach den Ergebnissen von JANOFF-BULMAN & WORTMAN (1977) positiv auswirkt, weisen andere Autoren darauf hin, daß Eigenverantwortung mit Gefühlen der Schuld, Machtlosigkeit, Selbstkritik oder Abwertung der eigenen Person assoziiert und daher nicht adaptiv sein kann (ABRAMS & FINESINGER, 1953; JANOFF-BULMAN, 1979). Tatsächlich fanden FREY, ROGNER und HAVEMANN (1983) bei Unfallpatienten, die sich noch in stationärer Behandlung befanden, daß Patienten die kürzeste Aufenthaltsdauer im Krankenhaus und den komplikationslosesten Wundheilungsverlauf aufwiesen, wenn sie sich selbst *wenig* Schuld an dem Unfall zuschrieben und/oder diesen als unvermeidbar ansahen. Patienten dagegen, die sich selbst in hohem Maße Schuld zuschrieben und/oder den Unfall retrospektiv als vermeidbar ansahen, verblieben am längsten im Krankenhaus und zeigten den ungünstigsten Wundheilungsverlauf. FREY et al. (1983) erklären dieses Ergebnis folgendermaßen: Durch die nachträgliche Annahme, sie hätten das Unfallgeschehen von Anfang an nicht beeinflussen können und/oder der Unfall sei unvermeidbar gewesen, stellt der Unfall für die Patienten keinen Kontroll«verlust» mehr dar (da ja gar keine Kontrolle bestanden hatte). Patienten dagegen, die sich selbst verantwortlich machen, sehen sich mit Selbstvorwürfen sowie mit der Tatsache konfrontiert, daß sie offenbar keine Beeinflußbarkeit annehmen konnten, und dies wirkt sich wiederum negativ auf den Genesungsverlauf aus.

Die vorangehenden Ergebnisse zeigen damit, daß sich die Zuschreibung eigener Schuld offenbar sowohl positiv als auch negativ auswirken kann. Eine Möglichkeit zur Klärung der widersprüchlichen Ergebnisse wäre die Hypothese, daß seltene Ereignisse mit irreversiblen Folgen eher Fragen nach dem Sinn und der Schuld aufwerfen, denen am besten durch die Vermeidung von Selbstschuld und der Kognition des Unfalls als unvermeidbar begegnet werden kann. Häufigere Ereignisse oder Ereignisse mit weniger schweren Folgen dagegen sollten eher Fragen zukünftiger Vermeidbarkeit aufwerfen, so daß bei ihnen die Übernahme eigener Verantwortung adaptiv ist. Bisher noch kaum diskutiert wurde die Möglichkeit, daß retrospektive Kontrolle (im Sinne wahrgenommener zukünftiger Vermeidbarkeit) auch durch andere Kognitionen (z. B. «dies war ein einmaliges Ereignis») erreicht werden kann. Diese beiden Überlegungen zeigen mögliche Richtungen weiterer Forschung auf, in der die kognitiven Reaktionen auf aversive Ereignisse sowie deren Folgen differenzierter untersucht werden sollten.

2.2.5. Zur Frage der vermittelnden Mechanismen
Während in den vorangehenden Abschnitten aufgezeigt wurde, daß die Wahrnehmung des Vorhandenseins bzw. des Fehlens von Kontrolle die negativen Effekte aversiver Ereignisse/Stimuli beeinflußt, soll im folgenden die Frage nach dem Warum gestellt werden. Über die Annahme einer allgemeinen Kontrollmotivation hinaus wurde in einer ganzen Reihe von Ansätzen versucht, diejenigen Prozesse genauer zu spezifizieren, die die Effekte einer oder mehrerer Kontrollformen vermitteln. Die wichtigsten dieser Ansätze sollen im folgenden für die einzelnen Kontrollformen getrennt dargestellt werden (vgl. für weitere Diskussionen auch THOMPSON, 1981; MILLER, 1979, 1981).

a) Beeinflußbarkeit
Einige frühere Hypothesen bezüglich der Vermittlung der Auswirkungen vorhandener bzw. fehlender Beeinflußbarkeit werden mittlerweile als widerlegt betrachtet. So hatten z. B. GLASS & SINGER (1972) die Nachwirkungen unbeeinflußbarer (und unvorhersehbarer) Stressoren ursprünglich durch die Annahme erklärt, daß für die Adaptation an solche Stressoren mehr psychische Energie benötigt werde und daß das

Aufbrauchen dieser Energie die Fähigkeit reduziere, den Anforderungen der postadaptiven Phase gerecht zu werden. In weiteren Untersuchungen zeigten sich jedoch keine Beziehungen zwischen Indikatoren der für die Adaptation aufgebrachten Anstrengungen und dem Ausmaß der Nacheffekte unbeeinflußbarer (und unvorhersehbarer) Stimulation (vgl. GLASS & SINGER, 1972, Kap. 9). Andere Autoren weisen darauf hin, daß Beeinflußbarkeit gleichzeitig die Vorhersehbarkeit der zu beeinflussenden Aspekte des Stressors (z. B. seine Dauer) erhöht und erklären die Effekte wahrgenommener Beeinflußbarkeit durch die gleichen Mechanismen, durch die sie die Effekte wahrgenommener Vorhersehbarkeit vermittelt sehen (vgl. zu diesen Punkt b). In neueren Untersuchungen konnten jedoch auch Effekte von Beeinflußbarkeit aufgezeigt werden, wenn Vpn mit und ohne wahrgenommene Beeinflussungsmöglichkeiten in gleichem Ausmaß über Vorhersehbarkeit verfügten, so z. B. wenn Vpn zwar Beeinflußmöglichkeiten wahrnehmen, jedoch auf deren tatsächliche Durchführung verzichten (potentielle Kontrolle; GLASS, SINGER & FRIEDMAN, 1969), oder wenn die Gruppe ohne Beeinflussungsmöglichkeiten mit entsprechenden Informationen z. B. über Eintritt oder Dauer des aversiven Ereignisses versehen wird (REIM, GLASS & SINGER, 1971; GEER & MAISEL, 1972; BURGER & Arkin, 1980). Mit beiden methodischen Vorgehensweisen konnten positive Effekte von Beeinflußbarkeit über die Effekte von Vorhersehbarkeit hinaus nachgewiesen werden, so daß Beeinflußbarkeit auch nicht auf Vorhersehbarkeit reduziert werden kann. Damit stellt sich die Frage, was Beeinflußbarkeit mehr impliziert als Vorhersehbarkeit. Auf diese Frage wurden zwei grundsätzliche Antworten gegeben: (1) Die Wahrnehmung von Beeinflussungsmöglichkeiten impliziert Informationen über das Ausmaß der zu erwartenden Gefahren/Schmerzen usw. und führt zu entsprechenden Erwartungsveränderungen, und (2) die Wahrnehmung von Beeinflussungsmöglichkeiten verändert die Selbsteinschätzung der handelnden Person.

Zu (1): Der Grundgedanke, Beeinflußbarkeit habe deshalb positive Effekte, weil ihr Vorliegen die Erwartungen bezüglich des Ausmaßes zu erwartender Gefahren/Schmerzen usw. verändert, wurde von MILLER in zwei neueren Hypothesen präzisiert (MILLER, 1979, 1980). MILLER postuliert eine solche Antizipation verringerter Gefahren bei kognizierter Beeinflußbarkeit zum einen deshalb, weil eine Person davon ausgehen kann, daß sie beeinflußbare Ereignisse hinsichtlich ihrer Dauer oder ihres Eintretenszeitpunktes auf ihre von Moment zu Moment fluktuierende Belastbarkeit abstimmen kann (Internalitätshypothese). Liegen keine Beeinflussungsmöglichkeiten vor, so steht der Person diese Möglichkeit nicht zur Verfügung. Sie wird deshalb auch objektiv identische Ereignisse als aversiver empfinden. In ihrer zweiten Hypothese (der sog.

Minimax-Hypothese) geht MILLER davon aus, daß Personen vor dem Erhalt aversiver Ereignisse Überlegungen darüber anstellen, wie unangenehm die Situation wohl maximal werden kann. Personen mit Beeinflussungsmöglichkeiten kognizieren dabei, daß die maximale Gefahr nicht die Grenzen des von ihr Ertragbaren überschreiten wird, da sie gegebenenfalls von ihren Beeinflussungsmöglichkeiten Gebrauch machen können. Als zentrales Element fügt MILLER der Minimax-Hypothese die Annahme hinzu, daß eine solche Reduktion der maximalen Gefahr mit größerer Sicherheit erwartet werden kann, wenn die Person selbst Beeinflussungsmöglichkeiten zur Verfügung hat als wenn andere Personen (z. B. der Experimentator) Beeinflußbarkeit ausüben können. Durch die Berücksichtigung der Attribution der Möglichkeit, die Gefahr reduzieren zu können, erklärt die Minimax-Hypothese Effekte von Beeinflußbarkeit auch dann, wenn Gruppen mit und ohne Beeinflußbarkeit das gleiche aversive Ereignis erwarten (gleiche Vorhersehbarkeit) und erlaubt außerdem die Ableitung der Vorhersage, daß auf Kontrolle dann verzichtet wird, wenn eine Einschränkung der Gefahr mit größerer Sicherheit durch andere Personen erwartet werden kann (s. oben).

Beide von MILLER aufgestellten Hypothesen können ohne weitere Zusatzannahmen die negativen *Nach*wirkungen unbeeinflußbarer Stimulation nicht erklären. Diese werden von der Theorie der gelernten Hilflosigkeit als Folge davon betrachtet, daß die Vpn während der Exposition an den aversiven Stressor Kognitionen der Unabhängigkeit von eigener Handlung und angestrebtem Ergebnis ausbilden und diese auf weitere Situationen generalisieren, d. h. auch zukünftig Unbeeinflußbarkeit erwarten. Das Ausmaß der Generalisierung ist dabei zusätzlich abhängig von Attributionsprozessen (vgl. Kap. 2.3). In Untersuchungen, in denen sowohl die wahrgenommenen Kontingenzen zwischen eigener Handlung und entsprechenden Veränderungen des Stressors als auch die anschließende Leistung erfaßt worden war, konnte allerdings keine Beziehung zwischen beiden festgestellt werden (vgl. dazu die Diskussion in dem diesem Thema gewidmeten Sonderheftes des Journal of Personality, 1982).

Zu (2): Bereits WHITE (1959) und DECHARMS (1968) hatten als wesentlich zur Ausübung von Kontrolle motivierend die Erfahrung eigener Verursachung bzw. eigener Kompetenz oder Effizienz betrachtet. Wahrgenommene Unbeeinflußbarkeit sollte dagegen zu Kognitionen eigener Unfähigkeit, Ineffizienz oder mangelnder Kompetenzen führen. Solche Kognitionen wiederum können Furcht und Erregung nach sich ziehen (BANDURA, 1977) und mit der Bearbeitung weiterer Aufgaben interferieren (COYNE, METALSKY & LAVELLE, 1980). Tatsächlich konnten LAVELLE, METALSKY & COYNE (1979) aufzeigen, daß nur Vpn mit hoher Testängstlichkeit (die besonders zu Selbstbeschuldigungen neigen) nach der Exposition an Unbeeinflußbarkeit in einer anschließenden Aufgabe Beeinträchtigungen zeigten (s. für weitere empirische Unterstützung ihrer Argumente COYNE, METALSKY & LAVELLE, 1980). Auch FRANKEL & SNYDER (1978) nehmen an, daß durch die Erfahrung von Unbeeinflußbarkeit (wie sie z. B. durch das Scheitern an unlösbaren Aufgaben vermittelt wird) Mißerfolgsangst induziert wird. Sie erklären die herabgesetzte Leistung im Anschluß daran jedoch als Folge davon, daß die Vpn durch verminderte Anstrengung eine Erklärung für einen möglichen weiteren Mißerfolg vorbereiten, die es ihnen erlaubt, selbstwertbedrohende Attributionen auf offenbar mangelnde eigene Fähigkeiten zu vermeiden (s. a. SNYDER, SMOLLER, STRENTA & FRANKEL, 1981).

Während damit die Effekte von Beeinflußbarkeit während der Antizipationsphase am besten durch die Annahme veränderter Erwartungen bezüglich drohender Aversivität/Gefahr erklärt werden können, ermöglicht die Annahme der Veränderung der Selbsteinschätzung eigener Fähigkeiten und Kompetenzen die beste Interpretation der negativen Nacheffekte von Kontrollverlusterlebnissen. Es scheint daher sinnvoll, zu einer umfassenden Erklärung der Effekte von Beeinflußbarkeit während aller Phasen der Exposition an das aversive Ereignis beide Prozesse heranzuziehen (THOMPSON, 1981). Beide Prozesse könnten jedoch auch in Abhängigkeit davon von unterschiedlicher Bedeutung sein, welches der beiden möglichen Ziele «Wahrnehmung hoher eigener Kompetenz» vs. «Vermeidung situativer Konsequenzen» mit der Durchführung der Kontrollreaktion verfolgt wird. Aus dieser Überlegung läßt sich die weitere Hypothese ableiten, daß Personen dann von vornherein auf Kontrolle verzichten, wenn sie befürchten, mit der Kontrollreaktion keinen Erfolg zu haben und ihnen die implizierten Selbstwertbeeinträchtigungen (mangelnde Kompetenzen) bedrohlicher erscheinen, als das aversive Ereignis unbeeinflußt ertragen zu müssen.

b) Vorhersehbarkeit

Die wichtigsten traditionellen Ansätze zur Vermittlung der Effekte von Vorhersehbarkeit beziehen sich primär auf zeitliche Vorhersehbarkeit. Sie postulieren überwiegend positive Auswirkungen zeitlicher Vorhersehbarkeit, so z. B. weil eine Person bei deren Vorliegen Phasen relativer Sicherheit ausmachen und sich während dieser Phasen entspannen kann (Sicherheits-Signal-Hypothese; SELIGMAN, 1968, 1975), weil Vorhersehbarkeit einer Person den zeitlich optimalen Einsatz vorbereitender adaptiver Reaktionen (wie Zähne zusammenbeißen) ermöglicht (PERKINS, 1955, 1968) oder weil Unsicherheit Konflikt und Überraschung bedingt und damit Erregung hervorruft (BERLYNE, 1960). Nach MATTHEWS, SCHEIER, BRUNSON & CARDUCCI (1980) sowie COHEN (1976) wird unvorhersehbaren Ereignissen mehr Aufmerksamkeit zugewendet, so daß in der Antizipationsphase die physiologische Habituation und Adaptation erschwert wird (MATTHEWS et al., 1980) und sowohl in der Einwirkungsphase, stärker aber noch in der post-Stressor-Phase aufgrund kognitiver Ermüdung weniger Aufmerksamkeit für die Bearbeitung weiterer Aufgaben zur Verfügung steht. Tatsächlich konnten MATTHEWS et al. (1980) aufzeigen, daß die positiven Effekte von Vorhersehbarkeit dann nicht mehr auftraten (die Vpn berichteten nicht mehr über weniger physische Symptome), wenn die Vpn aufgefordert wurden, auch vorhersehbarem Lärm Aufmerksamkeit zuzuwenden. Insgesamt trifft jedoch für alle genannten Erklärungsansätze mindestens einer der beiden folgenden Kritikpunkte zu (MILLER, 1981): (a) der Ansatz ist mit einem oder mehreren der vorne genannten Ergebnisse inkonsistent (meist entweder mit der höheren Erregung in der Antizipationsphase oder dem Fehlen konsistenter Streßreduktion in der Einwirkungsphase), oder (b) er macht ohne weitere Zusatzannahmen nicht zu allen Phasen der Exposition an einen aversiven Stressor Aussagen.

Die Effekte *inhaltlicher* Vorhersehbarkeit (vor allem die differentiellen Effekte verschiedener Informationsarten) lassen sich nach MILLER (1981) am besten durch neuere informationsverarbeitungstheoretische Ansätze erklären, nach denen das Ausmaß der negativen Folgen des betreffenden Ereignisses davon abhängt, wie die vorgegebenen Informationen verarbeitet werden (z. B. welche Assoziationen und Erwartungen sie hervorrufen und ob sie bestimmte kognitive Kontrollstrategien wie Umbewertung oder Ablenkung induzieren oder verhindern).

Zusammenfassend läßt sich somit feststellen, daß auch in bezug auf die Vorhersehbarkeit nicht ein einziger Ansatz *alle* empirischen Befunde befriedigend erklären kann.

c) Kognitive und retrospektive Kontrolle

Die ursprünglich für Beeinflußbarkeit aufgestellte Minimax-Hypothese kann auch auf kognitive Kontrolle übertragen werden (THOMPSON, 1981), die somit den durch aversive Ereignisse bedingten Streß zu dem Grad reduziert, zu dem die entsprechenden kognitiven Strategien (Umbewertung des Stressors, Hervorhebung positiver Aspekte, Ablenkung usw.) zu einer Reduktion der wahrgenommenen Gefahr führen. Die Effekte retrospektiver Kontrolle werden vermutlich dadurch vermittelt, daß die Attribution eines Ereignisses auf veränderbare und/oder kontrollierbare Faktoren impliziert, daß dieses Ereignis in Zukunft vermieden werden kann. Eine weitere Funktion retrospektiver Kontrolle kann darin gesehen werden, den Glauben an eine geordnete, sinnvoll strukturierte Umwelt aufrechtzuerhalten, in der dem (unberechenbaren) Zufall eine minimale Rolle zukommt. Es wurde jedoch auch aufgezeigt, daß die kognitiven Reaktionen auf aversive Ereignisse offenbar auch durch andere Motive (wie das zur Vermeidung der Wahrnehmung eigener Schuld) beeinflußt werden, und daß hier eine umfassendere Analyse nötig ist.

Zusammenfassend stellt sich somit heraus, daß bisher kein vermittelnder Prozeß identifiziert werden konnte, mit dem alle zu den verschiedenen Kontrollformen aufgezeigten empirischen Ergebnisse erklärt werden können, was auch speziell für die beiden Kontrollformen Beeinflußbarkeit (MILLER, 1979) und Vorhersehbarkeit (MILLER, 1981) nachgewiesen wurde. Ebenso wie für die empirischen Ergebnisse zeigt sich damit auch für deren theoretische Erklärung, daß eine globale eindimensionale Betrachtung nicht ausreicht, um der Komplexität des Phänomens «Streßreduktion durch Kontrollmöglichkeiten» gerecht zu werden (vgl. auch CORNELIUS & AVERILL, 1980). Die zukünftige Forschung wird sich daher bemühen müssen, den Stellenwert der verschiedenen vermittelnden Mechanismen zu bestimmen.

2.3. Zur Differenzierung der Vorhersagen bzgl. der Reaktion auf Kontrollverlust

Die im letzten Kapitel vorgestellten Hypothesen bezüglich der Auswirkungen wahrgenommenen Kontrollverlustes lassen sich im Hinblick auf die Aktivität/Passivität der Reaktion auf Kontrollverlust sowie im Hinblick auf deren Intensität, Stabilität und Globalität noch spezifizieren. Die Ausprägung der Reaktion hinsichtlich der genannten Kennwerte wird als abhängig davon betrachtet,
a) wie stark die Überzeugung ist, keine Kontrolle ausüben zu können,
b) welche subjektive Bedeutung dem nicht zu kontrollierenden Ereignis zukommt und
c) welchen Ursachen der wahrgenommene Kontrollverlust zugeschrieben wird.

Aussagen zum Einfluß dieser Faktoren finden sich bisher hauptsächlich in der Reformulierung der Theorie der gelernten Hilflosigkeit durch ABRAMSON, SELIGMAN & TEASDALE (1978) sowie in dem Versuch der Integration der Theorie der gelernten Hilflosigkeit und der Reaktanztheorie von WORTMAN & BREHM (1975). Die darzustellenden Ergebnisse beziehen sich daher überwiegend auf die Nacheffekte fehlender Beeinflußbarkeit. Abschließend soll jedoch auch die Übertragbarkeit der entsprechenden Befunde auf andere Kontrollformen kurz angesprochen werden.

a)   Der Einfluß der Stärke der Überzeugung, keine Kontrolle ausüben zu können
Als problematisch für die Theorie der gelernten Hilflosigkeit stellten sich zunächst Befunde dar, nach denen erlebte Unbeeinflußbarkeit nicht

zu einer Minderung, sondern zu einer Verbesserung anschließender Leistungen führte (ROTH & BOOTZIN, 1974; THORNTON & JACOBS, 1972).
Diese und ähnliche Ergebnisse veranlaßten WORTMAN & BREHM (1975) zu einer Integration der Theorie der gelernten Hilflosigkeit und der Reaktanztheorie, in der sie annehmen, daß durch Unbeeinflußbarkeitserfahrungen geringeren Ausmaßes zunächst nicht Hilflosigkeit, sondern der motivationale Zustand der Reaktanz hervorgerufen wird.[10] Dieser ist auf eine aktive Wiederherstellung verlorener Handlungsfreiheit (in diesem Falle in Form der Möglichkeit zur Ausübung von Beeinflußbarkeit) gerichtet und von Ärger begleitet. Die Reaktanzmotivation nimmt jedoch mit länger andauernder Unbeeinflußbarkeit wieder ab und geht in Motivationsverlust, kognitive Defizite und depressiven Affekt über, wenn die Erwartung, Beeinflußbarkeit ausüben zu können, aufgegeben wird. Diese Annahmen WORTMANS und BREHMS konnten in einer Reihe empirischer Untersuchungen mit mindestens dreistufiger Variation des Ausmaßes erlebter Unbeeinflußbarkeit bestätigt werden (BAUM & GATCHEL, 1981; PITTMAN & PITTMAN, 1980; ROTH & KUBAL, 1975). Wie schnell Beeinflußbarkeitserwartungen aufgegeben werden, hängt allerdings nach PITTMAN & PITTMAN (1979) neben von dem Ausmaß akutell erlebter Unbeeinflußbarkeit auch davon ab, in welchem Ausmaß eine Person in eine Situation bereits generalisierte Erwartungen darüber einbringt, ob ihr zustoßende Ereignisse von ihren eigenen Handlungen oder von anderen Personen oder Mächten abhängen (internale vs. externale Kontrollüberzeugungen, ROTTER, 1966; MIELKE, 1982). Nach Unbeeinflußbarkeitserfahrungen geringeren Ausmaßes reagierten Personen mit internalen Kontrollüberzeugungen mit Leistungssteigerungen, Personen mit externalen Kontrollüberzeugungen zeigten jedoch bereits hier Leistungsbeeinträchtigungen (allerdings waren auch sie ärgerlicher). Nach fortdauernder wahrgenommener Unbeeinflußbarkeit fielen die Leistungen von Personen mit externalen Kontrollüberzeugungen noch weiter ab, die Beeinträchtigungen waren jedoch weniger stark als die Internaler. Personen scheinen demnach solange, wie sie aufgrund eigener generalisierter Überzeugungen und/oder situativer Bedingungen noch erwarten, Beeinflußbarkeit ausüben zu können, mit aktiven Versuchen zu deren Aufrechterhaltung/Wiederherstellung zu reagieren und erst dann zunehmend die typischen Folgen wahrgenommenen Kontrollverlustes zu zeigen, wenn sie diesbezügliche Erwartungen aufgeben müssen.

b) Der Einfluß der Bedeutung wahrgenommener Unbeeinflußbarkeit
Nach WORTMAN & BREHM (1975) wird die Intensität sowohl aktiver als auch passiver Reaktionen auf wahrgenommene Unbeeinflußbarkeit von

---

[10] Vgl. zur Theorie psychologischer Reaktanz z.B. GNIECH & GRABITZ (1978).

der subjektiven Bedeutsamkeit des nicht beeinflußbaren Ereignisses/Zustandes bestimmt. ROTH & KUBAL (1975) variierten neben dem Ausmaß der Unbeeinflußbarkeit (eine Aufgabe mit kontingentem Feedback, eine Aufgabe mit nicht-kontingentem oder zwei Aufgaben mit nicht-kontigentem Feedback) auch die subjektive Bedeutung dieser Aufgabe, indem sie diese den Vpn als guten Prädiktor für die Leistungen im College vs. lediglich als Aufgabe in einem Lernexperiment darstellten. Dabei fanden sie zwar bei beiden Aufgabentypen die nach dem Modell von WORTMAN und BREHM zu erwartende kurvilineare Beziehung zwischen dem Ausmaß der Unbeeinflußbarkeit und den Leistungen der Vpn. Allerdings zeigten nach *weniger starken* Unbeeinflußbarkeitserfahrungen die Vpn, die glaubten, eine bedeutsame Aufgabe zu bearbeiten, keine größeren Leistungssteigerungen als Vpn, die glaubten, eine unbedeutsame Aufgabe zu bearbeiten (d.h. keine stärkeren aktiven Reaktionen bei bedeutsamen Aufgaben). Außerdem zeigten nach Unbeeinflußbarkeitserfahrungen in *stärkerem Ausmaß* nur die Vpn mit einer bedeutsamen Aufgabe Leistungsbeeinträchtigungen gegenüber der Kontrollgruppe mit kontingendem Feedback; die Vpn, die glaubten, eine unbedeutende Aufgabe zu bearbeiten, unterschieden sich von dieser Kontrollgruppe nicht. Die Ergebnisse werden von ROTH und KUBAL dahingehend interpretiert, daß bei höherer Bedeutung des Ereignisses/Zustandes angesichts anscheinender Unbeeinflußbarkeit die Kontrollerwartungen schneller aufgegeben werden.

c) Der Einfluß von Attributionsprozessen
Als zentrale Neuerung postulieren ABRAMSON et al. (1978) in ihrer Reformulierung der Theorie der gelernten Hilflosigkeit, daß die Reaktion auf wahrgenommene Unbeeinflußbarkeit auch davon abhängt, welchen Ursachen die Unbeeinflußbarkeit zugeschrieben wird. Diese Attributionen können auf verschiedenen Dimensionen variieren, so hinsichtlich ihrer Internalität/Externalität (eine Person nimmt die Unabhängigkeit von Handlung und Folge als nur für sich selbst vorliegend vs. als für alle Personen vorliegend wahr), hinsichtlich ihrer Globalität/Spezifität (die vorliegenden Ursachen bedingen Unbeeinflußbarkeit eines spezifischen vs. mehrerer Ereignisse/Ergebnisse) oder hinsichtlich ihrer Stabilität/Variabilität (die Ursachen werden als zeitlich stabil vs. als veränderlich wahrgenommen). Im einzelnen kommen ABRAMSON et al. (1978) zu folgenden Vorhersagen:
(1) Internale Attribution führt zu persönlicher Hilflosigkeit (die Person sieht nur sich selbst als hilflos an), externale Attribution führt zu universeller Hilflosigkeit (alle Personen sind gegenüber einem bestimmten Ereignis/Zustand hilflos). Persönliche und universelle Hilflosigkeit unterscheiden sich dadurch, daß internale Attribution

persönliche Hilflosigkeit) zusätzlich das Selbstwertgefühl einer Person herabsetzt.

(2) Erlernte Hilflosigkeit wird um so breiter generalisiert (d.h. gegenüber um so mehr Ereignissen/Zuständen erwartet), je globaleren Ursachen sie zugeschrieben wird.

(3) Erlernte Hilflosigkeit dauert um so länger an, je stabileren Ursachen sie zugeschrieben wird.

(4) Die Intensität der Defizite hängt von der Stärke oder Sicherheit der Erwartungen zukünftiger Unkontrollierbarkeit ab, im Falle der affektiven Reaktionen und der Beeinträchtigungen des Selbstwertgefühls zusätzlich von der Wichtigkeit der Handlungsergebnisse.

Die in der reformulierten Theorie der gelernten Hilflosigkeit genannten Hypothesen bezüglich der Auswirkungen unterschiedlicher Attributionen wurden in einer ganzen Reihe von Untersuchungen überprüft, die nach der Literaturübersicht von MILLER & SELIGMAN (1982) insgesamt die Theorie bestätigen. An fast allen Untersuchungen ist jedoch problematisch, daß die Attributionen der Vpn nicht nur auf einer, sondern auf mehreren Dimensionen gleichzeitig variiert wurden. So wurden z.B. in einigen Untersuchungen (DYCK, VALLENTYNE & BREEN, 1979; TENNEN & ELLER, 1977; WORTMAN, PANCIERA, SHUSTERMAN & WIBSCHER, 1976) Vpn miteinander verglichen, die die erlebte Unbeeinflußbarkeit auf mangelnde eigene Fähigkeit vs. auf die Aufgabenschwierigkeit attribuieren sollten. Diese Attributionsalternativen variieren aber auf allen dreien der oben genannten Attributionsmethoden, so daß die Ergebnisse im Hinblick auf ihre Übereinstimmung mit den Vorhersagen nicht eindeutig zu beurteilen sind.

Auch die reformulierte Theorie der gelernten Hilflosigkeit selbst wurde jedoch stark kritisiert (vgl. bereits WORTMAN & DINTZER, 1978). So kann z.B. auch die reformulierte Version Leistungs*steigerungen* nach erlebter Unbeeinflußbarkeit nicht erklären. Diese fanden sich aber in mehreren Untersuchungen (neben den oben genannten auch bei DOUGLAS & ANISMAN, 1975, sowie TENNEN & ELLER, 1977), z.T. sogar unter Bedingungen, die den Vpn eine Attribution der erlebten Unbeeinflußbarkeit auf mangelnde eigene Fähigkeit nahelegten (HANUSA & SCHULZ, 1977; WORTMAN et al., 1976; DYCK et al., 1979). Weiterhin zeigten sich in einer Reihe von Untersuchungen zwar die vorhergesagten Zusammenhänge zwischen den erhobenen Leistungsindikatoren und den experimentellen Manipulationen zur Variation der Attributionen, nicht jedoch die erwarteten Beziehungen zwischen ersteren und den ebenfalls erhobenen tatsächlichen Attributionen der Vpn (z.B. bei PASAHOW, 1980, und DYCK et al., 1979; vgl. auch die Beiträge des diesem Thema gewidmeten Sonderheftes des Journal of Personality, 1982). Mit diesen (und weiteren in der Literatur genannten) Kritikpunkten steht die reformulierte Theorie der gelernten Hilflosigkeit vor einer ganzen Reihe von Problemen, die z.Zt. eine eher kritische Beurteilung der Theorie angebracht erscheinen lassen (s. a. SAUER & MÜLLER, 1980).

Obwohl die genannten Hypothesen über die Abhängigkeit der Reaktionen auf Kontrollverlust bisher fast ausschließlich in bezug auf Beeinflußbarkeitseffekte überprüft worden sind, lassen sie sich durchaus auf die anderen genannten Kontrollformen übertragen. So ist anzunehmen, daß Personen nur so lange nach Informationen über oder Erklärungen für aversive Ereignisse suchen oder sich um kognitive Kontrollstrategien, wie z.b. Uminterpretation oder Ablenkungen, bemühen, wie sie antizipieren, dadurch die wahrgenommene Bedrohung reduzieren zu können (d.h. solange noch Kontrollerwartungen bestehen). Ebenso ist anzunehmen, daß um so stärkere Informations- oder Erklärungssuche oder kognitive Aktivität einsetzt, je bedeutsamer der wahrgenommene Verlust an Kontrolle über ein Ereignis/einen Zustand für eine Person ist. Unterschiede zwischen verschiedenen Kontrollformen bestehen jedoch vermutlich darin, wie schnell die Erwartungen bezüglich der Möglichkeit zur Ausübung von Kontrolle aufgegeben werden. So ist z.b. Vorhersehbarkeit, kognitive Kontrolle oder im Extremfall retrospektive Kontrolle auch dann noch möglich, wenn Beeinflußbarkeit offensichtlich nicht ausgeübt werden kann (s. a. PITTMAN & PITTMAN, 1980, sowie das Konzept der «sekundären Kontrolle» von ROTHBAUM, WEISZ & SNYDER, 1983). Im Hinblick auf die Auswirkungen unterschiedlicher Attributionen des Verlustes von Kontrolle in anderen Formen als Beeinflußbarkeit läßt sich z.b. annehmen, daß die Nacheffekte fehlender Vorhersehbarkeit um so stärker sind, je mehr diese eigenen Versäumnissen zugeschrieben wird («das hätte ich vorhersehen müssen»). Wie diese beispielhaften Überlegungen zeigen, führt die Übertragung der in diesem Abschnitt dargestellten Ergebnisse auf andere Kontrollformen zu einer ganzen Reihe weiterer Fragestellungen, die in der weiteren Forschung zur kognizierten Kontrolle überprüft werden sollten.

3. Exemplarische Beispiele anwendungsorientierter Forschung im Rahmen der Theorie der kognizierten Kontrolle

Neben den in Kap. 2.2. dargestellten überwiegend grundlagenorientierten Forschungsarbeiten wurden auf der Basis kontrolltheoretischer Ansätze zahlreiche anwendungsorientierte Studien insbesondere im Bereich der Gesundheitspsychologie durchgeführt. Um der Bedeutung der kontrolltheoretischen Forschung insgesamt gerecht zu werden, sollen daher abschließend einige dieser Forschungsarbeiten exemplarisch vorgestellt werden.

3.1. Kontrolltheoretische Beiträge zur Gesundheitspsychologie

Wie bereits verschiedentlich angedeutet, werden als Folgen von Kontrollverlust nicht nur relativ kurzfristige Belastungserscheinungen, sondern auch Beeinträchtigungen der physischen und psychischen Gesundheit (bis hin zu «plötzlichen Todesfällen») diskutiert (GREENE, GOLDSTEIN & MOSS, 1972; RICHTER, 1957; ENGEL, 1968; SELIGMAN, 1975). Dementsprechend wird in der Life-Event-Forschung, innerhalb derer die Beziehung zwischen belastenden Lebensereignissen und der Auftretenswahrscheinlichkeit physischer und psychischer Erkrankungen untersucht wird (vgl. zum Überblick KATSCHNIG, 1980), neben der zeitlichen Häufung oder Belastungswirkung von Lebensereignissen zunehmend auch deren wahrgenommene Kontrollierbarkeit als Prädiktorvariable berücksichtigt. So fanden z.b. SULS & MULLEN (1981) in retrospektiven und prospektiven Befragungen einer studentischen Population, daß nur gleichzeitig unerwünschte und unkontrollierbare Lebensereignisse in signifikanter Beziehung zu Symptomen psychischer Belastung standen. In einer Untersuchung von PARKES (1975) bewältigten Frauen, für die der Zeitpunkt des Todes ihres Ehepartners vorhersehbar war, dessen Konsequenzen weitaus besser als Frauen, für die dieser überraschend eintrat. SCHMALE & IKER (1966) prognostizierten bei Frauen mit einheitlich krebsverdächtigem Befund erfolgreich das Eintreten oder Nicht-Eintreten der Krankheit in Abhängigkeit von dem vorherigen Auftreten belastender Lebensereignisse, auf die mit Hoffnungslosigkeit reagiert worden war. Die Rolle wahrgenommenen Kontrollverlustes als vermittelnde Variable für die Auswirkungen von Streß auf Entwicklung und Wachstum von Krebs konnte weiterhin in besonders eindrucksvoller Weise – wenn auch in tierexperimentellen Befunden – von SKLAR & ANISMAN (zusammenfassend 1981) aufgezeigt werden. Die Autoren fanden bei Mäusen, denen Krebszellen injiziert worden waren, dann ein früheres Erscheinen und schnelleres Wachstum von Tumoren, wenn die Mäuse nach der Injektion unkontrollierbaren elektrischen Schlägen ausgesetzt waren, als wenn sie der elektrischen Stimulation nach kurzer Zeit entkommen konnten (wobei keine Unterschiede im Ausmaß der elektrischen Stimulation bestand). Ähnliche Auswirkungen wie das Ausgesetztsein an elektrische Schläge hatte sozialer Streß (operationalisiert über eine Veränderung der Haltungsbedingungen der Mäuse von Isolation zu Gemeinschaftskäfigen und umgekehrt). Das letztere Ergebnis findet eine vorsichtige Bestätigung im Humanbereich durch die Befunde von SCHULZ & ADERMAN (1973), die bei einer Analyse der Daten von Patienten eines Pflegeheims für unheilbar Krebskranke eine durchschnittlich um einen Monat längere Lebensdauer fanden, wenn die Patienten aus einer anderen Institution in das Pflegeheim verlegt worden waren, als wenn sie aus einer häuslichen Umgebung kamen. Die Autoren sehen diese Herabsetzung der Lebensdauer dadurch vermittelt, daß durch die relativ stärkeren Umweltveränderungen einer Umsiedlung von zu Hause in eine Institution Gefühle der Hilflosigkeit und des Kontrollverlustes entstanden sind.

Zusammengenommen weisen alle zitierten Ergebnisse darauf hin, daß nicht nur belastende Lebensereignisse, sondern speziell deren Unkontrollierbarkeit eine wichtige Determinante psychischer und physischer Erkrankungen darstellt (vgl. für eine ausführlichere Diskussion BRAUKMANN & FILIPP, 1978).

Weitere im Bereich «Kontrolle und Gesundheit» untersuchte Fragestellungen betreffen (1) die Abhängigkeit des Verlaufes von Krankheiten bzw. von Genesungsprozessen von aktuell kognizierten Kontrollmöglichkeiten sowie (2) die Auswirkung der durch Depersonalisation und Kontrollverlust gekennzeichneten Krankenhausumgebung.

Zu der ersten Fragestellung stellten FREY, ROGNER & HAVEMANN (1983) in der bereits erwähnten Studie fest, daß Unfallpatienten, die glaubten, selbst Kontrollmöglichkeiten über den Verlauf ihres Genesungsprozesses zu haben, signifikant kürzere Zeit in der Klinik verbrachten als Patienten, die ihre eigenen Kontrollmöglichkeiten als gering einschätzten (wobei das Ausmaß der Verletzungsschwere statistisch kontrolliert wurde). Weiterhin fanden TAYLOR, LICHTMAN & WOOD (1984) bei Brustkrebspatientinnen eine bessere Bewältigung der Krankheit, wenn diese glaubten, sie selbst oder andere Personen könnten den Verlauf ihrer Krankheit beeinflussen.

In bezug auf die zweite Fragestellung fanden RAPS, PETERSON & SELIGMAN (1982) in einer Langzeitstudie über 24 Wochen bei hospitalisierten Patienten eine Abnahme der Leistungsfähigkeit, Zunahme depressiver Symptome sowie zunehmende Anfälligkeit für die Nacheffekte aversiver Stimulation, wobei die Autoren diese Befunde im Anschluß an TAYLOR (1979) als Folge erlebter Unkontrollierbarkeit der Bedingungen im Krankenhaus interpretieren (zur Kritik dieser Argumentation vgl. jedoch BALTES & SKINNER, 1983; PETERSON & RAPS, 1984). Die Tatsache, daß der kontrolltheoretische Ansatz wichtige Beiträge zu der zur Zeit vor allem in der US-amerikanischen Sozialpsychologie aktuellen Gesundheitspsychologie geleistet hat, hat sicherlich wesentlich zu seiner Popularität beigetragen.

3.2. Die Altersheim-Untersuchungen

Spezielle Beachtung hat in der Forschung zur kognizierten Kontrolle das Befinden älterer Personen in Institutionen wie Alters- oder Pflegeheimen gefunden. Dabei stellt nicht nur die Umsiedlung in eine solche Institution ein lebensveränderndes Ereignis dar, bei der der Grad der Vorhersehbarkeit und Beeinflußbarkeit dieser Veränderungen deren negative Folgen moderiert (SCHULZ & BRENNER, 1977), sondern auch nach der Umsiedlung scheint das Befinden älterer Heimbewohner dann besser zu sein, wenn ihnen Möglichkeiten, Kontrolle auszuüben, zur Verfügung stehen. Zur Überprüfung dieser Annahme ließ SCHULZ (1976) die Bewohner eines Altersheimes Besuche von Studenten empfangen (wobei angenommen wurde, daß diese positive Ereignisse für die Bewohner des Heimes darstellen) und ermöglichte den Vpn unterschiedliche Grade von Kontrolle darüber, wann diese Besuche stattfanden und wie lange sie andauerten. So konnte die erste Gruppe Zeitpunkt und Dauer der Besuche selbst bestimmen und verfügte somit sowohl über Vorhersehbarkeit als auch über Beeinflußbarkeit. Einer zweiten Gruppe wurde Zeitpunkt und Dauer der zu erwartenden Besuche lediglich vorher angekündigt (nur Vorhersehbarkeit), eine dritte Gruppe wurde über Zeitpunkt und Dauer der Besuche nicht vorher informiert und eine vierte Gruppe erhielt keine Besuche (Kontrollgruppe). Indikatoren des psychischen und physischen Zustandes sowie das Aktivitätsniveau der Altersheimbewohner zeigten deutliche Verbesserungen in den Gruppen mit Beeinflußbarkeit und/oder zumindest Vorhersehbarkeit gegenüber den beiden anderen Gruppen. Eine ähnliche Untersuchung wurde durchgeführt von LANGER & RODIN (1976), die bei einer Gruppe von Bewohnern eines Altersheims deren Verantwortlichkeit für sich selbst betonten, während bei einer anderen Gruppe die Verantwortlichkeit des Pflegepersonals hervorgehoben wurde. Zusätzlich konnten der ersten Gruppe zugeordnete Personen die Versorgung einer Zimmerpflanze selbst übernehmen, während dies in der anderen Gruppe Aufgabe des Pflegepersonals war. Selbst- und Fremdeinschätzungen der Vpn sowie Verhaltensmaße ergaben für die Gruppe mit wahrgenommener eigener Verantwortung deutlich höhere Werte hinsichtlich Zufriedenheit, geistiger Wachheit und der Teilnahme an Aktivitäten.

Obwohl somit in beiden dargestellten Untersuchungen positive Effekte wahrgenommener Beeinflußbarkeit und/oder Vorhersehbarkeit gefunden wurden, unterscheiden sich beide Arbeiten jedoch in bezug auf die ebenfalls untersuchten langfristigen Auswirkungen der Kontrollvariablen. Während RODIN & LANGER (1977) ein Andauern der positiven Effekte fanden, hatte sich in der Nachuntersuchung von SCHULZ & HANUSA (1978) das psychische und physische Allgemeinbefinden der Vpn der Gruppen mit wahrgenommener Beeinflußbarkeit und/oder Vorhersehbarkeit wieder verschlechtert (einzelne Indikatoren fielen sogar unter die Ausgangswerte). SCHULZ & HANUSA (1978) erklären diesen Abfall als Folge der Verletzung gebildeter Kontrollerwartungen durch die Beendigung der Studie (speziell durch den mit dem Ausbleiben der Besuche verbundenen Verlust von Kontrollmöglichkeiten). Insgesamt legen die genannten Studien die Vermutung nahe, daß die häufig bei älteren Personen zu beobachtenden Charakteristika wie Depression, Hilflosigkeit und physischer Abbau zumindest teilweise auf das Fehlen von Kontrollmöglichkeiten über die Umwelt zurückgeführt werden können.

3.3. Umweltpsychologische Aspekte

Kognitionen von Kontrolle bzw. Kontrollverlust haben sich auch in anderen Bereichen der Angewandten Psychologie wie z.B. der Umweltpsychologie als relevant erwiesen. Auf die Bedeutung unvorhersehbaren/unbeeinflußbaren Lärms weisen die bereits zitierten Laborexperimente von GLASS & SINGER (1972) hin. Einen anderen Stressor betrachteten DAVISON, BAUM & COLLINS (1982). Sie untersuchten eine Personengruppe, die Kontrollverlust aufgrund eines besonderen Ereignisses in ihrer Umwelt, nämlich des Kernreaktorunfalls in Three Miles Island, kognizieren sollten. Personen, die in unmittelbarer Nähe des Kernreaktors wohnten, zeigten sowohl geringere Erwartungen bezüglich der eigenen Kontrollmöglichkeiten über zukünftige Ereignisse in ihrem Leben, als auch geringere Leistungen und eine schwächer ausgeprägte Frustrationstoleranz bei schwierigen, aber lösbaren kognitiven Aufgaben als vergleichbare Personen, die in einem über 100 km entfernten Ort wohnten.

Auch Einschränkungen des einer Person zur Verfügung stehenden Raumes können zu Kontrollverlust, z.B. in Form reduzierter Möglichkeiten zur Vorhersehbarkeit und Regulation sozialer Kontakte (BAUM & GATCHEL, 1981), Einschränkungen der eigenen Verhaltensmöglichkeiten (PROSHANSKY, ITTELSON & RIVLIN, 1972) oder des Verlustes der Möglichkeit zur Herstellung von Privatheit (ALTMAN, 1975) führen. RODIN (1976) zeigte in zwei Experimenten auf, daß Kinder aus beengten Wohnverhältnissen weniger häufig von experimentell bereitgestellten Kontrollmöglichkeiten Gebrauch machten und nach Unbeeinflußbarkeitserfahrungen schlechtere Leistungen zeigten als Kinder aus weniger beengten Wohnverhältnissen. BAUM & GATCHEL (1981) untersuchten Studenten, die sich in ihrem Wohnheim Aufenthaltsräume, Bäder und Korridore mit vielen (32 bis 40) oder weniger (6 bis 20) Personen teilen mußten. Sie fanden in einem Zeitraum von zehn Wochen bei Studenten der ersten Gruppe eine Abnahme der wahrgenommenen Kontrolle im Wohnheim (z.B. der Vorhersehbarkeit und Regulation sozialer Kontakte) sowie eine zunehmend externale Attribution für ungelöste kontrollrelevante Probleme im Wohnheim. In beiden Untersuchungen kann allerdings nicht ausgeschlossen werden, daß die aufgezeigten Unterschiede zwischen Personen aus beengten und weniger beengten Wohnverhältnissen durch andere Variablen bedingt sind. In weiteren Untersuchungen konnte jedoch zusätzlich aufgezeigt werden, daß die Belastungen durch räumliche und/oder situationale Dichte besonders von Personen empfunden werden, die sich durch eine hohe Kontrollmotivation auszeichnen (BURGER, OAKMAN & BULLARD, 1983) und daß diese Belastung reduziert werden kann, indem Kontrollmöglichkeiten eingeführt werden, z.b. in Form des Angebotes, den Raum jederzeit wieder verlassen zu können, falls nötig (SHERROD, 1974), in Form der Möglichkeit, Anfang oder Ende von Gruppenaktivitäten bestimmen zu können (RODIN, SOLOMON & METCALF, 1978, 2. Exp.) oder in Form von räumlicher Nähe zu den Bedienungsknöpfen eines Fahrstuhls (Vpn der Vergleichsgruppe wurden weiter entfernt von diesen postiert, RODIN et al., 1978, 1. Exp.). Aufgrund der Ergebnisse dieser (und anderer) Untersuchungen nimmt in der Crowding-Forschung die Annahme, die Folgen räumlicher Dichte würden durch Kontrollverlusterlebnisse vermittelt, eine zentrale Rolle ein (vgl. auch den Beitrag von SCHULZ-GAMBARD in diesem Band).

ALLEN und GREENBURGER (1980) schließlich erklären auch noch einen weiteren Aspekt der Auseinandersetzung von Individuen mit ihrer Umwelt kontrolltheoretisch: Sie betrachten destruktives Verhalten (Zerstörung von Gebäuden und Einrichtungen, Vandalismus, Bemalen von Wänden und ähnliches) sowohl als mögliche Reaktion auf wahrgenommenen Kontrollverlust als auch als Mittel zur Wiederherstellung der Wahrnehmung von Selbsteffizienz und eigener Einflußmöglichkeiten. Zur Unterstützung ihrer Argumentation konnten ALLEN & GREENBURGER (1980) in Laborexperimenten aufzeigen, daß durch einen destruktiven Akt das Gefühl der wahrgenommenen Kontrolle erhöht werden kann, und daß dieser Anstieg der wahrgenommenen Kontrolle nach einem destruktiven Akt besonders stark ist, wenn den Vpn vorher Mißerfolg beim Versuch der Lösung einer Aufgabe rückgemeldet worden war (vorheriger Kontrollverlust).

Die geschilderte Forschung zu den Auswirkungen unkontrollierbarer Lebensereignisse und -umstände zeigt deutlich die Bedeutung kognizierter Kontrollmöglichkeiten über diese auf. Werden keine Kontrollmöglichkeiten kogniziert, so kann es zu einer Erhöhung von Streß bis hin zur Beeinträchtigung der Gesundheit, zu Passivität durch Reduktion der Kontrollerwartungen oder zu kompensatorischem Fehlverhalten kommen. Die praktischen Konsequenzen, die sich aus dieser Forschung ergeben können, reichen damit von Forderungen nach Programmen zur Vorbereitung älterer Menschen auf die Umsiedlung in Alters- und Pflegeheime, nach präventiver Vorbereitung auf absehbare Lebensereignisse und nach entsprechender Gestaltung von Heimen und Wohnungen (ausreichende Größe) bis hin zu Vorschlägen für die Vorbereitung von Pa-

162

tienten auf Operationen sowie die psychologische Begleitung von Genesungsprozessen.

4. Schluß

In dem vorliegenden Artikel wurde versucht, die zentralen Annahmen der kontrolltheoretischen Forschung darzustellen und empirisch zu belegen. Dabei wurde deutlich, daß die Grundannahmen der Forschung zur kognizierten Kontrolle aufgrund des erreichten Forschungsstandes erheblich differenziert werden mußten. So wird die Annahme einer Kontrollmotivation zwar – vorbehaltlich informationsverarbeitungstheoretischer Alternativerklärungen – durch die Ergebnisse aus verschiedenen Forschungsbereichen gestützt, gleichzeitig scheint das Ausmaß der Kontrollmotivation jedoch sowohl in Abhängigkeit von bestimmten situativen Bedingungen als auch interindividuell zu variieren. Ebenfalls differenziert werden mußte die Annahme, daß die Wahrnehmung oder Durchführung von Kontrollmöglichkeiten unter allen Umständen positive Auswirkungen hat. Dabei wurde auch deutlich, daß sowohl im Hinblick auf die Prognose der Auswirkungen des Vorhandenseins oder Fehlens von Kontrolle als auch im Hinblick auf die Erklärung aufgezeigter empirischer Zusammenhänge keine der dargestellten Ansätze den gesamten Bereich der Kontrollforschung erfaßt. Für die weitere Entwicklung ergeben sich somit zwei Zielrichtungen: Zum einen ist es sicherlich sinnvoll, die Effekte einzelner Kontrollformen (oder Phänomene) genauer dahingehend zu analysieren, durch welche Mechanismen sie vermittelt werden. Zum anderen erhebt sich aber auch die Forderung nach einer integrativen Theorie, mit der alle bisher aufgezeigten empirischen Ergebnisse umfassend erklärt werden können. Eine solche Theorie sollte auch zu den folgenden Punkten Aussagen enthalten, die abschließend als weitere mögliche Forschungsrichtungen zur Diskussion gestellt werden sollen:

(1) Bisher nicht geklärt ist die Frage, welche Auswirkungen die Wahrnehmung von Kontrolle bzw. des Fehlens von Kontrolle über ausschließlich positive Ereignisse hat. Bisher vereinzelt vorgelegte Forschungsergebnisse lassen vermuten, daß nicht-kontingente *positive* Verstärkung nicht zu Symptomen gelernter Hilflosigkeit führt (vgl. SAUER & MÜLLER, 1980), und daß Personen dann nicht um die Möglichkeit zur Entscheidung zwischen zwei Alternativen bemüht sind, wenn ihnen ein positives Ereignis ohnehin gesichert erscheint (vgl. 2.1.4).

Anderseits ist jedoch nicht anzunehmen, daß die Beeinflußbarkeit positiver Ereignisse generell für Personen ohne Bedeutung ist. Ebenfalls ungeklärt ist z.Zt., ob ein Bedürfnis besteht, positive Ereignisse vorhersehen zu können. Hier eröffnen sich daher u.E. interessante Perspektiven für die zukünftige kontrolltheoretische Forschung.

(2) Interessant wäre auch die Frage, ob sich die Effekte fehlender Kontrolle auf einem Gebiet durch die Wahrnehmung von Kontrolle in einem anderen (inhaltlich unterschiedlichen) Bereich kompensieren lassen.

(3) Betrachtet man alle aversiven Ereignisse, die einer Person zustoßen können, so ist mit FREY et al. (1977) anzunehmen, daß Personen für jedes Ereignis bestimmte Erwartungen darüber haben, in welcher Form Kontrolle vorliegen sollte. Im Zusammenhang mit dieser Überlegung ließe sich die Hypothese aufstellen, daß Kontrollformen wie Vorhersehbarkeit und Erklärbarkeit um so wichtiger werden, je weniger einer Person Beeinflußbarkeit zur Verfügung steht.

(4) Eventuell muß unterschieden werden zwischen der Beeinflußbarkeit eines Ereignisses und der Beeinflußbarkeit der Folgen dieses Ereignisses. Die Beeinflußbarkeit eines Ereignisses kann für eine Person irrelevant werden, wenn sie genau weiß, daß sie die Folgen des Ereignisses für sich selbst sehr leicht vermeiden kann.

Wie diese wenigen Beispiele zeigen, sind in der Forschung zur kognizierten Kontrolle noch keineswegs alle Probleme geklärt und angesichts der Aktualität des Forschungsbereiches läßt sich erwarten (und hoffen), daß auch weiterhin neue interessante Forschungsarbeiten vorgelegt werden. Dies wäre nicht zuletzt aufgrund der außerordentlich hohen Anwendungsrelevanz der Kontrollforschung wünschenswert, die sich aus der hohen Bedeutung ergibt, die die Wahrnehmung von Kontrollmöglichkeiten über Aspekte der Umwelt für Personen anscheinend hat.

Literatur

ABRAMS, R.D. & FINESINGER, J.: Guilt reactions in patients with cancer. Cancer, 1953, 6, 474–482.

ABRAMSON, L.Y. & ALLOY, L.B.: Judgement of contingency: Errors and their implications. In: Baum, A. & Singer, E. (Eds.): Advances in Environmental Psychology, Vol. 2. Hillsdale, N.J.: Erlbaum 1980.

ABRAMSON, L.Y. & MARTIN, D.J.: Depression and the causal inference process. In: Harvey, J.H., Ickes, W. & Kidd, R.F. (Eds.): New Directions in Attribution Research, Vol. 3. Hillsdale, N.J.: Erlbaum 1981.

ABRAMSON, L.Y.; SELIGMAN, M.E.P. & TEASDALE, J.D.: Learned helplessness in humans: Critique and reformulation. Journal of Abnormal Psychology, 1978, 87, 49–74.

ADLER, A.: The science of living. New York: Greenberg 1929.

AJZEN, I.; DALTO, C.A. & BLYTH, D.P.: Consistency and bias in the attribution of attitudes. Journal of Personality and Social Psychology, 1979, 37, 1871–1876.

ALLEN, V.L. & GREENBURGER, D.G.: Destruction and perceived control. In: Baum, A. & Singer, E. (Eds.): Advances in Environmental Psychology, Vol. 2. Hillsdale, N.J.: Erlbaum 1980.

ALLOY, L.B. & ABRAMSON, L.Y.: Judgement of contingency in depressed and nondepressed students: Sadder but wiser? Journal of Experimental Psychology, General, 1979, 108, 441–485.

ALLOY, L.B. & ABRAMSON, L.Y.: The cognitive component of human helplessness and depression: A critical analysis. In: Garber, J. & Seligman, M.E.P. (Eds.): Human helplessness. New York: Academic Press 1980.

ALLOY, L.B. & ABRAMSON, L.Y.: Learned helplessness, depression, and the illusion of control. Journal of Personality and Social Psychology, 1982, 42, 1114–1126.

ALLOY, L.B. & TABACHNIK, N.: Assessment of covariation by humans and animals: The joint influence of prior expectations and current situational information. Psychological Review, 1984, 91, 112–149.

ALTMAN, I.: The environment and social behavior. Monterey: Brooks-Cole 1975.

AVERILL, J.R.: Personal control over aversive stimuli and its relationship to stress. Psychological Bulletin, 1973, 80, 286–303.

AVERILL, J.R. & ROSENN, M.: Vigilant and nonvigilant coping strategies and psychophysiological stress reactions during the anticipation of an electric shock. Journal of Personality and Social Psychology, 1972, 23, 128–141.

AVERILL, J.R.; O'BRIEN, L. & DEWITT, G.W.: The influence of response effectiveness on the preference for warning and on psychophysiological stress reactions. Journal of Personality, 1977, 45, 395–418.

BAINS, G.: Explanations and the need for control. In: Hewstone, M. (Ed.): Attribution theory. Oxford: Blackwell 1983.

BALL, T.S. & VOGLER, R.E.: Uncertain pain and the pain of uncertainty. Perceptual and Motor Skills, 1971, 33, 1195–1203.

BALTES, M.M. & SKINNER, E.A.: Cognitive performance deficits and hospitalisation: Learned helplessness, instrumental passivity, or what? Journal of Personality and Social Psychology, 1983, 45, 1013–1016.

BANDURA, A.: Self-efficacy: Toward a unifying theory of behavioral change. Psychological Review, 1977, 84, 191–215.

BAUM, A. & GATCHEL, R.J.: Cognitive determinants of reactions to uncontrollable events: Development of reactance and learned helplessness. Journal of Personality and Social Psychology, 1981, 40, 1078.

BERLYNE, D.: Conflict, arousal, and curiosity. New York: Academic Press 1960.

BERSCHEID, E.; GRAZIANO, W.; MONSON, T. & DERMER, M.: Outcome dependency: Attention, attribution, and attraction. Journal of Personality and Social Psychology, 1976, 34, 978–989.

BETTELHEIM, B.: Individual and mass behavior in extreme situations. Journal of Abnormal and Social Psychology, 1943, 38, 417–452.

BOWERS, K.: Pain, anxiety, and perceived control. Journal of Consulting and Clinical Psychology, 1968, 32, 596–602.

BRADY, J.V.; PORTER, R.W.; CONRAD, D.G. & MASON, J.W.: Avoidance behavior and the development of gastroduodenal ulcers. Journal of Experimental Analysis of Behavior, 1958, 1, 69–72.

BRAUKMANN, W. & FILIPP, S.H.: Personale Kontrolle und die Bewältigung kritischer Lebensereignisse. In: Filipp, S.H. (Hrsg.): Kritische Lebensereignisse. München: Urban & Schwarzenberg 1981.

BREWER, M.B.: An information-processing approach to attribution of responsibility. Journal of Experimental Social Psychology, 1977, 13, 58–69.

BUNSON, B.J. & MATTHEWS, K.A.: The type A coronary-prone behavior pattern and reactions to uncontrollable stress. Journal of Personality and Social Psychology, 1981, 40, 906–918.

BURGER, J.M.: Motivation biases in the attribution of responsibility for an accident: A meta-analysis of the defensive-attribution hypothesis. Psychological Bulletin, 1981, *90*, 496–512.

BURGER, J.M. & ARKIN, R.M.: Prediction, control, and learned helplessness. Journal of Personality and Social Psychology, 1980, *38*, 482–491.

BURGER, J.M. & COOPER, H.M.: The desirability of control. Motivation and Emotion, 1979, *3*, 381–391.

BURGER, J.M.; OAKENAY, J.A. & BULLARD, N.G.: Desire for control and the perception of crowding. Personality and Social Psychology Bulletin, 1983, *9*, 475–479.

CAMPBELL, J.D. & TESSER, A.: Motivational interpretations of hindsight bias: An individual analysis. Journal of Personality, 1983, *51*, 605–620.

CARVER, C.S.; COLEMAN, E.A. & GLASS, D.C.: The coronary-prone behavior pattern and the suppression of fatigue on a treadmill test. Journal of Personality and Social Psychology, 1976, *33*, 460–466.

CHODOFF, P.; FRIEDMAN, S.B. & HAMBURG, D.A.: Stress, defenses, and coping behavior. American Journal of Psychiatry, 1964, *20*, 743–749.

COHEN, S.: Environmental load and the allocation of attention. In: Baum, A. & Valins, S. (Eds.): Advances in environmental psychology, Vol. 1. Hillsdale, N.J.: Erlbaum 1976.

CORNELIUS, R.R. & AVERILL, J.R.: The influence of various types of control on psychophysiological stress reactions. Journal of Research in Personality, 1980. *14*, 503–517.

COTTON, J.L.: A review of research on Schachter's theory of emotion and the misattribution of arousal. European Journal of Social Psychology, 1981, *11*, 365–397.

COYNE, J.C.; METALSKY, G.I. & LAVELLE, T.L.: Learned helplessness as experimenter-induced failure and its alleviation with attentional redeployment. Journal of Abnormal Psychology, 1980, *89*, 350–357.

CROCKER, K.: Judgement of covariation by social perceivers. Psychological Bulletin, 1981, *90*, 272–292.

CROMWELL, R.L.; BUTTERFIELD, E.C.; BRAYFIELD, F.M. & CURRY, J.J.: Acute myocardial infaction: Reaction and recovery. St. Louis, Mo.: Mosby 1977.

DAVIES-OSTERKAMP, S.: Angst und Angstbewältigung bei chirurgischen Patienten. Medizinische Psychologie, 1977, *3*, 169–184.

DAVISON, L.M.; BAUM, A. & COLLINS, D.L.: Stress and control-related problems at Three Mile Island. Journal of Applied Social Psychology, 1982, *12*, 349–359.

DECHARMS, R.: Personal causation. New York: Academic Press 1968.

DOUGLAS, D. & ANISMAN, W.: Helplessness or expectation incongruency: Effects of aversive stimulation on subsequent performance. Journal of Experimental Psychology: Human Perception and Performance, 1975, *1*, 411–417.

DYCK, D.G.; VALLENTYNE, S. & BREEN, L.J.: Duration of failure, causal attributions for failure, and subsequent reactions. Journal of Experimental Social Psychology, 1979, *15*, 122–132.

EGBERT, L.D.; BATTIT, G.E.; WELCH, C.E. & BARTLETT, M.K.: Reduction of postoperative pain by encouragement and instruction of patients. A study of doctor-patient rapport. The New England Journal of Medicine, 1964, *270*, 825–827.

ENGEL, G.L.: A life setting conductive to illness: The giving-up-given-up complex. Annals of Internal Medicine, 1968, *69*, 293–300.

FAZIO, R.H.; COOPER, M.; DAYSON, K. & JOHNSON, M.: Control and the coronary-prone behavior pattern: Responses to multiple situation demands. Personality and Social Psychology Bulletin, 1981, *7*, 97–102.

FINCHAM, F.D. & JASPERS, J.M.: Attribution of responsibility: From man the scientist to man as lawyer. In: Berkowitz, L. (Ed.): Advances in Experimental Social Psychology, Vol. 13, New York: Academic Press 1980.

FRANKEL, A. & SNYDER, M.L.: Poor performance following unsolvable problems: Learned helplessness or egotism? Journal of Personality and Social Psychology, 1978, *36*, 1415-1423.

FREY, D.; KUMPF, R.; OCHSMAN, R.; ROST-SCHAUDE, E. & SAUER, C.: Theorie der kognitiven Kontrolle. In: Tack, W. (Hrsg.) *Bericht über den 30. Kongreß der Deutschen Gesellschaft für Psychologie in Regensburg 1976.* Göttingen, Toronto, Zürich: Hogrefe. 1977, 105-107.

FREY, D.; WICKLUND, R.A. & SCHEIER, M.F.: Die Theorie der objektiven Selbstaufmerksamkeit. In: Frey, D. (Hrsg.): Kognitive Theorien der Sozialpsychologie. Bern: Huber 1978.

FREY, D.; ROGNER, O. & HAVEMANN, D.: Kognitive und psychosoziale Determinanten des Genesungsprozesses von Unfallpatienten. Unveröffentlichter Abschlußbericht, Universität Kiel, 1983.

FRIEDMAN, M. & ROSENMAN, R.H.: Type A behavior and your heart. New York: Knopf 1974.

FUREDY, J.J.: An integrative process report on information control in humans. Australian Journal of Psychology, 1975, *27*, 61-83.

GEER, J.M. & MAISEL, E.: Evaluating the effects of the prediction-control confound. Journal of Personality and Social Psychology, 1972, *23*, 314-319.

GLASS, D.C.: Stress, bahavior pattern, and coronary disease. American Scientist, 1977, *65*, 177-187.

GLASS, D.C. & SINGER, J.: Urban Stress. New York: Academic Press 1972.

GLASS, D.C.; SINGER, J.E. & FRIEDMAN, L.N.: Psychic cost of adaptation to an environmental stressor. Journal of Personality and Social Psychology, 1969, *12*, 200-210.

GNIECH, G. & GRABITZ, H.-J.: Freiheitseinengung und psychologische Reaktanz. In: Frey, D. (Hrsg.): Kognitive Theorien der Sozialpsychologie. Bern: Huber 1978.

GOLIN, S.; TERRELL, T. & JOHNSON, B.: Depression and the illusion of control. Journal of Abnormal Psychology, 1977, *86*, 440-442.

GOLIN, S.; TERRELL, T.; WEITZ, J. & DROST, P.L.: The illusion of control among depressed patients. Journal of Abnormal Psychology, 1979, *88*, 454-457.

GREENE, W.A.; GOLDSTEIN, S. & MOSS, A.: Psychosocial aspects of sudden death: A preliminary report. Archives of Interval Medicine, 1972, *129*, 725-731.

HANUSA, B.H. & SCHULZ, R.: Attributional mediators of learned helplessness. Journal of Personality and Social Psychology, 1977, *35*, 602-611.

HAYNES, S.G.; FEINLEIB, M. & KANNEL, W.B.: The relationship of psychosocial factors to coronary disease in the Framingham Study. American Journal of Epidemiology, 1980, *111*, 37-58.

HIROTO, D.S.: Locus of control and learned helplessness. Journal of Experimental Psychology, 1974, *102*, 187-193.

HOLMES, D.S. & HOUSTON, B.K.: Effectiveness of situation redefinition and effective isolation in coping with stress. Journal of Personality and Social Psychology, 1974, *29*, 212-218.

HOUSTON, B.K.: Dispositional anxiety and the effectiveness of cognitive strategies in stressfull laboratory and classroom situations. In: Spielberger, C.D. & Sarason, I.G. (Eds.): Stress and anxiety, Vol. 4. New York: Wiley 1977.

JANIS, I.L.: Psychological stress. New York: Wiley 1958.

JANOFF-BULMAN, R.: Characterological vs. behavioral self blame: Inquiries into depression and rape. Journal of Personality and Social Psychology, 1979, *37*, 1798-1809.

JANOFF-BULMAN, R. & WORTMAN, C.B.: Attributions of blame and coping in the «real world»: Severe accident victims react to their lot. Journal of Personality and Social Psychology, 1977, *35*, 351-363.

JENKINS, H.M. & WARD, W.C.: Judgement of contingency between responses and outcomes. Psychological Monographs: General and Applied, 1965, 79, whole No. 594.

JOHNSON, J.E.: Effects of accurate expectations about sensations on the sensory and distress components of pain. Journal of Personality and Social Psychology, 1973, 27, 261–275.

JOHNSON, J.E.; MORRISSEY, I.F. & LEVENTHAL, H.: Psychological preparation for an endoscopic examination. Gastrointestinal Endoscopy, 1973, 19, 180–182.

JONES, E.E.: The rocky road from acts to dispositions. American Psychologist, 1979, 63, 107–117.

JONES, E.E. & HARRIS, V.A.: The attribution of attitudes. Journal of Experimental Social Psychology, 1967, 3, 1–24.

JONES, E.E. & NISBETT, R.E.: The actor and the observer: Divergent perceptions of the causes of behavior. In: Jones, E.E.; Kanouse, D.E.; Kelley, H.H.; Nisbett, R.E.; Valins, S. & Weiner, B. (Eds.): Attribution: Perceiving the causes of behavior. Morristown, N.J.: General Learning Press 1971.

KATSCHNIG, H.: Life-Event-Forschung. In: Asanger, R. & Wenninger, G. (Hrsg.): Handwörterbuch der Psychologie. Weinheim: Beltz 1980.

KELLEY, H.H.: Attribution theory in social psychology. In: Levine, D. (Ed.): Nebraska Symposium on Motivation 1967. Lincoln: University of Nebraska Press 1967.

KRANTZ, D.S.; GLASS, D.C. & SNYDER, M.L.: Helplessness, stress level, and coronary prone behavior pattern. Journal of Experimental Social Psychology, 1974, 10, 284–300.

LANGER, E.J.: The illusion of control. Journal of Personality and Social Psychology, 1975, 32, 311–328.

LANGER, E.J.; JANIS, I.L. & WOLFER, J.A.: Reduction of psychological stress in surgical patients. Journal of Experimental Social Psychology, 1975, 11, 155–165.

LANGER, E.J. & RODIN, J.: The effects of choice and enhanced personal responsibility for the aged: A field experiment in an institutional setting. Journal of Personality and Social Psychology, 1976, 34, 191–198.

LAVELLE, T.C.; METALSKY, G.J. & COYNE, J.C.: Learned helplessness, test anxiety, and acknowledgement of contingencies. Journal of Abnormal Psychology, 1979, 88, 381–387.

LEFCOURT, H.M.: The function of the illusions of freedom and control. American Psychologist, 1973, 28, 417–425.

LERNER, M.J.: The belief in an just world. New York: Plenum Press 1980.

LERNER, M.J. & MILLER, D.T.: Just world research and the attribution process: Looking back and ahead. Psychological Bulletin, 1978, 85, 1030–1051.

LEVENTHAL, H.; BROWN D.; SHACHAM, S. & ENGQUIST, G.: Effects of preparatory information about sensations, threat of pain, and attention on cold pressor distress. Journal of Personality and Social Psychology, 1979, 37, 688–714.

LOWE, C.A. & MEDWAY, F.J.: Effects of valence, severity, and relevance of responsibility and dispositional attribution. Journal of Personality, 1976, 44, 518–538.

MALINOWSKY, B.: Magic, science, and religion. New York: Anchor Books 1955.

MATTHEWS, K.A.: Psychological perspectives on the Type A behavior pattern. Psychological Bulletin, 1982, 91, 293–323.

MATTHEWS, K.A.; SCHEIER, M.F.; BRUNSON, B.I. & CARDUCCI, B.: Attention, unpredictability, and reports of physical symptoms: Eliminating the benefits of predictability. Journal of Personality and Social Psychology, 1980, 38, 525–537.

MEDEA, A. & THOMPSON, K.: Against rape. New York: Farrar, Strauss & Giroux 1974.

MEDWAY, F.J. & LOWE, C.A.: Effects of outcome valence and severity on attribution of responsibility. Psychological Reports, 1975, 36, 239–246.

MIELKE, R.: Internale/Externale Kontrollüberzeugungen. Bern: Huber 1982.

MILLER, D.T. & NORMAN, S.A.: Actor-observer differences in perceptions of effective control. Journal of Personality and Social Psychology, 1975, *31*, 503-515.

MILLER, D.T.; NORMAN, S.A. & WRIGHT, E.: Distortion in person perception as a consequence of need for effective control. Journal of Personality and Social Psychology, 1978, *36*, 598-607.

MILLER, I.W. & NORMAN, W.H.: Learned helplessness in humans: A review and attribution theory model. Psychological Bulletin, 1979, *86*, 93-118.

MILLER, S.M.: Controlability and human stress: Method, evidence, and theory. Behavior Research and Theory, 1979, *17*, 287-304.

MILLER, S.M. Why having control reduces stress: If I can stop the roller coaster, I don't want to get off. In: Garber, J. & Seligman, M.E.P. (Eds.): Human helplessness. New York: Academic Press 1980.

MILLER, S.M.: Predictability and human stress: Toward a clarification of evidence and theory. In: Berkowitz, L. (Ed.): Advances in Experimental Social Psychology, Vol. 14. New York: Academic Press 1981.

MILLER, S.M.; GRANT, R.P. & NELSON, J.: Preference for potential control under threat of electric shock. Unveröffentlichtes Manuskript, University of Pennsylvania 1978.

MILLER, S.M.; HARKAVEY, J. & HAMMEL, M: Relinquishment of control as a function of perceived stability of the controlling response. Unveröffentlichtes Manuskript, University of Pennsylvania 1979.

MILLER, S.M. & SELIGMAN, M.E.P.: The reformulated model of helplessness and depression: Evidence and theory. In: Neufeld, R.W.J. (Ed.): Psychological stress and psychopathology. New York: McGraw-Hill 1982.

MIRALSKY, J. & LANGER, E.J.: Burglary (non) prevention: An instance of relinquishing control. Journal of Personality and Social Psychology, 1978, *4*, 399-405.

MONAT, A.: Temporal uncertainty, anticipation time, and cognitive coping under threat. Journal of Human Stress, 1976, *2*, 32-43.

MOWRER, G.H. & VIEK, P.: An experimental analogue of fear from a sense of helplessness. Journal of Abnormal and Social Psychology, 1948, *43*, 193-200.

NIETZSCHE, F.: Der Wille zur Macht. Leipzig: A. Kröner 1912.

OBRIST, P.A.; GAEBELEIN, C.J.; TELLER, E.S.; LANGER, A.W.; GRIGNOLO, A; LIGHT, K.C. & MCCUBBIN, J.A.: The relationship among heart rate, carotid dP/dt, and blood pressure in humans as a function of the type of stress. Psychophysiology, 1978, *15*, 102-115.

PARKES, C.M.: Unexpected and untimely beravement: A study of young Boston widows and widowers. In: Schoenberg, B.; Gerber, I.; Wiener, A.; Kutscher, A.H.; Peretz, P. & Carr, A.C. (Eds.): Life stress and illness. Springfield: Thomas 1974.

PASAHOW, R.J.: The relation between an attributional dimension and learned helplessness. Journal of Abnormal Psychology, 1980, *89*, 358-367.

PERKINS, C.C., jr.: The stimulus conditions which follow learned responses. Psychological Review, 1955, *62*, 341-348.

PERKINS, C.C. jr.: An analysis on the concept of reinforcement. Psychological Review, 1968, *75*, 155-172.

PERVIN, L.A.: The need to predict and control under conditions of threat. Journal of Personality, 1963, *31*, 570-587.

PETERSON, C.R.: Recognition of noncontingency. Journal of Personality and Social Psychology, 1980, *38*, 727-734.

PETERSON, C.R. & RAPS, C.S.: Helplessness and hospitalisation: More remarks. Journal of Personality and Social Psychology, 1984, *46*, 82-83.

PITTMAN, N.L. & PITTMAN, T.S.: Effects of amount of helplessness training and internal-external locus of control on mood and performance. Journal of Personality and Social Psychology, 1979, *37*, 39-47.

PITTMAN, T.S. & PITTMAN, N.L.: Deprivation of control and the attribution process. Journal of Personality and Social Psychology, 1980, 39, 377–389.

PROSHANSKY, W.M.; ITTELSON, W.H. & RIVLIN, C.G.: Freedom of choice and behavior in a physical setting. In: Wohlwill, J.P. & Carson, D.H. (Eds.): Environment and the social sciences. Washington, APA 1972.

RAPS, C.S.; PETERSON, C.; JONES, M. & SELIGMAN, M.E.P.: Patient behavior in hospitals: Helplessness, reactance, or both? Journal of Personality and Social Psychology, 1982, 42, 1036–1041.

REGAN, D.T. & TOTTEN, J.: Empathy and attribution: Turning observers into actors. Journal of Personality and Social Psychology, 1975, 32, 850–856.

REIM, B.; GLASS, D.C. & SINGER, J.E.: Behavioral consequences of exposure to uncontrollable and unpredictable noise. Journal of Applied Social Psychology, 1971, 1, 44–56.

RICHTER, C.P.: On the phenomenon of sudden death in animals and men. Psychosomatic Medicine, 1957, 19, 191–198.

RODIN, J.: Density, perceived choice, and responses to controllable and uncontrollable outcomes. Journal of Experimental Social Psychology, 1976, 12, 564–578.

RODIN, J. & LANGER, E.J.: Long-term effects of a control-relevant intervention with the institutionalized aged. Journal of Personality and Social Psychology, 1977, 35, 897–902.

RODIN, J.; RENNERT, K. & SOLOMON, S.K.: Intrinsic motivation for control. Fact of fiction? In: Baum, A. & Singer, E. (Eds.): Advances in Environmental Psychology, Vol. 2. Hillsdale, N.J.: Erlbaum 1980.

RODIN, J.; SOLOMON, S.K. & METCALF, J.: Role of control on mediating perceptions of density. Journal of Personality and Social Psychology, 1978, 36, 988–999.

ROTH, S. & BOOTZIN, R.R.: Effects of experimental induced expectancies of external control. Journal of Personality and Social Psychology, 1974, 29, 253–264.

ROTH, S. & KUBAL, L.: Effects of noncontingent reinforcement on tasks of differing importance: Facilitation and learned helplessness. Journal of Personality and Social Psychology, 1975, 32, 680–691.

ROTHBAUM, F.; WEISZ, J.R. & SNYDER, S.S.: Changing the world and changing the self: A two-process model of perceived control. Journal of Personality and Social Psychology, 1982, 42, 5–37.

ROTTER, J.B.: Generalized expectancies for internal versus external control of reinforcement. Psychological Manuscripts, 1966, 80, (1, whole No. 609).

SAUER, C. & MÜLLER, M.: Die Theorie der gelernten Hilflosigkeit: Eine hilfreiche Theorie? Zeitschrift für Sozialpsychologie, 1980, 11, 2–25.

SCHMALE, A.H. & IKER, H.P.: The affect of hopelessness and the development of cancer I. Identification of uterine cervical cancer in women with atypical cytology. Psychosomatic Medicine, 1966, 28, 714–721.

SCHULZ, R.: Effects of control and predictability on the physical and psychological wellbeing of the institutionalized aged. Journal of Personality and Social Psychology, 1976, 33, 563–573.

SCHULZ, R. & ADERMAN, D.: Effect of residental change on the temporal distance to death of terminal cancer patients. Omega: Journal of Death and Dying, 1973, 4, 157–162.

SCHULZ, R. & BRENNER, G.: Relocation of the aged: A review and theoretical analysis. Journal of Gerontology, 1977, 32, 323–333.

SCHULZ, R. & HANUSA, B.: Long term effects of control and predictability-enhancing interventions: Findings and theoretical issues. Journal of Personality and Social Psychology, 1978, 36, 402–411.

SELIGMAN, M.E.P.: Chronic fear produced by unpredictable electric shock. Journal of Comparative and Physiological Psychology, 1968, 66, 402–411.

SELIGMAN, M.E.P.: Helplessness: On depression, development, and death. San Francisco: Freeman 1975.

SHAVER, K.G.: Defensive attribution: Effects of severity and relevance on the responsibility assigned for an accident. Journal of Personality and Social Psychology, 1970, *14*, 101-113.

SHERROD, D.: Crowding, perceived control, and behavioral aftereffects. Journal of Applied Social Psychology, 1974, *4*, 171-186.

SKLAR, L.S. & ANISMAN, H.: Stress and cancer. Psychological Bulletin, 1981, *89*, 369-406.

SMITH, T.W. & BREHM, S.S.: Person perception and the type A coronary prone behavior pattern. Journal of Personality and Social Psychology, 1981, *40*, 1137-1149.

SNYDER, M.L.; SMOLLER, B.; STRENTA, A. & FRANKEL, A.A.: Comparison of egotism, negativity, and learned helplessness explanations for poor performance after unsolvable problems. Journal of Personality and Social Psychology, 1981, *40*, 24-30.

SOLOMON, S.; HOLMES, D.S. & McCAUL, K.D.: Behavioral control over aversive events: Does control that requires effort reduce anxiety and physiological arousal? Journal of Personality and Social Psychology, 1980, *39*, 729-736.

STAUB, E. & KELLETT, D.S.: Increasing pain tolerance by information about aversive stimuli. Journal of Personality and Social Psychology, 1972, *21*, 198-203.

STAUB, E.; TURSKY, B. & SCHWARTZ, G.E.: Self-control and predictability: Their effects on reactions to aversive stimulation. Journal of Personality and Social Psychology, 1971, *18*, 157-162.

STORMS, M.D.: Videotape and the attribution process: Reversing actors' and observers' points of view. Journal of Personality and Social Psychology, 1973, *27*, 165-175.

STOTLAND, E. & BLUMENTHAL, A.L.: The reduction of anxiety as a result of the expectation of making a choice. Canadian Journal of Psychology, 1964, *18*, 139-145.

SULS, J. & MULLEN, B.: Life change and psychological distress: The role of perceived control and desirability. Journal of Applied Social Psychology, 1981, *11*, 379-389.

SWANN, W.B.; STEPHENSON, B. & PITTMAN, T.S.: Curiosity and control: On the determinants of the search for social knowledge. Journal of Personality and Social Psychology, 1981, *40*, 635-642.

SZPILER, J.A. & EPSTEIN, S.: Availability of an avoidance response as related to autonomic arousal. Journal of Abnormal Psychology, 1976, *85*, 73-82.

TAYLOR, S.E.: Hospital patient behavior: Reactance, helplessness, or control? Journal of Social Issues, 1979, *35*, 156-184.

TAYLOR, S.E.; LICHTMAN, R.R. & WOOD, J.V.: Attributions, beliefs about control, and adjustment to breast cancer. Journal of Personality and Social Psychology, 1984, *46*, 489-502.

TENNEN, H. & ELLER, S.S.: Attributional components of learned helplessness and facilitation. Journal of Personality and Social Psychology, 1977, *35*, 265-271.

TETLOCK, P.E. & LEVI, A.: Attribution bias: On the inconclusiveness of the cognition-motivation debate. Journal of Experimental Social Psychology, 1982, *18*, 68-88.

THOMPSON, S.C.: Will it hurt less if I can control it? A complex answer to a simple question. Psychological Bulletin, 1981, *90*, 89-101.

THORNTON, B.: Defensive attribution of responsibility: Evidence for an arousal-based motivational bias. Journal of Personality and Social Psychology, 1984, *46*, 721-734.

THORNTON, J.W. & JACOBS, P.D.: The facilitating effects of prior inescapable, unavoidable stress on intellectual performance. Psychonomic Science, 1972, *26*, 185-187.

TYLER, T.R.: Perceived control and behavioral reactions to crime. Personality and Social Psychology Bulletin, 1981, *7*, 212-217.

TYLER, T.R. & DEVINITZ, V.: Self-serving bias in the attribution of responsibility: Cognitive vs. motivational explanations. Journal of Experimental Social Psychology, 1981, *17*, 408-416.

WALSTER, E.: Assignment of responsibility for an accident. Journal of Personality and Social Psychology, 1966, 3, 73–79.

WEIDNER, G. & MATTHEWS, K.A.: Reported physical symptoms elicited by unpredictable events and the Type A coronary-prone behavior pattern. Journal of Personality and Social Psychology, 1978, 36, 1213–1220.

WEISS, J.M.: Effects of coping responses on stress. Journal of Comparative and Physiological Psychology, 1968, 65, 251–260.

WEISS, J.M.: Effects of coping behavior with and without a feedback signal on stress pathology in rats. Journal of Comparative and Physiological Psychology, 1971, 77, 1–13.

WHITE, R.W.: Motivation reconsidered: The concept of competence. Psychological Review, 1959, 66, 297–333.

WORTMAN, C.B.: Some determinants of perceived control. Journal of Personality and Social Psychology, 1975, 31, 282–294.

WORTMAN, C.B.: Causal attribution and perceived control. In: Harvey, J.H., Ickes, W. & Kidd. R.F. (Eds.): New Directions in Attribution Research, Vol. 1. Hillsdale, N.J.: Erlbaum 1976.

WORTMAN, C.B. & BREHM, J.W.: Responses to uncontrollable outcomes: An integration of reactance theory and the learned helplessness model. In: Berkowitz, L. (Ed.): Advances in Experimental Social Psychology, Vol. 8, New York: Academic Press 1975.

WORTMAN, C.B. & DINTZER, L.: Is an attributional analysis of the learned helplessness phenomenon viable? A critique of the Abramson-Seligman-Teasdale reformulation. Journal of Abnormal Psychology, 1978, 87, 75–90.

WORTMAN, C.B. & LINDER, D.E.: Attribution of responsibility for an outcome as a function of its likelihood. Proceedings of the 81st Annual Convention of the American Psychological Association, 1973, 8, 149–150.

WORTMAN, C.B.; PANCIERA, L.; SHUSTERMAN, L. & WIBSCHER, J.: Attributions of causality and reactions to uncontrollable outcomes. Journal of Experimental Social Psychology, 1976, 12, 301–316.

Die Herausgeber zum folgenden Beitrag

Eine Reihe von Theorien wird angewandt, um zu erklären, wann und wo Überdichte von Personen zum Erlebnis von Enge, von Verletzung des persönlichen Raumes führt. Physikalisch definierte Dichte ist offensichtlich nicht einmal immer eine notwendige Anfangsbedingung; eine hinreichende Bedingung für Enge ist sie selten. Das Erlebnis des Beengtseins führt seinerseits zu Konsequenzen, die nicht durch eindimensionale Ursache-Wirkungsbeziehungen erklärt werden können. Annahmen einer ethologischen Theorie, die sich der Verhaltens-Biologie zurechnet, daß einer physischen Überdichte, der Erhaltung einer Spezies abträglich, mit phylogenetisch erworbenen Instinkthandlungen begegnet wurde, scheint für die Spezies des Homo sapiens von minimaler Erklärungskraft zu sein. Man denke nur an die eingepferchten Passagiere einer U-Bahn, die sich auf dem Wege zur oder von der Arbeit befinden, und stelle sich ihren Streß vor; man denke an eine nahezu identische Menge von Passagieren, die am Wochenende zum Fußballspiel oder von dort heimfährt. Der Stressor der physischen Überdichte löst ganz unterschiedliche – regressive, aggressive, apathische usw. – Reaktionen aus.

Es ist erstaunlich, daß die gegenwärtige Forschung zu Populationsüberdichten die Geschichte der klassischen Massenpsychologie und deren Aussagen zur Vermassung nicht kennt, ob diese Aussagen empirisch gehaltvoll waren oder nicht. Ebenso erstaunlich ist es, daß die Ökologische Psychologie sich hier und dort als besondere Wissenschaft zu etablieren sucht, als wären psychologische Theorien aus z.B. der Wahrnehmungs- und Sozialforschung irrelevant für problematische Sachverhalte des Habitat.

Eine eigene Theorie des Habitat und eine besondere des «Crowding» sind kein dringender Bedarf. Der folgende Beitrag zeigt, daß wir es hier mit einer Klasse problematischer Sachverhalte zu tun haben, die der Aufklärung harren und die durch Hypothesen aus einem Arsenal vorhandener, z.B. sozialpsychologischer, Theorien erklärt werden können. Es ist offensichtlich, daß dieses Kapitel auch unter «Gruppentheorien» in Band II hätte untergebracht werden können. Die Klassifizierungen der vorgestellten Theorien sind gänzlich pragmatisch vorgenommen worden. Eine Theorie mag dann eine sozialpsychologisch orientierte Motivationstheorie sein, wenn die Begriffe von Motiv, Motivation und Motiviertheit zentrale Bestandteile dieser Theorie sind.

Crowding: Sozialpsychologische Erklärungen der Wirkung von Dichte und Enge[1]

JÜRGEN SCHULTZ-GAMBARD

1. Einleitung

Situationen, in denen sich zu viele Menschen auf zu wenig Raum befinden, waren von jeher selbstverständliche Bestandteile des alltäglichen Lebens des «zoon politikon» Mensch. Das wissenschaftliche Interesse an diesem Tatbestand ist jedoch eigentlich erst über die öffentliche Diskussion besonders auffälliger Probleme wie die seit der Industrialisierung zunehmende Verstädterung und Bevölkerungsballung in immer größer werdenden Metropolen oder die Gefahr der «Explosion» der Weltbevölkerung geweckt worden. Die systematische Erkundung der Auswirkungen hoher räumlicher und sozialer Dichtebedingungen ist ein aktuelles Feld psychologischer Forschung. «Crowding» dient als Sammelbegriff für diese Forschung.[2]

Die Crowdingforschung hat sich während der beiden letzten Jahrzehnte als das umfangreichste empirische Forschungsgebiet im Schnittbereich von Sozial- und Umweltpsychologie etabliert.

Sammelreferate zur mittlerweile voluminösen Crowding-Literatur liefern KRUSE (1975), STOCKDALE (1978) und PAULUS (1980).

Das folgende Kapitel diskutiert verschiedene theoretische Erklärungsansätze zum Crowding. Crowding nimmt innerhalb der sozialpsychologischen Forschung insofern eine Sonderstellung ein, als es sich nicht über eine bestimmte Theorie oder ein theoretisches Modell definieren läßt; die Crowdingforschung bestimmt sich über einen bestimmten Realitätsausschnitt: hohe räumliche und/oder soziale Dichte. Dabei kann dieser Realitätsausschnitt in beliebig viele unterschiedliche situative Kontexte eingebettet sein; wobei die Qualität der Dichteeffekte jeweils von diesen situativen Kontexten mitbestimmt wird. Die Crowdingforschung versucht, den Realitätsausschnitt hohe Dichte mit sozialpsycho-

---

[1] Die Erstellung des Manuskripts wurde unterstützt durch eine Sachhilfe der DFG Az. Schu 555/1 und Forschungsprojektmittel der Universität Bielefeld OZ 2741.

[2] «Crowding» beschreibt das subjektive Gefühl der Enge, des Beengtseins in einer und durch eine Menge. Gelegentlich liest man als Übersetzung «Pferchung», «Massierung» oder auch schlicht «Gedrängel». Ich halte diese Übersetzungen nicht nur für unelegant, sondern auch für verfälschend. Ich will im folgenden da, wo es um das Label für die Forschung selbst geht, den Begriff Crowding beibehalten; wenn das subjektive Erleben gemeint ist, wird Crowding mit Beengung übersetzt werden.

logischen theoretischen und methodischen Mitteln zu beschreiben und zu erklären. Sie macht dabei Anleihen an die Reaktanztheorie, die Attributionstheorien, die Theorie der gelernten Hilflosigkeit und Theorien kognitiver Kontrolle usw. Neben einer beeindruckenden Zahl empirischer Untersuchungen findet sich eine Reihe paralleler theoretischer Erklärungsversuche. Die große Anzahl empirischer und theoretischer Arbeiten könnte vermuten lassen, daß alle Fragen bezüglich der Auswirkungen von Dichte und Enge und bezüglich der Ursachen und Prozeßabläufe des Erlebens von Beengung hinreichend geklärt seien. Jedoch erweisen sich die empirischen Ergebnisse als lückenhaft und inkonsistent und die theoretischen Erklärungen kommen in ihrem wissenschaftlichen Status kaum über Theorieskizzen, Ad-hoc-Hypothesen und spekulative Vermutungen hinaus.[3] Zudem läßt sich bei aller Forschungsvitalität in den letzten Jahren eine gewisse Stagnation der theoretischen Entwicklung verzeichnen.

2. Zentrale Begriffe

Seit Beginn der Crowdingforschung gibt es eine heftige, noch andauernde Diskussion darüber, wie der Begriff Crowding angemessen zu benutzen und zu definieren sei. In der frühen Forschung diente Crowding sowohl als Bezeichnung der Dichtebedingungen selbst als auch der Reaktionen darauf. Da aber hohe Dichte nicht immer zu eindeutigen (negativen) Reaktionen führt, wird diese Begriffsvermischung von STOKOLS (1972) als irreführend kritisiert. STOKOLS unterscheidet zwischen Dichte als objektivem Maß der räumlichen Begrenzung einer Situation (meist beschrieben in der Reduktion von Personenzahl zu Raum- oder Flächeneinheiten) und Crowding als subjektiver Erfahrung von Beengung. Crowding wird definiert als ein motivationaler Zustand, gerichtet auf die Beseitigung wahrgenommener räumlicher Begrenzungen. Dichte ist dabei eine notwendige, aber nicht hinreichende Bedingung. Nur zusammen mit bestimmten personalen, sozialen, kulturellen und materiellen Faktoren führt hohe Dichte zu dem motivationalen Zustand von Beengung und zu Wahrnehmungs-, Kognitions- und Verhaltensreaktionen, die den Abbau räumlicher Begrenzungen zum Ziel haben. In dem Maß, in dem diese Bewältigungsreaktionen erfolglos bleiben, werden physiologische und verhaltensmäßige Einbußen erwartet.

---

[3] Aus pragmatischen Überlegungen zur Ökonomie der Darstellung werden dennoch die theoretischen Erklärungsansätze im folgenden Modelle genannt.

Eine weitere nützliche, konzeptuelle Differenzierung ist die Unterscheidung von räumlicher und sozialer Dichte (z.B. LOO, 1972; ZLUTNIK & ALTMAN, 1972). Räumliche Dichte wird definiert als Ausmaß an verfügbarem Raum für eine konstante Anzahl von Personen.[4] Soziale Dichte wird definiert als Anzahl von Personen pro konstanter Raumgröße.[5] Im realen Setting sind ohnehin meist beide Bedingungen konfundiert, wobei jeweils mehr die sozialen oder die räumlichen Anteile salient sein können. Eine konzeptuelle Trennung scheint dennoch nützlich, da sich empirisch gezeigt hat, daß Veränderungen der räumlichen oder der sozialen Dichte zu unterschiedlichen Reaktionen und unterschiedlichem Bewältigungsverhalten führen (vgl. BAUM & KOMAN, 1976).

Für das vorliegende Kapitel soll die eingangs genannte Definition der Crowdingforschung – als der Forschung, die sich mit den Auswirkungen von zu vielen Personen auf zu engem Raum beschäftigt – bei aller umgangssprachlicher Ungenauigkeit vorerst beibehalten werden. Grund: diese Definition ist offen genug, als daß sowohl antedezente Bedingungen als auch subjektive Reaktionen eingeschlossen werden und deckt damit die gesamte empirische Crowdingforschung ab.

3. Die theoretischen Crowdingerklärungen

3.1. Die theoretische Entwicklung

Die Crowdingforschung läßt sich in mehrere konzeptuelle Phasen einteilen (vgl. STOKOLS, 1978); wobei die Phasenabfolge nicht streng chronologisch ist. Überschneidungen kommen vor. Insgesamt kennzeichnen die Phasen eine Entwicklung von einfachen, unindirektionalen Modellvorstellungen zu multivariaten, interaktionalen Crowdingkonzepten.

Phase I: In dieser Phase wurde angenommen, daß Dichte an und für sich eine Streßbedingung darstellt und bei genügender Intensität und Dauer zu negativen physiologischen, affektiven und verhaltensmäßigen Effekten führen muß. Gleichlautende Ergebnisse von Untersuchungen mit Tieren über eine Reihe verschiedener Spezies und unterschiedlicher

---

[4] Bei einer Variation der räumlichen Dichte ändern sich mit dem Raum auch in der Regel die Interaktionsdistanzen. Bei unabhängiger experimenteller Kontrolle beider Größen zeigen sich unterschiedliche psychologische Effekte (vgl. TEDDLIE & WORCHEL, 1976).

[5] PAULUS (1980) weist darauf hin, daß für diese Definition mit wachsender Gruppengröße der pro Person verfügbare Raum kleiner wird; daß also in gewissem Maße soziale und räumliche Situationsaspekte konfundiert sind. Er schlägt daher vor, unter sozialer Dichte nur die Gruppengröße und unter räumlicher Dichte nur den pro Person verfügbaren Raum zu verstehen.

Lebensräume hinweg (z.B. CALHOUN, 1962; CHRISTIAN, FLYGER & DAVIS, 1960) schienen diese Annahme ebenso zu belegen wie positive Korrelationen zwischen Bevölkerungsdichtemaßen und Indizes für sozialpathologische Entwicklungen (wie z.b. Kriminalitäts-, Suicid- oder psychische Erkrankungsrate) bei soziologischen Erhebungen in urbanen Ballungsgebieten (z.b. SCHMITT, 1966; GALLE et al., 1972).

Allerdings legen erstens genauere Analysen der Operationalisierungen der Dichte in den Tierstudien nahe, daß nicht primär Dichteveränderungen, sondern mit diesen einhergehende Veränderungen der Sozialstrukturen der Tierpopulationen Ursachen der gefundenen Effekte gewesen sind (hierzu DUBOS, 1970; FREEDMAN, 1975; SCHULTZ-GAMBARD, 1984); zweitens reduzieren sich die in den soziologischen Erhebungen gefundenen Korrelationen bis zur Unerheblichkeit, wenn andere wichtige demographische Variablen, die mit Dichte positiv korreliert sind, wie Einkommen, sozialer Status oder ethnische Zugehörigkeit kontrolliert werden (hierzu FREEDMAN et al., 1975). Für die verbliebenen, in der Regel sehr niedrigen Zusammenhänge gilt, daß auch sie durch Selbstselektion der entsprechenden Bevölkerungsgruppen zustandegekommen sein können (vgl. PAULUS, 1980).

Phase II: Diese Phase ist gekennzeichnet durch die Untersuchungen von FREEDMAN und seinen Mitarbeitern (zusammenfassend FREEDMAN, 1975). Orientiert an den Ergebnissen und der experimentellen Vorgehensweise einiger Tierstudien setze FREEDMAN in einer Reihe von Laborexperimenten Gruppen von Versuchspersonen unterschiedlich hohen und andauernden Dichtebedingungen aus. Ähnlich wie die Forschung der ersten Phase nimmt er einen direkten Einfluß von Dichte auf das Verhalten an; schematisch ausgedrückt: D → V. Besonderes Interesse galt möglichen Dichteauswirkungen auf affektive Reaktionen, auf das Leistungs- und das Sozialverhalten. Außer einem relativ konstanten Geschlechtseffekt, wonach Männer negativer auf Dichteerhöhungen reagierten als Frauen, ließen sich jedoch keine der erwarteten negativen Auswirkungen hoher Dichte auf das Erleben und Verhalten der Versuchspersonen nachweisen (zu den experimentellen Befunden von FREEDMAN kritisch SCHULTZ-GAMBARD, 1979, 1984; STOCKDALE, 1978). Aus den nicht vorhandenen Ergebnissen schließt FREEDMAN, daß Dichte allein keine Streßbedingung darstellt. Er nimmt an, daß Dichte lediglich dadurch verhaltenswirksam wird, daß bei hoher Dichte situationstypische, durch andere Bedingungen hervorgerufene Reaktionen intensiviert werden (Density-Intensity-Modell). Verdienst dieses Modelles ist es, deutlich gemacht zu haben, daß hohe Dichte *nicht* notwendigerweise zu negativen Effekten führen muß. Allerdings ignoriert das Modell Umstände, unter denen Dichte nicht nur vorher existierende Zustände intensiviert, sondern Bedingungen schafft, die diese Zustände transformieren.[6] Die Bedeutung unterschiedlicher Antezedenzbedingungen und Einflußfaktoren für verschiedenartige Verhaltenskonsequenzen wird nicht berücksichtigt.

Konzeptuell unscharf bleibt das Modell weiterhin zum einen durch die Konfundierung von Crowding und Dichte und zum anderen dadurch, daß nicht geklärt wird, wie der als zentral angenommene Intensivierungsprozeß zustandekommt. Streß und Aktivierung werden als mögliche Grundlagen ausgeschlossen.

Zwar scheint das Modell mit Hilfe von Zusatzannahmen mit nahezu allen vorliegenden Befunden der Crowding-Forschung kompatibel zu sein; empirische Belege für das Modell selbst beziehen sich aber nur auf einen Teilbereich von Dichtesituationen, nämlich auf «audience»-Effekte. Andererseits stehen die Modellaussagen im Widerspruch zu empirischen Befunden anderer Untersuchungen von FREEDMAN selbst. Wenn, wie bei FREEDMAN u.a. (1972) in der Base-line-Bedingung (niedrige Dichte) Männer und Frauen sich in den affektiven Reaktionen unterscheiden, mußte man nach dem Modell für hohe Dichte eine Intensivierung dieses Unterschieds erwarten; tatsächlich aber kehrt sich der Unterschied um.

Phase III: Die dritte Phase wird bestimmt durch die beschriebene konzeptuelle Differenzierung von Crowding und Dichte durch STOKOLS (1972), schematisch dargestellt:

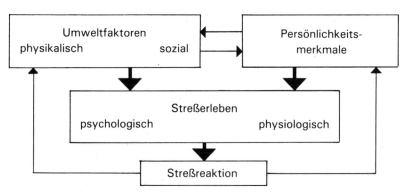

Abb. 1: Nach STOKOLS (1972)

Hier verdeutlicht STOKOLS, daß Beengung (Crowding) der eigentlich psychologisch relevante Begriff ist. Er erschließt damit die Crowdingforschung für Erklärungen mittels psychologischer Theorien. Das Mo-

---

[6] Beispiel: Ein an sich positiv bewerteter Einkaufsbummel wird sicher nicht um so lustbetonter, je voller die Geschäfte sind.

dell macht aufmerksam auf die vielen Einflußfaktoren, die bei der Entstehung von Beengung wichtig werden. Ziel der Forschung in dieser Phase wurde es, die kritischen Determinanten für das Erleben von Beengung bei Bedingungen hoher Dichte aufzuzeigen.

In seiner Orientierung am Streßmodell von LAZARUS bleibt das Modell von STOKOLS deskriptiv und erlaubt keine genauen Aussagen über die Ursachen des subjektiven Zustandes von Beengung, unabhängig vom Zustand selbst.

Der Frage, wie Beengung entsteht, widmen sich eine Reihe paralleler Erklärungsversuche, die im folgenden genauer beschrieben werden (vgl. 3.2).

Festzuhalten bleibt, daß das Gros der Crowdingforschung in dieser Phase nicht die systematische empirische Überprüfung vorliegender Theorieansätze zum Ziel hatte, sondern relativ theorielos versuchte, die Bedeutung der verschiedensten Variablen für das subjektive Erleben von Beengung zu demonstrieren.

Phase IV: Da die Theorieansätze der dritten Phase lückenhaft bleiben, indem sie jeweils nur Teile der vorliegenden empirischen Ergebnisse abdecken, und da sie kaum zu widersprüchlichen Annahmen und Aussagen kommen und sich z.T. zu ergänzen scheinen, ist die gegenwärtige vierte Phase durch Versuche gekennzeichnet, die vorhandenen Theorieskizzen weiterzuentwickeln und in übergreifende Konzepte wie z.B. Kontrolle oder Kontrollverlust zu integrieren (vgl. BARON & RODIN, 1978; STOKOLS, 1978).

3.2. Die Crowdingmodelle

3.2.1. Das Überlastungsmodell

Eine Überlastung der kognitiven Verarbeitungsfähigkeiten durch exzessive soziale Stimulation wird von zahlreichen Autoren als Ursache für das Erleben von Beengung angenommen, u.a. von BAUM & VALINS (1979); COHEN (1978); SAEGERT (1976, 1981). Deren Überlegungen gehen zurück auf die Ausführungen von SIMMEL (1950) und deren Weiterentwicklung durch MILGRAM (1970) zur Qualität des Lebens in urbanen Umwelten. Während MILGRAM Überlastung durch das Gesamt der urbanen Streßbedingungen ausschließlich hinsichtlich der Konsequenzen für das Sozialverhalten, insbesondere hinsichtlich der Genese überlastungsspezifischer Normen wie Nichteinmischung sieht, bezieht sich das Aufmerksamkeitskapazitätsmodell von COHEN (1978) eher auf individuelle Reaktionen allgemein bei kognitiver Überlastung.

Die Grundannahmen dieses Modells sind ähnlich denen MILGRAMS: danach besitzt jedes Individuum eine begrenzte Aufmerksamkeitskapazität. Wird diese durch zu hohe Umweltanforderungen überlastet bzw.

bewirken längerfristige intensive Aufmerksamkeitsanforderungen eine vorübergehende Kapazitätserschöpfung, so müssen für den Einsatz der Restkapazität Prioritäten gesetzt werden. Die Aufmerksamkeitsverteilung wird stärker selektiv. Primär wird die Aufmerksamkeit denjenigen Reizbedingungen gewidmet, die zur Erreichung eigener aktueller Handlungsziele am wichtigsten sind. Zu den vernachlässigten Reizen können soziale Reize, wie Gefühle, Wünsche oder Bedürfnisse anderer Personen gehören.

Neben einer derartigen durch Wahrnehmungsselektion bedingten Insensibilität gegenüber subtileren sozialen Signalen kann es auch direkt zu Veränderungen in der sozialen Wahrnehmung kommen: komplexe soziale Kommunikation und Beziehungen können fehlerhaft dekodiert bzw. in Richtung größerer Einfachheit verzerrt werden.

Die Modellannahmen gelten allgemein für alle denkbaren Aufmerksamkeitsanforderungen. Für *Dichte* nimmt COHEN an, daß bei hoher Dichte die Vorhersagbarkeit und Kontrollierbarkeit sozialer Stimuli reduziert und ihre Intensität vergrößert ist. Evident scheint, daß für schlecht vorhersagbare, unkontrollierbare, intensive Stimuli besonders hohe Aufmerksamkeitskapazität benötigt wird. Deswegen soll es bei hoher Dichte eher zu Aufmerksamkeitskapazitätserschöpfungen und weiter zu den beschriebenen Defiziten im sozialen Verhalten kommen.

Empirische Unterstützung erfahren die Annahmen von COHEN durch die Ergebnisse von Feldexperimenten von BICKMAN et al. (1973) und von COHEN & SPACEPAN (1978): in den beiden Experimenten von BICKMAN et al. zeigten Versuchspersonen unter Bedingungen höherer Wohndichte sowohl beim Nachsenden verlorener Briefe («lost letter technique») als auch bei einem direkten Verhaltensmaß (sammeln von Milchkartons für ein Kunstprojekt) weniger prosoziales Verhalten als bei niedriger Wohndichte.

COHEN & SPACEPAN (1978) ließen ihre Versuchspersonen in einem Einkaufszentrum unter Bedingungen hoher und niedriger Dichte Aufgaben mit unterschiedlich hohen Informationsverarbeitungsanforderungen (Auffinden und Vergleichen von Waren und Preisen) bearbeiten. Abhängige Variable war die anschließend gegenüber einem Konföderierten des Versuchsleiters gezeigte Hilfeleistung. Öfter und länger geholfen wurde bei vorangegangenen geringeren Aufgabenanforderungen und bei niedrigerer Dichte. Die meiste Hilfe leisteten nicht beengte Versuchspersonen mit geringen Aufgabenanforderungen.

Leider belegt das Experiment von COHEN & SPACEPAN nicht eindeutig, daß die mangelnde Hilfsbereitschaft Folge eines Aufmerksamkeitskapazitätsdefizits durch zu hohe Umweltanforderungen war. Auch nimmt das Experiment lediglich indirekt Bezug auf erlebte Beengung, indem Beengung nur als Manipulationskontrolle für Dichte erfaßt wird.

Die ursprüngliche Überlastungshypothese, wie sie von SAEGERT (1976, 1979) diskutiert wird, nimmt an, daß eine durch Dichte bewirkte kognitive Überlastung nicht nur negative Auswirkungen im sozialen Bereich hat, sondern speziell zunächst zu einem stärkeren Erleben von Beengung beiträgt.

Der Vorteil des Überlastungsmodells ist es eigentlich, daß es den gesamten Beengungsstreßprozeß abbildet: es wird exzessive Stimulation als Ausgangsbedingung genannt, beschrieben, wie diese zu Beengung führt und es werden Annahmen über mögliche Folgen gemacht. Das Konzept Überlastung ermöglicht eine theoretische Verbindung von objektiver Dichtewirkung und subjektivem Erleben. In der Literatur allerdings oszilliert die Definition von Überlastung zwischen Stimulus- und Responsebezogenheit. Dabei müssen A-priori-Vorhersagen über ein «zuviel» an Stimulation ohne Angaben der personalen und situativen Rahmenbedingungen unbestimmt bleiben. Wichtig erscheint eine konzeptuelle Trennung zwischen Stimulationsmenge als Qualität des Setting und Überlastung als personaler Moderatorvariable.

Das Modell begrenzt seine Aussagebreite, indem es schwerpunktmäßig auf Selektion als Bewältigungsmöglichkeit abhebt. Denkbar sind weitere Bewältigungsstrategien, wie die kognitive Verarbeitung von Information in gröberen Einheiten (chunking), unsystematisches Sammeln und Verarbeitung von Information oder Verzicht auf Informationssammlung überhaupt, die alle zu Simplifizierungen in der sozialen Urteilsbildung und vermehrtem Auftreten irrationaler Entscheidungen beitragen. Die Wirksamkeit unterschiedlicher Bewältigungsstrategien ist sicherlich u.a. abhängig von Unterschieden in den situativen Ausgangsbedingungen. Z.B. hält hier SAEGERT eine Trennung von Stimulusüberlastung (z.b. durch Hintergrundslärm), Informations- (z.b. durch viele Signale) und Entscheidungsüberlastung (z.b. durch konkurrierende Aufgaben) für sinnvoll. Sie nimmt für Informations- und Entscheidungsüberlastung wesentlich höhere Bewältigungsanforderungen an als für Stimulusüberlastung.

Indem Dichte äquivalent zu anderen Stressoren, wie z.B. Lärm, konzeptualisiert wird, vernachlässigt das Überlastungsmodell teilweise den sozialen Charakter von Dichtesituationen. Die Anwesenheit anderer hat psychologische Bedeutung und funktionale Implikationen über die bloße Stimulation hinaus. So fanden in einer Untersuchung von AIELLO et al. (1978) ältere Personen eine Dichtesituation zwar beengend, wollten aber deren Intimität nicht missen.

Zusammenfassend ist das Überlastungsmodell ein sehr gutes Erklärungsmodell – allerdings nur für einen Teilaspekt von Dichteeffekten. Weiterhin mag Überlastung auch nur in einem Teilbereich von Dichtesituationen eine wichtige Rolle spielen. Bei vielen empirischen Beispielen stellen öffentliche Settings (z.B. Kaufhäuser) den Analysehintergrund. Möglicherweise ist dort Überstimulation wichtiger für das Erleben von Beengung als in der Wohnumwelt, wo besonders Störungen an Bedeutung gewinnen und unter Umständen Überstimulation auch eher als Störung wahrgenommen wird.

3.2.2. Das Störungsmodell

Die differenziertesten Ausführungen zur Störungserklärung stammen von SCHOPLER & STOCKDALE (1977). Ähnliche Erklärungskonzepte wie Störung sind «Einschränkung der Wahlfreiheit» (ZLUTNIK & ALTMAN, 1972), «Beschränkung von Verhaltensalternativen» (PROSHANSKY, ITTELSON & RIVLIN, 1972) und «Blockierung von Verhaltensfolgen» (SUNDSTROM, 1975).

In der Formulierung ihres Erklärungsansatzes orientierten sich SCHOPLER & STOCKDALE (1977) stark an der Reaktanztheorie von BREHM (1966, 1972). Sie nehmen an, daß hohe Dichte nur in dem Maße als Beengung erlebt wird, wie die Erreichung von Handlungszielen durch situative Bedingungen gestört wird. Störung wird definiert als Beschränkung, Unterbrechung oder Blockierung zielgerichteter Verhaltensfolgen durch die Anwesenheit bzw. das Verhalten anderer Personen (in der Dichtesituation). Während für das Auftreten von Beengung hohe Dichte plus Störung die notwendige Bedingung ist, wird die Intensität des Engeerlebens nur durch die Stärke der Störung bestimmt. Die Störungsstärke wiederum soll eine Funktion der Wichtigkeit der beeinträchtigten Verhaltensfolgen und der erwarteten Störungsdauer sein. Störungen lösen Bewältigungsreaktionen aus, die auf Beseitigung der Störungsursache gerichtet sind. In Dichtesituationen können solche Reaktionen z.B. in wahrnehmungsmäßiger Filterung, Distanzierung gegenüber anderen, Versuchen verstärkter Koordination oder Aggressionen bestehen.

Obwohl die sehr explizit formulierten Aussagen gut geeignet für eine empirische Überprüfung, z.B. durch experimentelle Herstellung von Störungen in einer Dichtesituation, zu sein scheinen, hat es eine systematische Überprüfung nicht gegeben. Es findet sich allerdings eine tentative empirische Unterstützung der Annahmen durch eine Simulationsstudie (von STOCKDALE & SCHOPLER 1977) zu den Effekten unterschiedlicher Wohnbedingungen. Variiert wurden in der Simulation einer Studentenwohnheimsituation die Wohndichte und die Verfügbarkeit notwendiger gemeinsamer Einrichtungen, wie z.B. Koch- und Waschgelegenheiten, Telefon usw. Bei knappen Ressourcen wurden neben häufigeren Störungen, ein höheres Lärmniveau, mehr negative soziale Affekte und negativere Bewertungen des räumlichen Milieus gefunden. Beengungsgefühle wurden gleichermaßen durch Variationen der Dichte als auch der Ressourcenverfügbarkeit beeinflußt. Bei der Prüfung, ob Dichte und Störungen (durch Ressourcenknappheit) verschiedene Aspekte des Beengungserlebens beeinflussen, ergab eine Faktorenanalyse der Daten einen Beengungsfaktor, auf dem Dichte, Ressourcenverfügbarkeit und Störung zusammenlagen.

Ähnlich ausführlich wie das Überlastungsmodell beschreibt auch das Störungsmodell eine bei Dichte häufige Ausgangsbedingung für Beengungsstreß, erläutert – orientiert an der Reaktanztheorie – wie Beengung zustandekommt, und nennt mögliche Verhaltensauswirkungen. Ausgangspunkt des Störungsmodells ist die Aktivität der Personen in einer Dichtesituation. Entsprechend ist die Häufigkeit von Störungen als Moderatorvariable für Beengung beeinflußt von der Art der vorliegenden Aktivitätsmuster und der diese beeinflussenden personalen und situativen Variablen, wie z.b. die Ressourcenverfügbarkeit. So wird in der Studie von STOCKDALE & SCHOPLER (1977) Störung über Ressourcenverfügbarkeit operationalisiert, wobei eigentlich Ressourcenverfügbarkeit ein zentraler Aspekt eines anderen, nämlich des «Überbesetzungsmodells» ist (vgl. 3.2.3.) – ein Hinweis auf die Kompatibilität der verschiedenen Modelle.

Als rein motivationales Modell vernachlässigt das Störungsmodell die Bedeutung der im Überlastungsmodell beschriebenen kognitiven Verarbeitung sozialer Stimulation; d.h. wie das Überlastungsmodell deckt auch das Störungsmodell erklärungsmäßig nur einen Teilbereich von Dichteeffekten ab – allerdings einen anderen. Die Erklärungsansätze beider Modelle scheinen miteinander kombinierbar zu sein.

3.2.3. Ökologische Erklärungsmodelle
Gemeinsam ist den beiden folgenden Erklärungsansätzen, daß sie nicht auf isolierte Ursachen- und Verhaltenszusammenhänge abheben, sondern versuchen, menschliches Erleben und Verhalten im Gesamtkontext personaler, sozialer und kultureller Zusammenhänge zu erklären. Beide Modelle haben nicht primär die Erklärung von Crowding zum Ziel. Crowding taucht eher als ein Analyse-Nebenprodukt auf.

Das Privatheitsmodell
ALTMAN (1975) beschreibt Crowding in seinem homöostatischen Privatheits-Regulationsmodell als einen bestimmten Zustand des Ungleichgewichts. Privatheit wird definiert als Kontrolle über interpersonale Grenzen und damit über soziale Interaktionen. Das Ausmaß an Privatheit bestimmt den Zugang anderer zu einem Individuum und von ihm zu den anderen. Das Modell nimmt an, daß für jedes Individuum ein situationsspezifisch optimales Ausmaß an Privatheit existiert. Wenn dieses Niveau überschritten wird (zuviel Kontakt), wird Crowding er-

lebt, wird es unterschritten (zu wenig Kontakt), Isolation. In beiden Fällen reagiert das Individuum mit nonverbalen, verbalen oder sonstigen verhaltensmäßigen Bemühungen, das Gleichgewicht wieder herzustellen. Das Ausmaß des Ungleichgewichts und auch die Wirksamkeit des Bewältigungsverhaltens kann in entscheidender Weise von situativen Bedingungen (z.B. räumlicher und sozialer Dichte) beeinflußt werden. Hohe Dichtebedingungen erschweren eher die Erreichung optimaler Privatheitsbedingungen. Bleiben die Bewältigungsreaktionen erfolglos, führt dies zu Streßsymptomen und psychologischen und physiologischen Folgekosten.

Als das neben dem Überbesetzungsmodell am wenigsten reduktionistische Crowdingmodell nimmt das Privatheitsmodell Bezug auf alle Arten von Einflußfaktoren, einschließlich kultureller und physikalisch-materieller Bedingungen. Dabei wird primär die subjektive Wertung und Bedeutung der Faktoren berücksichtigt. Post hoc kann damit das Modell zwar eine Vielzahl der Ergebnisse der empirischen Crowdingforschung erklären, erlaubt aber als rein deskriptiver Ansatz kaum empirisch überprüfbare Vorhersagen. Das Modell hat aufgrund kontrolltheoretischer Grundannahmen Ähnlichkeit mit den konrolltheoretischen Modellen. Allerdings wird im Privatheitsmodell Kontrolle nur bedeutsam, wenn sie wichtig zur Herstellung von Privatheit ist. Im Vergleich dazu ordnen z.B. BARON & RODIN (1978) Kontrolle auch in solchen sozialen Situationen, in denen nicht die Regulierung von Privatheit primäres Ziel ist und auch in Situationen, in denen nicht Probleme sozialer Interaktion im Vordergrund stehen, Bedeutung zu. Das Privatheitsmodell kann vorliegende nicht-soziale empirische Ergebnisse, wie z.B. das wiederholt aufgezeigte Leistungsdefizit durch hohe Dichte bei komplexen Problemlösungsaufgaben nur mit Zusatzannahmen erklären.

Das Überbesetzungsmodell
Ein weiterer, konzeptuell allerdings völlig anders gerichteter ökologischer Erklärungsansatz ist das «Überbesetzungsmodell» (Overmanning-Model) von WICKER (1973, 1979). Dieser Ansatz ist abgeleitet aus Arbeiten von BARKER und seinen Mitarbeitern (zit. nach WICKER, 1979) zur Analyse von «Behavior Settings» wie Schulen, Vereinen oder Kirchen. Ziel der damaligen Untersuchungen war die Analyse der Auswirkungen der Unterbesetztheit von Settings auf das Verhalten der Mitglieder. In unterbesetzten Settings, z.B. kleinen Schulen oder Kirchen, gibt es nicht genug Mitglieder, um die vorhandenen Positionen und Rollen auszufüllen. Deswegen müssen einzelne Mitglieder multiple Funktions- und Rollenträger werden.

Analog zum Unterbesetzungskonzept schlug WICKER (1973) vor, Crowding als Überbesetzung zu konzeptualisieren. Ein zentraler Aspekt von Settings hoher Dichte sei, daß sie übersetzt seien, indem nicht genügend Positionen, Rollen oder Ressourcen für die Personen im Setting vorhanden seien. Angenommen wird, daß derartige Bedingungen zur Wahrnehmung geringerer sozialer Beteiligung, geringerer Gruppenzugehörigkeit und Gefühlen verminderten «Gebrauchtwerdens» führen. Die zentrale Annahme dieses ökologischen Erklärungsansatzes ist, daß hohe Dichte nur dann zu negativen Auswirkungen führt, wenn dabei auch wichtige Ressourcen verknappt werden. Die Annahmen werden unterstützt durch die Ergebnisse einer Feldstudie von ROHE & PATTERSON (1974), wonach in einer Kinderspielgruppe erhöhte Dichte nur dann vermehrt zu aggressivem Verhalten führte, wenn mit der Dichteerhöhung eine Verknappung des vorhandenen Spielzeugs vorhanden war (vgl. auch 3.2.2.).

Das Überbesetzungsmodell hebt ausschließlich auf das dichtebedingte Auftreten oftmals stark verhaltensbestimmender Verteilungs- bzw. Verknappungsprobleme ab. Damit wird eine Bedingung in das Zentrum der Analyse gerückt, die in empirischen Untersuchungen häufig unerkannt mit Dichtevariationen konfundiert war (vgl. dazu die Kritik von ROHE & PATTERSON, 1974). Gerade für Anwendungsprobleme scheint dies ein wichtiger Aspekt zu sein, da in realen Settings eine Erhöhung der sozialen Dichte oft mit einer Verknappung wichtiger Ressourcen verbunden ist. Auf die Beziehung zum Störungsmodell ist schon hingewiesen worden: Ressourcenknappheit kann eine Ursache für Störungen sein. Jedoch geht das Überbesetzungsmodell in mehreren Aspekten über das Störungsmodell hinaus, indem bei den Ausgangsbedingungen auch der Einfluß von z.b. sozialen Normen, kollektiven Verhaltensmustern und Umweltstrukturen, und indem auch andere Erlebens- und Verhaltensweisen wie z.b. soziale Insuffizienzgefühle oder soziales Desengagement als mögliche Auswirkungen diskutiert werden. Dabei scheint Überbesetzung mit derartigen längerfristigen Auswirkungen an bestimmte Settings mit normierten Rollen- und Ressourcenverteilungsplänen gekoppelt zu sein, in denen Dichteveränderungen für die Entstehung von Überbesetzung nur eine untergeordnete Rolle spielen. Wichtiger sind hier organisatorische Veränderungen der Settings. Hinzu kommt, daß das Überbesetzungsmodell sich nur auf einen Einzelaspekt von Dichtebedingungen bezieht und damit einen sehr engen Erklärungsbereich hat. Vorgeschlagen wird daher die direkt dichterelevanten Anteile des Modells in ein erweitertes Störungsmodell zu überführen und die weiterführenden Modellannahmen bezüglich der Erklärung von Crowding zu vernachlässigen. Hierfür spricht auch, daß das Modell insgesamt empirisch wenig und bezüglich des Erlebens von Beengung gar nicht überprüft worden ist.

3.2.4. Die Erwartungsverletzungserklärung

Aus der Forschung zum Persönlichen Raum (vgl. SOMMER, 1969) ist bekannt, daß die Wahl der Interaktionsdistanz eine wichtige Kommunikationsfunktion hat, indem durch sie festgelegt wird, ob ein Austausch intimer oder weniger intimer Stimulation gesucht wird. Damit wird die erwartete Qualität der einzugehenden Beziehung signalisiert. Entsprechend gibt es relativ feste, normative (kollektiv geteilte) Erwartungen bezüglich der Interaktionsdistanzen und Dichtebedingungen für bestimmte soziale Situationen.

Beengung tritt dieser Argumentation nach dann auf, wenn durch eine Erhöhung der räumlichen und/oder sozialen Dichte derartige normative Erwartungen verletzt werden. Ohne daß versucht wird, diesen Erklärungsansatz als formales Modell auszuformulieren, wird die Bedeutung normativer Erwartungen bei der Entstehung von Beengung u.a. von BAUM & GREEN (1975), BAUM & KOMAN (1976), COHEN et al. (1975), DESOR (1972), EPSTEIN & KARLIN (1975), FREEDMAN et al. (1972) und STOKOLS (1976) diskutiert. Empirisch unterstützt werden die Annahmen durch die Ergebnisse von zwei Simulationsstudien von COHEN et al. (1975) und DESOR (1972), in denen die Auswirkungen von baulichen und sozialen Bedingungen auf das Erleben von Beengung untersucht wurden.

Die Untersuchungen verwendeten das folgende experimentelle Paradigma: In Modellräume verschiedener Größe, Ausstattung und Funktion mußten von den Vpn so viele Modellfiguren hineingestellt werden, bis die subjektiv empfundene Grenze zur Beengung erreicht schien. Ergebnis: Nicht nur Maßnahmen, die das Ausmaß an zu erwartender Stimulation durch architektonische Mittel verringerten (z.B. Raumteiler), sondern auch feste Erwartungen bezüglich der für bestimmte Situationen angemessenen Dichte führten zu Erhöhungen der Figurenzahl, wovon auf ein reduziertes Beengungserleben geschlossen wurde. Leider gibt es keine diesen Simulationsstudien vergleichbare, Untersuchungen in realen Settings.

Eine dem geschilderten Ansatz ähnliche, wenn auch komplexere und mehr formalisierte Erklärung von Crowding wird von STREUFERT (NOGAMI & STREUFERT, 1978; STREUFERT et al. 1980) aus der allgemeinen Theorie des General Incongruity Adaptation Level (GIAL) abgeleitet. Der GIAL ist definiert als das Gesamt einer Vielzahl von Specific Incongruity Adaptation Levels (SIAL), wozu z.B. auch ein dichtespezifischer SIAL gehört. Der Dichte-SIAL hat sich aufgrund vergangener Dichteerfahrungen herausgebildet. Weicht die situative Dichte von diesem SIAL ab, wird die Abweichung bis zu einem gewissen Maß von Inkongruenz innerhalb des Gesamtsystems des GIAL kompensiert; ist die Abweichung stärker (z.B. dadurch, daß die Situation zu neu oder zu wenig vorhersagbar ist) bzw. finden gleichzeitig Abweichungen anderer SIALs statt (z.b. durch unerwartete Feindseligkeiten der anderen Personen) und wird damit die Inkongruenz zu hoch und das Gesamtsystem überlastet, dann wird die Dichte als Streß erlebt; mit kognitiven und verhaltensmäßigen Defiziten bei längerer Dauer der Belastung.

Als einziges Modell berücksichtigt die GIAL-Theorie dichtebezogene Vorerfahrungen bei der Entstehung von Beengung und weist damit darauf hin, auch in andere Modelle dichtespezifische Erwartungshaltungen als wichtige Moderatorvariablen aufzunehmen. Allerdings bleibt in diesem Modell ungeklärt, was eigentlich die bestimmenden Größen für den jeweiligen Dichte-SIAL sind und damit, wie eine beengungshervorrufende Inkongruenz zustandekommt. Die Theorie erlaubt also kaum genaue Prognosen zur Beengung und ist entsprechend empirisch kaum überprüft. Für die Bedeutung eines dichtespezifischen Adaptationsniveaus bei der Entstehung von Beengung sprechen Befunde von EOYANG (1974), wonach Personen aus großen Familien die beengten Wohnverhältnisse in Trailern positiver erlebten als Personen aus kleinen Familien und Befunde von WOHLWILL & KOHN (1973), wonach sich Personen, die neu in eine Großstadt kamen, beengter fühlten, wenn sie aus einer kleinen, statt einer großen Stadt kamen.

3.2.5. Das attributionstheoretische Modell

Eine attributionstheoretische Crowdingerklärung wird von WORCHEL (zusammengefaßt 1978) vorgeschlagen und in Experimenten von WORCHEL & TEDDLE (1976) und WORCHEL & YOHAI (1979) überprüft.

Orientiert an der Emotionstheorie von SCHACHTER (1965) nimmt WORCHEL für die Entstehung von Beengung einen Zwei-Phasen-Prozeß an. Beengung wird definiert als Funktion unspezifischer physiologischer Aktivierung und deren spezifischer Ursachenzuschreibung. Eine allgemeine Aktivierungssteigerung (Phase 1) wird nach WORCHEL nicht durch erhöhte Dichte per se bewirkt, sondern durch eine Verletzung des «persönlichen Raumes» des betroffenen Individuums aufgrund von Unterschreitungen der situationsgemäßen Interaktionsdistanzen (vgl. SOMMER, 1969). Hohe Dichte ist insofern relevant, als es dabei häufiger zu einer solchen Verletzung des persönlichen Raumes der beteiligten Personen kommt.[7]

Erleben von Beengung mit entsprechenden Nebenwirkungen tritt nur auf, wenn als Ursache der Aktivierungssteigerung die anderen Personen in der Situation wahrgenommen werden (Phase 2). Kann die Erregung

---

[7] WORCHEL kritisiert die mangelnde operationale Trennung der unterschiedlichen Antezedenzbedingungen Dichte und Interaktionsdistanz in den bisherigen experimentellen Untersuchungen.

jedoch anderen Ursachen attribuiert werden, wird sie nicht als Beengung erlebt[8]. Zur Überprüfung der Modellannahmen führten WORCHEL & TEDDLE (1976) ein Experiment durch, in dem unabhängig voneinander die (räumliche) Dichte, die Interaktionsdistanz und die Bedeutung (salience) der anderen Personen im Experiment (7–8 Personen) variiert wurden. Die Ergebnisse bestätigen im wesentlichen die Modellannahmen: Die Dichtemanipulation hatte alleine kaum eine Wirkung, während geringere Interaktionsdistanzen zu stärkerem Beengungserleben, negativeren sozialen Affekten und geringerem Leistungsverhalten führten. In der Salience-Bedingung zeigte sich stärkeres Beengungserleben als in der Keine-Salience-Bedingung.

Um die Attributionsannahme noch direkter prüfen zu können, haben sich WORCHEL & YOHAI (1979) stärker an dem experimentellen Vorgehen von SCHACHTER & SINGER (1962) orientiert und untersucht, ob auch durch eine Fehlattribution der durch geringe Interaktionsdistanzen erzeugten Aktivierung das Beengungserleben reduziert werden könnte. Tatsächlich berichteten die Versuchspersonen bei einer Falschinformation über eine Erregungsbedingung (hier eine angebliche Einspielung aktivierender und unter der Wahrnehmungsschwelle liegender akustischer Stimulation) geringeres Beengungserleben. Zwar fühlten sie sich in der angeblichen Erregungsbedingung aktivierter, aber eben weniger beengt.

Positiv an dem Modell ist, daß es die Wichtigkeit von Attributionsprozessen beim Entstehen von Beengung herausstellt, und daß es unterscheidet zwischen Dichte- und Interaktionsdistanzveränderungen. Verglichen mit den zuvor genannten Modellen jedoch macht es nur sehr unpräzise Angaben zu den Ausgangsbedingungen von Beengung. Schwächen der Emotionstheorie von SCHACHTER & SINGER werden auch bei diesem Modell deutlich. Eigentlich macht es nur Aussagen dazu, wann affektive Reaktionen das Label Beengung erhalten. Unklar bleibt, wie über Änderungen der Interaktionsdistanz die Aktivierung beeinflußt wird, und unter welchen Bedingungen die anderen Personen als beengungsrelevante Ursachenerklärungen herangezogen werden. Personen müssen nicht den einzigen Erklärungshintergrund für Beengung abgeben. Beengung erscheint auch denkbar nach Attribution an bestimmte räumlich-physikalische Bedingungen – dann allerdings ohne begleitende negative soziale Affekte. Daher sollte unterschieden werden zwischen Beengung und Begleitaffekten.

Anzumerken bleibt, daß die Modellannahmen auch im Widerspruch stehen zu empirischen Ergebnissen von LANGER & SAEGERT (1977), wonach Informationen über spezifische Reizbedingungen von Dichtesitua-

---

[8] Ähnliche Annahmen sind auch von GOCHMAN & KEATING (1977) und von PATTERSON (1976) gemacht worden.

tionen nicht zu einer Zunahme, sondern einer Abnahme von Beengungsgefühlen führten.

3.2.6. Das Hilflosigkeitsmodell

In der Crowding-Forschung wird von einer Reihe von Wissenschaftlern (BAUM & VALINS, 1979; RODIN, 1976; RODIN & BAUM, 1978) angenommen, daß hohe Dichte längerfristig zu erlernter Hilflosigkeit (vgl. SELIGMAN, 1975) führen kann, da sich bei hoher Dichte aufgrund der größeren Häufigkeit, Unmittelbarkeit und Intensität sozialer Interaktionen und Konflikte Handlungsresultate oft unabhängig vom eigenen Handeln zu ergeben scheinen. Das Individuum lernt, daß es bezüglich der Vorhersagbarkeit und Kontrolle sozialer Interaktionen nicht erfolgreich ist. Eine derartige längerfristige Wahrnehmung führt dazu, Versuche sozialer Einflußnahme und Kontrolle vorzeitig abzubrechen, Kontrollmöglichkeiten nicht mehr wahrzunehmen oder bestehende Wahlfreiheiten nicht zu nutzen. Derartige kognitive und motivationale Defizite sollen begleitet sein von negativen affektiven Reaktionen, speziell subjektiven Gefühlen von Hilflosigkeit und Niedergeschlagenheit.

Zur Überprüfung der Annahmen führte RODIN (1976) zwei Experimente durch, in denen die Auswirkungen der Erfahrung längerfristiger Wohndichte auf hilflosigkeitsspezifische Maße untersucht wurden. Angenommen wurde, daß Hilflosigkeit um so mehr zunahm, je mehr die Betroffenen gelernt hatten, keine Kontrolle über die meisten der sie betroffenen Ergebnisse zu haben. Im ersten Experiment fand sie, daß, je höher die Wohndichte bei einer Kinderstichprobe war (d.h. je mehr Personen in einem eigentlich für drei Personen geplanten Appartement wohnten), die Kinder desto weniger von der Möglichkeit Gebrauch machten, in einem experimentellen Spiel ihre Belohnung selbst zu wählen. Sie ließen sie eher vom Experimentator aussuchen.

In einem zweiten Experiment mit einer in Hilflosigkeitsexperimenten tradierten Operationalisierung zeigte sich, daß Schüler aus beengteren Wohnverhältnissen nach der Vorerfahrung mit einem unlösbaren Puzzle eine zweite lösbare Puzzleaufgabe weniger gut lösten als Schüler aus weniger engen Wohnverhältnissen. Die Ergebnisse stützen die Annahme, daß längerfristig beengte Wohnverhältnisse Kontrollerwartungen nachteilig beeinflussen können.

Weitere Belege für die hilflosigkeitstheoretischen Annahmen finden sich in den Ergebnissen einer Untersuchungsreihe von BAUM & VALINS (1977, 1979) und Mitarbeitern. Diese Untersuchungen stellen m. E. das fundierteste und gründlichste Forschungsprojekt in der gesamten Crowdingforschung dar. In einer Reihe von Erhebungen, Beobachtungsstudien und Laborexperimenten wurden die Auswirkungen unterschiedlicher Wohnbedingungen in Studentenwohnheimen auf das soziale Verhalten der Bewohner überprüft. Dabei handelt es sich bei den unterschiedlichen räumlichen Anordnungen nicht um Dichtevariationen im eigentlichen Sinne, sondern um Unterschiede im Ausmaß sozialer Stimulation und Kontrolle über soziale Interaktionen; d. h. es gab systematische Unterschiede im Beengungspotential der Wohnbedingungen, unabhängig von der Wohndichte (z. B. Wohnen in kleinen Appartementblöcken vs. in langen Fluren oder in langen Fluren vs. in kurzen Fluren). Bei einem höheren Beengungspotential berichteten die Studenten von stärkerem subjektiven Beengungserleben und einem größeren Bedürfnis, öfter allein zu sein. Sie bewerteten soziale Beziehungen negativer, hatten weniger Freunde in ihrer unmittelbaren Wohnumgebung und berichteten von mehr Schwierigkeiten in sozialen Interaktionen. Sie zeigten größere Passivität und Hilflosigkeitsgefühle und eine resignativere Einstellung gegenüber Versuchen, die Verhältnisse im Wohnheim zu ändern. Die Ergebnisse zeigen, daß die im Wohnbereich gemachten Erfahrungen auch auf andere Bereiche generalisiert werden. Flurbewohner mieden auch im Labor und in einer natürlichen Situation (Zahnarzt) eher als Appartementbewohner den Kontakt zu ihnen bekannten Versuchspersonen. In einem experimentellen Spiel wählten Flurbewohner eine Spielstrategie der geringstmöglichen Interaktion mit ihrem Spielpartner.

Ähnlich berichten MCCARTHY & SAEGERT (1979) stärkere Machtlosigkeitsgefühle bei Bewohnern von Hochhäusern im Vergleich zu Bewohnern niedrig geschossiger, ansonsten vergleichbarer Bauten.

Das Hilflosigkeitsmodell weist auf schwerwiegende Auswirkungen längerfristiger Bedingungen hoher Dichte vor allem im Bereich des sozialen Verhaltens hin. Besonders gewichtig erscheinen die Ergebnisse bezüglich der Generalisierung der Effekte auf andere Lebensbereiche. Allerdings macht auch das Hilflosigkeitsmodell eher nur Aussagen zu Beengungskonsequenzen als zu den Ausgangsbedingungen. Zwar wird als zentrale Bedingung das Fehlen einer Kontingenzwahrnehmung zwischen Verhalten und Verhaltensergebnissen genannt; aber wie bei und durch Dichte Nichtkontingenzen entstehen, wird lediglich angedeutet und bleibt unklar. Auch bei RODIN (1976) wird nicht hinreichend geklärt, welche Einzelbedingungen aus dem Gesamt der Wohnbedingungen für die gezeigten Ergebnisse primär verantwortlich sind.

In den Interpretationen der Ergebnisse der empirischen Untersuchungen zum Hilflosigkeitsmodell werden nur die kognitiven und motivationalen Defizite erwähnt; von der Theorie auch vorhergesagt negative emotionale Reaktionen bleiben unberücksichtigt. Empirisch konnten auch derartige Effekte nicht aufgezeigt werden: das affektive Niveau der Versuchspersonen war im Gegenteil durchweg eher moderat positiv. Auch liegen verschiedene empirische Befunde – z. B. Leistungsdefizite bei nur kurzzeitiger oder gar nur erwarteter Beengung (BAUM & KOMAN, 1976) – außerhalb der Erklärungsmöglichkeiten des Modells.

3.2.7. Kontrolltheoretische Erklärungsansätze

Die Crowdingtypologie von STOKOLS: In einer Erweiterung seiner ursprünglichen Definition von Crowding als spezifischem Streßerleben (STOKOLS 1972) nimmt STOKOLS (1976, 1978) als zentralen Aspekt der Entstehung von Beengung die Wahrnehmung eines Verlusts von Kontrolle über die unmittelbare Umwelt an.

Intensität und Dauer des Beengungserlebens sollen um so größer sein, je mehr der wahrgenommene Kontrollverlust die psychische und physische Sicherheit des betroffenen Individuums bedroht. Das Bedrohungspotential ist eine Funktion von zwei Dimensionen der Dichtesituation.

Eine Dimension betrifft die Qualität der erfahrenen Beeinträchtigungen. Diese können auf einem Kontinuum von neutralen bis zu persönlichen Beeinträchtigungen angeordnet werden. Ausschlaggebend ist die wahrgenommene Ursache der Beeinträchtigungen. Beeinträchtigungen werden als neutral erlebt, wenn ihnen räumlich-materielle Situationsbedingungen als Ursache zugeordnet werden können (z. B. die Enge eines Arbeitsraumes); sie werden als persönlich erlebt, wenn sie als durch andere Personen verursacht wahrgenommen werden. Dies besonders, wenn man den anderen Personen konkurrierende Interessen oder schädigende Absichten zuschreiben kann. Auch anfangs neutrale Beeinträchtigungen können dann als persönlich erlebt werden, wenn ihrem Entstehen wiederum mittelbar eine soziale Ursache zugeordnet werden kann (z. B. Störung durch einen Schreibtisch, der von einem anderen Mitarbeiter derart eng plaziert worden ist). Es wird zwar nicht von STOKOLS diskutiert, scheint aber evident, daß die beschriebenen Beeinträchtigungspolaritäten sich bezüglich der wahrgenommenen Intentionalität der Beeinträchtigung unterscheiden. Über diesen Begriff könnte sich möglicherweise eine präzisere Definition der Dimension «neutral-persönlich» erreichen lassen.

Für die Pole «neutral-persönlich» wird angenommen, daß als persönlich wahrgenommene Beeinträchtigungen größere Intensität und Wirkungsdauer besitzen als neutrale Beeinträchtigungen. Die zweite Dimension des Beengungserlebens bezieht sich auf den Ort, an dem die Beeinträchtigung erlebt wird. STOKOLS greift dabei auf die aus der Sozialisationsforschung tradierte Unterscheidung von primären und sekundären Umwelten zurück, z. B. Wohnbereich vs. Einkaufszentrum. In diesen unterschiedlichen Umwelten werden auch verschiedenartige Bedürfnisse verfolgt. In sekundären Umwelten sind weniger zentrale Bedürfnisse potentiell bedroht als in primären Umwelten. Demzufolge wird angenommen, daß in primären Umwelten erfahrene Beeinträchtigungen als in-

	Primäre Umwelten	Sekundäre Umwelten
persönliche Beeinträchtigung	Antezedenzbedingungen: Verletzung räumlicher und sozialer Erwartungen im Kontext kontinuierlicher, personalisierter Interaktionen	Antezedenzbedingungen: Verletzung räumlicher und sozialer Erwartungen im Kontext vorübergehender, anonymer Interaktionen
	Erleben: Zurückweisung, Feindseligkeit, Entfremdung	Erleben: Ärger, Reaktanz, Furcht
	Angenommen: Hohe Intensität, Persistenz und Generalisierbarkeit	Angenommen: Mittlere Intensität, geringe Generalisierbarkeit
	Verhalten: Rückzug, Aggression, passive Isolation	Verhalten: Verteidigung, Verlassen der Situation
	Beispielssituation: feindselige Mitbewohner im Wohnbereich	Beispielssituation: Bedrohliche Konfrontation mit einer fremden Person auf der Straße
neutrale Beeinträchtigung	Antezedenzbedingungen: Verletzung räumlicher Erwartungen im Kontext kontinuierlicher, personalisierter Interaktionen	Antezedenzbedingungen: Verletzung räumlicher Erwartungen im Kontext vorübergehender, anonymer Interaktionen
	Erleben: Ärger, Beengung, Reaktanz	Erleben: Ärger, Reaktanz
	Angenommen: Mittlere Intensität, Persistenz und geringe Generalisierbarkeit, Tendenz zur «Personalisierung»	Angenommen: Geringe Intensität, Persistenz und Generalisierbarkeit
	Verhalten: Rückzug, Versuch der Koordinationsverbesserung, Rückzug in sich selbst	Verhalten: Versuch der Verbesserung der Koordination mit anderen, Rückzug in sich selbst
	Beispielsituation: Familie in beengten Wohnbedingungen	Beispielsituation: Besuch eines überfüllten Konzertsaales

Abb. 2: Nach STOKOLS (1978)

tensiver, schwerer auflösbar und überdauernder erlebt werden als in sekundären.

Die beiden Dimensionen machen ein Vier-Felder-Schema des Erlebens von Beengung auf. Die für die vier Beengungstypen angenommenen Antezedenzbedingungen und erlebensmäßigen und verhaltensmäßigen Reaktionen sind in Abb. 2 dargestellt.

Persönliche und neutrale Beeinträchtigungen sind dem Schema nach sowohl in primären als in sekundären Umwelten denkbar. Allerdings werden als Haupttypen die Kombinationen «primär-persönlich» und «sekundär-neutral» angenommen. Die beiden anderen Kombinationen sollen eher instabilen Charakter haben, wobei wegen der unterschiedlichen Zentralität von Zielen und Bedürfnissen im Sekundärbereich eine Attribution in Richtung neutral und im Primärbereich in Richtung persönlich als wahrscheinlich angenommen wird.

Auf der Grundlage der vorher beschriebenen Annahmen lassen sich eine Reihe von Aussagen zur Intensität, Generalisierung und Dauer des Beengungserlebens in den unterschiedlichen Bedingungen machen (vgl. Abb. 2). Dabei sollen besonders die im primär-persönlichen Bereich erlebten Begleitzustände wie Feindseligkeit, Zurückweisung und Entfremdung das Beengungserleben intensivieren und höhere Kosten durch schädigende Nachwirkungen psychologischer und physiologischer Art bedeuten.

Da eine Personenattribuierung im primären Bereich durch die eher vergleichbare Beurteilungsbasis kompatibler ist als eine Attribuierung an eine spezifische materielle Bedingung, soll das Beengungserleben im primären Bereich stärker auf andere Kontexte generalisiert werden können als Beengung im sekundären Bereich.

STOKOLS (1978) zeigt auf, daß über seine Typologie eine Vielzahl von empirischen Befunden der Crowdingforschung erklärt werden kann. Umfassende empirische Überprüfungen der Annahmen stehen allerdings noch aus. Auch müßten für empirische Untersuchungen die Aussagen dieses eher deskriptiven Modells stärker präzisiert werden.

Das Kontrollmodell von BARON & RODIN

Ein weiteres, noch eindeutiger kontrolltheoretisch orientiertes Crowdingmodell wird von BARON & RODIN (1978) vorgestellt, welches versucht, das Hilflosigkeitsmodell weiter zu entwickeln und zu präzisieren. Grundannahme ist, daß Beengungsstreß nur dann auftritt, wenn hohe räumliche oder soziale Dichte zu einem Verlust persönlicher Kontrolle führt. Persönliche Kontrolle wird definiert als Fähigkeit, einen Zusammenhang zwischen den eigenen Intentionen und den umweltbezogenen und umweltbeeinflußten Konsequenzen des eigenen Verhaltens herzustellen. Ein Kontrollverlust kann sich beziehen auf: Wahlmöglichkeiten zwischen Handlungen und Zielen, die Verfügbarkeit über die zur Zielerreichung benötigten Ressourcen und/oder auf die eigentliche Zielerreichung selbst. Beengung als Resultat eines Kontrollverlusts durch hohe Dichte beschreibt – sehr ähnlich wie bei STOKOLS – einen Prozeßverlauf mit den Phasen: Entstehungsphase, Antizipatorische Bewältigungsphase, Verändernde Bewältigungsphase und Phase nach der Konfrontation mit der Dichteerhöhung.

Entstehungsphase: Dichteveränderungen führen zu Veränderungen des Umweltpotentials (d. h. des Gesamts der die Zielerreichung erleichternden oder behindernden Umwelt-Einzelbedingungen). Eine Änderung des Umweltpotentials bewirkt eine Veränderung von Kontrollanforderungen und führt, wenn diese erhöht werden, zu einer Intensivierung von Aufmerksamkeits- und Erregungsprozessen. BARON & RODIN trennen zwischen dem Einfluß von Dichteerhöhungen zum einen auf Aufmerksamkeits und Erregungsprozesse und zum anderen auf Kontrollprozesse. Hohe Dichte kann zu erhöhter Erregung führen, ohne daß Beengungsstreß erlebt wird. Beengungsstreß wird nur hervorgerufen, wenn bei der Überprüfung der Verhaltensmöglichkeiten ein Kontrollverlust über Verhaltensalternativen oder Verhaltensergebnisse festgestellt wird.

Antizipatorische Bewältigungsphase: Bei einer wahrgenommenen Kontrollbedrohung wird die Situation nochmals auf Kontrollverlust überprüft. Dies kann durch erneute attributionale Prozesse geschehen, z. B. ob ein durch andere Personen verursachter Kontrollverlust intendiert oder zufällig gewesen ist. Für das Erleben von Beengung und das nötige Bewältigungsverhalten ist von entscheidender Bedeutung, ob erfahrene Beeinträchtigungen räumlichen Bedingungen oder anderen Personen attribuiert werden (vgl. STOKOLS, 1978).[9]

Sind die Versuche zur Wiederherstellung angemessener Kontrollwahrnehmung erfolgreich, endet hier das Bewältigungsverhalten. Sind sie erfolglos, schließt sich eine Bewältigungsphase an. Es kann auch Bewältigungsverhalten ohne vorgeschaltete Attributionsprozesse geben durch quasi automatisierte Anpassungsreaktionen, wie z. B. selektive Aufmerksamkeit. Ist aber eine solche Reaktion nicht oder nur sehr schwer möglich, kann es zu Defiziten in der kognitiven Verarbeitungsfähigkeit kommen (vgl. 3.2.1). Derartige Defizite werden wieder als Kontrollverlust wahrgenommen und lösen erneut den beschriebenen Bewältigungsprozeß aus.

Verändernde Bewältigungsphase: In dieser Phase wird versucht, entweder die kontrollrelevanten Umweltforderungen soweit zu reduzieren, daß kein Kontrollverlust mehr wahrgenommen wird (z. B. durch Rückzug aus der Situation oder der bedrohenden Interaktion) oder aber die eigenen Verhaltensmöglichkeiten entsprechend zu verbessern (z. B. durch Herstellen persönlicher Beziehungen zu den anderen).

---

[9] Da Personen sehr saliente Reizbedingungen darstellen, wird angenommen, daß auf Raumgröße erst attribuiert wird, wenn die Gruppengröße als Reizbedingung nicht mehr hervortretend ist.

Der Erfolg dieser Strategien sowie der benötigte Aufwand entscheiden über mögliche psychologische Folgekosten in Form von schädigenden Nacheffekten (z. B. kognitive oder motivationale Defizite, physiologische Funktionsstörungen usw.).

Besonderen Wert legen die Autoren auf die Unterscheidung der unterschiedlichen Streß- und Bewältigungsprozesse bei sozialer vs. räumlicher Dichte. Angenommen wird, daß ein wahrgenommener Kontrollverlust durch räumliche Dichte als weniger gravierend wahrgenommen wird als einer durch soziale Dichte, da bei sozialer Dichte ein Kontrollverlust eher als persönliche Bedrohung erlebt werden kann (vgl. die Typologie von STOKOLS). Zwar erscheint soziale Dichte bedrohlicher, aber auch für die Betroffenen beeinflußbarer zu sein als die meist materiell fixierte räumliche Dichte. Bei sozialer Dichte werden daher eher Reaktanzeffekte erwartet, wie z. B. Versuche, durch Gruppen- oder Territorienbildung die sozialen Umweltbedingungen in Richtung vermehrter Kontrolle zu verändern. Derartiges Bewältigungsverhalten wäre bei räumlicher Dichte nicht funktional, daher werden hier vorwiegend Selbstbeschränkungen bezüglich der Verhaltensalternativen erwartet.

Unterstützung erhalten die Annahmen über die Rolle wahrgenommener Kontrolle bei dem Erleben und der Bewältigung hoher Dichte durch die Ergebnisse einiger Experimente zur Wirkung unterschiedlicher Kontrollmöglichkeiten. In einem an den Lärmstreßuntersuchungen von GLASS & SINGER (1972) orientierten Experiment – wobei die Streßbedingung Lärm durch hohe Dichte ersetzt wurde – fand SHERROD (1974) weniger negative Nacheffekte für diejenigen Versuchspersonen, die Kontrolle über die Dichtebedingung hatten (durch die angebotene Möglichkeit, den Raum jederzeit verlassen zu können).

Ähnliche Befunde berichten RODIN et al. (1978) von zwei unterschiedlichen Experimenten: Weniger beengt bei hoher Dichte fühlten sich sowohl Versuchspersonen, die in einer Gruppensitzung mehr Kontrollfunktionen bezüglich der Gruppenaktivitäten hatten, als auch Versuchspersonen, die sich in einem Fahrstuhl in der Nähe der Bedienungstafel befanden (Kontrolle), im Vergleich zu Versuchspersonen an der gegenüberliegenden Fahrstuhlwand (keine Kontrolle).

Von einem Feldexperiment mit Käufern in einem Warenhaus berichten LAENGER & SAEGERT (1977), daß diejenigen Versuchspersonen, die über mögliche aversive Wirkungen hoher Dichte informiert wurden, eine bessere Leistung bei komplexen Such- und Rechenaufgaben zeigten als diejenigen, die keine derartigen Informationen bekamen. Die Autorinnen interpretieren die Befunde als Effekte vermehrter Kontrolle im Sinne einer verbesserten Vorhersagbarkeit der Dichteauswirkungen.

Die kontrolltheoretischen Crowdingmodelle können bereits als Versuche, verschiedene Aussagen zur Entstehung und zu den Auswirkungen von Beengung in ein Modell zu integrieren, betrachtet werden. Positiv an der STOKOLschen Typologie ist das Bemühen, Beengung im Gesamtkontext unterschiedlicher einflußnehmender Bedingungen zu erklären. Allerdings bleibt das Modell dabei weiterhin eng an der phänomenologisch-subjektiven Crowdingdefinition von STOKOLS (1972) orientiert. Zwar werden Unterschiede in der Intensität und Persistenz des Beengungserlebens durch den Einfluß unterschiedlicher Globalbedingungen (primäre vs. sekundäre Umwelten) und subjektiver Bewertungsmuster (persönliche vs. neutrale) aufgezeigt, die psychologischen Prozesse bei der eigentlichen Genese von Beengung aber nicht erklärt. Leider bleiben auch die Überlegungen zur Kontrolle eher Vorbemerkungen ohne weiterführende theoretische Explikationen und werden durch die Annahme eines «need for space» als notwendige Zusatzbedingung theoretisch unscharf. Für vorliegende Befunde der Crowdingforschung lassen sich post hoc aus dem Modell plausible Erklärungen herleiten. Jedoch scheint die Ableitung überprüfbarer Hypothesen aus dem Modell nicht unproblematisch; z. B. wird die Zuordnung vieler Situationen zu primären oder sekundären Umwelten unter Angabe bestimmter Valenzen eher schwierig sein. Dergestalt bleibt das Modell weitgehend deskriptiv. Versuche einer detaillierten empirischen Überprüfung sind nicht bekannt.

Das Kontrollmodell von BARON & RODIN erscheint heuristisch sehr ergiebig. Zwar wurde es empirisch noch kaum überprüft, aber es lassen sich aus ihm viele testbare Einzelaussagen ableiten. Auch dieses Modell bleibt der Erklärung des subjektiven Erlebens von Beengung verhaftet. Als Weiterentwicklung des hilflosigkeitstheoretischen Modells vernachläßigt es weitgehend die Analyse der Ausgangsbedingungen für Beengung. Zwar definieren die Autoren Kontrollverlust als zentrale Bedingung, bleiben aber eher unverbindlich hinsichtlich der Beantwortung der Frage, wie es in und durch hohe Dichte zu Kontrollverlust kommt. Hier findet sich lediglich eine Auflistung möglicher Einzelbedingungen.

Insgesamt sollten meines Erachtens kontrolltheoretische Annahmen eher als eine Rahmentheorie von Crowding verstanden werden, die für verschiedene Ausgangsbedingungen durch spezifische Zusatzannahmen komplettiert und differenziert werden muß.

4. Vergleichende Diskussion und weiterführende Überlegungen

Die vorgestellten Modelle versuchen, die Genese der je besonderen Formen des Erlebens von Beengung und der verhaltensmäßigen Konsequenzen zu beschreiben und zu erklären. Mit Ausnahme der Intensivierungshypothese von FREEDMAN (1975) ist den Modellen gemeinsam, daß sie nicht mehr Dichte als hinreichende Bedingung für Beengung annehmen. Sie unterscheiden sich darin, ob sie Dichte oder zumindest räumliche Aspekte als notwendige Bedingungen für Enge definieren oder nicht. In allen Modellen stellen nicht-räumliche Bedingungen wesentliche Einflußfaktoren dar. Gemeinsam ist den Modellen, daß sie Beengung als dynamischen Prozeß mit Streßcharakter und resultierendem Anpassungs- oder Bewältigungsverhalten ansehen. Sie unterscheiden sich darin, ob sie sich mehr auf die Analyse von Ausgangsbedingungen oder der Verhaltensfolgen beziehen und sie nehmen jeweils unterschiedliche Ausgangsbedingungen, vermittelnde kognitive und soziale Prozesse, emotionale Reaktionsmuster und verhaltensmäßige Konsequenzen an.

Keines der Modelle stellt für sich eine umfassende Crowdingerklärung dar. Die Modelle enthalten kaum gegensätzliche Annahmen oder Aussagen. Irgendwie scheinen ihre jeweiligen Charakteristika in ein umfassendes Modell integrierbar zu sein. Es ist eigentlich erstaunlich, wie wenig dazu geschehen ist. Z. B. bezeichnen sich alle Modelle als Prozeßmodelle, machen aber kaum explizite Angaben über die angenommenen zeitlichen Verläufe. Machte man die Unterschiede explizit, dann läge z. B. eine Integration des Störungsmodells und des hilflosigkeitstheoretischen Modells im Sinne des integrativen Modells von WORTMAN & BREHM (1975) nahe.

Einen (allerdings wenig erfolgreichen) Integrationsversuch machen SCHOPLER & STOCKDALE (1977). Sie schlagen vor, das Überlastungsmodell in das Störungsmodell zu überführen, indem Überlastung als Störung kognitiver Verarbeitungsprozesse definiert wird. Eine solche Integration bringt jedoch keinen zusätzlichen Erkenntnisgewinn, sondern verdeckt im Gegenteil wichtige Unterschiede in den antezedenten Bedingungen. Integrationsbemühungen sollten weniger in der Überführung eines Modells in die Terminologie eines anderen als mehr in einer «Verschmelzung» der verschiedenen Annahmen und Aussagen bestehen (Paradigm-merging). Eine derartige Verschmelzung leisten auch die kontrolltheoretischen Modelle nicht, wiewohl das Konzept Kontrolle einen nützlichen theoretischen Rahmen abgeben könnte.

Gegenwärtig scheint der theoretische Stand der Crowdingforschung durch mehrere Erklärungsdefizite gekennzeichnet zu sein: Einmal hat die Crowdingdefinition von STOKOLS (1972) – bei allem theoretischen Wert – zu einer abrupten Verlagerung der Forschungsperspektive geführt. Statt Auswirkungen von Dichtebedingungen auf das Verhalten wurden Prozesse von Beengungswahrnehmung analysiert. Dadurch rückte ein subjektiver Zustand (Beengung) in den Mittelpunkt des Forschungsinteresses unter weitgehender Vernachlässigung der eigentlichen

Antezendenzbedingungen[10]. Bei dieser «Subjektivierung» der Crowdingforschung bleibt die Frage offen, was Crowdingsituation, außer
dem Umstand, eben diesen subjektiven Zustand auszulösen, gemeinsam
haben. Solange Beengung lediglich unter Bezug auf ausgelöst subjektive
Wirkungen definiert wird, führt dies zu zirkulären Erklärungen. Es
müßte eine reaktionsunabhängigere Bestimmung der die Beengung hervorrufenden Bedingungen angestrebt werden. Wie aufgezeigt, ergibt
sich das Problem auch, wenn man zusätzlich das Konzept Kontrolle
oder Kontrollverlust einführt.

– Die Anleihen an verschiedene psychologische Theorien haben zum
Ergebnis, daß Ähnlichkeiten zwischen Crowding einerseits und Kon-
strukten wie Streß, Hilflosigkeit oder Reaktanz andererseits aufgezeigt
werden. Jedoch wird nicht expliziert, in welchen Annahmen bezüglich
z. B. der notwendigen Antezedenzbedingungen, Einflußfaktoren, pro-
zessualen Verläufen, Verhaltenskonsequenzen oder Nachwirkungen sie
sich unterscheiden.

– Die mangelnde konzeptuelle Differenzierung zusammen mit der
Orientierung am allgemeinen Streßmodell haben auch dazu geführt, den
eigentümlichen Mischcharakter von Beengungsstreß zu übersehen.
Streßmodelle gehen von einem akuten Stressor aus, der wahrgenommen, bewertet, wiederbewertet, irgendwie bewältigt wird und möglicherweise schädigende Nachwirkungen hat. Beengungsstreß ist jedoch
kein akuter Stressor, sondern – wie noch ausgeführt werden wird – ein
Mischstressor mit akuten und ambienten Anteilen.

– Über der Orientierung am allgemeinen Streßmodell und der Beto-
nung des subjektiven Erlebens ist auch der soziale Charakter von Crowding weitgehend verlorengegangen. Individuelles Handeln in einer Dichtesituation ist immer eingebettet in ein soziales Handlungsgefüge und
wird in seinen aktuellen Verwirklichungsmöglichkeiten bestimmt durch
das Handeln der anderen Personen. Dergestalt wird Beengungsstreß in
beträchtlichem Ausmaß durch das soziale Handlungsgefüge bestimmt,
welches seinerseits wieder durch die kollektiv erfahrene Beengung beeinflußt wird. Im Gegensatz zu FREEDMAN (1975) kann angenommen
werden, daß soziale Situationen (d. h. das Gefüge sozialer Beziehungen und Interaktionen) durch Beengungsbedingungen transformiert
werden.

Was eigentlich sind diese Beengungsbedingungen? In realen Situationen hoher Dichte sind zumeist Reizbedingungen gegeben, die gekennzeichnet sind durch:

---

10 Offen bleibt z. B., ob für die unterschiedlichen Antezedenzbedingungen möglicherweise mehrere verschiedene Crowdingprozesse angenommen werden müßten, für die die
Modelle unterschiedlichen Erklärungswert besäßen.

- ein hohes Niveau visueller, taktiler und evtl. olfaktorischer Stimulation
- Interaktionsdistanzen, die situationsbezogene, normative Erwartungen verletzen
- eine relative Verknappung von Ressourcen (vgl. mit Base-line-Bedingungen)
- eine erhöhte Häufigkeit von Verzögerungen, Unterbrechungen bis hin zu Behinderungen eigener Handlungen durch die zahlreichen, komplexen und in ihrem Aktionsrahmen selbst eingeschränkten Handlungen der anderen Personen.[11]

Wichtig ist, daß die Bedingungen in verschiedenen Dichtesituationen zwar mit je unterschiedlichen Anteilen, aber immer *gleichzeitig* gegeben sind und sich in ihrer Wirkungsweise *gegenseitig beeinflussen.*

Über die unterschiedlichen Anteile der Bedingungen in unterschiedlichen Situationen scheinen sich die differentiellen Wirkungen räumlicher oder sozialer Dichte theoretisch eindeutiger bestimmen zu lassen (vgl. Abb. 3). Deutlich wird hierbei auch, warum in den empirischen Untersuchungen in der Regel Variationen der sozialen Dichte effektiver waren.

Räumliche Dichte	Soziale Dichte
- gering erhöhtes Stimulationsniveau durch größere Unmittelbarkeit der sozialen Reizbedingungen	- stark erhöhtes Stimulationsniveau
- normativ unangemessene Distanzen	- normativ unangemessene Distanzen
- keine zusätzlichen Ressourcenprobleme (außer Raum)	- Probleme durch Verknappung von Ressourven
- geringes Störungsproblem, mehr zu sehen als räumliches Koordinationsproblem mit einer begrenzten Anzahl von Interaktionepartnern	- massives Störungsproblem, Koordinierungsproblem mit zahlreichen, ständig wechselnden Interaktionspartnern

Abb. 3: Gegenüberstellung der Antezedenzbedingungen der räumlichen und sozialen Dichte.

Es stellt sich die Frage, wie die genannten Antezedenzbedingungen zu Beengung führen. Nimmt man Kontrolle als Rahmenkonzept, dann führt definitionsmäßig eine Einschränkung bzw. ein Verlust an Handlungskontrolle, also eine Einschränkung der Handlungsplanung

---

[11] Auch hier handelt es sich nicht um eindeutig der Dichte zuordnenbare Bedingungen. Alle Bedingungen sind neben der Dichte von einer Vielzahl anderer Faktoren abhängig (vgl. Einflußfaktoren). In der Regel ändern sich aber die Bedingungen in eindeutiger Weise mit höherer Dichte in der beschriebenen Richtung.

und/oder der Handlungsdurchführung, zu Beengungsstreß.[12] Diese handlungstheoretische Grundannahme muß bedingungsspezifisch detailliert werden. Betrachtet man das Schema der Abb. 3, wird deutlich, daß eine bloße Auflistung der Antezedenzbedingungen keine hinreichende Crowdingdefinition abgeben kann. Sinnvollerweise sollte eine Definition an den vermittelnden Prozessen *Überlastung* und *Störung* ansetzen. Diese Begriffe sind ja keine objektiven Reizcharakterisierungen, sondern beschreiben Relationen zwischen situativen Anforderungsgehalten und individuellen Bewältigungsmöglichkeiten.[13] Wenn also nicht zusätzliche kontrollreduzierende Bedingungen gegeben sind, wird Beengungsstreß bei hoher Dichte hervorgerufen durch Überlastung der kognitiven Verarbeitungskapazitäten und durch Störung von Handlungen. Situationen, in denen diese Bedingungen gegeben sind (in situationsspezifisch je unterschiedlichen Anteilen) sollen Beengungssituationen genannt werden.

Überlastung und Störung werden durch die genannten Beengungsbedingungen hervorgerufen, wobei der Zusammenhang mit hoher Stimulation und mit Behinderungen und Blockaden evident scheint. Knappe Ressourcen werden streßwirksam über ihre Funktionalität bezüglich durchzuführender Handlungen; d. h. Knappheit wird als Streß erlebt, wenn sie zu Konflikten oder zu mangelnden Integrationsmöglichkeiten im sozialen Gefüge und damit zu Störungen und kognitivem Mehraufwand führt. Auch normalabweichende und damit erwartungsdiskrepante Distanzen müssen bewertungsmäßig relativiert werden, belasten also kognitive Kapazitäten und können auch handlungsstörend sein.

Bereits erwähnt worden war der Mischcharakter von Beengungsstreß aus akuten und ambienten Streßanteilen. Ambienten Streß definiert CAMPBELL (1983) als solche negativ bewerteten Umweltbedingungen, die situationsumfassend, chronisch, individuell schwer zu beseitigen und relativ unauffällig sind (d.h. sich häufig der bewußten Wahrnehmung entziehen). Demgemäß verlangen ambiente Bedingungen andere Bewältigungsstrategien als akute Stressoren.

Überlastung entspricht dem ambienten Anteil des Beengungsstresses. Die Überlastung auslösenden Reize werden als Hintergrundbedingung gar nicht oder nur unvollständig wahrgenommen und entsprechend nicht bewertet. Überlastung mündet nicht unmittelbar in Handlung im Sinne von intendierten Bewältigungsreaktionen. Überlastung wird bewältigt durch eine Vielzahl kleinerer, weitgehend automatisierter An-

---

[12] Der Begriff «personal control» von BARON & RODIN (1978) ist durch den Begriff Handlungskontrolle ersetzt worden, da dieser im deutschen Sprachraum genauer definiert ist (vgl. Oesterreich 1981).

[13] Ob eine bestimmte Stimulation Überlastung bedeutet, hängt z. B. wesentlich von den Handlungszielen, situationsspezifischen Erwartungen, Kompetenzen usw. einer Person ab. Auch bei Störung wird deutlich, daß die Häufigkeit dieses Ergebnisses unmittelbar vom Handeln einer Person abhängt.

passungsreaktionen, die aber die kognitiven Verarbeitungsfähigkeiten des Organismus belasten bis hin zu einer absoluten Überlastung mit massiven Funktionsausfällen. Erst eine solche absolute Überlastung würde wie ein akuter Stressor erlebt und gezielt bewältigt werden.

Störung kennzeichnet den akuten Anteil des Beengungsstresses. Störung kann man sich vorstellen als eine Kette minimaler Akutstreßsituationen, die in den ambienten Streß eingebettet sind. Störungen sind gegenüber Überlastung eindeutiger als durch Einzelbedingungen verursacht abgrenzbar; es kann eine Entität (Person, Gruppe oder materielle Bedingung) als Verursacher identifiziert werden. Sie stehen in unmittelbarer Beziehung zu einer ablaufenden Handlung. Daher werden Störungen direkt und vollständig wahrgenommen, unmittelbar ursächlich zugeordnet und bewertet und haben spezifische, gezielte Reaktionen zur Folge.[14] Bei Beengung handelt es sich damit um einen Doppelverlauf: einen andauernden ambienten Streßprozeß mit fortlaufenden Anpassungsreaktionen und eine Folge von akuten Streß hervorrufenden Ereignissen, die jeweils einen Bewältigungsprozeß – ähnlich wie ihn BARON & RODIN (1978) beschrieben haben – hervorrufen. Man kann sich dergestalt Beengungsstreß am besten als eine um die Zeitachse fortlaufende Doppelspirale von ambienter und akuter Streßbewältigung vorstellen.

Da diese Prozesse gleichzeitig ablaufen, kann angenommen werden, daß die Wahrnehmung und Beurteilung von und damit die Reaktion auf Störungen beeinflußt wird vom Ausmaß der Überlastung, z.B. im Sinne von Vereinfachungen, Selektionen, Verzerrungen oder Ausfällen bei den Wahrnehmungs- und Inferenzprozessen. Gerade die Wechselwirkung zwischen Aufmerksamkeits- bzw. Informationsverarbeitungsprozessen einerseits und sozialen Inferenzprozessen andererseits scheint von entscheidender Bedeutung für die Streßwirkung von Beengungssituationen zu sein.[15] Dies soll an einem Beispiel erläutert werden.

---

[14] Problematisch an diesen Annahmen ist, daß 1. Störungen auch höhere Informationsverarbeitungsanforderungen bedeuten, und 2. Störungen geringer Intensität (z.B. Drängeln anderer Personen) möglicherweise nicht bewußt perzipiert werden und auch nicht zu geplanten und gezielten Reaktionen, sondern zu weitgehend automatisierten Anpassungsreaktionen (z.B. Ausweichen) führen; 3. besonders intensive, auffällige (d.h. plötzliche und erwartungsdiskrepante) Stimulationen als Einzelbedingung wahrgenommen werden können.
Daher soll Störungen geringer Intensität Stimulationsqualität und besonders auffälligen, als Einzelbedingung identifizierbaren Stimulationen Störungsqualität zugeschrieben werden.

[15] Zwar differenzieren auch BARON & RODIN (1978) zwischen Aufmerksamkeitsprozessen (bedingt durch eine Erhöhung des Umweltpotentials, d.h. der Anforderungen durch die Umwelt) und Kontrollprozessen (bedingt durch die Wahrnehmung bestimmter Relationen von Anforderungen und Entsprechungsmöglichkeiten; hier muß also vorab ein entsprechender Attributionsprozeß stattgefunden haben). Sie ziehen jedoch nicht die Mög-

Beispiel sei das Auftreten aggressiven Verhaltens bei Beengung. Die theoretische Basis einer dichteinduzierten Aggression ist bislang sehr unscharf geblieben. Die meist häufigen Störungen bei hoher Dichte könnten als eine Frustrationsbedingung gesehen werden, welche Aggression hervorrufen kann. Aus der Aggressionsforschung ist aber bekannt, daß dazu noch bestimmte aggressionsauslösende Signale hinzukommen müssen (vgl. BERKOWITZ, 1974). Die salienteste Reizbedingung bei hoher Dichte sind die anderen Personen. Wann und wie können diese zu aggressionsauslösenden Signalreizen werden? Eine Möglichkeit wäre, daß ihr Handeln als aggressiv wahrgenommen wird (um dann mit einer Gegenaggression beantwortet zu werden). Die Frage wandelt sich also zu: Wann werden Handlungen als aggressiv wahrgenommen, und werden sonst gleiche Handlungen bei Beengung häufiger als aggressiv wahrgenommen als ohne Beengung?

Die erste Teilfrage läßt sich beantworten unter Rückgriff auf aggressionstheoretische Überlegungen von TEDESCHI et al. (1974), die den Begriff Aggression nicht mehr zur Charakterisierung von Verhalten im Sinne einer Klassifikation des Ausführenden, sondern zur Beschreibung der Wahrnehmung und Beurteilung von Verhaltensweisen durch einen Beobachter oder den Betroffenen benutzen. Ohne diese Definition nachvollziehen oder ihre Problematik diskutieren zu wollen, sollen die Hauptkriterien genannt werden, die zur Beurteilung einer Handlung als aggressiv herangezogen werden. Handlungen werden als aggressiv beurteilt, wenn sie als schädigend oder beeinträchtigend, als absichtlich herbeigeführt oder als durch die in den situativen Umständen geltenden sozialen Normen nicht legitimiert wahrgenommen werden. Für den zweiten Teil der Frage könnte, auf der Grundlage der vorherigen Ausführungen über die Beeinträchtigung von Aufmerksamkeits- und Informationsverarbeitungsprozessen durch Beengungsbedingungen angenommen werden, daß diese die Beurteilung von Störungen als intendierte, aggressive Handlungen eher erleichtern: So kann angenommen werden, daß (unter sonst gleichen Bedingungen) in einer beengenden Situation[16] im Vergleich zu einer nicht beengenden Situation

(1) Störungen, auch wenn sie nicht-sozial verursacht sind, eher als durch andere Personen verursacht wahrgenommen werden (Begrün-

---

lichkeit einer Beeinflussung der Attributionsprozesse durch die Beengungsbedingungen selbst – via Aufmerksamkeits- und Informationsverarbeitungsprozesse – in Betracht. Aufmerksamkeitsprozesse werden von ihnen nur in Verbindung mit Aktivierungsprozessen diskutiert und bilden mit diesen lediglich den Ausgangspunkt für Attributionsprozesse. Inwieweit Aufmerksamkeitsprozesse weiterführende Informationsverarbeitungsprozesse und Inferenzprozesse beeinflussen, bleibt unberücksichtigt.

[16] Wobei angenommen wird, daß unter sonst gleichen Bedingungen höhere Dichte auch höhere Beengung bedeutet.

dung: Da in Beengungssituationen Personen salientere Reizbedingungen sind als materielle Umweltbedingungen, werden sie eher als Ursachen wahrgenommen (vgl. TAYLOR & FISKE, 1978);

(2) Störungen als stärkere Beeinträchtigungen wahrgenommen werden (Begründung: Die Stärke einer wahrgenommenen Handlungsbeeinträchtigung sei, außer vom Wert des Handlungszieles, von der Anzahl der zielbezogenen Handlungswege abhängig (vgl. BREHM, 1966). Erwartet wird, daß bei reduzierter Aufmerksamkeitskapazität weniger Handlungswege (alternative oder modifizierte Wege) kognitiv verfügbar sind;

(3) Störungen eher als intendierte Beeinträchtigungen wahrgenommen werden (Begründung: Da eine Reduktion der Aufmerksamkeitskapazität auch eine Verkürzung von Inferenzprozessen bedeuten kann, wird angenommen, daß der unmittelbar saliente Störungsauslöser «andere Personen» auch als intentionaler Urheber beurteilt wird. Normativ relativierende Inferenzen, wie «zwar durch Person hervorgerufen, aber durch Umgebungsbedingungen erzwungen», würden die Verarbeitung von mehr und eher störungsperipherer Information voraussetzen;

(4) Störungen eher als unangemessene und (möglicherweise) provokante Beeinträchtigung wahrgenommen werden (Begründung: Zentral und salient ist bei einer Störung das «störende», d.h. daß sie eine Handlung beeinträchtigt. Normative Relativierungen würden auch wiederum die Verarbeitung von mehr störungsperipherer Information voraussetzen).

Parallel zu den Kriterien von TEDESCHI wird damit angenommen, daß bei hoher Beengung Störungen eher als intendiert wahrgenommen werden als bei niedriger Beengung. Als wahrscheinliche Folge wird eher ein Gefühl des Ärgers (vgl. BERKOWITZ, 1974) und weiter möglicherweise aggressives Verhalten als Gegenreaktion hervorgerufen.

Resümee

Die hier ausgeführten Überlegungen sollen nicht den Anspruch haben, den vorhandenen bruchstückhaften Crowdingmodellen noch eine weitere Modellskizze hinzuzufügen. Sie sollten
– zum einen auf noch vorhandene Erklärungslücken in der Crowdingforschung aufmerksam machen und
– zum anderen zwei Perspektiven für die zukünftige Entwicklung dieser Forschung aufzeigen:
(1) Die Notwendigkeit, sich in der Analyse von Beengungsstreß wieder mehr mit der Wirkung der Antezedenzbedingungen zu beschäftigen. Wiewohl das Aufzeigen der zahlreichen Faktoren, die in Dichtesituationen den Beengungsstreß beeinflussen können, wissenschaftlich

wichtig und wertvoll ist (speziell auch unter Anwendungsgesichtspunkten), bleibt doch das eigentliche Forschungsziel, darzulegen, wie die bei Dichte allgemein anzutreffenden Einzelbedingungen über alle möglichen äußeren Einflüsse hinweg Beengungsstreß entstehen lassen. (2) Die Möglichkeit, über eine theoretisch begründbare Verschmelzung schon bestehender Modelle in und außerhalb der Crowdingforschung neue Aussagen abzuleiten, die Erklärungslücken füllen und gleichzeitig empirisch überprüfbar sind. Hierin sollten die Aufgaben einer zukünftigen Crowdingforschung liegen. Crowding *könnte* dann auch weiterhin ein interessantes und herausforderndes Gebiet sozialpsychologischer Forschung bleiben.

Literatur

AIELLO, J.R.; HEADLY, L.A. & THOMPSON, D.E.: Effects of crowding on the elderly: A preliminary investigation. Journal of population, 1978, *1*, 283–297.

ALTMAN, I.: The environment and social behavior. Monterey: Brooks-Cole 1975.

BARON, R.M.; MANDEL, D.R.; ADAMS, C.A. & GRIFFEN, L.M.: Effects of social density in university residential environments. Journal of Personality and Social Psychology, 1976, *34*, 434–446.

BARON, R. & RODIN, J.: Personal control and crowding stress: Processes mediating the impact of spatial and social density. In. Baum, A., Singer, J.E. & Valins, S. (Eds.) Advances in environmental psychology. Hillsdale: Lawrence Erlebaum 1978.

BAUM, A. & GREEN, C.F.: Waiting for a crowd: The behavioral and perceptual effects of anticipated crowding. Journal of Personality and Social Psychology, 1975, *32*, 671–679.

BAUM, A. & KOMAN, S.: Differential response to anticipated crowding: Psychological effects of social and spatial density. Journal of Personality and Social Psychology, 1976, *34*, 526–536.

BAUM, A. & VALINS, S.: Architecture and social behavior: Psychological studies in social density. Hillsdale, N.J.: Lawrence Erlbaum Associates 1977.

BAUM, A. & VALINS, S.: Residential environments, group size and crowding. Proceedings of the APA Annual Convention, 1973, *8*, 211–212.

BAUM, A. & VALINS, S.: Architectural mediation of residential density and control: Crowding and the regulation of social contact. In: Berkowitz, L. (Hrsg.) Advances in Experimental Social Psychology, Vol. *12*, Academic Press 1979.

BERKOWITZ, L.: Some determinants of impulsive aggression. Psychological Review, 1974, *81*, 165–176.

BICKMAN, L.; TEGER, A.; GABRIELE, T.; MCLAUGHLIN, C.; BERGER, M. & SUNADAY, E.: Dormitory density and helping behavior. Environment and Behavior, 1973, *5*, 465–490.

BREHM, J.W.: A theory of psychological reactance. New York: Academic Press 1966.

BREHM, J.W.: Responses to loss of freedom: A theory of psychological reactance. Morristown: General Learning Press 1972.

CALHOUN, J.B.: Population density and social pathology, Scientific American, 1962, *206*, 139–148.

CAMPBELL, J.: Ambient stressors. Environment and behavior, 1983, *15* (3).

CHRISTIAN, J.J.; FLYGER, V. & DAVIS, D.E.: Factors in the mass mortality of a herd of Sika Deer (cervus nippon). Chesapeake Science, 1960, *1*, 79–95.

COHEN, J.C.; SLADEN, B. & BENNETT, B.: The effects of situational variables on judgements of crowding. Sociometry, 1975, *38*, 273-281.

COHEN, S.: Environmental load and the allocation of attention. In: Baum, A., Singer, J. & Valins, S. (Eds.) Advances in environmental psychology. Hillsdale: Lawrence Erlbaum 1978.

COHEN, S. & SPACEPAN, S.: The aftereffects of stress: An attentional interpretation. Environmental Psychology and Nonverbal Behavior, 1978, *3*, 43-57.

DESOR, J.A.: Toward a psychological theory of crowding. Journal of Personality and Social Psychology, 1972, *21*, 79-83.

DUBOS, R.: The social environment. In: Proshansky, H.M., Ittelson, W.H. & Rivlin, L.G. (Eds.) Environmental Psychology. New York: Holt, Rinehart & Winston 1970.

EOYANG, C.K.: Effects of groupe size and privacy in residential crowding. Journal of Personality and Social Psychology, 1974. *30*, 389-392.

EPSTEIN, Y.M. & KARLIN, R.A.: Effects of acute experimental crowding. Journal of Applied Social Psychology, 1975, *5*, 34-53.

FREEDMAN, J.L.: Crowding and behavior. San Francisco: Freeman 1975.

FREEDMAN, J.L.; HESHKA, S. & LEVY, A.: Population density and pathology: Is there a relationship. Journal of Experimental Social Psychology, 1975, *11*, 539-552.

FREEDMAN, J.L.; LEVY, A.S.; BUCHANAN, R.W. & PRICE, J.: Crowding and human aggressivness. Journal of Experimental Social Psychology, 1972, *8*, 528-548.

GALLE, O.R.; GOVE, W.R. & MCPHERSON, J.M.: Population density and pathology: What are the relationships for man? Science, 1972, *176*, 23-30.

GLASS, D.C. & SINGER, J.E.: Urban stress: Experiments on noise and social stress. New York: Academic Press 1972.

GOCHMAN, J.R. & KEATING, J.P.: Misattributions to crowding: Blaming crowding for nondensity-caused events. Journal of Nonverbal Behavior, 1980, *4*, 157-175.

KRUSE, L.: Crowding: Dichte und Enge aus sozialpsychologischer Sicht. Zeitschrift für Sozialpsychologie, 1975, *6*, 2-30.

LANGER, E. & SAEGERT, S.: Crowding and cognitive control. Journal of Personality and Social Psychology. 1977, *35*, 175-182.

LOO, C.M.: The effects of spatial density on the social behavior of children. Journal of Applied Social Psychology, 1972, *2*, 372-381.

MCCARTHY, D. & SAEGERT, S.: Residential density, social overload and social withdrawl. In: Aiello, A. & Baum, A. (Eds.) Crowding in Residential Environments. New York: Plenum 1979.

MILGRAM, S.: Das Erleben der Großstadt. Eine psychologische Analyse. Zeitschrift für Sozialpsychologie, 1970, *1*, 142-152.

NOGAMI, G. & STREUFERT, S.: Mensch in beengtem Raum. Stuttgart, Steinkopf 1978.

OESTERREICH, R.: Handlungsregulation und Kontrolle. München: Urban & Schwarzenberg 1981.

PAULUS, B.P. (Ed.): Psychology of group influence. Hillsdale: Lawrence Erlbaum Ass. 1980.

PROSHANSKY, H.M.; ITTELSON, W.H. & RIVLIN, C.G.: Freedom of choice and behavior in a physical setting. In: Wohlwill, J.P. & Carson, D.H. (Eds.): Environment and the social sciences. Washington, APA 1972.

RODIN, J. & BAUM, A.: Crowding and helplessness: Potential consequences of density and loss of control. In: Baum, A. & Epstein, Y.M. (Eds.) Human response to crowding. Hillsdale: Lawrence Erlbaum 1978.

RODIN, J.: Density, perceived choice, and response to controllable and uncontrollable outcomes. Journal of Experimental Social Psychology, 1976, *12*, 564-578.

RODIN, J.; SOLOMON, S. & METCALF, J.: Role of control in mediating perceptions of density. Journal of Personality and Social Psychology, 1978, *36*, 988-999.

ROHE, W. & PATTERSON, A.H.: The effects of varied levels of resources and density on behavior in a day care center. Paper presented at the meeting of the Environmental Design Research Association, Milwaukee 1974.

SAEGERT, S.: A systematic approach to high density settings: psychological, social and physical environmental factors. In: Gürkaynak, M.R. & LeCompte, W.A. (Eds.) Human consequences of crowding. New York: Plenum 1979.

SAEGERT, S.: Crowding in real environments. Manuskript, City University of New York 1976.

SAEGERT, S.: Crowding and cognitive limits. In: Harvey, J.H. (Ed.) Cognition, social behavior and the environment, Hillsdale: Lawrence Erlbaum Ass. 1981.

SCHACHTER, S.: A cognitive-physiological view of emotion. In: Klineberg, O. & Christie, R. (Eds.) Perspectives in social psychology, New York: Holt, Rinehart & Winston 1965.

SCHACHTER, S. & SINGER, J.: Cognitive, social and physiological determinants of emotional state. Psychological Review, 1962, *69,* 379–399.

SCHMITT, R.C.: Density, health, and social disorganization. American Institute of Planners Journal, 1966, *32,* 38–40.

SCHOPLER, J. & STOCKDALE, J.E.: An interference analysis of crowding. Environmental Psychology and Nonverbal Behavior, 1977, *1,* 81–88.

SCHULTZ-GAMBARD, J.: Social determinants of crowding. In: Gürkaynak, M.R. & LeCompte, W.A. (Eds.) Human consequences of crowding. New York: Plenum 1979.

SCHULTZ-GAMBARD, J.: Räumliches Verhalten II: Auswirkungen von Dichte und Enge. Studienbrief, Hagen: Fernuniversität 1984.

SELIGMAN, M.E.P.: Helplessness. San Francisco: Freeman 1975.

SHERROD, D.R.: Crowding, perceived control and behavioral aftereffects. Journal of Applied Social Psychology, 1974, *4,* 171–186.

SIMMEL, G.: The metropolis and mental life. In: Wolff, K. (Ed.) The sociology of Georg Simmel. New York: Free Press 1950.

SOMMER, R.: Personal space: The behavioral basis for design. Englewood Cliffs: Prentice Hall 1969.

STOCKDALE, J.E.: Crowding: Determinants and effects. In: Berkowitz, L. (Ed.) Advances of Experimental Social Psychology (vol. 11), New York: Academic Press 1978.

STOKOLS, D.: A typology of crowding experiences. In: Baum, A. & Epstein, Y.M. (Eds.) Human response to crowding. Hillsdale: Lawrence Erlbaum 1978.

STOKOLS, D.: The experience of crowding in primacy and secondary environments. Environment and Behavior, 1976, *8,* 49–86.

STOKOLS, D.: On the distinction between density and crowding: Some implications for future research. Psychological Review, 1972, *79,* 275–277.

STREUFERT, S.; NOGAMI, G. & STREUFERT, S.: Crowding and incongruity adaptation. In: Sarason, J. & Spielberger, C.C. (Eds.) Stress and anxiety, vol. 7, Washington D.C.: Hemisphere 1980.

SUNDSTROM, E.: An experimental study of crowding: Effects of room size, intrusion and goal blocking in nonverbal behavior, self-disclosure and selfreported stress. Journal of Personality and Social Psychology, 1975, *32,* 645–654.

TAYLOR, S.E. & FISKE, S.T.: Salience, attention and attribution: Top of the head phenomena. In: Berkowitz, L. (Ed.) Advances in experimental social psychology, vol. 11, New York: Academic Press 1978.

TEDESCHI, J.T.; BROWN, R.C. & SMITH, R.B.: A re-interpretation of research of aggression. Psychological Bulletin, 1974, *81,* 540–562.

WICKER, A.W.: An introduction ot ecological psychology. Belmont, California: Wadsworth 1979.

WICKER, A.W.: Undermanning theory and research: Implications for the study of psychological and behavioral effects of excess populations. Representative Research in Social Psychology, 1973, *4,* 185–206.

WOHLWILL, J. & KOHN, I.: The environment as experienced by the migrant: An adaptation-level view. Representative Research in Social Psychology, 1973, *4,* 135–164.

WORCHEL, S. & TEDDLIE, C.: The experience of crowding: A two factor theory. Journal of Personality and Social Psychology, 1976, *34,* 30–39.

WORCHEL, S. & YOHAI, S.: The role of attribution in the experience of crowding. Journal of Experimental Social Psychology, 1979, *15,* 91–104.

WORTMAN, D.B. & BREHM, J.W.: Responses to uncontrollable outcomes: An integration of reactance theory and the learned helplessness model. In: Berkowitz, L. (Ed.) Advances in Experimental Social Psychology (vol. 8), New York: Academic Press 1975.

ZLUTNICK, S. & ALTMAN, I.: Crowding and human behavior. In: Wohlwill, J.F. & Carson, D.H. (Eds.) Environment and the social sciences: Perspectives and applications. Washington: American Psychological Association 1972.

Informationsverarbeitungstheorien

Die Herausgeber zum folgenden Beitrag

Im folgenden werden drei theoretische Schritte behandelt, mit denen sich soziale Urteilsbildung versus physische Urteilsbildung (analog zur Psycho-Physik bildet sich eine Psycho-Soziologie heraus) als besonderer Problembereich sinnlicher Wahrnehmung sozialer Ereignisse (Objekte und Vorgänge) etabliert. Diese theoretische Entwicklung zeigt, daß Signale auf der Seite eines Senders oder eines Mediums des Nachrichtentransportes nicht allumfassend in physikalischer (chemischer: olfaktorische Signale) Beobachtungs- und Protokollsprache behandelt werden können. Eine Person kann Signale sinnlich wahrnehmen als Informationen über physische oder auch über soziale Objekte und/oder Vorgänge. Ein Schritt weiter: Der Empfang und die Dekodierung solcher Signale sind nicht die einzigen Determinanten der Urteile über Objekte/Vorgänge, die eine Person bildet und, spontan oder von außen gesteuert, kommuniziert. Die Verarbeitung sinnlich empfangener, sozialer Informationen ist ein vernachlässigtes Feld empirischer sozialpsychologischer Forschung, obwohl die wenigen Theorien mit Anspruch auf Erklärungskraft für solche problematischen Sachverhalte besonders präzise und eindeutig formuliert sind. Diese Theorien lehnen sich jedoch teilweise so sehr an die Psycho-Physik an, daß allein physisch beurteilte Nachrichten in sozialen Kontexten beurteilt werden. Es könnte sein, daß einem Standpunkt und entsprechender Weltsicht immer noch nicht entsagt wird, gemäß derer empirisch real nur das ist, was physisch = materiell beobachtet und protokolliert werden kann. Das ist ein naiver, physikalischer Materialismus, den nur Upmeyer *unter diesen Theoretikern vollständig überwindet.*

Theorien zur sozialen Urteilsbildung

JÜRGEN BECKMANN
AXEL MATTENKLOTT

1. Einleitung

Jeder, der an Diskussionen teilnimmt, macht die Erfahrung, daß ein Phänomen von verschiedenen Personen völlig unterschiedlich beurteilt wird. Ein neues Gesetz zur Bekämpfung der Arbeitslosigkeit mag dem einen als halbherziger Kompromiß erscheinen, der zu sehr auf die Interessen der Unternehmer Rücksicht nimmt, eine andere Person mag dasselbe Gesetz hingegen als «sozialistisches Marterwerkzeug»[1] beurteilen, das die freie Marktwirtschaft ruinieren wird. Aber auch innerhalb ein und derselben Person lassen sich solche Urteilsverschiebungen feststellen. Eine Person, die sich während ihres Studiums politisch als liberal einstuft, wird sich, wenn sie ins Berufsleben eintritt, vielleicht in diesem Kontext als «ziemlich links» beurteilen.

Kurz, ein bestimmtes Objekt wird oft völlig unterschiedlich beurteilt in Abhängigkeit von Merkmalen des Urteilenden selbst und/oder dem Kontext, in dem das Objekt präsentiert wird.

Solche intra- und interindividuell variierenden Urteile über einen Reiz haben ihren Ursprung außer in Faktoren, welche Einfluß auf die Wahrnehmungsleistung im engeren Sinne nehmen, in Merkmalen des Kontextes, in dem ein zu beurteilender Reiz auftritt. Unter Kontext soll verstanden werden: (1) Reize, die außer dem zu beurteilenden Reiz in einer gegebenen Urteilssituation vorliegen; (2) Erfahrung mit dem vorliegenden Reizmaterial, die der Beurteilende mit in die Urteilssituation einbringt, und (3) soziale Strukturen der Urteilssituation, wie soziale Normen, Machtrelationen, Gruppeneinfluß usw.

Eines der ersten Probleme, das sich stellt, wenn man den Einfluß kontextueller Faktoren auf das Urteil bestimmen will, ist die Frage, an welchem Punkt der Kontext in den Urteilsprozeß eingreift. Ganz allgemein ist im Urteilsprozeß zunächst die Wahrnehmung oder interne Repräsentation eines Reizes von seiner Beurteilung zu unterscheiden. In frühen sozialpsychologischen Untersuchungen wurde häufig zwischen «wahrnehmen» und «urteilen» nicht differenziert. So werden die Ergebnisse der Experimente von SHERIF (1936) und ASCH (1956) als Änderung der Wahrnehmung unter dem Einfluß der Gruppe interpretiert, obwohl als

---

[1] Graf LAMBSDORFF in «Die Zeit» 1/1983

abhängige Variable nur das geäußerte Urteil vorliegt.[2] Nach GUILFORD (1954) läßt sich ein Urteilsprozeß wie folgt beschreiben: Reize eines physikalischen Kontinuums werden wahrgenommen und zunächst auf einem internen Kontinuum (psychologisches Kontinuum) gespeichert. Wird von einem Individuum nun ein Urteil verlangt, werden diese auf dem internen Kontinuum repräsentierten Reize auf ein externes Urteilskontinuum projiziert. Für Vertreter einiger Ansätze (HELSON, 1947; 1964) resultieren Urteilsverschiebungen aus Einwirkungen des Kontextes auf die *Wahrnehmung* von Reizen, während sie für Vertreter anderer Ansätze aus Einwirkungen des Kontextes auf die *Beziehung von psychologischem Kontinuum und Urteilskontinuum* resultieren (VOLKMANN, 1951). Im folgenden werden die theoretischen Ansätze von UPSHAW und von PARDUCCI dargestellt, welche sich in erster Linie mit letzterer Beziehung befassen. Trotz der Unterschiedlichkeit der angenommenen vermittelnden Prozesse postulieren sowohl Ansätze, die eine Beeinflussung der Wahrnehmung durch den Kontext als auch solche, die eine Beeinflussung des Urteilskontinuums zugrunde legen, dieselben Effekte auf der Urteilsebene. Empirische Überprüfungen der theoretischen Ansätze bezogen sich lediglich auf diese Effekte, nicht jedoch auf die vermittelnden Prozesse. Insofern lassen diese Untersuchungen keine Entscheidung zugunsten eines der beiden Ansätze zu. Das von UPMEYER zur Untersuchung der Urteilsprozesse herangezogene Signal-Entdeckungs-Paradigma ermöglicht eine Unterscheidung von Kontexteinwirkungen auf die Wahrnehmung und auf das Urteilskontinuum. Dabei zeigt sich, daß anscheinend sowohl Wahrnehmung als auch Urteilskontinuum durch Kontextfaktoren beeinflußt werden. Während PARDUCCI und UPSHAW in ihren Ansätzen mehr oder minder lediglich die zur Klasse der zu beurteilenden Reize gehörigen Vergleichsreize berücksichtigen, nimmt UPMEYER in sein Modell auch soziale Faktoren, wie Normen, Sanktionen usw. als Determinanten von Urteilen auf.

1.1. Das Bezugsskalenkonzept

Jede Beurteilung eines Reizes bezüglich eines Merkmals (z.B. Größe, Gewicht, Fortschrittlichkeit, Antisemitismus) erfolgt unter Bezugnahme auf einen Kontext. Über den Kontext wird ein Bezugssystem des Urteils etabliert. Die Veränderung dieses Bezugssystems unter verschiedenen kontextuellen Bedingungen ist die zentrale intervenierende Variable, über die die verschiedenen Bezugsskalenmodelle Urteilsverschiebungen zu erklären versuchen. Eine politische Position wird als «liberal» oder «konservativ» eingestuft, je nach dem Spektrum der insgesamt wahrge-

---

[2] Eine solche Interpretation wurde allerdings von ASCH selbst nie gegeben.

nommenen politischen Positionen. Offensichtlich benötigt man eine Vorstellung (oder Erwartung) über das Kontinuum zu beurteilender Reize, bevor man Urteilskategorien wie «rechts», «links», «groß» oder «klein», «fortschrittlich» oder «reaktionär» sinnvoll nutzen kann. Um das Urteil aber nun tatsächlich abgeben zu können, müssen die wahrgenommenen, also intern repräsentierten Reize den Kategorien einer Urteilsskala zugeordnet werden. Dazu ist es notwendig, diese Urteilsskala mit der internen Repräsentation des Reizkontinuums in Übereinstimmung zu bringen. Dies geschieht, indem man besonders markante Punkte der Urteilsskala (Extremwerte, neutrale Werte) an den entsprechenden Punkten des Wahrnehmungskontinuums verankert. Indem so festgelegt wird, welcher intern repräsentierte Reiz mit der Kategorie «neutral» oder «der größte» beurteilt wird, wird eine Bezugsskala etabliert. Die Bezugsskala liefert also die Verknüpfung eines wahrgenommenen Reizkontinuums mit einer gegebenen Urteilsskala.

1.2 Die Verankerung der Bezugsskala: Adaptationsniveau vs. Spannweitenprinzip

Die Frage nach der Veränderung des Bezugsrahmens zu stellen, bedeutet nach den obigen Ausführungen, die Frage nach den Veränderungen derjenigen Punkte zu stellen, die die Bezugsskala verankern. Hier gibt es nun zwei unterschiedliche Auffassungen darüber, welches die entscheidenden Ankerpunkte sind. Nach der Theorie des Adaptationsniveaus (HELSON, 1947, 1964) sind die einzigen für das Urteil relevanten Reize der zu beurteilende Reiz selbst und das Adaptationsniveau, das gewichtete geometrische Mittel aller anderen Reizwerte im Urteilskontext. Die Beurteilung eines bestimmten Reizes hängt damit einzig und allein von seiner Beziehung zum Reizmittelwert (Adaptationsniveau) ab. Andere Ansätze (z.B. JOHNSON, 1955; SHERIF & HOVLAND, 1961; VOLKMANN, 1951) haben demgegenüber die Reizspannweite als Determinante der Bezugsskala betont. Es wird angenommen, daß die beiden Extremwerte des Reizkontextes die Enden der Bezugsskala verankern, und daß sich die Skala, um der Spannweite der Reize zu entsprechen, ausdehnt, wenn extremere Reize in den Kontext eingeführt werden oder zusammenzieht, wenn extremere Reize entfallen. Beide Annahmen scheinen sich durch Alltagserfahrungen bestätigen zu lassen. So werden Urteile wie «groß» oder «klein» häufig unter Bezugnahme auf das, was uns als «normale Größe», also als Mittelwert erscheint, abgegeben. Andererseits scheint unsere Aufmerksamkeit häufig auf die Extrempunkte unseres Erfahrungsspektrums gerichtet, wenn wir eine Beurteilung vornehmen wollen. So wird eine politische Position eher unter Bezugnahme auf das, was man für extrem rechts oder links hält, beurteilt als unter Bezugnahme auf die Mitte, die eher vage erscheint. Eine Beurteilung unter Bezug auf die Extrempunkte scheint weniger aufwendig, da sie lediglich diese zwei Werte in Betracht zieht, während bei einer Beurteilung unter Bezug auf den Mittelwert alle Reize eines gegebenen Reizkontextes erst einmal «verarbeitet» werden müssen. Für HELSON (1947, 1964) impliziert die Annahme eines Reizmittelwertes als Bezugspunkt in seiner Theorie des Adaptationsniveaus jedoch keine mehr oder minder bewußte «Verrechnungen» aller im Reizkontext auftretenden Reize durch den Urteilenden. HELSON vertritt einen «sensorischen» Standpunkt, demgemäß der Bezugspunkt (das Adaptationsniveau) ein sich über sensorische Anpassungsmechanismen (quasi automatisch) einstellender neutraler Wert ist. Ein Prozeß, welcher der Hell-Dunkel-Adaptation des Auges vergleichbar ist.

2. Die Perspektiventheorie von UPSHAW

2.1. Grundannahmen der Theorie

Aufbauend auf VOLKMANNS (1951) «Gummiband»-Theorie (rubberband) formuliert UPSHAW (1962) einen Ansatz, der z.B. die unterschiedliche Beurteilung derselben Attitüdenaussagen durch verschiedene Personen auf ihre sich voneinander unterscheidenden Perspektiven zurückführt. Unter der *Perspektive* einer Person versteht UPSHAW die Spannweite der Reize zwischen den von dieser Person in Betracht gezogenen Extrempunkten eines Reizkontinuums. Für UPSHAW (1965, 1969) sind (subjektive) Perspektive und die Anzahl der Kategorien einer gegebenen Urteilssprache die einzigen Determinanten der Bezugsskala. Durch die Perspektive wird der Skalenursprung festgelegt und damit die relative Position jedes Reizes auf der Skala. Die Perspektive einer Person ist dabei nicht mit der Spannweite der ihr in einer bestimmten Situation dargebotenen Reize gleichzusetzen, sondern wird vielmehr durch dasjenige Reizspektrum gebildet, welches der betreffenden Person in der gegebenen Situation subjektiv augenfällig ist. Das subjektiv augenfällige Reizspektrum kann auch solche Reize umfassen, die in der gegebenen Situation nicht präsentiert werden, aber beim Urteiler kognitiv repräsentiert sind. Je nachdem, welche Reize als Extrempunkte berücksichtigt werden, dehnt sich die Perspektive aus oder zieht sich zusammen. Die Perspektive einer Person, die auf einer Einstellungsskala vorgegebenen Attitüdenaussagen nach dem Grad der in ihnen ausgedrückten Wertschätzung des Attitüdenobjektes einstufen soll, wird der Spannweite der präsentierten Aussagen entsprechen, wenn ihre eigene Position innerhalb dieses Spektrums liegt. Demgegenüber wird eine Person, deren eigene

Position jenseits der Extrempunkte der präsentierten Aussagen liegt, ein Ende ihrer Perspektive an ihrer eigenen (extremen) Position verankern. Dadurch dehnt sich die Perspektive aus, was eine Verschiebung des Skalenursprungs und damit auch der Beurteilungen der Attitüdenaussagen zur Folge hat (UPSHAW, 1962). Beurteilt jemand, dessen eigene Attitüdenposition innerhalb der präsentierten Spannweite der Attitüdenaussagen liegt, eine Aussage mit «gastarbeiterfeindlich», so beurteilt eine Person, deren Einstellung gegenüber Gastarbeitern negativer ist als die extremste der präsentierten negativen Aussagen, aufgrund ihrer zum negativen Pol erweiterten Perspektive dieselbe Aussage als «eher gastarbeiterfreundlich» (s. Abb. 1). Diese unterschiedlichen Beurteilungen derselben Reize stellen für UPSHAW (1969) nur lineare Transformationen der Urteile dar. Ursprung und Einheit der Urteilsskala verändern sich, wenn sich die Perspektive des Beurteilers ändert. Die relativen Abstände zwischen den einzelnen Reizen bleiben dabei jedoch erhalten.

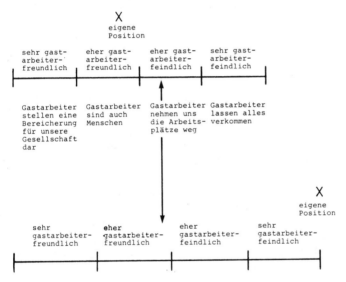

Abb. 1: Unterschiedliche Beurteilung von Attitüdenaussagen mit einer 4-stufigen Attitüdenskala in Abhängigkeit von der Verankerung der Skala.

UPSHAW (1969) geht davon aus, daß die individuellen Bezugsskalen im allgemeinen Intervallskalenqualität besitzen. Die Urteilssprache, auf die die interne Repräsentation projiziert wird, ist ja für ihn ein Kontinuum mit definierten Abständen. Demgegenüber weist STEVENS (1975, S. 286f.) darauf hin, daß Personen bei der Wiedergabe subjektiver Größen die Kategorien der Urteilssprache häufig in idiosynkratischer Weise, mit Abneigungen und Vorlieben für bestimmte Kategorien, benutzen.

Nach Meinung STEVENS wird eine Urteilsskala ferner nicht als Kontinuum, sondern eher als Bereich diskreter Werte aufgefaßt. Derartige Faktoren, die auf die Abbildung der intern repräsentierten Reize auf die Urteilsskala Einfluß nehmen können, finden bei UPSHAW keine Beachtung. Sie werden aber bei PARDUCCI und UPMEYER in die Theorien aufgenommen.

UPSHAW unterscheidet in seiner Theorie explizit zwischen der Wahrnehmung von Reizen und ihrer Beurteilung. Im Unterschied zur Adaptationsniveautheorie von HELSON (1947, 1964) nimmt er an, daß Urteilsverschiebungen nicht geänderte Wahrnehmungen (subjektive Repräsentation) der zu beurteilenden Reize zugrunde liegen müssen, sondern daß eine veränderte Zuordnung der Reizwahrnehmungen zu den Kategorien der Urteilssprache erfolgt.[3] Diese Projektion der Reizwahrnehmung auf eine Urteilsskala vollzieht sich für UPSHAW in folgender Weise:

1. Zunächst werden die Extrempunkte des intern repräsentierten Reizkontinuums an den Endpunkten der zu benutzenden Urteilssprache verankert.

2. Das Kontinuum der internen Repräsentation der Reize wird sodann in so viele Segmente gleicher Größe eingeteilt, wie Kategorien in der Urteilssprache vorhanden sind.

3. Die einzelnen intern repräsentierten Reize werden dann gemäß ihrer relativen Distanz zu den beiden Ankern den Kategorien der Urteilssprache (linear) zugewiesen.

Abbildung 2 zeigt, wie eine Urteilsskala durch das Einführen extremer Reize (hier: besonders gute Schulaufsätze) ausgedehnt wird. Indem sich die Skala zu dem eingeführten extremen Reiz hin ausdehnt, werden die zu beurteilenden Reize (x_1 und x_2) Urteilskategorien zugewiesen, die im Vergleich zur Beurteilung unter der ursprünglichen Perspektive weiter vom veränderten Extrempunkt der Skala entfernt liegen (Kontrasteffekte). Durch die Erweiterung der Perspektive werden auch die einzelnen Segmente, die Einheiten der Skala, vergrößert. Je größer aber die Einheiten der Skala, um so eher werden verschiedene Reize mit derselben Kategorie beurteilt. Dadurch ergibt sich, wie aus Abb. 2 zu ersehen ist, eine Assimilation der Beurteilung der Reize innerhalb der Reizserie: Wurde ursprünglich (A) Aufsatz x_1 besser benotet (ausreichend) als Aufsatz x_2 (mangelhaft), so erhalten beide Aufsätze bei erweiterter Perspektive (B) dieselbe Benotung (mangelhaft). Umgekehrte Effekte stellen sich ein, wenn die Perspektive verkürzt wird (C). Die Distanz der Reize vom veränderten Endpunkt der Skala verringert sich in diesem Fall (Assimilationseffekt). Die Verengung der Perspektive bewirkt gleichzeitig, daß die Intervalle, welche den Urteilskategorien zugewiesen werden, kleiner werden, wodurch die Reize der zu beurteilenden Reizserie eher auf mehrere Kategorien verteilt werden (höhere Reizdiskrimination).

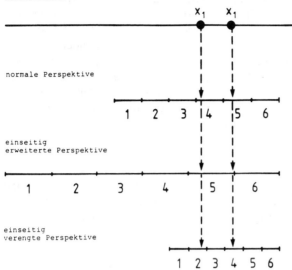

Abb. 2: Assimilation und Kontrast

Eine Perspektivenänderung durch Kontext- (Erweiterung der Spannweite präsentierter Attitüdenpositionen) oder Persönlichkeitsbedingungen (eigene Attitüde des Beurteilers «out-of-range») hat nach UPSHAWS Theorie demgemäß folgende Auswirkungen auf das Urteil:

1. Mit dem Mittelpunkt der Urteilsskala verschiebt sich auch das Niveau der Beurteilungen der einzelnen auf dem subjektiven Kontinuum repräsentierten Reize. Wenn die Spannweite am positiven Ende des Kontinuums erweitert wird, werden die ursprünglichen Reize im Durchschnitt negativer bewertet werden. Wird das Kontinuum zum negativen Ende hin erweitert, werden die Urteile positiver ausfallen.

2. Dis Diskrimination der Reize ändert sich mit der Perspektivenweite. Je weiter die Perspektive bei gleicher Anzahl von Kategorien in der Urteilssprache, um so weiter werden die Segmente des subjektiven Kontinuums, die den einzelnen Kategorien zugewiesen werden und um so eher werden aufeinanderfolgende Reize mit derselben Kategorie beurteilt.

Dadurch, daß UPSHAW von einer semantischen Erklärung von Urteilsverschiebungen ausgeht, d.h. indem er annimmt, daß Urteilsverschiebungen dadurch zu erklären sind, daß eine beurteilende Person ein gegebenes Urteilsvokabular an die subjektiv repräsentierte Reizspannweite anpaßt, wird auch die Trennung der *kognitiven Repräsentation* (z. B. einer Attitüde) von ihrer geäußerten Beurteilung (z. B. Einstufung der eigenen Attitüdenposition auf einer Attitüdenskala) hervorgehoben. UPSHAW (1969, 1974, 1978) und OSTROM & UPSHAW (1968) beziehen diese Überlegungen in die Entwicklung einer Attitüdentheorie auf der Grundlage des Perspektivenmodells ein. Sie unterscheiden zwischen dem Inhalt einer Attitüde (attitude content), dem Komplex von Überzeugungen, Werten und Meinungen, die bezüglich eines bestimmten Sachverhaltes mit einem Attitüdenobjekt assoziiert werden und der Darstellung oder Beurteilung (rating) einer Attitüde auf einer bewerteten Dimension (z. B. pro – contra).

2.2. Attitüdenänderung

Unter der Voraussetzung, daß die Beurteilung der eigenen Attitüde eine Funktion ihres (tatsächlichen) Inhaltes (content) sowie der jeweiligen Perspektive ist, die der Bezugsskala zugrunde liegt, kann man auf das Vorliegen wenigstens zweier möglicher Ursachen einer in den Urteilen dokumentierten Einstellungsänderung schließen: Zum einen kann der Inhalt der Attitüde selbst geändert werden, zum anderen kann die der Beurteilung zugrundeliegende Perspektive geändert werden. OSTROM (1970) ließ Versuchspersonen in der Rolle eines Richters das Strafmaß für einen Mann bestimmen, der einem Kaufhaus damit gedroht hatte, eine Bombe zu legen. Dabei interpretierte er die Haftdauer, für die sich die Probanden aussprachen, als operationale Definition für den *Inhalt* der Attitüde der urteilenden Personen bezüglich der gegebenen Fragestellung. Um die Versuchspersonen auf diese Äußerung des Strafmaßes festzulegen, ließ man sie dann eine Rechtfertigung für ihr Urteil schreiben. Der einen Hälfte der Versuchspersonen teilte man anschließend mit, daß das mildeste in solch einem Fall gesetzlich vorgeschriebene Urteile ein Jahr betrage und das strengste fünf Jahre. Die andere Hälfte der Versuchspersonen bekam eine weitere Perspektive präsentiert: von einem bis zu 30 Jahren Gefängnis. Im Anschluß an diese Perspektivenmanipulation legte OSTROM den Versuchspersonen eine Skala vor, auf der sie einstufen sollten, wie streng, bzw. mild sie ihre eigene Position einschätzten. Es zeigte sich, daß – wie nach der Theorie erwartet – Personen, denen die weitere Perspektive (1–30 Jahre) von Strafen präsentiert worden war, sich selbst als milder einstuften als Personen, denen die engere Perspektive (1–5 Jahre) präsentiert worden war. Interessanter als diese Frage ist vielleicht noch, inwieweit sich durch eine Veränderung der Beurteilung ohne Veränderung der Perspektive oder eine Veränderung der Perspektive unter Konstanthaltung der Beurteilung eine Änderung des Inhaltes der Attitüde einstellt. OSTROM (1970) prüfte diese Frage durch eine Änderung im Ablauf seines Experimentes.

Die Probanden gaben zunächst an, wie streng bzw. mild sie sich einstuften. Diese Einstufung mußte schriftlich begründet werden. Anschließend folgte die Perspektivenmanipulation. Schließlich ließ man die Probanden dann das Urteil aussprechen, d. h. die Versuchsperson mußte angeben, zu wievielen Jahren sie den «Angeklagten» verurteilten. Nach der Hypothese sollte sich in diesem Experiment durch die Festlegung auf die Einstufung der eigenen Position aufgrund der Perspektivenmanipulation eine Änderung im als Attitüdeninhalt interpretierten Strafmaß ergeben. Entsprechend der Hypothese sprachen sich Personen, die sich auf der Strengeskala identisch beurteilten, bei einer Perspektive von einem bis 30 Jahren Haft für eine längere Haftdauer aus als Personen, denen eine Perspektive von einem bis fünf Jahren präsentiert worden war.

2.3. Modifikationen

Die Operationalisierung von Attitüdeninhalt (content) und -beurteilung (rating) im Experiment von OSTROM (1970) ist paradigmatisch für eine Reihe weiterer empirischer Untersuchungen (KINDER, SMITH & GERARD, 1976; UPSHAW, 1976). In diesen Arbeiten wird unterstellt, daß die zunächst ins Auge gefaßte Strafe den Attitüdeninhalt repräsentiert und die Einstufung auf der Strengeskala die Attitüdenbeurteilung. UPSHAW (1978) kommt zu dem Schluß, daß diese von OSTROM & UPSHAW (1968) eingeführte Operationalisierung der Konzepte nicht haltbar ist. Vielmehr meint er, daß der (tatsächliche) Attitüdeninhalt sowohl der Strengebeurteilung als auch dem zugemessenen Strafmaß als gemeinsame Determinante zugrunde liege. Nach UPSHAW (1978) vollzieht sich der Urteilsprozeß in der gewählten Operationalisierung auf folgende Weise:

Eine Attitüde auf dem subjektiven Kontinuum (Strafmaß) wird zunächst auf eine Strafmaßskala projiziert und erhält dort. z. B. den Skalenwert drei Jahre. Nun erfährt die Vp, daß der Staatsanwalt acht Jahre Gefängnis fordert. Die Vp erweitert daraufhin ihre ursprünglich sechs Kategorien umfassende Urteilssprache um zwei Kategorien, um die acht Jahre einbeziehen zu können. Das subjektive Kontinuum wird nunmehr statt in sechs in acht Segmente aufgeteilt. Projiziert die Vp aber nun ihre Attitüde auf die Urteilsskala, wird sie ihrer Position einen höheren Skalenwert zuweisen und sich dabei der Position des Staatsanwaltes annähern. Was zuvor als direkter Einflußeffekt auf den Attitüdeninhalt aufgefaßt wurde, wird nach dieser Interpretation lediglich zu einem Wechsel der Urteilssprache, ohne daß die Attitüde selbst geändert wird. Demnach stellen sowohl die Selbsteinstufung auf der Strenge-Skala wie auch das zugemessene Strafmaß lediglich zwei unterschiedliche Urteilsäußerungen auf der Grundlage des gemeinsamen Attitüdeninhaltes dar. Der

Attitüdeninhalt ist demnach eine nicht direkt meßbare (latente) Variable, für die Äußerungen auf zwei parallelen (kongenerischen) Bezugsskalen vorliegen.

Während sich diese Überlegungen UPSHAWS lediglich auf Forschungsoperationen beziehen, ohne die Theorie inhaltlich zu verändern, schlagen EISER & VAN DER PLIGT (1982) eine inhaltliche Erweiterung der Perspektiventheorie durch Berücksichtigung der Wertkorrespondenz der Bezeichnungen der Urteilskategorien vor. EISER & MOWER WITHE (1975) fanden in Experimenten zur Version der Theorie sozialer Akzentuierung von EISER & STROEBE (1972) eine Interaktion der eigenen Attitüde des Beurteilers mit den Konnotationen der Urteilssprache. EISER & MOWER WHITE ließen ihre Versuchspersonen fiktive Personen beurteilen, von denen positive oder negative Äußerungen zu elterlicher Autorität vorlagen. Dazu wurden den Versuchspersonen Beurteilungsskalen vorgelegt, die in der Benennung der Extrema entweder mit der Einstellung der Versuchspersonen zu elterlicher Autorität evaluativ konsistent (z. B. positive Einstellung gegenüber elterlicher Autorität und positive Benennung der Skala bei hoher Autorität) oder inkonsistent waren. War das positive Extrem der Urteilsskala mit einem positiv bewertenden Begriff, z. B. «gehorsam», bezeichnet, dann zeigten Probanden, die dem Attitüdenobjekt (elterliche Autorität) positiv gegenüberstanden (evaluative Konsistenz) stärkere Polarisierung in den Beurteilungen der Aussagen als Probanden, die dem Attitüdenobjekte negativ gegenüberstanden (evaluative Inkonsistenz). Umgekehrt zeigten die Probanden mit negativer Attitüdenposition mehr Polarisierung als diejenigen mit positiver Attitüdenposition, wenn «ihr» negatives Extrem mit einem positiv bewerteten Begriff («mutig») bezeichnet wurde. EISER & VAN DER PLIGT (1982, S. 226) schließen daraus, daß dann, wenn nur eine einzige Urteilsskala (nur: «gehorsam – ungehorsam» oder nur «mutig – ängstlich») angeboten wird, auch nur die Hälfte der Interaktionen beobachtet werden kann, da die Skala der Personen mit einer dem negativ genannten Pol nahen Position für nicht angemessen gehalten wird. Die Autoren nehmen an, daß Personen an eine Urteilsaufgabe mit bereits vorliegenden Vorstellungen über die Angemessenheit einer bestimmten Urteilsskala für Urteile einer bestimmten Spannweite von Positionen herangehen. Sie interpretieren die Befunde von EISER & MOWER WHITE (1974, 1975) dahingehend, daß Beurteiler extreme Urteile auf solchen Skalen, die mit ihrer eigenen Position evaluativ inkonsistent sind, vermeiden, da sie solche Skalen als wenig geeignet für die Diskriminierung zwischen den Aussagen ansehen. In einem Experiment fanden EISER & MOWER WHITE (1975), daß bei evaluativer Inkonsistenz von Skalenbezeichnung und Attitüdenposition eine Perspektivenerweiterung entsprechend ihrer Annahme keinen Einfluß auf das Urteil hatte. Polarisierung zeigte sich demgegenüber entsprechend ihrer Hypothese als Funktion einer Kongruenz zwischen der Position der Versuchspersonen und den Konnotationen der Urteilssprache. Danach scheint also die Wertkorrespondenz der Urteilssprache ein wesentlicher Faktor zu sein, den man einbeziehen muß, wenn man die Projektion eines intern repräsentierten Reizes auf eine Urteilsskala beschreiben will, sofern es sich bei den Reizen um solche handelt, die wertbezogen sind. Das dürfte bei den meisten «sozialen» Reizen der Fall sein. UPSHAW (1970) hat selbst Überlegungen zur Angemessenheit jeweils vorliegender Urteilsskalen in Abhängigkeit von gelernten semantischen Regeln angestellt. UPSHAW (1978, p. 330) erklärt die Befunde von EISER & MOWER WHITE (1974, 1975) als Effekt sozialer Erwünschtheit. Danach ermutigt eine sozial erwünschte Definition der Urteile (Kategorienbezeichnung) in der Nähe der eigenen Skalenposition den Gebrauch der Antworten in dieser Region, weil es dazu führt, daß die eigene Position als sozial erwünscht dargestellt werden kann (vgl. dazu auch KLUMP & BANDILLA, 1978).

3. Die Range-Frequency-Theorie von PARDUCCI

3.1. Vorbemerkungen

PARDUCCIS Ausführungen zur Range-Frequency-Theorie sowie der Großteil seiner empirischen Überprüfungen des Modells erfolgen in einem psychophysischen Kontext. Dies erklärt sich daraus, daß diese Theorie aus der Auseinandersetzung mit HELSONS (1947) Adaptationsniveau-Theorie entstanden ist und im wesentlichen in dem dort herangezogenen experimentellen Paradigma verbleibt. Für PARDUCCI besteht kein grundlegender Unterschied zwischen «psychophysischen» Urteilen und «sozialen» Urteilen. Die letzteren seien vielleicht häufiger von der Erfahrung mit ähnlichen Objekten abhängig und besäßen daher stabilere Standardwerte, jedoch scheint ihm dies lediglich ein Problem des Ausmaßes experimenteller Kontrolle zu sein als ein grundlegender Unterschied der Urteilsmechanismen (PARDUCCI, 1982, S. 102). Das Reizmaterial selbst zeigt für ihn demnach keine Auswirkung, er weist aber darauf hin, daß das tatsächlich geäußerte Urteil von der sozialen Situation, in der es abgegeben wird, abhängig sein kann. Hierbei handelt es sich jedoch für ihn lediglich um eine Komplikation, die nichts mit den grundlegenden Urteilsmechanismen zu tun hat.

PARDUCCI fügt in seinem Modell der Urteilsbildung dem aus der Perspektiventheorie von UPSHAW bekannten Range-Prinzip ein weiteres Prinzip hinzu, das seiner Form nach den sog. Urteilsheuristiken entspricht, die den Gegenstand neuerer Untersuchung zur sozialen Urteilsbildung bilden (PELZMANN, 1980).

Da das Spannweitenprinzip schon im Zusammenhang mit UPSHAWS Theorie dargestellt wurde, soll hier lediglich der Häufigkeitsbias, der nach PARDUCCI bei der Urteilsabgabe zusätzlich zum Spannweitenprinzip wirksam wird, dargestellt werden.

3.2. Die theoretischen Annahmen

Nach PARDUCCI bestimmt das Spannweitenprinzip ein Urteil nur dann vollständig, wenn die zu beurteilenden Reize über die Spannweite gleich verteilt sind. Treten Reize dagegen in einem Bereich der Spannweite häufiger auf als in einem anderen (Normalverteilung, schiefe Verteilungen), so kommt es zu weiteren Verschiebungen des Urteils.

Diese Verschiebung wird von PARDUCCI auf eine Urteilstendenz («bias») durch das beurteilende Individuum zurückgeführt, jede Kategorie für einen festen Anteil an der Gesamtmenge der Urteile zu benutzen (PARDUCCI & PERRETT, 1971, S. 428). PARDUCCI (1963) geht davon aus, daß es als Mißbrauch der Sprache erschiene, nur einen begrenzten Anteil der gesamten Urteilsskala zu benutzen und alles als «gut» und jedermann als «groß» zu bezeichnen.

Urteile scheinen generell vielmehr von der Vorstellung beeinflußt zu werden, daß die korrekte Anwendung der Urteilskategorien eine Art von Gleichgewicht unter ihnen erfordert: wenn ich einige Dinge als gut beurteile, muß ich andere als schlecht beurteilen; die Gesamtzahl großer Menschen muß ungefähr der Gesamtzahl kleiner Menschen entsprechen. Eine solche Heuristik erscheint dann sinnvoll, wenn man über die tatsächliche Verteilung der Reize nichts weiß und eine Klassifikation der Reize schwierig ist (vgl. UPMEYER, 1981). Sie führt jedoch zu Urteilsverzerrungen, wenn die Reize tatsächlich ungleich verteilt sind (vgl. dazu die Argumentation von NISBETT & ROSS, 1980).

Im einfachsten Fall, so meint PARDUCCI (1963, S. 4), bestehe die Tendenz, beide Hälften einer 2-Kategorienskala mit genau derselben Häufigkeit zu benutzen. Wird eine Serie von Gewichten zur Beurteilung mit einer solchen Skala («leicht» oder «schwer») präsentiert, dann würden nach diesem Häufigkeitsprinzip 50 % der Gewichte als «schwer» und 50 % der Gewichte als «leicht» beurteilt werden.

Die Grenze zwischen den beiden Urteilskategorien wäre also der Median der Verteilung. Sind nun die Gewichte ungleich verteilt, so daß von 100 Gewichten 75mal leichtere Gewichte präsentiert würden und nur 25mal schwerere, aufgrund der Anwendung des Häufigkeitsprinzips der Median aber weiterhin als Kategoriengrenze fungiert, so würden 25 der tatsächlich leichten Gewichte mit der Kategorie «schwer» beurteilt. Wenn wir die Kategorienskala numerisch interpretieren, wobei «leicht» = 1 sein und «schwer» = 2, so erhielten wir demnach für die leichten Gewichte statt des physikalisch korrekten Skalenwertes 1 einen mittleren Wert von 1,33, da ja 25 der insgesamt 75 leichteren Gewichte mit 2 beurteilt wurden.

In den ersten Formulierungen seines Modells geht PARDUCCI (1963) davon aus, daß die festen Anteile an der Gesamtzahl der Urteile, die einzelnen Kategorien zugewiesen werden, unterschiedlich groß sein können. In späteren Arbeiten stellt er fest, daß die Annahme gleicher Anteile in den meisten Fällen gültig ist (1965, 1974, 1982).

Selbst bei dieser vereinfachten Annahme erscheint die Anwendung dieser Heuristik doch sehr aufwendig, da sie auf eine irgendwie geartete Form der Speicherung der Benutzungshäufigkeit der einzelnen Kategorien zurückgreifen muß. Bei sehr einfachen Beurteilungsaufgaben mag diese Heuristik anwendbar sein, angesichts der begrenzten menschlichen Informationsverarbeitungskapazität dürfte ihre Anwendung aber mit zunehmender Kategorien- und Reizzahl immer schwieriger werden. Für diese Annahme spricht der von PARDUCCI (1982) berichtete Befund, daß die Stärke der «Häufigkeits»-Effekte eine inverse Funktion der Anzahl der Urteilskategorien ist. PARDUCCI fand nämlich, daß die Effekte um so deutlicher ausfallen, je geringer die Anzahl der Kategorien ist. Weitere Hinweise dafür, daß zumindest bei komplexeren Beurteilungsaufgaben der Anwendbarkeit des Häufigkeitsprinzips Grenzen gesetzt sind, liefern die experimentellen Befunde von HAUBENSAK (1981). Er fand, daß bei längeren Intervallen (9 Sek.) zwischen den einzelnen Reizdarbietungen das Häufigkeitsprinzip vernachläßigt wurde. Ebenso zeigte das Häufigkeitsprinzip keinen Effekt, wenn zwischen den Reizdarbietungen ablenkende Tätigkeiten ausgeführt wurden. Das kognitiv einfachere Spannweitenprinzip blieb hingegen unbeeinflußt.

PARDUCCIS Ansatz weist bezüglich dieser Problematik der Anwendung des Häufigkeitsprinzips durch das urteilende Individuum ein Erklärungsdefizit auf. Ganz im Sinne eines «aufgeklärten» Behaviorismus wird eine intervenierende Struktur postuliert, die aber selbst nicht weiter analysiert wird. Für PARDUCCI & PERRET (1971, S. 445) erfolgt die Anwendung des Häufigkeitsprinzips demzufolge eher automatisch, keinesfalls aber etwa durch Mitzählen der Anzahl pro Kategorie abgegebener Urteile. Die oben dargestellten Befunde lassen gegenüber dieser mechanistischen Auffassung zumindest dann, wenn es sich nicht um einfache, immer wiederkehrende Beurteilungsaufgaben handelt, Zweifel aufkommen.

Die zunächst wichtigste Determinante des Urteils ist auch für PARDUCCI die Spannweite der zur Beurteilung präsentierten Reize. Das Häufigkeitsprinzip beeinflußt das Urteil erst zusätzlich, wenn die Anzahl zu beurteilender Reize die Anzahl verfügbarer Kategorien übersteigt. Für diesen Fall nimmt PARDUCCI an, daß das abgegebene Urteil einen Kompromiß darstellt zwischen (a) der Tendenz, die Reizspannweite in proportionale Teilbereiche aufzuteilen (Spannweitenprinzip), und (b) die Urteilskategorien mit gleicher Häufigkeit zu benutzen (PARDUCCI, 1963, S. 4). Welches der beiden Prinzipien dabei stärkere Gewichtung erfährt, variiert über Situationen und Personen hinweg (PARDUCCI, KNOBEL & THOMAS, 1976). Im einfachsten Modell wird von einer gleichen Gewichtung beider Prinzipien ausgegangen.

Die Annahmen der Range-Frequency-Theorie konnten in mehreren Experimenten bestätigt werden. Die Überprüfung erfolgte dabei jedoch immer mit relativ einfachen Beurteilungsaufgaben (der Größe von Quadraten, der Schwere von Gewichten, der Anzahl von Punkten auf verschiedenen Karten) unter Ausschaltung sozialer Einflüsse (PARDUCCI, 1963, 1965; PARDUCCI et al., 1969; PARDUCCI & PERRET, 1971). Bei einem Experiment (SANDUSKY & PARDUCCI, 1965) mußten die Probanden verschiedene Duftstoffe beurteilen. Auch bei diesem, nach Meinung PARDUCCIS stärker affektiven Material ließen sich die Annahmen der Theorie bestätigen. Auch bei dem Experiment von SANDUSKY & PARDUCCI (1965) ist es aber nicht gerechtfertigt, von einer Überprüfung im sozialen Kontext zu sprechen. Angesichts der hier aufgezeigten Probleme bei der Anwendung des Häufigkeitsprinzips bei komplexen Beurteilungsaufgaben erscheint eine Überprüfung in diesem Rahmen aber entscheidend für den Allgemeinheitsgrad des Modells.

4. Die Theorie der Urteilsprozesse im sozialen Kontext von UPMEYER

Wie UPSHAW und PARDUCCI in ihren Urteilstheorien hält auch UPMEYER (1981) eine begriffliche Trennung des Urteilsprozesses in die beiden Phasen der internen Repräsentation von Reizen, der die Wahrnehmung und Speicherung vorausgeht, und dem Urteil, der Äußerung dieser Repräsentation, für notwendig. Während sich jedoch UPSHAWS und PARDUCCIS Ansätze im wesentlichen auf die Phase der Urteilsäußerung beschränken, also auf die Transformation der internen Repräsentation auf eine Urteilsskala, deren Determinanten sie in den Eigenschaften der Reize und ihrem Kontext sehen, enthält UPMEYERS Theorie Aussagen über Bedingungen beider Phasen, die über den engen Rahmen der psychophysischen Tradition beträchtlich hinausgehen.

Im Unterschied zu den direkten Urteilen in den Theorien PARDUCCIS und UPSHAWS, die von den Urteilenden eine Zuordnung von Reizen zu

Zahlen oder Größenkategorien verlangt, sind die Urteile in UPMEYERS Untersuchungen Diskriminationen in der Tradition THURSTONES und bestehen darin, anzugeben, ob bestimmte Eigenschaften der dargebotenen Reize eine im Gedächtnis gespeicherte Kriteriumsgröße übertreffen oder nicht erreichen. Das kann am Beispiel der Wiedererkennung von Reizen mit Hilfe des Modells der Signalentdeckung (z. B. VELDEN, 1982) veranschaulicht werden. Dort werden Reize dargeboten, die sich die Person absichtlich oder ohne eine ausdrückliche Instruktion einprägt. Nach einer bestimmten Zeit werden dieselben Reize – nehmen wir an, es seien Wörter – und zusätzlich eine Anzahl neuer, noch nicht gezeigter Wörter präsentiert, und die Personen werden gebeten, für jedes Wort anzugeben, ob es alt (schon einmal dargeboten) oder neu ist. Unter der einfachsten Annahme besitzen die «alten» Wörter eine größere Bekanntheitsintensität bzw. Bekanntheitsstärke im Gedächtnis als die «neuen». Aufgrund der Variation des subjektiven Eindrucks von der Bekanntheitsstärke der dargebotenen Wörter, für neue und alte Wörter jeweils durch eine Normalverteilung beschrieben, muß für den Fall der unvollständigen Unterscheidbarkeit dieser Klassen von Wörtern angenommen werden, daß die Verteilungen überlappen (s. Abb. 3).

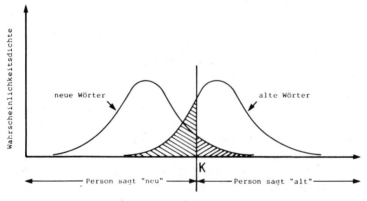

Abb. 3: Verteilungen der Bekanntheitsintensitäten alter und neuer Wörter im Modell der Signalentdeckung und ein hypothetisches Entscheidungskriterium k für die Antworten «neu» und «alt»

Der senkrechte Strich k soll folgende subjektive Entscheidungsregel kennzeichnen: Ist die Bekanntheitsintensität bzw. -stärke eines dargebotenen Wortes größer als die feste Bekanntheitsstärke des Kriteriums k, sagt die Person, das Wort sei alt, im anderen Fall, es sei neu. Die schraffierten Anteile unter den Verteilungen stellen somit fehlerhafte Identifikationen aufgrund der unvollständigen Unterscheidbarkeit dar. Sie zeigen überdies, daß zwei Arten von Fehlern auftreten: (1) Das Wort ist neu, aber die Person sagt «alt» (rechts von k); (2) das Wort ist alt, aber die Person sagt «neu» (links von k). Möchte die Person Fehler der ersten Art vermeiden, also neue, noch nicht dargebotene Wörter fälschlich als alt klassifizieren, so wird sie ihr Entscheidungskriterium k nach rechts verlegen. Dadurch wird – unter diesem einfachen Modell der Signalentdeckung – gleichzeitig der Anteil falsch klassifizierter alter Wörter größer.

In diesem Modell, das die Grundlage UPMEYERS Methode ist, lassen sich Effekte auf die Wahrnehmung und Speicherung im Gedächtnis von Effekten auf das Urteil unterscheiden. Die interne Repräsentation von Reizen ist eine Funktion ihrer Diskriminierung durch den Urteiler. Eine höhere Diskriminierungsleistung äußert sich bildlich durch eine größere Distanz zwischen den beiden Verteilungen. Dadurch werden beide Arten von Fehlern kleiner. Unabhängig davon ist das Urteil der Person, das auch als Reaktionsneigung bezeichnet wird. Es äußert sich in der Lage des Entscheidungskriteriums k, das nicht von dem Ausmaß der Überlappung der beiden Verteilungen abhängt. Beide Kennwerte, Diskriminationsleistung und Reaktionsneigung, können unabhängig voneinander geschätzt werden.

Eine differenzierte Repräsentation der Reize setzt zunächst einmal ihre *Separierbarkeit* voraus. Separierbarkeit von Reizen wiederum ist eine Funktion von Wahrnehmungseigenschaften wie Figur-Hintergrund-Kontrast (in der Theorie der Signalentdeckung «Störabstand»), integraler Merkmale, die zum Beispiel eine gute Gestalt bilden, organismischer Bedingungen, wie Neuigkeit eines Reizes, und Bedingungen der Erinnerbarkeit. Für Reize mit diesen Eigenschaften wird angenommen, daß sie die *Aufmerksamkeit* auf sich lenken. Über die Reiz- und Organismuseigenschaften in engeren Sinn hinaus scheint im Kontext der sozialen Urteilsbildung die Aufmerksamkeit auf solche Reize gerichtet zu sein, die mit einem *sozialen Etikett* versehen sind, und diese Reize werden besser erinnert als Reize ohne Etikett. UPMEYER nimmt an, daß soziale Etikette spezifische Bilder aktivieren und daß damit das Wiedererkennen erleichert wird. UPMEYER, LAYER & SCHREIBER (1972) konnten die Wirkung solcher Etikette – es waren die Namen unterschiedlich bekannter Nationen – für das Wiedererinnern von Eigenschaftswörtern demonstrieren.

Eine Aktivierung der Aufmerksamkeit, die zu einer differenzierteren internen Repräsentation führt, geschieht dann, wenn das Individuum Informationen beurteilen muß und erfährt, daß seine Urteile mit den *Urteilen aus der Umwelt* nicht übereinstimmen. Besonders dann, wenn die Informationen für das Individuum bedeutsam sind, erlebt es eine Bedrohung seines *Selbst* und versucht, den Konflikt durch eine genauere interne Repräsentation zu analysieren. Eine differenziertere Repräsentation der Umwelt im Organismus führt jedoch nicht notwendig zu einem entsprechenden Urteil.

Ob das Individuum aufgrund der revidierten internen Repräsentation sein Urteil ändert, ist UPMEYERS Theorie zufolge in einem sozialen Kontext von den Determinanten *Erwartung, Sanktion* und *Korrespondenz* abhängig. Das Konzept der *Erwartung* ist aus der Theorie der Signalentdeckung bekannt und kennzeichnet dort das Verhältnis der beiden Reizhäufigkeiten, im Beispiel oben das Verhältnis der Anzahl alter zu neuer Wörter. In der sozialen Wahrnehmung können Erwartungen, etwa über die Häufigkeiten ethnischer Minderheiten, wie UPMEYER (1981, S. 273) ausführt, sich in Verzerrungen der Realität äußern, wie sie für Vorurteile charakteristisch sind. Solche Reaktionsverzerrungen können nur dort entstehen, wo eine vollständige Unterscheidung der Reizklassen nicht möglich ist.

Wirken jedoch in vergleichbaren Urteilssituationen *Sanktionen,* können Urteilsverzerrungen auch dann auftreten, wenn die Reizklassen vollständig unterscheidbar sind, wie das bei einem Teil der Probanden in ASCHS (1956) Untersuchungen der Fall war, während britische Probanden sich anscheinend standhafter verhielten (PERRIN & SPENCER, 1980). Auf diesen Effekt bezogen wird der Vorteil einer Trennung des Urteilsprozesses in Reizdifferenzierung und Reaktionsneigung besonders augenfällig.

Korrespondenzen zwischen Reizmerkmalen und Wertmerkmalen sind für Akzentuierungseffekte – am bekanntesten sind die Versuche zur Größenschätzung unterschiedlich wertvoller Münzen – verantwortlich gemacht worden (TAJFEL, 1957). Wie weiter oben (S. 12) berichtet wurde, akzentuierten Probanden ihre Urteile auf jenen Enden von Attitüdenskalen, die deskriptiv und evaluativ mit ihren eigenen Attitüdenpositionen übereinstimmten. UPMEYER (1981) nimmt an, daß eine Korrespondenz, die er nach den Komponenten Wert- und Beschreibungskorrespondenz unterscheidet, sich auf die Reaktionsneigung auswirkt. Personen unter Ungewißheit, wie sie bei einer unvollständigen Separierbarkeit von Reizen angenommen werden muß, sollten dazu neigen, im Sinne der Korrespondenz zu urteilen. Die Wertkorrespondenz zwischen vorgegebener Information und eigener Attitüdenposition entspricht – obschon die Urteilssituation nicht mit UPMEYERS Klassifikationsaufgaben identisch ist – der affektiven Gemeinsamkeit, während die deskriptive Korrespondenz die Gemeinsamkeit der Semantik von vorgegebener und im Gedächtnis verfügbarer Information kennzeichnet.

4.1. Eine experimentelle Realisation von Reizrepräsentation und Reaktionsneigung

Mit der folgenden Beschreibung eines Experiments von UPMEYER & LAYER (1974) soll die Wirkungsweise von Korrespondenz und sozialen Etiketten auf die Klassifikation von Reizen im Wiedererkennungsexperiment illustriert werden. Das Experiment wurde im Jahre 1972 durchgeführt, nachdem ein Mißtrauensvotum gegen den Kanzler Brandt gescheitert war und wegen der Patt-Situation von Koalition und Opposition vorgezogene Bundestagswahlen bevorstanden. Das Reizmaterial bestand aus Personenbeschreibungen, die sämtlich für den CSU-Vorsitzenden Strauß charakteristisch waren, wobei die eine Hälfte günstige, die andere Hälfte ungünstige Eigenschaften beschrieb. Die Gesamtzahl der Beschreibungen wurde zunächst in die beiden Klassen günstiger und ungünstiger Beschreibgungen geteilt. Jede dieser beiden Klassen wurde nun viergeteilt und die entstandenen Viertel jeweils genau einer Person zugeordnet:

a) in einer Bedingung waren es die Politiker Strauß und Brandt sowie zwei nicht mit Namen genannte typische Manager X und Y,

b) in der anderen Bedingung wurde Strauß durch den Kanzlerkandidaten der CDU, Barzel, ersetzt, während die übrigen Pesonen gleichblieben.

Als Probanden wählte man 48 Gymnasialschüler, die eine deutliche Präferenz für Brandt angaben. Mit der Instruktion, sich anzusehen, was im Versuch gezeigt wird, erhielten die Probanden die zugeordneten Beschreibungen der Bedingung (a) oder (b). Entweder sahen die Probanden nur günstige oder nur ungünstige Beschreibungen, so daß jeweils 12 Probanden eine Kombination aus den genannten Bedingungen (a) oder (b) mit günstigen bzw. ungünstigen Beschreibungen sahen. Im Anschluß an die Darbietung der Beschreibungen gingen die Probanden in einen anderen Raum, wo sie nun an einem Erinnerungstest teilnahmen. Darin wurden zuerst entweder die Namen der beiden Politiker oder die Bezeichnungen X und Y für die typischen Manager dargeboten und anschließend die Beschreibungen mit dem Personalpronomen statt des Namens bzw. der Bezeichnung X oder Y. Die Probanden sollten daraufhin in einem Fall entscheiden, welcher der beiden Politiker – Strauß oder Brandt in Bedingung (a), Barzel oder Brandt in Bedingung (b) – und im anderen Fall, welcher der beiden Manager durch den dargebotenen Satz beschrieben worden war.

Die Ereignisse zeigen eine deutlich bessere Diskriminationsleistung zwischen den Beschreibungen, wenn sie Politikern zugeordnet waren, als wenn sie unbekannte Manager kennzeichneten, und diese Ergebnisse sind unabhängig davon, ob «Strauß» und «Brandt» oder «Barzel» und

«Brandt» die soziale Etikette (labels) bildeten – obschon alle Beschreibungen als charakteristisch für Strauß galten – und auch relativ unabhängig davon, ob günstige oder ungünstige Beschreibungen klassifiziert worden waren. UPMEYER (1981) führt diesen Effekt, den er perzeptive Akzentuierung (perceptual accentuation) nennt (S. 296), auf Aufmerksamkeitsunterschiede zurück. Im Unterschied zu den nicht benannten Managern existiert gegenüber Politikern bereits eine differenzierte Ausprägung auf der evaluativen Komponente der Attitüde, die wahrscheinlich in der politisch lebhaften Phase zwischen Mißtrauensvotum und vorgezogener Wahl noch deutlicher hervortrat. Unter der Annahme einer relativ größeren Aufmerksamkeit der Probanden bei der Darbietung der Namen der Politiker sind die zugehörigen Beschreibungen besser eingeprägt worden, als wenn die Bezeichnungen X und Y für zwei Manager erschienen.

Hieraus läßt sich folgern, daß der Unterschied zwischen den Bekanntheitsintensitäten der Beschreibungen, die zu den Politikern gehörten, größer war als der Unterschied zwischen den Intensitäten der Beschreibungen der typischen Manager, eine Folgerung, die aus dem Modell der Signalentdeckung stammt oder doch zumindest mit seinen Annahmen vereinbar ist. Die Etikette der seinerzeit im öffentlichen Interesse stehenden Politiker waren bedeutsamer als die Etikette zweier Prototypen von Managern. Mit der größeren Bedeutsamkeit eines Informationsmerkmals rücken – bildlich geäußert – seine Ausprägungen auseinander.

Das Ergebnis läßt jedoch auch eine alternative Interpretation zu. Die Beschreibungen der Politiker lassen sich leichter in Gedächtnisstrukturen integrieren als die Beschreibungen der Manager. Man kann annehmen, daß die Gedächtnisstrukturen für Politiker reichhaltiger waren. Folgt man der Vorstellung, daß Wiedererkennen nicht nur eine Entscheidung verlangt, ob die Beschreibung gemeinsam mit einem bestimmten Etikett auftrat oder nicht, sondern zuerst einen Suchprozeß in einer Struktur auslöst (vgl. ANDERSON & BOWER, 1974), kann man annehmen, daß die Beschreibungen der Politiker leichter im Gedächtnis verfügbar waren als die Beschreibungen der Manager, und somit auch leichter wiedererkannt werden konnten. Für hochstrukturierte Listen, d.h. reichhaltige Strukturen, sind solche Effekte häufiger gefunden worden (z.B. D'AGOSTINO, 1969). Die alternative Interpretation braucht keine Annahme über einen Wechsel der Aufmerksamkeit mit unterschiedlichen Etiketten. Ebenso verlangt sie keine Annahme über die Bekanntheitsstärke der Beschreibungen, sondern eher eine über die Stärke der Struktur und gleichbedeutend damit über die Leichtigkeit des Wiedererkennens, wenn die Angemessenheit des Modells der Signalentdeckung beibehalten werden soll. Bemerkenswert ist das Ergebnis der nicht unterschiedlichen Differenzierungen zwischen den Beschreibungen für Strauß und Brandt gegenüber jenen für Barzel und Brandt, obschon die Beschreibungen als charakteristisch für Strauß gewählt worden waren. Vermutlich werden die Namen der Politiker in einer politisch lebhaften Phase, die eher zu polarisierenden als abwägenden Urteilen stimuliert, als Etikette innerhalb eines politischen Lagers nicht weiter differenziert.

Die Wert- und Beschreibungskorrespondenz zwischen den Attitüdenpositionen der Probanden und den für sie bedeutsamen Reizen sollte sich UPMEYERS Theorie zufolge darin äußern, daß im Sinne der Korrespondenz geurteilt wird. In dem berichteten Experiment ordneten die Probanden ungünstige Beschreibungen dem Politiker Strauß häufiger zu als Brandt. Objektiv richtig wäre eine gleichhäufige Zuordnung der Beschreibungen zu Strauß und Brandt gewesen, die unabhängig von der Wiedererkennungsleistung ist und die auch in der Bedingung Barzel versus Brandt ebenso auftrat wie mit günstigen Beschreibungen in der Bedingung Strauß versus Brandt. UPMEYER (1981) interpretiert diesen Effekt mit dem gleichzeitigen Vorliegen einer Wert- und einer Beschreibungskorrespondenz. Die Wertkorrespondenz entstand durch die Übereinstimmung von evaluativer Komponente der Attitüde («Brandt ist mir sympathischer als Strauß») mit den ungünstigen Beschreibungen im Experiment. Beschreibungskorrespondenz herzustellen bedeutete, den Inhalt der Beschreibungen charakteristisch für Strauß zu formulieren. Man könne auch sagen, daß die Beschreibungen in die Struktur «Strauß» integrierbar sein müssen. In einem vorhergehenden Experiment nämlich, mit dessen Hilfe UPMEYER & LAYER (1974) dieselben Hypothesen prüften, und in dem sie den Politikern Barzel und Brandt wie auch zwei unbekannten Personen X und Y günstige und ungünstige Adjektive zuordneten, konnten sie eine statistisch bedeutsame Reaktionsneigung nicht nachweisen. Dies ist nach UPMEYER & LAYER (1974) darauf zurückzuführen, daß hier die Beschreibungskorrespondenz fehlte. Anders interpretiert, führte die Suche in der Struktur «Barzel» nicht einseitig – wie in der Struktur «Strauß» – zu zum Teil falschen Identifikationen der vorgegebenen Beschreibungen.

Ob allerdings Wert- und Beschreibungskorrespondenz beide hinreichende Bedingungen für das Auftreten einer Reaktionsneigung sind, bedarf sicher weiterer empirischer Untersuchungen. In einem ähnlich konzipierten Experiment fanden UPMEYER, KROLAGE, ETZEL, LILLI & KLUMP (1976), daß allein eine Wertkorrespondenz ausreichte, um die Reaktionen in Richtung auf die Attitüde zu beeinflussen. Auf der anderen Seite scheint auch eine Beschreibungskorrespondenz die Reaktionsneigung in die vorhergesagte Richtung zu lenken. In zwei Experimenten, deren Ergebnisse wie in dem oben beschriebenen Experiment mit Hilfe der Methode der Signalentdeckung in Wiedererkennungsleistung und

Reaktionsneigung separiert wurden, ließen BELLEZZA & BOWER (1981) eine kurze Biographie einer fiktiven Betty K. lesen, deren Beschreibung zu einem Teil homosexuelle, zum anderen Teil heterosexuelle Verhaltensweisen, Attitüden und Gedanken erkennen ließ. Eine Woche später erhielten die Probanden eine etwa 50 Worte umfassende Beschreibung derselben Betty K. (im zweiten Experiment sollten sie vier Fragen beantworten), die für eine Hälfte der Probanden einen typisch homosexuellen, für die andere Hälfte einen typisch heterosexuellen Lebensstil nahelegen sollte. Hierauf folgte ein Wiedererkennungstest. Die Leistungen in der Verfügbarkeit (Diskrimination) der wiederzuerkennenden Sätze unterschieden sich in beiden Gruppen nicht wesentlich, aber die Reaktionsneigung tendierte deutlich zu dem vor dem Wiedererkennungstest gegebenen Etikett (label). Wenn die Probanden sich bei der Entscheidung, welcher Satz einer Testaufgabe in der Biographie gestanden hatte, unsicher waren, rieten sie in Richtung des Etiketts, also im Sinne einer Beschreibungskorrespondenz. Obschon in diesem Experiment eine spezifische Gedächtnisstruktur erst kurz vor dem Erinnerungstest aktiviert worden war – in den Experimenten von UPMEYER & LAYER (1974) geschah das bereits beim Enkodieren – wirkte dort die deskriptive Korrespondenz zwischen dem Etikett und einem Teil der Beschreibungen. Übereinstimmend zeigen die Ergebnisse der berichteten Experimente, daß die Erinnerungsleistungen zwischen Beschreibungen mit annähernd gleich sinnhaltigen Etiketten nicht unterschiedlich waren. Auf der Antwortseite jedoch tendieren Probanden zu einer Entscheidung für solche Beschreibungen, die mit ihrer Attitüde oder mit der zuvor durch eine Einstellung (prompting) aktivierten Gedächtnisstruktur übereinstimmt.

4.2. Sozialer Einfluß und selektive Aufmerksamkeit

Daß die Aufmerksamkeitshypothese für Unterschiede zwischen Diskriminationsleistungen von UPMEYER (1981) favorisiert worden ist, wird noch deutlich, wenn die Themen seiner weiteren Untersuchungen zur sozialen Urteilsbildung in Betracht gezogen werden. Den Schwerpunkt bilden hier Arbeiten zur sozialen Einflußnahme, wie sie in der Untersuchung ASCHS (1956) demonstriert worden ist, und deren Auswirkung, das Urteil der Probanden, nun mit Hilfe des Modells der Signalentdeckung in seine beiden Komponenten perzeptive Differenzierung und Reaktionsneigung separiert wird. Sowohl mit der klassischen Aufgabe der Signalentdeckung, unterschiedlich helle Lichtreize von gleich hellen zu unterscheiden (UPMEYER, 1971), wie auch mit Wiedererkennungsaufgaben, in denen bereits dargebotene von neuen geometrischen Figuren unterschieden werden mußten (UPMEYER & LAYER, 1972; UPMEYER &

SCHREIBER, 1972), konnten durch Rückmeldungen, die von den Urteilen der Probanden abwichen, bessere Differenzierungsleistungen erzielt werden. UPMEYER (1981, S. 288) erklärt diese Effekte mit einer Steigerung der Aufmerksamkeit der Probanden, wenn sie nach der Abgabe ihrer Urteile erfuhren, daß entweder die Urteile der mitanwesenden vermeintlichen Probanden risikofreudiger waren als die eigenen (UPMEYER, 1971), nicht mit den eigenen Urteilen übereinstimmten (UPMEYER & SCHREIBER, 1972), oder aber eine leichte Unterlegenheit im Vergleich mit den übrigen, vom Versuchsleiter eingeweihten Probanden gemeldet wurde (UPMEYER & LAYER, 1972). (Eine größere Abweichung von den eigenen Urteilen führte dagegen nicht zu einer Steigerung der Diskriminationsleistung, weil die Probanden auch ihren internen Kriterien vertrauten und in diesem Fall ihre Urteilsfähigkeit nicht in Frage stellten.)

Die erhöhte Aufmerksamkeit wird als der Versuch einer Konfliktlösung interpretiert, die auf dem Wege der Mobilisierung analytischer Fähigkeiten erreicht werden soll: der Proband möchte die Reizsituation präziser erfassen.

Wie die soziale Etikette im oben beschriebenen Experiment zur Identifikation der Eigenschaftsbeschreibungen von Politikern war auch der soziale Einfluß im Experiment zur Unterscheidung zwischen den Helligkeitsstärken zweier Lichtreize auf die Reaktionsneigung erfolgreich. Die Urteile der drei eingeweihten Probanden führten dazu, daß der echte Proband (im Mittel) seine zunächst vorsichtige Reaktionsneigung in Richtung auf ein größeres Risiko verschob. Die Tendenz, gleichgroße Helligkeiten nun als unterschiedlich groß zu klassifizieren, wurde in der Folge des sozialen Einflusses stärker. In den beiden anderen Untersuchungen zeigte sich eine vergleichbare Reaktionsneigung nicht. Hier führte die Steigerung der Aufmerksamkeit nur zu einer prägnanten internen Differenzierung zwischen den Reizen. Die unterschiedlichen Ergebnisse bilden jedoch keinen Widerspruch. In beiden Experimenten, deren Aufgabe in einer Klassifikation geometrischer Figuren nach «alt» oder «neu» bestanden (UPMEYER & LAYER, 1972; UPMEYER & SCHREIBER, 1972), konnten die Probanden relativ leicht einschätzen, daß in einem Block von Aufgaben 10 alte und 10 neue Figuren vorkamen und somit die Verteilung ihrer Entscheidungen an der Erwartung der Reizverteilung orientierten (s. UPMEYER, 1981, S. 287).

5.   Schlußbemerkungen

Die in diesem Kapitel dargestellten Theorien sozialer Urteilsbildung stellen Anwendungen psychophysischer Prinzipien zur Erklärung der über Personen und Situationen hinweg variierenden Beurteilung sozialer Phänomene dar.

Die Ansätze von PARDUCCI und UPSHAW sind noch fest in der Tradition der Psychophysik verankert, deren wesentliches Ziel die Messung der psychologischen Größe (oder Intensität) bestimmter Eigenschaften wahrgenommener Reize ist. In PARDUCCIS Ansatz sind die Reize mit wenigen Ausnahmen geometrische Figuren, deren Größe und Häufigkeit variiert. Ihre Beurteilung wird durch ein einfaches algebraisches Modell beschrieben, das die beiden Parameter Spannweite und Häufigkeit und zusätzlich zwei kompensatorische Gewichte enthält. Damit hat PARDUCCI eine Art kognitiver Algebra formuliert, die dem «Funktionalen Messen» ANDERSONS (1974) entspricht. Streng genommen wird das Modell nicht getestet – weder seine Skalenannahmen noch seine Validität im Vergleich zu anderen Modellen – sondern es werden lediglich Gewichte aus den Kategorieurteilen geschätzt. Auf vermittelnde Prozesse wird nur gelegentlich hingewiesen, eine solche Sichtweise legt dieses molare Modell auch nicht nahe. Das wird insbesondere an PARDUCCIS Aussagen zum Häufigkeitsprinzip deutlich, das irgendwie «automatisch» angewandt werden soll.

Die zu beurteilenden Reize in UPSHAWS Perspektiventheorie sind nicht mehr wie in der Psychophysik physikalisch, sondern, da es um Attitüden geht, sprachlich formuliert. Dennoch wird das Ziel der Psychophysik, psychologische *Größen* zu messen, von ihm beibehalten. Aus der Darstellung seiner Arbeiten wird deutlich, wie problematisch eine quantitative Erfassung der Inhaltsposition der Attitüde von der Antwortskala her ist. Die Reizgrößen sind physikalisch nicht meßbar und eine psychophysische Funktion liegt somit nicht vor. Im Sinne eines varianzanalytischen Modells könnte versucht werden, die Perspektiven der Antwortskalen zu variieren und für Personen, deren zuvor abgegebene Urteile – im Beispiel oben die Strenge bei der Bewertung einer bestimmten Straftat – in gleiche Klassen fallen, Parameterschätzungen für die interne Repräsentation ihrer Attitüden durchzuführen. Eine derartige Überlegung impliziert, daß Attitüden als Ausprägungen auf internen Kontinua repräsentiert werden, also Transformationen der sprachlich vorgegebenen Informationen stattfinden. Transformationen von Informationen sind ohne einen Bezug zu mindestens einer weiteren Information nicht vorstellbar, und so erscheint die Konzeption einer «wahren» Attitüde ebenso vage wie der «wahre» Wert in der klassischen Testtheorie. Trotz des Verweises auf STEVENS' Vorstellungen zum cross modality matching, wonach etwa die Höhe einer beschriebenen moralischen Handlung psychologisch gleich gut auf einer verbal verankerten Skala wie durch eine Menge von aufgehäuftem Sand gemessen werden kann, und die nahelegt, daß nur der Parameter der «Attitüdenfunktion» gefunden werden muß, ist es neueren Auffassungen in der Psychophysik zufolge zweifelhaft (SHEPARD, 1981), ob eine psychophysische Funktion im Sinne von STEVENS eindeutig determiniert ist. Vielmehr wird psychologischen Größen von Reizmerkmalen, die durch eine direkte Größenschätzung und cross modality matching gewonnen werden, nicht mehr als eine Ordinalstruktur zuerkannt.

Die Zielsetzung der Theorie UPMEYERS ist nicht die Messung psychologischer Größen, sondern eher die Identifikation jener Bedingungen, die für interne Reizdifferenzierungen und Reaktionsneigungen verantwortlich sind. Mit der Einführung von Bedingungen wie soziale Etikette oder Sanktionen geht er über den klassischen Ansatz der Theorie der Signalentdeckung und auch über den Rahmen der Psychophysik hinaus. Die Reize in einigen seiner Untersuchungen sind, wie auch in der Psychophysik, Lichthelligkeiten und geometrische Figuren. UPMEYERS Hypothesen beziehen sich jedoch hierbei nicht auf den Zusammenhang zwischen den Eigenschaften der Reize und der Art der Urteile, sondern auf die Wirkung sozialer Prozesse auf die interne Differenzierung der Reize *und* die Urteilsäußerung. In anderen Untersuchungen werden die Reize in sprachlicher Form vorgegeben, die bestimmte Klassen von Personen oder Objekten beschreiben. Entscheidend ist hierbei, daß die Klassen von Personen und Objekten, die durch Etikette gekennzeichnet werden, und ihre Beschreibungen eine definierte Korrespondenz zu den Attitüden der Probanden besitzen, deren Einfluß auf die interne Repräsentation der Beschreibungen und auf das Urteil nachweisbar ist. Die Trennung von interner Differenzierung und Urteil eröffnet eine Reihe interessanter Perspektiven für die Forschung über Urteilsbildung im sozialen Kontext, zum Beispiel, ob sich ein Konformitätsdruck, wie er in ASCHS Experimenten erfolgreich auf studentische Probanden ausgeübt wurde, in einer Steigerung der Differenzierungsleistung und auch als Urteilsänderung in Richtung auf das Mehrheitsurteil äußern würde, oder infolge des erlebten Konflikts nur in einer erhöhten Differenzierungsleistung und Beibehaltung des Urteils. Oder sind anschauliche Informationen, wie NISBETT & ROSS (1980) annehmen, im Gedächtnis leichter verfügbar als abstrakte oder werden sie unter Ungewißheit bei gleicher Erinnerungsleistung häufiger erwartet als abstrakte? UPMEYER (1981) hat der Diskussion solcher Anwendungsbeispiele einen beträchtlichen Teil seiner Abhandlung gewidmet. Sie zeigen, daß eine Vielzahl sozialpsychologischer Fragestellungen Aspekte aus benachbarten psychologischen Gebieten enthält, die potentiell dazu dienlich sind, den Urteilsprozeß differenzierter und empirisch gehaltvoller zu erklären, als es bislang möglich war.

Darüberhinaus lassen sich Anwendungsbeispiele für die hier dargestellten Theorien auch in weiteren Bereichen psychologischer Forschung finden. In der Motivationsforschung etwa liegen Arbeiten zum Bezugsnormenkonzept vor (RHEINBERG, 1977, 1980), die durch Einbeziehung der Ansätze von Upshaw und Parducci ergänzt werden könnten. Für eine nähere Diskussion der Implikationen ist hier nicht der Ort, jedoch sei darauf hingewiesen, daß etwa die Berücksichtigung des Spannweitenprinzips bei sozialer Bezugsnorm-Orientierung eine feinere Analyse der Benotung der Schüler und der damit einhergehenden Motivationseffekte erlauben würde. Ist die Bezugsskala des Lehrers an extremen Leistungen, z.b. außerhalb der Spannweite in einer gegebenen Klasse verankert, so sollte sich eine Assimilation der Benotung der betreffenden Klasse ergeben. Das wiederum sollte sich negativ auf die Motivation der guten Schüler der Klasse auswirken, da ihre relativ besseren Leistungen nicht entsprechend bewertet werden.

Die hier dargestellten Ansätze bieten demnach die Möglichkeit, bei einer Vielzahl von Fragestellungen den Urteilsprozeß weiter zu differenzieren und dadurch Erklärungsansätze zu präzisieren, wenngleich bei ihnen selbst noch ein Defizit bezüglich der vermittelnden kognitiven Prozesse bei der Urteilsbildung besteht.

Literatur

Anderson, J.R. & Bower, G.H.: A propositional theory of recognition memory. Memory & Cognition, 1974, *2*, 406–412.

Anderson, N.H.: Cognitive algebra: Integration theory applied to social attribution. In L. Berkowitz (Hrsg.), Advances in Experimental Social Psychology. Vol. 7. New York: Academic Press, 1974.

Asch, S.E.: Studies of independence and conformity. Psychological Monographs, 1956, *70*, (9, gesamte Nr. 416).

Bellezza, F.S. & Bower, G.H.: Person stereotypes and memory for people. Journal of Personality and Social Psychology, 1981, *41*, 856–865.

D'Agostino, P.R.: The blocked-random-effect in recall and recognition. Journal of Verbal Learning and Verbal Behavior, 1969, *8*, 815–820.

Eiser, J.R. & Mower White, C.J.: Evaluative consistency and social judgment. Journal of Personality and Social Psychology, 1974, *30*, 349–359.

Eiser, J.R. & Mower White, C.J.: Categorization and congruity in attitudinal judgment. Journal of Personality and Social Psychology, 1975, *31*, 769–775.

Eiser, J.R. & van der Pligt, J.: Accentuation and perspective in attitudinal judgment. Journal of Personality and Social Psychology, 1982, *42*, 224–238.

Eiser, J.R. & Stroebe, W.: Categorization and social judgment. London and New York: Academic Press, 1972.

Guilford, J.P.: Psychometric methods. New York: McGraw-Hill, 1954 (2. Aufl.).

Haubensak, G.: Eine Erweiterung der Range-Frequency-Theorie des absoluten Urteils. Psychologische Beiträge, 1981, *23*, 46–64.

Helson, H.: Adaptation level as frame of reference for prediction of psychophysical data. American Journal of Psychology, 1947, *60*, 1–29.

Helson, H.: Adaptation-level theory. An experimental and systematic approach to behavior. New York: Harper & Row, 1964.·

Johnson, D.M.: The psychology of thought and judgment. New York: Harper & Row, 1955.

KINDER, D.R., SMITH, T. & GERARD, H.B.: The attitude-labeling process outside the laboratory. Journal of Personality and Social Psychology, 1976, *33,* 480–491.

KLUMP, H. & BANDILLA, W.: Wertkonnotationen der Skalenbenennung und ihr Einfluß auf Extremisierungseffekte bei der Beurteilung von Attitüden-Items. Zeitschrift for Sozialpsychologie, 1978, *9,* 142–151.

NISBETT, R. & ROSS, L.: Human inference: Strategies and shortcomings of social judgment. Englewood Cliffs, N.J.: Prentice Hall, 1980.

OSTROM, T.M.: Perspective as a determinant of attitude change. Journal of Experimental Social Psychology, 1970, *6,* 280–292.

OSTROM, T.M. & UPSHAW, H.S.: Psychological perspective and attitude change. In: A.G. Greenwald, T.C. Brock & T.M. Ostrom (Hrsg.), Psychological foundations of attitudes. New York: Academic Press, 1968.

PARDUCCI, A.: Range-frequency compromise in judgment. Psychological Monographs, 1963, *77,* (2, gesamte Nr. 565).

PARDUCCI, A.: Category judgment: A range-frequency model. Psychological Review, 1965, *72,* 407–418.

PARDUCCI, A.: Contextual effects: A range-frequency analysis. In: E.C. Carterette & M.P. Friedman (Hrsg.), Handbook of perception. Vol. 2. Psychophysical judgment and measurement. New York: Academic Press, 1974.

PARDUCCI, A.: Category ratings: Still more contextual effects. In: B. Wegener (Hrsg.), Social attitudes and psychophysical measurement. Hillsdale, N.J.: Erlbaum, 1982.

PARDUCCI, A. & PERRETT, L.F.: Category rating scales: Effects of relative spacing and frequency of stimulus values. Journal of Experimental Psychology Monograph, 1971, *89,* 427–452.

PARDUCCI, A., KNOBEL, S. & THOMAS, Ch.: Independent contexts for category ratings: A range-frequency analysis. Perception and Psychophysics, 1976, *20,* 360–366.

PARDUCCI, A., PERRETT, D.S. & MARSH, H.W.: Assimilation and contrast as range-frequency effects of anchors. Journal of Experimental Psychology, 1969, *81,* 281–288.

PELZMANN, L.: Experimentelle Forschung für Wirtschaftsprognosen. Psychologie und Praxis, 1980, *24,* 139–147.

PERRIN, S. & SPENCER, C.: The ASCH-Effect – a child of its time? Bulletin of the British Psychological Society, 1980, *32,* 405–406.

RHEINBERG, F.: Bezugsnorm-Orientierung. Versuch einer Integration motivierungsbedeutsamer Lehrervariable. In: W.H. Tack (Hrsg.), Bericht über den 30. Kongreß der Deutschen Gesellschaft für Psychologie. Göttingen: Hogrefe, 1977, S. 318–319.

RHEINBERG, F.: Leistungsbewertung und Lernmotivation. Göttingen: Hogrefe, 1980.

SANDUSKY, A. & PARDUCCI, A.: Pleasantness of odors as a function of the immediate stimulus context. Psychonomic Science, 1965, *3,* 321–322.

SHEPARD, R.N.: Psychological relations and psychophysical scales: On the status of «direct» psychophysical measurement. Journal of Mathematical Psychology, 1981, *24,* 21–57.

SHERIF, M.: The psychology of social norms. New York: Harper & Row, 1936.

SHERIF, M. & HOVLAND, C.J.: Social judgment (Yale studies in attitude and communication, vol. 4) New Haven, Conn.: Yale University Press, 1961.

STEVENS, G.: Psychophysics: Introduction to its perceptual, neural, and social prospects. New York: Wiley, 1975.

TAJFEL, H.: Value and the perceptual judgment of magnitude. Psychological Review, 1957, *64,* 192–204.

UPMEYER, A.: Social perception and signal detectability theory. Group influence on discrimination and usage of scale. Psychologische Forschung, 1971, *34,* 285–294.

UPMEYER, A.: Perceptual and judgmental processes in social contexts. In: L. Berkowitz (Hrsg.), Advances in Experimental Social Psychology, Vol. 14, New York: Academic Press, 1981.

UPMEYER, A. & LAYER, H.: Effects of inferiority and superiority in groups on recognition memory and performance. Psychologische Forschung, 1972, *35*, 277–290.

UPMEYER, A. & LAYER, H.: Accentuation and attitude in social judgment. European Journal of Social Psychology, 1974, *4*, 469–488.

UPMEYER, A. & SCHREIBER, W.K.: Effects of agreement and disagreement in groups on recognition memory performance and confidence. European Journal of Social Psychology, 1972, *2*, 109–128.

UPMEYER, A., KROLAGE, J., ETZEL, G., LILLI, W. & KLUMP, H.: Accentuation of information in real competing groups. European Journal of Social Psychology, 1976, *6*, 95–97.

UPMEYER, A., LAYER, H. & SCHREIBER, W.K.: Über die Verarbeitung stereotypisierter Eigenschaften fremder Völker. Psychologische Beiträge, 1972, *14*, 521–540.

UPSHAW, H.S.: Own attitude as an anchor in equal-appearing intervals. Journal of Abnormal and Social Psychology, 1962, *64*, 85–96.

UPSHAW, H.S.: The effect of variable perspectives on judgments of opinion statements for Thurstone scales: Equal-appearing intervals. Journal of Personality and Social Psychology, 1965, *2*, 60–69.

UPSHAW, H.S.: The personal reference scale: An approach to social judgment. In: L. Berkowitz (Hrsg.), Advances in Experimental Social Psychology, Vol. 4. New York: Academic Press, 1969.

UPSHAW, H.S.: The effect of unit size on the range of the reference scale. Journal of Experimental Social Psychology, 1970, *6*, 129–139.

UPSHAW, H.S.: Personality and social effects in judgment. In: E.C. Carterette & M.P. Freidman (Hrsg.), Handbook of perception. Vol. 2. Psychological judgment and measurement. New York: Academic Press, 1974.

UPSHAW, H.S.: Out of the laboratory and into wonderland: A critique of the Kinder, Smith and Gerard adventure with perspective theory. Journal of Personality and Social Psychology, 1976, *34*, 699–702.

UPSHAW, H.S.: Social influence on attitudes and on anchoring of congeneric attitude scales. Journal of Experimental Social Psychology, 1978, *14*, 327–339.

VELDEN, M.: Die Signalentdeckungstheorie in der Psychologie. Stuttgart: Kohlhammer, 1982.

VOLKMANN, J.: Scales of judgment and their implications for social psychology. In: J.H. Rohrer & M. Sherif (Hrsg.), Social psychology at the crossroads. New York: Harper & Row, 1951.

Die Herausgeber zum folgenden Beitrag

Sinnliche Wahrnehmungen sind Informationen aus Signalen/Nachrichten, soweit sie während des Anhaltens des Wahrnehmungsgedächtnisses (Ikonisches, Echogedächtnis) mit Hilfe der langzeitigen semantischen (kategorialen) und Prozeßgedächtnisse entschlüsselt werden können: keine sinnlich-soziale Urteilsbildung ohne kognitive Inferenzen! Die klassische Forschung zur sozialen Wahrnehmung (von BRUNER und POSTMAN bis zu TAJFEL) richtete sich vornehmlich auf Bedürfnisse der wahrnehmenden Urteiler als Kontextfaktoren sozialer Urteilsbildung. Der folgende Beitrag befaßt sich mit dem Instrumentarium kognitiver Inferenzen dieser Urteilsbildung. Diese 'stereotypen' Heuristiken vereinfachen Prozesse der Urteilsbildung bis zur Erkenntnis-Entscheidung. Oft werden solche Heuristiken aber auch unangemessen benutzt. Der folgende Beitrag beschreibt die Forschung über die Konsequenzen solcher Heuristiken; diese Forschung ist noch sehr pragmatisch. Eine Theorie, nicht als induktive Generalisierung solcher Forschung, sondern als Idee im Sinne eines deduktiven Erklärungsmodelles, zeichnet sich ab.

Urteilsheuristiken

FRITZ STRACK

1. Einleitung

«Irren ist menschlich» sagt eine bekannte Alltagsweisheit, und der Irrtum scheint geradezu charakteristisch für die menschliche Urteilsbildung zu sein (vgl. NISBETT & ROSS, 1980). Nun ist jedoch die Diskrepanz zwischen dem Urteil von Individuen und der Realität (oder «der Wahrheit») keineswegs nur ein Mißstand, den es zu erkennen, zu beklagen und gegebenenfalls zu beheben gilt, sondern gleichzeitig eine Quelle der Erkenntnis, die zum Verständnis der Dynamik von Urteilsprozessen beitragen kann. Die Devise «Aus Fehlern wird man klug» scheint auch für den Wissenschaftler zu gelten.

Klassisches Beispiel sind die optischen Täuschungen, deren Analyse zentraler Gegenstand vieler Wahrnehmungstheorien ist. Dabei ist seit HELMHOLTZ (1903, S. 96) «das Studium der sogenannten Sinnestäuschungen (...) ein hervorragend wichtiger Teil der Physiologie der Sinne. Gerade solche Fälle, wo äußere Eindrücke der Wirklichkeit nicht entsprechende Vorstellungen in uns erregen, sind besonders lehrreich für die Auffindung der Vorgänge und Mittel, durch welche die normalen Wahrnehmungen zu Stande kommen».

Auch in der sozialpsychologischen Forschung (genauer gesagt: im Teilgebiet der Sozialen Wahrnehmung oder Sozialen Kognition) spielt das Stadium fehlerhafter Erkenntnis der Realität eine wichtige Rolle. Systematische Verzerrungen bei der Wahrnehmung anderer Personen und ihrer Eigenschaften (vgl. ASCH, 1946) sowie beim Verständnis sozialer Situationen (vgl. ICHHEISER, 1949) werden seit vielen Jahren mit dem Ziel untersucht, allgemeinen Erkenntnisprozessen auf die Spur zu kommen.

In den Bereich der «kognitiven Täuschungen» (TVERSKY & KAHNEMAN, 1983) fallen auch die Urteilsheuristiken, von denen dieses Kapitel handelt. Auch hier geht es keineswegs in erster Linie darum, einmal mehr die Fehlbarkeit menschlichen Denkens offenzulegen, sondern vor allem um das Aufspüren von Gesetzmäßigkeiten menschlicher Urteilsprozesse.

Mit dieser Perspektive soll nun ein Überblick über die wichtigsten Forschungsergebnisse zum Einfluß von Urteilsheuristiken[1] gegeben werden.

---

[1] Um Mißverständnissen oder falschen Erwartungen zu begegnen: Dieses Kapitel bezieht sich hier fast ausschließlich auf die von TVERSKY & KAHNEMAN identifizierten «judgmental heuristics» und ihre Bedeutung für die Sozialpsychologie. Eine allgemeinere Darstellung der Bedeutung von heuristischen Prinzipien oder Heurismen ist in diesem Rahmen nicht möglich. Vgl. dazu GRONER, GRONER & BISCHOF (1983).

2. Was sind Urteilsheuristiken?

Stellen wir uns vor, eine Person werde von einem Bekannten gebeten, die Häufigkeit von Scheidungen an ihrem Heimatort zu beurteilen. Nehmen wir weiter an, unsere Auskunftsperson habe keine spezifischen Informationen (etwa aus der Presse oder von Experten) über die an ihrem Wohnort vorherrschende Scheidungsrate. Wie kann unser Individuum bei der Lösung dieser Aufgabe vorgehen, wenn es keine zuverlässigen statistischen Daten zur Hand hat?

Eine Möglichkeit besteht darin, das eigene Gedächtnis als Datenquelle heranzuziehen und zu versuchen, Personen zu erinnern, deren Ehe geschieden wurde. Die Anzahl der erinnerten Personen, auf die das Merkmal «geschieden» zutrifft, wird dann zur Grundlage des Häufigkeitsurteils. Wenn diese Zahl hoch ist, wird die geschätzte Scheidungsrate ebenfalls hoch sein; wenn nur wenige Geschiedene aus dem Gedächtnis abgerufen werden konnten, wird eine geringe Scheidungsrate geschätzt werden. Dieses Vorgehen ist sicherlich vernünftig, denn je mehr geschiedene Personen an einem Ort existieren, desto größer ist die Zahl der Geschiedenen, die einem in den Sinn kommen. Insofern führt die Verwendung des Gedächtnisses als Datenquelle zu gültigen Urteilen. Aber andererseits ist das Vorkommen vieler Personen mit diesem Merkmal in der Grundgesamtheit keine notwendige Bedingung dafür, daß einem viele geschiedene Personen einfallen. Eine Reihe von anderen Faktoren, die nichts mit der tatsächlichen Häufigkeit dieser Personengruppe zu tun haben, können zu demselben Ergebnis führen. So mögen sich beispielsweise im Bekanntenkreis unserer Auskunftsperson überdurchschnittlich viele Geschiedene finden. Dies bedeutet jedoch, daß die verwendete Datenbasis systematische Verzerrungen aufweist. Darüber hinaus wird das Funktionieren des Gedächtnisses von verschiedenen Variablen bestimmt, die unabhängig von der Häufigkeit wirken. So ist es möglich, daß man sich mit denjenigen Bekannten, die eine Scheidung durchgemacht haben, intensiver beschäftigt, und sei es auch nur dadurch, daß man häufiger an sie denkt. Wie man jedoch aus der Gedächtnisforschung weiß, erhöht die Aktivierung von Gedächtnisinhalten deren spätere Erinnerung. Ein Häufigkeitsurteil auf der Grundlage der Abrufbarkeit aus dem Gedächtnis wäre somit durch einen weiteren Faktor beeinflußt, der nichts mit dem tatsächlichen Auftreten des Merkmals in der Population zu tun hat.

Das Vorgehen unserer Auskunftsperson zur Lösung des Urteilsproblems hat also Vor- und Nachteile. Einerseits führt die verwendete Strategie in vielen (vielleicht den meisten) Fällen zu vernünftigen Urteilen, insbesondere, wenn sonst keine besseren Informationen vorhanden sind. Andererseits kommt es jedoch unter genau spezifizierbaren Bedingungen zu Fehlurteilen.

Bei der Erforschung von Urteilsheuristiken geht es genau um derartige vereinfachte Urteilsprozesse, wie sie in natürlichen Situationen auftreten. Es geht um die Frage, wie Individuen vorgehen, wenn sie unter suboptimalen Bedingungen (z.B. zu wenig Information, hohe Komplexität der Aufgabe, Zeitdruck) Einschätzungen, Ursachenerklärungen, Schlußfolgerungen, Vorhersagen usw. abzugeben haben. Dabei werden Heuristiken als Faustregeln verstanden, welche die Urteilsbildung in natürlichen Situationen erleichtern, jedoch unter bestimmten Randbedingungen zu systematischen Urteilsverzerrungen führen. Die bisherige Forschung hat sich vor allem mit den Verzerrungen beschäftigt in der Hoffnung, so die Mechanismen «normaler» Urteilsbildung besser zu verstehen.

3. Die Bedeutung von Heuristiken im Urteilsprozeß

Erfolgreiche Orientierung in unserer physikalischen und sozialen Umwelt setzt voraus, daß wir die wesentlichen Vorgänge in unserer alltäglichen Erfahrung verstehen, daß wir Ereignisse erklären und in bestimmtem Ausmaß auch vorhersagen können. Dieser Erkenntnisprozeß gleicht insoweit der Aufgabe des Wissenschaftlers. Während dem wissenschaftlichen Forscher jedoch zur Erreichung seines Ziels komplexe Methoden, aufwendige Hilfsmittel und vor allem Zeit zur Verfügung stehen, ist das Individuum in der Rolle des «intuitiven Wissenschaftlers» weitaus schlechter ausgestattet. Der Erkenntnisgegenstand kann in den seltensten Fällen systematisch (z.B. unter Variation von Randbedingungen) beobachtet werden. Lediglich den Sinnesorganen unmittelbar zugängliche Merkmale können verarbeitet werden, die Aufnahme und Speicherungskapazität für Informationen ist begrenzt, und dem «intuitiven Wissenschaftler» steht in der Regel nur ein sehr begrenzter Zeitraum zur Verfügung. Entscheidungen müssen meist relativ schnell getroffen werden und erfordern einen entsprechend verkürzten Urteilsprozeß.

Angesichts dieser eingeschränkten kognitiven und situativen Ausgangsbedingungen haben Psychologen vor einigen Jahren begonnen, sich mit der Frage zu beschäftigen, welche intuitiven (im Gegensatz zu systematischen) Urteilsprozesse Alltagserkenntnisse ermöglichen. Vor allem Amos TVERSKY, Daniel KAHNEMAN, Richard NISBETT und Lee Ross haben eine Vielzahl von Forschungsarbeiten[2] auf dieses Problem

---

[2] Die einschlägigen Forschungsergebnisse wurden kürzlich von KAHNEMAN, SLOVIC & TVERSKY (1982) sowie von NISBETT & ROSS (1980) zusammenhängend dargestellt.

gerichtet und die Idee der Urteilsheuristik in den Mittelpunkt ihrer theoretischen Überlegungen gestellt.

Wie bereits angedeutet, sind Heuristiken «Urteilsstrategien», die relativ schnell und mit vergleichsweise geringem Aufwand Erklärungen, Vorhersagen und Schlußfolgerungen ermöglichen und als psychologisches Konzept intuitive Erkenntnisprozesse in natürlichen Situationen verstehbar machen. Den Vorteilen von hoher Geschwindigkeit und geringer Anstrengung stehen jedoch Nachteile gegenüber, die zu systematischen Fehlurteilen führen, andererseits aber das Funktionieren der postulierten Heuristiken untersuchbar machen. Die Erkundung dieser systematischen Annahmen mit dem Ziel, die Regeln «normaler» Urteilsprozesse herauszufinden, ist Gegenstand des Forschungsprogramms «Urteilsheuristiken».

Im folgenden werden drei verschiedene Urteilsheuristiken und entsprechende systematische Urteilsverzerrungen exemplarisch vorgestellt. Zunächst soll die «Verfügbarkeitsheuristik» (availability heuristic) beschrieben werden, die vor allem dann angewandt wird, wenn Häufigkeiten oder Wahrscheinlichkeiten geschätzt werden. Anschließend wird die «Repräsentativitätsheuristik» (representativeness heuristic) behandelt, die der Zuordnung von einzelnen Elementen (z.B. Personen) zu übergeordneten Kategorien (z.B. Gruppen) dient, aber auch bei Häufigkeits- und Wahrscheinlichkeitsschätzungen zur Anwendung kommt. Danach geht es um eine Urteilsstrategie, die in der Literatur als «Verankerung und Anpassung» (anchoring and adjustment) bezeichnet wird und bei den verschiedensten Urteilen von Bedeutung ist. Abschließend soll auf einige kritische Argumente zu diesem Forschungsprogramm hingewiesen werden.

4. Verfügbarkeit

Bei der Einschätzung der Häufigkeit oder der Auftretenswahrscheinlichkeit eines Ereignisses (oder des gemeinsamen Auftretens von mehreren Ereignissen) verwenden Individuen oft eine Strategie, die sich auf die Schwierigkeit (oder Leichtigkeit) stützt, mit der einzelne Informationen aus dem Gedächtnis abgerufen oder generiert werden können. Genau wie die Person in unserem Eingangsbeispiel machen sich Individuen den Zusammenhang zunutze, der zwischen der Abrufbarkeit aus dem Gedächtnis und der tatsächlichen Häufigkeit besteht.

Ein Arbeitnehmer, der die Arbeitslosenquote in seiner Gemeinde abschätzen will, mag sich bemühen, arbeitslose Freunde und Bekannte ins Bewußtsein zu rufen. Je leichter ihm dies fällt, desto höher wird er die gesamte Arbeitslosenzahl schätzen. Ein Student, den die Wahrscheinlichkeit, in einer bestimmten Prüfung durchzufallen, interessiert, mag versuchen, sich an Kommilitonen zu erinnern, denen dieses Schicksal widerfahren ist. Je einfacher die Erinnerung, desto höher die von ihm geschätzte Durchfallwahrscheinlichkeit. Diese Urteilsstrategie wurde von TVERSKY & KAHNEMAN (z.B. 1973) «Verfügbarkeitsheuristik» (availability heuristic) genannt.

4.1 Schwierigkeit als Urteilsgrundlage

Diese Urteilsstrategie ist die Umkehrung einer fundamentalen Erkenntnis der Gedächtnispsychologie über den Zusammenhang zwischen der Darbietungshäufigkeit eines Assoziationspaares und der Erinnerung. Je häufiger zwei Stimuli gemeinsam auftreten (z.B. das deutschsprachige mit dem fremdsprachigen Wort beim Vokabellernen), desto leichter kann der eine bei Darbietung des anderen aus dem Gedächtnis abgerufen werden. Dieses allgemeine Erinnerungsprinzip wird nun in umgekehrter Form zur Erklärung für Häufigkeits- und Wahrscheinlichkeitsurteile. Je leichter ein Ereignis aus dem Gedächtnis abgerufen werden kann, d.h. je verfügbarer (available) dieses Ereignis ist, desto höher wird die Häufigkeit und die Wahrscheinlichkeit des betreffenden Ereignisses eingeschätzt.

Tatsächlich steht die Leichtigkeit (oder Schwierigkeit), mit der Informationen erinnert werden können, in enger Beziehung zu der Häufigkeit ihres Auftretens. Ereignisse, die einem ohne Schwierigkeiten einfallen, sind in der Regel Vorgänge, die oft und mit hoher Wahrscheinlichkeit auftreten. Aber da das Erinnerungsvermögen nicht nur von der Auftretenshäufigkeit, sondern auch von anderen Gedächtnisfaktoren beeinflußt wird, entstehen Fehlurteile. Genau diese Fehlurteile erlauben jedoch, die Verfügbarkeitsheuristik eindeutiger zu überprüfen. Dabei ist der Nachweis des Zusammenhangs von Verfügbarkeit und Häufigkeitsurteil weniger aussagekräftig, wenn die tatsächliche Auftretenshäufigkeit mit dem Erinnerungsvermögen übereinstimmt, als wenn häufigkeitsirrelevante Gedächtnisfaktoren die Verfügbarkeit und das Häufigkeitsurteil beeinflussen. Eine Reihe von Untersuchungen haben diesen Zusammenhang zum Gegenstand.

TVERSKY & KAHNEMAN (1973) unterscheiden mehrere Arten der Verfügbarkeit, die sich durch die vorgeschalteten kognitiven Prozesse unterscheiden. Unabhängig davon, ob es sich um das Abrufen von abgespeicherten Informationen aus dem Gedächtnis handelt, ob kognitive Operationen durchgeführt werden müssen oder ob es um die Abspeicherung von Informationen geht, in allen Fällen basiert das Häufigkeitsoder Wahrscheinlichkeitsurteil auf der subjektiven Schwierigkeit bei der Bearbeitung der Aufgabe. Drei Experimente, die von TVERSKY & KAH-

NEMAN durchgeführt wurden, sollen den beschriebenen Mechanismus illustrieren.

4.1.1 Schwierigkeit bei der Abrufung aus dem Gedächtnis

Der Leser wird zu dem folgenden Gedankenexperiment aufgefordert: Bei dem weitverbreiteten Gesellschaftsspiel mit dem Namen «Stadt-Land-Fluß» geht es darum, bei der Nennung eines beliebigen Buchstabens Städte, Länder, Flüsse, Berge usw. aufzuzählen, die mit diesem Buchstaben beginnen. Bei der Nennung des Buchstabens «H» könnten beispielsweise die Stadt Hamburg, das Land Haiti und der Fluß Havel aufgezählt werden. Bedenken Sie nun einmal eine mögliche Variante dieses Spiels, bei der ein vorgegebener Buchstabe nicht an *erster,* sondern z.B. an *dritter* Stelle der zu nennenden Wörter auftauchen muß. Eine Stadt, ein Land, ein Fluß, die beispielsweise «H» als dritten Buchstaben enthalten. Unter welcher der beiden Spielregeln werden Sie ihrer Meinung nach ein besseres Spielergebnis erzielen, d.h. unter welcher Bedingung werden Ihnen mehr Wörter mit dem vorgegebenen Merkmal einfallen?

In dem Fall, daß Sie die erste Variante vorziehen, stimmt Ihre Intuition mit den Ergebnissen der Gedächtnisforschung überein. Denn bei der Abrufung von Gedächtnisinhalten (z.B. von Begriffen) wird der Suchprozeß wesentlich erleichtert, wenn die Organisationsmerkmale der Wissensabspeicherung mit denen der Abrufung übereinstimmen. Ähnlich wie ein Buch aus dem Bestand einer Bibliothek oder ein Wort aus einem Lexikon sind auch im menschlichen Gedächtnis abgespeicherte Begriffe (unter anderem) über das morphologische Merkmal des Anfangsbuchstabens «katalogisiert».

Genau wie die Namen mit einem bestimmten Anfangsbuchstaben leichter in einem Telefonbuch gefunden werden können als Namen, die denselben Buchstaben an dritter Stelle enthalten, genauso können Begriffe mit Hilfe des Anfangsbuchstabens der sie beschreibenden Wörter leichter aus dem Gedächtnis abgerufen werden. Wenn jedoch die Leichtigkeit der Abrufung aus dem Gedächtnis als Faustregel zur Einschätzung von Häufigkeiten verwendet wird, das vorgegebene Abrufungsmerkmal aber, wie im vorliegenden Fall, in keinerlei Beziehung zur tatsächlichen Häufigkeit steht, so müßte eine experimentelle Variation der Verfügbarkeit, das Kriterium der Plazierung eines Buchstabens im Wort, zu verzerrten Häufigkeitsurteilen führen. TVERSKY & KAHNEMAN (1973) prüften diese Hypothese in einem einfachen Experiment, indem sie zunächst fünf Konsonanten auswählten, die auf der Grundlage von umfassenden Wortzählungen in der englischen Sprache häufiger an dritter als an erster Position auftauchen. Die Vpn hatten nun die Aufgabe, für jeden Buchstaben anzugeben, ob er mit größerer Wahrscheinlichkeit an

244

erster oder an dritter Stelle eines Wortes erscheinen würde, und das Verhältnis der Wahrscheinlichkeiten anzugeben. Ergebnis: 70 Prozent der Teilnehmer erwarteten den jeweiligen Buchstaben an erster Stelle. Das geschätzte Wahrscheinlichkeitsverhältnis lag bei 2:1 zugunsten der Anfangsposition. Dieses Ergebnis macht deutlich, daß die Leichtigkeit, mit der die entsprechenden Wörter aus dem Gedächtnis abgerufen werden konnten, die Wahrscheinlichkeitsschätzung beeinflußt. Weil der Anfangsbuchstabe einen besseren «retrieval cue» darstellt als derselbe Buchstabe an dritter Stelle, kamen entsprechende Wörter eher in den Sinn, und ihre tatsächliche Häufigkeit wurde überschätzt.

Die Verwendung der Verfügbarkeitsheuristik hat somit zu einem Fehlurteil geführt, weil die Abrufbarkeit nicht von der tatsächlichen Häufigkeit, sondern von unterschiedlich effizienten «retrieval cues» bestimmt wurde.

Die Schwierigkeit bei der Abrufung von Informationen aus dem Gedächtnis muß jedoch nicht immer auf der geringen Effizienz von «retrieval cues» beruhen. Schon bei der Abspeicherung von Informationen können Schwierigkeiten entstehen, die dann die Erinnerung erschweren.

4.1.2 Schwierigkeit bei kognitiven Operationen

Stellen Sie sich eine Gruppe von zehn Personen vor und überlegen Sie, wie viele verschiedene Untergruppen aus zwei Mitgliedern und wie viele Untergruppen aus acht Mitgliedern sich daraus bilden lassen. Wenn Sie zu dem Schluß gelangen, es ließen sich mehr Untergruppen der Stärke zwei zusammenstellen, dann stimmt Ihre Intuition wiederum mit den vorliegenden experimentellen Ergebnissen überein, widerspricht aber den Gesetzen der Kombinatorik. Die Anzahl der möglichen Zweiergruppen ist nämlich genauso groß wie die Zahl der möglichen Untergruppen mit acht Personen. Dies ist leicht einzusehen, wenn man sich vor Augen führt, daß bei der Zusammenstellung jeder Zweiergruppe jeweils eine Gruppe von acht Personen übrigbleibt. Allerdings – und dies ist die kognitive Grundlage des Fehlurteils – fällt es aus verschiedenen Gründen (es gibt kein einfaches Aufteilungsschema; je zwei Achtergruppen haben mindestens sechs gemeinsame Mitglieder; es ist schwieriger, sich die Gruppen bildhaft vorzustellen) schwerer, Achtergruppen zusammenzustellen. Wenn aber die Leichtigkeit, mit der die verschiedenen Kombinationen gedanklich generiert werden können, die Häufigkeitsschätzung bestimmt, dann müßte die höhere Verfügbarkeit der Zweierkombination wiederum zu einem Fehlurteil führen.

Genau dieses Ergebnis erhielten TVERSKY & KAHNEMAN (1973), indem sie Vpn die Anzahl möglicher Untergruppen unterschiedlicher Stärke (von zwei bis acht Mitgliedern) aus einer Gesamtgruppe von zehn Mitgliedern schätzen ließen. Während aus den Regeln der Kombinatorik eine umgekehrte U-Funktion zwischen Untergruppenstärke und Kombinationsmöglichkeiten – die meisten (252) Möglichkeiten bestehen bei Fünfergruppen, die wenigsten (45) bei Zweier- und Achtergruppen – resultiert, ergab sich eine fast lineare Beziehung zwischen der Gruppenstärke und der Beurteilung der Vpn. Je kleiner die Untergruppenstärke, desto höher wurde die Zahl der möglichen Gruppenbildungen eingeschätzt. Wiederum handelt es sich um ein systematisches Fehlurteil auf der Basis der Verfügbarkeitsheuristik. Wiederum ist die Urteilsverzerrung darauf zurückzuführen, daß nicht die tatsächliche Häufigkeit, sondern andere Faktoren die Schwierigkeit der Aufgabe beeinflußt hatten. Folgendes Experiment von TVERSKY & KAHNEMAN (1973) ist ein Beleg.

Vpn wurden Listen von Eigennamen vorgelegt. Dabei wurden zwei Merkmale der benannten Personen in unterschiedlicher Weise variiert: ihr Geschlecht und ihr Bekanntheitsgrad. Einmal enthielt die Liste 19 Namen von berühmten Männern und 20 Namen von weniger bekannten Frauen, in der anderen Bedingung wurden die Namen von 19 berühmten Frauen und von 20 weniger bekannten Männern vorgelesen. Geht man davon aus, daß bekannte Namen besser abzuspeichern sind als unbekannte, so wäre der Verfügbarkeitsheuristik zufolge im ersten Fall eine Überschätzung der Anzahl der genannten Männer und im zweiten Fall eine Überschätzung der Frauen zu erwarten. Tatsächlich erinnerten die Vpn mehr bekannte Namen und überschätzten den jeweiligen Geschlechtsanteil.

4.2 Das Verfügbarkeitsprinzip in der sozialen Wahrnehmung

TVERSKY und KAHNEMANS Experimente – die hier geschilderten sind nur eine kleine Auswahl – haben den Zusammenhang zwischen kognitiver Verfügbarkeit und Häufigkeits- bzw. Wahrscheinlichkeitsurteil an einfachen und sehr eindrucksvollen Denk- und Erinnerungsproblemen gezeigt. Diese Ergebnisse haben eine Reihe von Sozialpsychologen, die sich mit der Wahrnehmung von Personen und sozialen Sachverhalten beschäftigen, angeregt, das Prinzip der Verfügbarkeit für das Verständnis von sozialen Urteilsprozessen fruchtbar zu machen. Ausgehend von der Annahme, daß die Leichtigkeit des Zugangs zu abgespeicherten Informationen nicht nur die Urteilsbildung bei eng umgrenzten Denkproblemen bestimmt, sondern auch im komplexeren sozialen Kontext wirksam ist, wurden zahlreiche vorliegende Forschungsergebnisse im Lichte der Verfügbarkeitsidee reinterpretiert und neue Untersuchungen durchgeführt.

4.2.1 Augenfälligkeit (salience) und die Aktivierung von Informationen

Die Verfügbarkeit von Informationen ist entscheidend davon abhängig, ob die Aufmerksamkeit des Urteilenden auf sie gelenkt ist. Die Information, die im Zentrum der Aufmerksamkeit steht, geht am stärksten in die Urteilsbildung ein. Dabei kann die Aufmerksamkeit entweder auf Aspekte der jeweiligen Situation gerichtet sein, oder aber schon abgespeicherte Gedächtnisinhalte können durch Aktivierung in den Brennpunkt der Aufmerksamkeit gelangen. Daß dabei Urteilsverzerrungen auftreten, liegt auf der Hand. Aber nicht nur durch die Aufmerksamkeitslenkung zum Urteilszeitpunkt wird die Verfügbarkeit beeinflußt; auch wenn zuvor Informationen aktiviert wurden, wird dadurch die anschließende Urteilsbildung systematisch beeinflußt.

Wie derartige Prozesse im sozialen Kontext ablaufen können, soll in den nächsten Abschnitten exemplarisch beschrieben werden. Dabei soll der Effekt der Verfügbarkeit an vier Beispielen sozialer Urteilsbildung aufgezeigt werden.

4.2.1.1 Kategorisierung

Einer der grundlegenden Prozesse bei der Urteilsbildung ist die Kategorisierung von Objekten, Personen, Situationen oder Ereignissen. Erst die Zuordnung eines Stimulus zu einer Kategorie erlaubt es, das abgespeicherte Wissen über die Art der Stimuli auf den konkreten Fall anzuwenden. Wenn ich die Person, die gerade an meiner Haustür geklingelt hat, als Zeitschriftenvertreter kategorisiert habe, kann ich ihre Verhaltensweisen besser verstehen und adäquater darauf reagieren, weil ich mein Wissen über Zeitschriftenwerber im allgemeinen auf den konkreten Fall anwenden kann.

Allerdings sind gerade soziale Ereignisse oft nicht eindeutig und erlauben die Zuordnung zu mehreren Kategorien. Ist der Mann, der sich am Seitenfenster eines Wagens zu schaffen macht, ein Einbrecher oder der rechtmäßige Besitzer, der seinen Autoschlüssel versehentlich im Zündschloß hat stecken lassen? Handelt es sich bei einem Lob um eine ehrlich gemeinte Anerkennung oder lediglich um ein Kompliment mit weitergehenden Absichten? In der sozialen Wahrnehmung stellt die Mehrdeutigkeit bei der Interpretation ein grundlegendes Problem dar, das vor anschließenden Urteilsprozessen gelöst werden muß.

Welche Rolle dabei die kognitive Verfügbarkeit von kategorialer Information spielt, haben HIGGINS, RHOLES & JONES (1977) sowie SRULL & WYER (1979, 1980) gezeigt. HIGGINS et al. fanden, daß die Aktivierung von Kategorien in *einem* Kontext dazu führte, daß in einem *anderen* Kontext identisches Verhalten einer Stimulusperson völlig unterschiedlich interpretiert wurde. So wurde «Donald», der als Einzelgänger gefährliche Sportarten betreibt, positiver beurteilt, wenn die Vpn in einem anderen Experiment zuvor Wörter wie «mutig», «selbstvertrauend», «selbständig» und «ausdauernd» gelernt hatten, als wenn die Begriffe «leichtsinnig», «eingebildet», «abweisend» und «stur» zu lernen waren. SRULL & WYER (1979, 1980) bestätigten diesen Zusammenhang zwischen der Verfügbarkeit einer Kategorie und der selektiven Interpretation von Informationen. Ihre Vpn hatten zunächst Sätze zu formulieren, durch welche die Kategorie «feindselig» aktiviert wurde. Anschließend lasen dieselben Teilnehmer – in einem für sie unabhängigen zweiten Experiment – die mehrdeutige Beschreibung einer Person. Die Zielperson wurde für um so feindseliger eingeschätzt, je häufiger die Kategorie aktiviert wurde und je geringer der zeitliche Abstand zur Aktivierung der Kategorie war.

Diese Ergebnisse wurden vor kurzem sogar mit Versuchsbedingungen repliziert, bei denen die Aktivierung der Kategorien außerhalb der bewußten Erfahrung der Teilnehmer erfolgte (BARGH & PIETROMONACO, 1982).

Die geschilderten experimentellen Befunde werden in einem umfassenderen Gedächtnismodell interpretiert, das in Analogie zu einem Ablagekorb (storage bin) funktioniert (WYER & SRULL, 1980). Ähnlich wie ein Stück Papier, das dem Stapel an irgendeiner Stelle entnommen wird und anschließend am obersten Platz zu liegen kommt, werden auch Gedächtnisinhalte nach ihrer Verwendung an oberster Stelle «abgelegt» und sind somit zugänglicher oder verfügbarer als «darunterliegende» Informationen. Je zugänglicher die Kategorie, desto größer die Wahrscheinlichkeit ihrer Verwendung bei der Interpretation.

4.2.1.2 Zuschreibung eigener Einstellungen

Nicht nur die Interpretation mehrdeutiger sozialer Stimuli wird durch die Zugänglichkeit von Kategorien beeinflußt, auch die Zuschreibung von Einstellungen zur eigenen Person scheint durch die Verfügbarkeit von Informationen – hier: von Verhaltensinformationen – beeinflußt zu sein.

Ausgehend von der Annahme, daß eine Einstellung oftmals keine stabile Disposition der Person darstellt, sondern in jeweiligen Situationen erschlossen werden muß, variierten SALANCIK & CONWAY (1975) die Verfügbarkeit von schlußfolgerungsrelevanten Informationen. Die Autoren befragten ihre Versuchspersonen über deren pro- oder anti-religiöses Verhalten in der Vergangenheit und variierten dabei die Häufigkeitsvorgabe. Die Hälfte der Befragten hatten zu entscheiden, ob sie die jeweilige Verhaltensweise «oft» zeigten, die restlichen Versuchspersonen hatten anzugeben, ob sie sich «gelegentlich» in der betreffenden Weise verhielten. Durch die unterschiedliche Häufigkeitsvorgabe sollte die Reaktion der Individuen beeinflußt werden. Unabhängig vom Inhalt sollten die Teilnehmer bei «gelegentlich»-Fragen eher zustimmend antworten als bei «oft»-Fragen. SALANCIK und CONWAY vermuteten, daß die Reaktion der Individuen («trifft zu»/«trifft nicht zu») konsistente Verhaltensinformationen aktiviert. Die Versuchspersonen sollten sich demnach an konkrete Verhaltensbeispiele erinnern, die mit ihrer Entscheidung im Einklang stehen. Da aber ihre Antwort durch die Häufigkeitsvorgabe experimentell variiert wurde, sollten bei «gelegentlich»-Fragen mehr konsistente Verhaltensweisen aktiviert werden als bei «oft»-Fragen. Wenn weiterhin auf der Grundlage von aktivierter Verhaltensinformation eigene Einstellungen erschlossen werden, sollten sich Versuchspersonen, die «gelegentlich»-Fragen zu beantworten hatten, in höherem Maße eine entsprechende Einstellung zuschreiben als Teilnehmer in den «häufig»-Bedingungen. Dies war das Ergebnis des Experiments: Die Zuschreibung der entsprechenden Eigenschaft (entweder pro-religiös oder anti-religiös) war stärker, wenn die Versuchspersonen gefragt wurden, ob sie das Verhalten «gelegentlich» zeigten.

Dieses Ergebnis legt nahe, daß durch die Frageformulierung die Verfügbarkeit von Informationen über das eigene Verhalten variiert wurde und so das anschließende Einstellungsurteil systematisch beeinflußt hat.

4.2.1.3 Ursachenzuschreibung

Daß die Verfügbarkeit von Informationen auch auf Kausalerklärungen einwirkt, ist in der Sozialpsychologie schon seit längerem bekannt. Im Kontext der Erforschung von Ursachenzuschreibungen wurde der Einfluß der Augenfälligkeit von Personen und Situationsaspekten auf den Attributionsprozeß untersucht (vgl. TAYLOR & FISKE, 1978).

Dieses Forschungsprogramm begann mit der Entdeckung von JONES & NISBETT (1972), daß sich die Ursachen, die man zur Erklärung von eigenem Verhalten findet, systematisch von den Faktoren unterscheiden, mit denen man das Verhalten anderer Personen erklärt. Den Ergebnissen zufolge erklärt ein Beobachter das Handeln eines anderen eher mit dessen Persönlichkeitseigenschaften, während er die Ursachen für sein eigenes Handeln eher Faktoren der Situation zuschreibt. So wird ein Beobachter die Drohgebärde des Autofahrers A eher auf dessen Aggressivität oder Gereiztheit zurückführen, während dieser seine eigene Reaktion durch das Verhalten des Verkehrsteilnehmers B ausgelöst sieht.

JONES und NISBETT erklären den beschriebenen Effekt mit der unterschiedlichen Perspektive der beiden Rolleninhaber und der daraus resultierenden Umkehrung des Figur-Grund-Verhältnisses der vorliegenden Informationen. Während für den Beobachter die Person des Handelnden im Zentrum der Aufmerksamkeit steht (vgl. HEIDER, 1958), wird die Aufmerksamkeit des Handelnden auf Aspekte der Situation gerichtet. Diese unterschiedliche Perspektive von Handelndem und Beobachter verändert die Verfügbarkeit von Informationen über die Person bzw. die Situation bei der anschließenden Kausalattribution.

In einer Reihe von Nachfolgestudien wurde der Verfügbarkeitsaspekt bei Kausalattributionen systematisch und experimentell eindeutiger untersucht. STORMS (1973) variierte durch Videoaufnahmen die Perspektive von zwei Interaktionspartnern dergestalt, daß die Aufmerksamkeit entweder auf das eigene Verhalten oder aber auf das des Partners gerichtet war. Dabei konnte er nicht nur die Ergebnisse von JONES und NISBETT replizieren, sondern fand darüber hinaus eine Umkehrung dieser Attributionsmuster, wenn die Aufmerksamkeit des Handelnden auf sich selbst und die des Beobachters auf die Situation des Handelnden gelenkt wurde. STORMS Ergebnisse bestärken die Vermutung, daß Verzerrungen bei der Ursachenzuschreibung von der Art der Informationen bestimmt werden, die sich im Zentrum der Aufmerksamkeit befinden und bei der Ursachenzuschreibung leichter verfügbar sind.

In einem umfassenden Forschungsprogramm wurden Informationsaspekte bei der Personenwahrnehmung eingehender untersucht (als Überblick s. TAYLOR & FISKE, 1978). Dabei wurde in einer Vielzahl von Arbeiten die Aufmerksamkeitslenkung durch unterschiedliche experimentelle Manipulationen variiert und die daraus resultierende Ursachenzuschreibung untersucht. Ob durch die Art der Sitzanordnung (TAYLOR & FISKE, 1975), ob durch auffallende äußere Merkmale von Personen (z. B. die Hautfarbe oder sich abhebende Kleidung) (TAYLOR et al., 1977), durch Beleuchtung oder Bewegung der Stimulusperson bzw. des Hintergrunds (MCARTHUR & POST, 1977; ARKIN & DUVAL, 1975) – in jedem Fall führte die Lenkung der Aufmerksamkeit zu einer stärkeren Gewichtung der jeweiligen Informationen im Kausalurteil. Obwohl keines der Experimente zur Prüfung der Verfügbarkeitsheuristik geplant oder durchgeführt wurde, belegen die Ergebnisse den Zusammenhang zwischen unterschiedlicher Zugänglichkeit von Informationen und systematischer Urteilsverzerrung.

In den meisten Arbeiten führte die Lenkung der Aufmerksamkeit auf eine bestimmte Person dazu, daß dieses Individuum als aktiv beeinflussend und ursächlich für die Gruppenaktivität wahrgenommen wurde. Dies mag darauf zurückzuführen sein, daß von Individuen im allgemeinen erwartet wird, sich eher aktiv als passiv zu verhalten. Wenn die Augenfälligkeit von Informationen deren Verfügbarkeit erhöht, folgt jedoch daraus, daß die Lenkung der Aufmerksamkeit auf Personen mit Eigenschaften, die Passivität nahelegen, zur Zuschreibung von weniger Kausalität und stärkerer Beeinflußbarkeit führt.

Das war das Ergebnis eines Experiments, in dem STRACK, ERBER & WICKLUND (1982) den Teilnehmern Kurzbiographien von Stimuluspersonen zu lesen gaben. Diese Vorinformationen vermittelten den Eindruck, es handele sich entweder um eine aktive, Einfluß ausübende Person oder aber um jemanden, der eher passiv und beeinflußbar ist. Bevor die Vpn ihr Urteil abzugeben hatten, wurde die Aufmerksamkeit durch ein Videobild auf eine der Stimuluspersonen gelenkt. Die Ratings der Vpn machten deutlich, daß der Einfluß der Vorinformationen durch die erhöhte Augenfälligkeit verstärkt wurde. So wurden die «passiven» Stimuluspersonen als passiver und die «aktiven» Stimuluspersonen als aktiver eingeschätzt, wenn die Aufmerksamkeit auf sie gelenkt war. Allerdings war diese Extremisierung nur zu beobachten, wenn die Vpn ihr Urteil unter Zeitdruck abzugeben hatten. Zeitdruck ist jedoch eine der Bedingungen, welche die Verwendung von verkürzten und vereinfachten Urteilsstrategien besonders begünstigt. Insofern illustriert dieses Ergebnis einmal mehr, wie die Verfügbarkeit von unterschiedlichen Informationen das Urteil über Personen beeinflußt, insbesondere unter suboptimalen Urteilsbedingungen.

WICKLUND und Mitarbeiter (DUVAL & WICKLUND, 1972; WICKLUND, 1975; WICKLUND & FREY, 1980) haben eine Theorie entwickelt, in der eine Reihe von Vorhersagen davon abhängig gemacht werden, ob die Aufmerksamkeit des Individuums nach innen auf die eigene Person oder aber nach außen, auf die Umwelt, gerichtet ist. Die Autoren fanden unter anderem, daß Personen, deren Aufmerksamkeit auf das Selbst gerichtet war – sie sahen sich im Spiegel –, die Ursachen für ihr Verhalten in stärkerem Maße bei sich selbst sahen, als wenn die Umwelt im Zentrum der Aufmerksamkeit stand.

4.2.1.4 Häufigkeitseinschätzungen und Erwartungen

Wie TVERSKY und KAHNEMAN eindrucksvoll gezeigt haben, werden Wahrscheinlichkeitsurteile in besonderem Maße durch die Verfügbarkeit von Informationen beeinflußt. Die Lenkung der Aufmerksamkeit auf bestimmte Ereignisse sollte demnach die Erwartung ihres Eintretens verstärken. So fanden LICHTENSTEIN, FISCHHOFF, LAYMAN & COMBS (1978), daß Todesrisiken, über die oft in der Presse berichtet wurde, in ihrer Häufigkeit weit überschätzt wurden. Während der Herzinfarkt 85 % mehr Todesfälle verursacht als Unfälle, hielten nur 20 % der Befragten den Infarkttod für wahrscheinlicher. Interessanterweise waren die überschätzten Todesursachen besonders dramatisch und auffällig (Mord, Sturmflut, Autounfall), während die eher unauffälligen Todesarten (Herzkrankheiten, Krebs, Diabetes) unterschätzt wurden.

Zur Einschätzung der Verteilung von Verhaltens- oder Persönlichkeitsmerkmalen verwenden Individuen bevorzugt Merkmale der eigenen Person. Ein Mensch, der sich beispielsweise für Autos begeistert, wird den Anteil der Autoliebhaber überschätzen. «False consensus» nannten ROSS, GREENE & HOUSE (1977) diesen Effekt, der zu einem Teil auf der höheren Verfügbarkeit von Merkmalen der eigenen Person beruht. Darüber hinaus wählen wir unsere Freunde und Bekannten nach Kriterien der Ähnlichkeit aus, so daß auch über diesen Mechanismus der Selektion die kognitive Verfügbarkeit von eigenen Merkmalen erhöht wird.

Ross & Sicoly (1979) fanden ein ähnliches Phänomen, das sie «egocentric bias» nannten. Diese Autoren stellten fest, daß Individuen in gemeinsamen Unternehmungen (von Eheaktivitäten bis zu gemeinsamen Forschungsprojekten) den eigenen Anteil überschätzen. Der Grund dafür ist in der vergleichsweise größeren kognitiven Verfügbarkeit des eigenen Handelns zu suchen.

Ross, Lepper, Strack & Steinmetz (1977) ließen von Vpn Szenarios für verschiedene Ereignisse konstruieren und fanden, daß dadurch das jeweilige Ereignis für wahrscheinlicher gehalten wurde. Im einzelnen gaben Ross et al. Vpn authentische klinische Fallstudien und ließen das Eintreten von unterschiedlichen hypothetischen Ereignissen (z. B. den Selbstmord des Patienten) mit Hilfe der Fallstudie erklären. Die Vpn wußten von Anfang an, daß außer der Fallstudie keine weiteren Informationen über den Patienten vorlägen und man insbesondere nicht wisse, ob das zu erklärende Ereignis wirklich eingetreten sei. Anschließend mußte die Wahrscheinlichkeit für das tatsächliche Eintreten einer Reihe von Ereignissen im späteren Leben des Patienten eingeschätzt werden. Darunter war auch das zuvor erklärte Ereignis. Wie die Ergebnisse deutlich zeigten, hielten die Teilnehmer das Eintreten desjenigen Ereignisses für wahrscheinlicher, das sie zuvor erklärt hatten. Carroll (1978) und Strack (1983a) erhielten ähnliche Befunde für die bildhafte Vorstellung von Ereignissen.

Fischhoff und Mitarbeiter (Fischhoff, 1975; Fischhoff & Beyth, 1975) fanden, daß Ereignisse, die schon eingetreten waren, aus rückblickender Perspektive wahrscheinlicher erscheinen. So wurden Vpn u. a. vor der historischen Reise des amerikanischen Präsidenten Nixon in die Volksrepublik China gebeten, ihre Erwartungen hinsichtlich verschiedener möglicher Ergebnisse des Besuchs anzugeben. Nach Abschluß von Nixons Reise wurden dieselben Teilnehmer aufgefordert, sich an die von ihnen geäußerten Erwartungen zu erinnern. Ergebnis war, daß die Befragten erinnerten, das tatsächliche Ergebnis weit besser vorhergesagt zu haben als es tatsächlich der Fall war. Die Illusion, man hätte gewußt, daß es so «kommen mußte», scheint kennzeichnend für rückblickende Urteile zu sein.

Diese Befunde sind ein weiterer Beleg für die Möglichkeit, daß durch die vergleichsweise höhere kognitive Verfügbarkeit eines bestimmten Ereignisses sowie der Art seines Zustandekommens sein Eintreten sowohl im prospektiven (wie bei Ross et al., 1977) als auch retrospektiven Urteil (wie bei Fischhoff & Beyth, 1975) wahrscheinlicher wird.

4.2.2 Schwierigkeiten bei der Generierung von Informationen

Bei den aufgeführten Untersuchungen, die stellvertretend für viele andere geschildert wurden, hat das Konzept der Verfügbarkeit jedoch – weitgehend unbemerkt – eine neue Interpretation erfahren. Während bei TVERSKY und KAHNEMAN der *Prozeß* des Abrufens oder Generierens von Informationen die Urteilsbasis der Verfügbarkeitsheuristik darstellt, sind es in den meisten sozialpsychologischen Untersuchungen kognitive *Inhalte,* die durch experimentelle Einflußnahmen verfügbarer werden und so die Urteilsbildung beeinflussen. Nicht die wahrgenommene Leichtigkeit (oder Schwierigkeit) ist die Urteilsdeterminante, sondern die inhaltlichen Implikationen der leichter verfügbaren Information. Wie TAYLOR (1982) bemerkt, basiert in einem trivialen Sinne natürlich jedes soziale Urteil auf verfügbaren Informationen. Im strengen Sinne zeigen die bisher berichteten sozialpsychologischen Untersuchungen nicht die Verwendung der Urteilsheuristik, sondern den Einfluß von Informationen, deren Verfügbarkeit experimentell erhöht wurde. Um der von TAYLOR (1982) kritisierten begrifflichen Mehrdeutigkeit entgegenzuwirken, scheint eine klare Trennung von Inhalt und Prozeß angebracht. Mit diesem Ziel haben SCHWARZ, STRACK & RITTENAUER-SCHATKA (1984) die Schwierigkeit variiert, mit der Individuen Informationen über die eigene Person abrufen, und die Auswirkungen auf die Selbstbeurteilung untersucht. Im Kontext der Konstruktion eines «Selbstbehauptungsfragebogens» hatten Vpn sich entweder an sechs (= leichte Aufgabe) oder an zwölf (= schwierige Aufgabe) Beispiele für eigenes selbstsicheres Verhalten zu erinnern. Abhängige Variable war die Beurteilung der eigenen Selbstsicherheit. Dabei wurde erwartet, daß die Vpn im Sinne der Verfügbarkeitsheuristik die wahrgenommene Aufgabenschwierigkeit zur Selbstbeurteilung heranziehen. Demnach sollte eine hohe Schwierigkeit beim Generieren der Beispiele für Selbstsicherheit der Person nahelegen, daß sie wenig selbstsicheres Verhalten zeigt. Sofern Individuen ihre Eigenschaften aus ihrem Verhalten erschließen (BEM, 1972), sollten sie daher geringere Selbstsicherheit berichten, wenn es ihnen schwerfällt, die gewünschten Beispiele zu erinnern. Umgekehrt sollte eine geringe Schwierigkeit bei «selbstsicheren» Beispielen eine Erhöhung, bei «unsicheren» Beispielen jedoch eine Verringerung des Selbstsicherheitsurteils zur Folge haben. Genau dies war das Ergebnis der Untersuchung.

Personen, die viele Beispiele für eigenes selbstsicheres Verhalten generieren mußten, beurteilten sich als weniger selbstsicher im Vergleich zu Personen, die nur wenige Beispiele berichten mußten. Obwohl die erste Gruppe inhaltlich sehr «sicheres Verhalten» erinnerte, führte sie die Schwierigkeit bei der Erinnerung zu der Folgerung, daß sie «so sicher» wohl nicht sein könnte. Mit anderen Worten, die Vpn benutzten in ihrem Urteil nicht nur die erinnerten Inhalte, sondern auch die Schwierigkeit des Erinnerungsprozesses als Information.

Wie die bisher geschilderten sozialpsychologischen Untersuchungen zeigen, beeinflussen die Verfügbarkeit von kognitiven Inhalten ebenso wie «the ease with which (they) come to mind» (TVERSKY & KAHNEMAN, 1973, S. 208) nicht nur die Einschätzung von Häufigkeit oder Wahrscheinlichkeit, sondern bestimmen darüber hinaus die verschiedensten Urteile über unsere Umwelt und über uns selbst.

5. Repräsentativität

5.1 Ähnlichkeit als beziehungsstiftendes Prinzip

Ähnlichkeiten von Objekten, Personén, Situationen oder Zuständen spielen eine wichtige Rolle bei der Orientierung in unserer Umwelt. Zusammenhänge in naiven (aber auch in wissenschaftlichen) Theorien werden oft durch die Ähnlichkeit von Sachverhalten gestiftet. «Bös' muß Bös' vertreiben» lautet eine verbreitete therapeutische Regel der Volksmedizin. Und die Homöopathie hat das «Simileprinzip» («Gleiches wird durch Gleiches geheilt») zur Grundlage ihrer Therapieform gemacht. Schwierigkeiten beim Lesen eines Buches werden mit Schwierigkeiten beim Schreiben in Zusammenhang gebracht. Ein schweres Verbrechen verdient eine schwere Strafe. Intelligente Väter haben intelligente Söhne. Hilfsbereites Handeln wird der Hilfsbereitschaft des Handelnden zugeschrieben.

Krankheit und Therapie, Herstellungsprozeß und Produkt, Vergehen und Strafe, Eltern und Kinder, Verhalten und Persönlichkeit – all diese Beispiele machen deutlich, daß die Ähnlichkeitsbeziehung zwischen Merkmalen die Wahrnehmung von Zusammenhängen der verschiedensten Art beeinflußt. Dies gilt nicht nur für die Beziehung zwischen einzelnen Phänomenen, sondern auch für die Kategorisierung und die Beurteilung der Klassenzugehörigkeit von Elementen. Dabei spielt die Ähnlichkeit des Sachverhalts, des Objekts oder der Person mit dem *typischen* Mitglied der Klasse eine entscheidende Rolle. Der Mann mit Baskenmütze, mit Gauloise und Baguette unterm Arm wird leicht als Franzose klassifiziert, weil er die beobachteten Merkmale mit denen des typischen Franzosen teilt. Ein Sperling wird spontan der Kategorie «Vogel» zugeordnet, während ein Strauß (der bezeichnenderweise oft «Vogel-Strauß» genannt wird) nicht ohne weiteres als Vogel klassifiziert wird. Natürlich gehören beide Tiere derselben biologischen Spezies an, aber der Sperling ist dem typischen Vogel weit ähnlicher als der Strauß.[3]

---

[3] Der Leser wird dieses Beispiel aus dem Prototyp-Ansatz der Kategorisierung (ROSCH, 1978) wiedererkennen.

Die beiden letzten Beispiele machen deutlich, daß «Ähnlichkeit» als beziehungsstiftendes Prinzip leicht zu Fehlurteilen führen kann. Diese Befürchtung hatte schon John Stuart MILL (1843; zit. nach NISBETT & ROSS, 1980) geäußert, als er das «Vorurteil», die «Bedingungen eines Phänomens müßten dem Phänomen gleichen», einen Irrglauben («fallacy») nannte, der nicht nur in der Vergangenheit vorgeherrscht habe, sondern immer noch viele gebildete Menschen beeinflusse.

Erst in jüngster Zeit jedoch wurde die wahrgenommene Ähnlichkeit als Urteilsdeterminante systematisch untersucht (TVERSKY & KAHNEMAN, 1971; KAHNEMAN & TVERSKY, 1972, 1973; TVERSKY, 1977) und ihr Einfluß auf verschiedene kognitive Aufgaben unter der Überschrift «Repräsentativitäts-Heuristik» in zahlreichen Arbeiten erforscht.

Repräsentativität, so definieren TVERSKY & KAHNEMAN (1982, 1983; KAHNEMAN & TVERSKY, 1972), sei der geschätzte Grad der Übereinstimmung zwischen einer Stichprobe und einer Grundgesamtheit, einem Element und einer Kategorie, einer Handlung und einem Handelnden, einer Wirkung und einer Ursache oder, allgemeiner ausgedrückt, die Übereinstimmung zwischen einem Ergebnis und einem Modell. Die «Repräsentativitätsheuristik» beruht auf der Verwendung der geschätzten Übereinstimmung («Repräsentativität») als Grundlage für die Urteilsbildung, vor allem bei Kategorisierungs- und Wahrscheinlichkeitsbzw. Häufigkeitsurteilen. Da die tatsächliche Klassenzugehörigkeit und die objektive Wahrscheinlichkeit nicht durchgängig von der Übereinstimmung des Urteilsgegenstandes mit dem jeweiligen Modell bestimmt werden, führt die Verwendung der Repräsentativitätsheuristik zu systematischen Fehlurteilen, die intensiv untersucht wurden.

Mit den folgenden Beispielen soll die Verwendung der Repräsentativitätsheuristik illustriert werden.

5.1.1 Stichprobe repräsentativ für die Grundgesamtheit

Angenommen, eine Familie habe sechs Kinder. Sie werden gebeten, die relativen Wahrscheinlichkeiten der folgenden drei Geburtsabfolgen von Jungen (J) und Mädchen (M) einzuschätzen:

JJJJJJ   MMMJJJ   JMMJJM.

Welche dieser Möglichkeiten halten Sie für die wahrscheinlichste? Wenn Ihre Wahl auf die dritte Sequenz fällt, stimmt Ihre Intuition mit der vieler Versuchspersonen überein. Trotzdem ist Ihr Urteil falsch. Alle drei Abfolgen sind gleich wahrscheinlich, wenn man davon ausgeht, daß genauso viel Jungen wie Mädchen geboren werden und daß das Geschlecht eines Kindes keine Vorhersagen auf das Geschlecht des nachfolgenden zuläßt.

Ein zweites Beispiel soll dies verdeutlichen. Nehmen wir einmal an, beim Zahlenlotto gäbe es eine Zweierwette, bei der nur auf eine von zwei Serien von Gewinnzahlen gesetzt werden darf. In der betreffenden Woche würden die folgenden Serien angeboten, für deren Ziehung derselbe Gewinn ausgesetzt ist:

15, 3, 8, 47, 23, 14   1, 2, 3, 4, 5, 6.

Auf welche Serie würden Sie eher setzen? Wiederum sind beide Serien objektiv gleich wahrscheinlich. Trotzdem ist man geneigt, die ersten Gewinnzahlen für wahrscheinlicher zu halten.

Worauf sind diese fehlerhaften Wahrscheinlichkeitsurteile zurückzuführen?

TVERSKY und KAHNEMAN sehen in dieser Art Fehlurteil ein Indiz für die Verwendung der Repräsentativitätsheuristik. Während alle Ereignisse zwar gleich wahrscheinlich sind, so sind sie doch unterschiedlich *repräsentativ* für eine Zufallsstichprobe. Denn die intuitive Vorstellung einer Zufallsstichprobe schließt Regelmäßigkeiten jeder Art aus, oder anders ausgedrückt: Regelmäßigkeiten (sei es die Geburt von sechs Buben oder die Ziehung von sechs aufeinanderfolgenden Zahlen) sind untypisch für Zufallsprozesse. Zufallsereignisse jedoch, deren Merkmalsverteilungen repräsentativ für Zufallsprozesse sind, werden für wahrscheinlicher gehalten.

5.1.2   Element repräsentativ für die Kategorie

Ähnlichkeit mit dem typischen Exemplar einer Klasse (z.B. Sperling/Vogel) vereinfacht die Kategorisierung. Allerdings kann es leicht zu Fehlkategorisierungen kommen, wenn andere Einflußfaktoren unberücksichtigt bleiben. Betrachten wir folgendes Beispiel (nach NISBETT & ROSS, 1980, S. 25):

Ein Bekannter des Autors hat das humanistische Gymnasium besucht, liest Platon und Aristoteles und fährt oft nach Griechenland. Was ist wohl die Fachrichtung dieses Kollegen: a) Archäologie, b) Psychologie?

Stützt man sein Urteil allein auf die genannten Merkmale der Person, so liegt die Antwort «Archäologie» nahe. Zieht man hingegen andere Überlegungen hinzu, so entstehen Zweifel an dieser Kategorisierung. Denn erstens ist die Zahl der Archäologen wesentlich geringer als die der Psychologen, und zweitens besteht Grund zu der Annahme, daß im Bekanntenkreis des Autors überproportional viele Psychologen vertreten sind. Berücksichtigt man diese Faktoren, so wird das Zutreffen der erstgenannten Fachrichtung weniger wahrscheinlich.

Tatsächlich scheinen jedoch Individuen bei der Kategorienzuordnung bevorzugt nach der Repräsentativitätsheuristik zu verfahren und dabei andere Variablen, wie z.B. die Apriori-Wahrscheinlichkeit, außer acht zu lassen oder nur unzureichend in ihr Urteil einzubeziehen. KAHNEMAN & TVERSKY (1973) haben diese Frage experimentell untersucht, indem sie Versuchspersonen Kurzbeschreibungen von Personen vorlegten, die entweder mit dem Stereotyp des Juristen oder mit dem des Ingenieurs vereinbar waren. Hier ein Beispiel für diese zweite Gruppe:

«Jack ist 45 Jahre alt. Er ist verheiratet und hat vier Kinder. Er ist im allgemeinen konservativ, sorgfältig und ehrgeizig. Er interessiert sich nicht für Politik oder soziale Fragen und verwendet den größten Teil seiner Freizeit auf eines seiner vielen Hobbies, wie z.B. Tischlern, Segeln und mathematische Denksportaufgaben».

Zusätzlich wurde die Apriori-Wahrscheinlichkeit der beiden Gruppen variiert, indem mitgeteilt wurde, die Personenbeschreibungen seien das Ergebnis von psychologischen Interviews, denen sich – in der einen Bedingung – 30 Juristen und 70 Ingenieure bzw. – in der zweiten Bedingung – 70 Juristen und 30 Ingenieure unterzogen hätten. Aufgabe der Versuchspersonen war es, die Wahrscheinlichkeit abzuschätzen, mit der es sich bei der beschriebenen Person tatsächlich um einen Ingenieur (bzw. einen Juristen) handelt. Ergebnis: Die unterschiedlichen Ausgangswahrscheinlichkeiten hatten so gut wie keinen Einfluß auf das Urteil der Versuchspersonen; allein die äußere vage Beschreibung der Zielperson gab den Ausschlag für die Zuordnung. Ein weiteres interessantes Ergebnis dieser Untersuchung war: Wenn die Personenbeschreibung keinerlei diagnostischen Wert hatte, hatten die jeweiligen Apriori-Wahrscheinlichkeiten keineswegs einen stärkeren Einfluß auf den Urteilsprozeß. Vielmehr hielten dann die Versuchspersonen beide Möglichkeiten (Jurist oder Ingenieur) für gleich wahrscheinlich. Nur wenn keinerlei Information über die Zielperson zur Verfügung stand, bestimmten die unterschiedlichen Ausgangswahrscheinlichkeiten die Zuordnung.

Allein die Repräsentativität der Personenbeschreibung für die jeweilige Berufsgruppe hatte also das Urteil der Versuchspersonen determiniert, und das, obwohl der diagnostische Wert der Beschreibung weitaus geringer war als der Gehalt der Verteilungsinformation.

Weitere Untersuchungen zur Vernachlässigung von Apriori-Wahrscheinlichkeiten, Verteilungs- oder Consensus-Informationen gegenüber wenig diagnostischer Einzelfallinformation haben NISBETT, BORGIDA und Mitarbeiter (NISBETT & BORGIDA, 1975; NISBETT, BORGIDA, CRANDALL & REED, 1976) durchgeführt. In späteren Arbeiten suchte man nach Bedingungen, unter denen Individuen Verteilungsinformationen verwenden. Dabei fand man, daß vor allem die Möglichkeit der kausalen Interpretation solcher Informationen eine wichtige Voraussetzung für ihren Einfluß auf das Urteil darstellt (vgl. die Diskussion in SHERMAN & CORTY, 1984).

5.1.3 Handlung repräsentativ für den Handelnden

Eine universelle Urteilstendenz aus dem Alltagsleben gilt als weiteres Beispiel für den Einfluß der Repräsentativitätsheuristik: die Neigung, die Ursachen für das Handeln von Individuen vorzugsweise in Eigenschaften der Handelnden zu suchen (und zu finden). Gewalt wird von Leuten ausgeübt, die gewalttätig sind. Erfolg im Beruf ist auf Ehrgeiz zurückzuführen. Helfendes Eingreifen wird mit der Hilfsbereitschaft des Helfers erklärt. Während für den Psychologen menschliches Verhalten eine Funktion von Person *und* Situation darstellt, scheinen im Laienurteil Personeneigenschaften die dominierenden Erklärungsfaktoren zu sein. Ross (1977) hat diese Urteilstendenz «fundamentaler Attributionsfehler» genannt, der oft selbst dann zur Geltung kommt, wenn wirksame situationale Einflußfaktoren vorhanden sind.

Jones & Harris (1967) ließen Studenten einen Aufsatz lesen, in dem die Machtergreifung Castros in Kuba gerechtfertigt wurde (damals eine sozial unerwünschte Position). Die Autoren fanden, daß die Leser dem Verfasser des Aufsatzes auch dann noch eine Castro-freundliche Einstellung zuschrieben, wenn sie wußten, daß der Verfasser diesen Aufsatz als Teil eines Experiments schreiben mußte und keine andere Wahl hatte, als *für* Castro einzutreten.

Ross, Amabile & Steinmetz (1977) haben diese Urteilstendenz in einem besonders eindrucksvollen Experiment aufgezeigt. Im Kontext eines Quiz' über Allgemeinwissen wurden jeweils zwei Versuchspersonen per Zufall die Rollen des Fragestellers und des Antwortenden zugeteilt. Aufgabe des Fragestellers war es, sich zehn schwierige, jedoch beantwortbare Fragen auszudenken, die er dann dem «Kandidaten» zu stellen hatte. Nach jeder Antwort reagierte der Fragesteller mit «richtig» oder «falsch» und gab die zutreffende Antwort bekannt. Nach Beendigung des Quiz' hatten dann beide Teilnehmer ihr eigenes Allgemeinwissen sowie das des Partners mit dem Allgemeinwissen des Durchschnittsstudenten zu vergleichen und einzuschätzen. Ergebnis: diejenigen Versuchspersonen, denen die Rolle des Antwortenden zufiel, vermuteten bei ihrem Interviewer ein weit größeres Allgemeinwissen als bei sich selbst. Zu ganz ähnlichen Einschätzungen kamen auch unabhängige Beobachter des Quizspieles. Woher kommt diese offensichtlich rollenabhängige Einschätzung? Der Fragesteller hatte einen entscheidenden Vorteil: Er hatte die Möglichkeit, Wissensbereiche ins Spiel zu bringen, in denen er sich gut auskannte, und solche Bereiche zu meiden, in denen er wenig beschlagen war. Der Befragte andererseits konnte Unkenntnis nicht verbergen, sondern mußte sein Allgemeinwissen in den Bereichen auf die Probe stellen lassen, in denen nicht seine, sondern die Stärken seines Partners lagen. Tatsächlich wurden nur 40 Prozent der Fragen richtig beantwortet.

Die Annahme, daß beobachtetes Handeln stabile Eigenschaften des Handelnden repräsentiert, verhindert, daß die oft entscheidenden Faktoren der Situation (hier: die Rollenzuweisung und ihre Konsequenzen) Einfluß auf die Urteilsbildung gewinnen. Statt dessen wird im Sinne der Repräsentativitätsheuristik direkt vom Verhalten auf Eigenschaften geschlossen.

5.1.4 Wirkung repräsentativ für Ursache

Viele Theorien des Alltags und der Wissenschaft sind durch die Repräsentativität von Ursache und Wirkung gekennzeichnet. Dabei scheint die Ähnlichkeit von Antecedens und Consequens, von «tatsächlichem» Grund und beobachtetem Symptom, von Diagnose und Therapie die Plausibilität des behaupteten Zusammenhangs beträchtlich zu erhöhen. Dies gilt für «psychologische» Erklärungen für unheilbare Krankheiten (zur Kritik vgl. SONTAG, 1977), für graphologische Diagnosen von Persönlichkeitseigenschaften (vgl. KROEBER-KENNETH, 1977) oder auch für Aussagen aus der psychoanalytischen Theoriebildung. Das, was an Gefühlen unterdrückt wird, verzehrt später als Krebs den Körper (vgl. SONTAG, 1977); ausgeprägte Unterlängen in der Handschrift lassen auf emotionale «Tiefe» schließen; bestimmte Symbole (z.B. der Kirchturm) im psychoanalytischen Gespräch repräsentieren verdrängte Wünsche.

Repräsentativitätsbeziehungen zwischen Ursache und Wirkung garantieren jedoch keineswegs die Gültigkeit (oder Ungültigkeit) einer Erklärung des jeweiligen Sachverhaltes. Jedoch können sie dazu führen, daß weniger repräsentative, dafür aber zutreffendere Zusammenhänge, die wesentlich mehr empirische Unterstützung erfahren haben, nicht entdeckt werden. Die Experimente von CHAPMAN & CHAPMAN (1969) illustrieren dieses Phänomen im klinischen Kontext. Der Rorschach-Test (Klecksbilder) hat verschiedenen Untersuchungen zufolge eine gewisse Validität bei der Diagnose von Homosexualität. Wie die Ergebnisse nahelegen, sehen Homosexuelle häufiger Ungeheuer auf der Karte IV des Tests und geben bei Karte V häufiger Antworten, die der Kategorie «halb Mensch, halb Tier» zugerechnet werden. Andererseits gibt es Antworten, die sich durch eine hohe Oberflächenvalidität auszeichnen, jedoch keinerlei empirisch bestätigte Beziehung zur Homosexualität aufweisen. Diese Scheinvalidität wird im wesentlichen durch für Homosexualität repräsentative Antworten gestiftet: weibliche Kleidung, analer Inhalt, Menschen unbestimmten Geschlechts, männliche oder weibliche Geschlechtsteile usw. CHAPMAN und CHAPMAN haben nun gezeigt, daß Laien und Kliniker, denen eine Serie von homosexuellen und von neutralen Symptomen zusammen mit Rorschach-Protokollen vorgegeben wurden, einerseits einen nicht vorhandenen Zusammenhang zwischen Symptom und *unvalider* Rorschach-Antwort «feststellten» und andererseits eine im Experiment tatsächlich hergestellte Kovariation zwischen *validen* Rorschach-Antworten und Homosexualität nicht entdeckt oder in ihrer Stärke unterschätzt hatten. Dieses Ergebnis illustriert, wie Kausalbeziehungen, die durch die Ähnlichkeit von Ursache und Wirkung gestiftet werden, tatsächlich vorliegende Zusammenhänge verdecken.

5.2 Repräsentativität und Wahrscheinlichkeit

Häufigkeit und Wahrscheinlichkeit stehen in engem Zusammenhang mit Repräsentativität. Häufig auftretende Ereignisse sind in der Regel repräsentativer als ungewöhnliche und seltene Vorkommnisse. In vielen Fällen entsteht jedoch ein Konflikt zwischen der Repräsentativität und den Axiomen der Wahrscheinlichkeitstheorie. TVERSKY & KAHNEMAN (1983) haben eine Konfliktsituation unter dem Schlagwort «conjunction fallacy» systematisch untersucht.

Nach den Regeln der Wahrscheinlichkeitstheorie ist die Auftretenswahrscheinlichkeit von zwei konjunktiv verknüpften Ereignissen niemals größer als die Wahrscheinlichkeiten für jedes der beiden Einzelereignisse. Das Ereignis, beim nächsten Wurf eine Sechs zu würfeln, hat die Wahrscheinlichkeit von 1/6. Das Ereignis, beim nächsten *und* beim übernächsten Wurf eine Sechs zu würfeln, hat die weitaus geringere Wahrscheinlichkeit von 1/36.

Wenn nun aber ein konjunktiv verknüpftes Ereignis einen höheren Grad an Repräsentativität aufweist als eines der Einzelereignisse, folgt dann die Wahrscheinlichkeitsschätzung eher den Axiomen der Wahrscheinlichkeitstheorie oder der Repräsentativitätsheuristik? TVERSKY & KAHNEMAN (1983) haben diese Frage untersucht, indem sie Versuchspersonen die Beschreibung einer Person vorgelegt haben und danach die Versuchspersonen baten, die Wahrscheinlichkeit einzuschätzen, mit der verschiedene Attribute auf die beschriebene Person zuträfen. Hier ein Beispiel:

Linda ist 31 Jahre alt, sehr intelligent, und sie nimmt kein Blatt vor den Mund. Sie hat Philosophie studiert. Als Studentin hat sie sich intensiv mit Fragen von sozialer Gerechtigkeit und Diskriminierung auseinandergesetzt. Außerdem hat sie an Anti-Kernkraft-Demonstrationen teilgenommen.

Danach wurden den Vpn acht Eigenschaften vorgelegt, von denen die folgenden drei für die Auswertung kritisch waren:
a) Linda ist in der Frauenbewegung aktiv
b) Linda ist Bankangestellte
c) Linda ist Bankangestellte und in der Frauenbewegung aktiv

Wie man leicht sehen kann, weist das Attribut (a) eine hohe, das Attribut (b) eine niedrige Repräsentativität auf. Daß Linda in der Frauenbewegung aktiv ist, paßt aufgrund der Beschreibung zu ihr, während man sich schlecht vorstellen kann, daß sie als Bankangestellte arbeitet. Die Beschreibung (c) besteht aus der konjunktiven Verknüpfung von (a) und (b). Nach der zuvor dargestellten Regel der Wahrscheinlichkeitslehre kann (c) nicht wahrscheinlicher sein als (a) oder (b). Jedoch erscheint (c) repräsentativer in bezug auf Linda zu sein als (b).

Um herauszufinden, ob Repräsentativität oder Verknüpfungsregel das Wahrscheinlichkeitsurteil bestimmen, wurden die Versuchspersonen gebeten, alle acht Attribute hinsichtlich der Wahrscheinlichkeit ihres Zutreffens in eine Rangordnung zu bringen. Die entscheidende Frage war, ob (b) oder (c) für wahrscheinlicher gehalten wurde. Ergebnis: Zwischen 85 und 90 Prozent der Versuchspersonen hielten (c) für wahrscheinlicher. Dabei scheinen eingehende Kenntnisse in Statistik und Wahrscheinlichkeitstheorie die Urteilsstrategie kaum zu beeinflussen. Von 89 Prozent der Versuchspersonen ohne Statistikkenntnisse und von 85 Prozent der Teilnehmer mit Statistikausbildung wurde die Verknüpfungsregel verletzt. Auch wenn nur die beiden Beschreibungen (b) und (c) vorgegeben wurden, hielten 85 Prozent der Befragten (c) für wahrscheinlicher als (b).

6. Verankerung und Anpassung («anchoring and adjustment»)

Nehmen wir einmal an, Sie müssen das Ergebnis einer Rechenaufgabe per Überschlagsrechnung abschätzen, da Ihnen für die vollständige Berechnung die notwendige Zeit fehlt. Es gilt, das Produkt aus den folgenden Zahlen zu finden:

$$8 \times 7 \times 6 \times 5 \times 4 \times 3 \times 2 \times 1$$

Sie haben dazu 5 Sekunden Zeit.

Das war eine der Versuchsbedingungen eines Experiments von TVERSKY & KAHNEMAN (1974), die fanden, daß das tatsächliche Endergebnis (40.320) bei weitem unterschätzt würde. Die Autoren erhielten eine mittlere Schätzung von 2.250. Dieses drastische Fehlurteil wurde jedoch in einer zweiten Bedingung noch übertroffen, wenn die acht Zahlen in der folgenden Anordnung dargeboten wurden:

$$1 \times 2 \times 3 \times 4 \times 5 \times 6 \times 7 \times 8$$

Hier schätzten die Vpn im Durchschnitt die Zahl 512. Wie kann dieser Befund erklärt werden?

Für TVERSKY und KAHNEMAN spiegelt dieses Ergebnis den Einfluß einer Urteilsheuristik wider, die sie «Verankerung und Anpassung» (anchoring and adjustment) nennen. Diese Strategie beinhaltet, daß Personen bei den verschiedensten Urteilen mit der Einschätzung eines An-

261

fangswertes beginnen, der dann so lange verändert und angepaßt wird, bis das endgültige Urteil erreicht ist. Unabhängig davon, ob der Anfangswert durch das jeweilige Problem diktiert, vom Urteiler gewählt oder zufällig vorgegeben wird, in jedem Fall ist Anpassung meistens unzureichend. Aus diesen Überlegungen folgt, daß Urteile auf der Grundlage dieser Heuristik in Richtung auf Anfangswert (Anker) verzerrt sind. Genau dies zeigt das geschilderte Experiment. Um die Rechenaufgabe möglichst schnell zu lösen, berechnet man die ersten zwei oder drei Produkte und extrapoliert dann das Endergebnis. Wie die Ergebnisse zeigen, ist diese Art von Anpassung völlig unzureichend, vor allem wenn die Anfangswerte besonders weit vom Endergebnis entfernt sind.

In einem anderen Beispiel ließen TVERSKY und KAHNEMAN den Prozentsatz der afrikanischen Staaten in der UNO schätzen. Um unterschiedliche Verankerungen des Urteils herbeizuführen, war jedoch eine Prozedur vorgeschaltet, in der eine Art Glücksrad mit den Zahlen 1 bis 100 gedreht wurde. Die Vpn hatten dann zunächst anzugeben, ob die «Glückszahl» größer oder kleiner sei als der richtige Prozentsatz, und wurden dann aufgefordert, den tatsächlichen Anteil dieser Staaten durch Veränderung der Zahl nach oben oder nach unten zu schätzen. Wie erwartet, beeinflußten die Zufallszahlen das Urteil in der vorhergesagten Richtung. Wenn beispielsweise die Zahl 10 vorgegeben war, wurde der Anteil der afrikanischen Staaten in der UNO auf 25 Prozent geschätzt; war die Zahl 65 vorgegeben, erhöhte sich der geschätzte Prozentsatz auf 45.

Die Strategie der Verankerung und (unzureichenden) Anpassung läßt sich auch zur Erklärung der Überschätzung der Auftretenswahrscheinlichkeit für konjunktiv verknüpfte Ereignisse (die Ereignisse A und B treten gleichzeitig auf; vgl. Abschnitt 5.2) und der Unterschätzung des Auftretens disjunktiv verknüpfter Ereignisse (die Wahrscheinlichkeit, daß A oder B oder A und B gleichzeitig auftreten) heranziehen. Wenn zunächst als Anfangswert die Auftretenswahrscheinlichkeiten von A und B getrennt eingeschätzt werden, erfordert die Einschätzung des zusammengesetzten Ereignisses eine Anpassung des Ausgangswerts nach oben (bei disjunktiven Ereignissen) oder nach unten (bei konjunktiven Ereignissen). Tatsächlich zeigte BAR-HILLEL (1973) in einem Experiment, in dem die Vpn auf bestimmte Zufallsereignisse wetten mußten, daß die Wahrscheinlichkeit von konjunktiven Ereignissen über-und von disjunktiven Ereignissen unterschätzt wurde. Die Anpassung des Wahrscheinlichkeitsurteils in die jeweilige Richtung ist nur unzureichend erfolgt.

Weitere Beispiele für mögliche Verankerungs- und Anpassungseffekte finden sich in Experimenten von SCHWARZ & WYER (1985), die den

Einfluß des Rangordnens von sozialen Stimuli auf die anschließende Urteilsbildung zum Gegenstand haben.

Zahlreiche Befunde der sozialpsychologischen Forschung machen immer wieder deutlich, daß neuer Information zu wenig Gewicht beigemessen wird. Ob es sich um «Primacy»-Effekte (ANDERSON & BARRIOS, 1961) oder um Perseveranz-Phänomene (ROSS, LEPPER & HUBBARD, 1975) handelt – in jedem Fall hat der ursprüngliche Eindruck das Endurteil in stärkerem Maße geprägt als nachfolgende Informationen. Wenn ein Ereignis einmal interpretiert und verstanden ist, bewirken spätere Informationen – auch wenn sie dem ersten Eindruck diametral widersprechen – eine nur unzureichende Anpassung des ursprünglichen Urteils.

Vergleicht man die Verankerungs- und Anpassungsheuristik mit den zuvor beschriebenen Strategien, so scheinen die Verfügbarkeits- und die Repräsentativitätsheuristik auf einer «tieferen» Erklärungsebene angesiedelt zu sein. Bei vielen komplexeren Problemen der sozialen Wahrnehmung beschreibt die Verankerungs- und Anpassungsheuristik zwar korrekt das beobachtete Phänomen. Ob sie jedoch eine adäquate Erklärung für die zugrunde liegenden kognitiven Mechanismen liefert, bleibt dahingestellt.

7. Schlußbemerkung

Die Darstellung der Urteilsheuristiken wäre unvollständig, wenn nicht wenigstens erwähnt würde, daß in den letzten Jahren eine kritische Diskussion dieses Ansatzes begonnen hat. Diese Diskussion stellt vor allem einen Aspekt in den Brennpunkt der Kritik: die Fehlerhaftigkeit menschlicher Urteilsbildung. Mit verschiedenen Argumenten wird einmal die Position vertreten, der Nachweis menschlicher Irrationalität sei aus grundsätzlichen Erwägungen nicht oder nur schwer möglich. Zum zweiten wird argumentiert und experimentell demonstriert, daß einige der zahlreichen Experimente von TVERSKY und KAHNEMAN zu Mißverständnissen bei den Vpn geführt haben, die bei einer klareren Aufgabenstellung vermieden werden könnten. Schließlich begegnet man der Überzeugung, die Urteile der Vpn seien keineswegs irrational, wenn man die Zielsetzung der Vpn eingehender betrachtet. Da aus Platzgründen eine vollständige Wiedergabe der Diskussion hier nicht möglich ist, sei auf die einschlägigen Überblicksarbeiten verwiesen.[4]

Unabhängig davon, welche Position man in dieser Auseinandersetzung einnimmt, ist es unbestritten, daß die Erforschung der Urteilsheu-

---

[4] Vgl. dazu vor allem COHEN (1981), EINHORN & HOGARTH (1975), KRUGLANSKI & AJZEN (1983) sowie SHERMAN & CORTY (1984).

ristiken einen der wichtigsten Beiträge zum Verständnis menschlicher Urteilsprozesse darstellt. Darüber hinaus hat dieses Forschungsprogramm mitgeholfen, das Menschenbild der Psychologie grundlegend zu verändern (vgl. STRACK, 1983 b). Während in den 60er Jahren Verzerrungen und Fehler bei der Urteilsbildung auf einschlägige Wünsche und Bedürfnisse zurückgeführt wurden, sind Fehler aus der Perspektive der Heuristiken keineswegs motivational bedingt, sondern das Produkt einer vereinfachten Urteilsstrategie. Der Mensch wird nicht mehr als «rationalisierendes Wesen» gesehen, das die Realität verzerrt, um psychische Harmonie zu bewahren, sondern als ein – in Grenzen – rationales Wesen, das nach Erkenntnis der Wirklichkeit strebt, dabei aber manchmal die falschen Hilfsmittel verwendet.

Literatur

ANDERSON, N.H.; BARRIOS, A.A.: Primacy effects in personality impression formation. Journal of Abnormal and Social Psychology, 63, 1961, 346–350.

ARKIN, R.; DUVAL, S.: Focus of attention and causal attributions of actors and observers. Journal of Experimental Social Psychology, 11, 1975, 427–438.

ASCH, S.E.: Forming impressions of personality. Journal of Abnormal and Social Psychology, 41, 1946, 258–290.

BARGH, J.A.; PIETROMONACO, P.: Automatic information processing and social perception: The influence of trait information presented outside the conscious awareness on impression formation. Journal of Personality and Social Psychology, 43, 1982, 437–449.

BAR-HILLEL, M.: On the subjective probability of compound events. Organizational Behavior and Human Performance, 9, 1973, 396–406.

BEM,, D.J.: Self-perception theory. In: BERKOWITZ, L. (Ed.): Advances in experimental social psychology (Vol. 6). New York: Academic Press 1972.

CARROLL, J.S.: The effect of imagining an event on expectations for the event: An interpretation in terms of the availability heuristic. Journal of Experimental Social Psychology, 14, 1978, 88–96.

CHAPMAN, L.J.; CHAPMAN, J.P.: Illusory correlation as an obstacle to the use of valid psychodiagnostic signs. Journal of Abnormal Psychology, 14, 1969, 271–280.

COHEN, L.J.: Can human irrationality be experimentally demonstrated? The Behavioral and Brain Sciences, 4, 1981, 317–331.

DUVAL, S.; WICKLUND, R.A.: A theory of objective self-awareness. New York: Academic Press 1972.

EINHORN, H.J.; HOGARTH, R.M.: Unit weighting schemas for decision making. Organizational Behavior and Human Performance, 13, 1975, 171–192.

FISCHHOFF, B.: Hindsight $\neq$ foresight: The effect of outcome knowledge on judgment under uncertainty. Journal of Experimental Psychology: Human Perception and Performance, 1, 1975, 288–299.

FISCHHOFF, B.; BEYTH, R.: 'I knew it would happen' – remembered probabilities of once-future things. Organizational Behavior and Human Performance, 13, 1975, 1–16.

GRONER, R.; GRONER, M.; BISCHOF, W. (Eds.): Methods of heuristics. Hillsdale, N.J.: Erlbaum 1983.

HEIDER, F.: The psychology of interpersonal relations. New York: Wiley 1958.

HELMHOLTZ, H. v.: Optisches über Malerei. Umarbeitung von Vorträgen, gehalten in den Jahren 1871-1873. In: HELMHOLTZ, H. v.: Vorträge und Reden. Zweiter Band. Braunschweig: Vieweg und Sohn 1903⁵.

HIGGINS, E.T.; RHOLES, W.S.; JONES, C.R.: Category accessibility and impression formation. Journal of Experimental Social Psychology, 13, 1977, 141-154.

ICHHEISER, G.: Misunderstanding in human relations: A study in false social perception. American Journal of Sociology, 55, 1949, 1-70.

JONES, E.E.; HARRIS, V.A.: The attribution of attitudes. Journal of Experimental Social Psychology, 3, 1967, 1-24.

JONES, E.E.; NISBETT, R.E.: The actor and the observer: Divergent perceptions of the causes of behavior. In: JONES, E.E.; KANOUSE, D.E.; KELLEY, H.H.; NISBETT, R.E.; VALINS, S.; WEINER, B. (Eds.): Attribution: Perceiving the causes of behavior. Morristown, N.J.: General Learning Press 1972.

KAHNEMAN, D.; TVERSKY, A.: Subjective probability: A judgment of representativeness. Cognitive Psychology, 3, 1972, 430-454.

KAHNEMAN, D.; TVERSKY, A.: On the psychology of prediction. Psychological Review, 80, 1973, 237-251.

KAHNEMAN, D.; SLOVIC, P.; TVERSKY, A. (eds.): Judgement under uncertainty: Heuristics and biases. New York: Cambridge University Press 1982.

KROEBER-KENNETH, L.: Buch der Graphologie. Schriftkunde in neuer Sicht. Düsseldorf: Econ 1977.

KRUGLANSKI, A.W.; AJZEN, I.: Bias and error in human judgment. European Journal of Social Psychology, 13, 1983, 1-44.

LICHTENSTEIN, S.; SLOVIC, P.; FISCHHOFF, B.; LAYMAN, M.; COMBS, B.: Judged frequency of lethal events. Journal of Experimental Psychology: Human Learning and Memory, 4, 1978, 551-578.

MCARTHUR, L.Z.; POST, D.: Figural emphasis and person perception. Journal of Experimental Social Psychology, 13, 1977, 520-535.

NISBETT, R.E.; BORGIDA, E.: Attribution and the psychology of prediction. Journal of Personality and Social Psychology, 32, 1975, 932-943.

NISBETT, R.E.; BORGIDA, E.; CRANDALL, R.; REED, H.: Popular induction: Information is not always informative. In: CARROLL, J.S.; PAYNE, J.W. (Eds.): Cognition and social behavior, 2, 1976, 227-236.

NISBETT, R.E.; ROSS, L.: Human inference: Strategies and shortcomings of social judgment. Englewood Cliffs, N.J.: Prentice-Hall 1980.

ROSCH, E.: Principles of categorization. In: ROSCH, E.; LLOYD, B. (Eds.): Cognition and categorization. Hillsdale, N.J.: Erlbaum 1978.

ROSS, L.: The intuitive psychologist and his shortcomings. In: BERKOWITZ, L. (Ed.): Advances in experimental social psychology (Vol. 10). New York: Academic Press 1977.

ROSS, L.; AMABILE, T.; STEINMETZ, J.L.: Social roles, social control, and biases in social-perception processes. Journal of Personality and Social Psychology, 35, 1977, 485-494.

ROSS, L.; GREENE, D.; HOUSE, P.: The false consensus phenomenon: An attributional bias in self-perception and social perception processes. Journal of Experimental Social Psychology, 13, 1977, 279-301.

ROSS, L.; LEPPER, M.R.; HUBBARD, M.: Perseverance in self perception and social perception: Biased attributional processes in the debriefing paradigm. Journal of Personality and Social Psychology, 32, 1975, 880-892.

ROSS, L.; LEPPER, M.R.; STRACK, F.; STEINMETZ, J.L.: Social explanation and social expectation: The effects of real and hypothetical explanations upon subjective likelihood. Journal of Personality and Social Psychology, 35, 1977, 817-829.

ROSS, M.; SICOLY, F.: Egocentric biases in availability and attribution. Journal of Personality and Social Psychology, 37, 1979, 322-336.

SALANCIK, G.R.; CONWAY, C.: Attitude inferences from salient and relevant cognitive content about behavior. Journal of Personality and Social Psychology, *32*, 1975, 829–840.

SCHWARZ, N.; WYER, R.S. Jr.: Effects of rank-ordering stimuli on magnitude ratings of these and other stimuli. Journal of Experimental Social Psychology, *21*, 1985, 30–46.

SCHWARZ, N.; STRACK, F.; RITTENAUER-SCHATKA, H.: Recalled behavior and ease of recall as information in self-assessment. Paper presented at the meeting of the American Psychological Association, Toronto, Canada, August 1984.

SHERMAN, S.J.; CORTY, E.: Cognitive heuristics. In: WYER, R.S.; SRULL, T.K. (Eds.): Handbook of social cognition (Vol. 1). Hillsdale, N.J.: Erlbaum 1984.

SONTAG, S.: Illness as metaphor. New York: Farrar, Straus and Giroux 1977.

SRULL, T.K.; WYER, R.S., Jr.: The role of category accessibility in the interpretation of information about persons: Some determinants and implications. Journal of Personality and Social Psychology, *37*, 1979, 1660–1672.

SRULL, T.K.; WYER, R.S., Jr.: Category accessibility and social perception: Some implications for the study of person memory and interpersonal judgments. Journal of Personality and Social Psychology, *38*, 1980, 841–856.

STORMS, M.D.: Videotape and the attribution process: Reversing actors' and observers' point of view. Journal of Personality and Social Psychology, *27*, 1973, 165–175.

STRACK, F.: Seeing is believing: Ergebnisse zum Einfluß bildlicher Vorstellung auf die subjektive Wahrscheinlichkeit. Vortrag bei der 25. Tagung experimentell arbeitender Psychologen in Hamburg, März 1983 a.

STRACK, F.: Soziale Informationsverarbeitung. In: FREY, D.; GREIF, S. (Hrsg.): Sozialpsychologie. Ein Handbuch in Schlüsselbegriffen. München: Urban & Schwarzenberg 1983 b.

STRACK, F.; ERBER, R.; WICKLUND, R.A.: Effects of salience and time pressure on ratings of social causality. Journal of Experimental Social Psychology, *18*, 1982, 581–594.

TAYLOR, S.E.: The availability bias in social perception and interaction. In: KAHNEMAN, D.; SLOVIC, P.; TVERSKY, A. (Eds.): Judgment under uncertainty: Heuristics and biases. New York: Cambridge University Press 1982.

TAYLOR, S.E.; FISKE, S.T.: Point of view and perceptions of causality. Journal of Personality and Social Psychology, *32*, 1975, 439–445.

TAYLOR, S.E.; FISKE, S.T.: Salience, attention and attribution: Top of the head phenomena. In: BERKOWITZ, L. (Ed.): Advances in experimental social psychology (Vol. 11). New York: Academic Press 1978.

TAYLOR, S.E.; FISKE, S.T.; CLOSE, M.; ANDERSON, C.; RUDERMAN, A.: Solo status as a psychological variable: The power of being distinctive. Unpublished manuscript, Harvard University 1977.

TVERSKY, A.: Features of similarity. Psychological Review, *84*, 1977, 327–352.

TVERSKY, A.; KAHNEMAN, D.: Belief in the law of small numbers. Psychological Bulletin, *76*, 1971, 105–110.

TVERSKY, A.; KAHNEMAN, D.: Availability: A heuristic for judging frequency and probability. Cognitive Psychology, *42*, 1973, 207–232.

TVERSKY, A.; KAHNEMAN, D.: Judgment under uncertainty: Heuristics and biases. Science *185*, 1974, 1124–1131.

TVERSKY, A.; KAHNEMAN, D.: Judgments of and by representativeness. In: KAHNEMAN, D.; SLOVIC, P.; TVERSKY, A. (Eds.): Judgment under uncertainty: Heuristics and biases. New York: Cambridge University Press 1982.

TVERSKY, A.; KAHNEMAN, D.: Extensional versus intuitive reasoning: The conjunction fallacy in probability judgment. Psychological Review, *90*, 1983, 293–315.

WICKLUND, R.A.: Objective self-awareness. In: BERKOWITZ, L. (Ed.): Advances in experimental social psychology (Vol. 9). New York: Academic Press 1975.

WICKLUND, R.A.; FREY, D.: Self-awareness theory: When the self makes a difference. In: WEGNER, D.M.; VALLACHER, R.R. (Eds.): The self in social psychology. New York: Oxford University Press 1980.

WYER, R.S., Jr.; SRULL, T.K.: The processing of social stimulus information: A conceptual integration. In: HASTIE, R.; OSTROM, T.M.; EBBESEN, E.B.; WYER, R.S.; HAMILTON, D.; CARLSTON, D.E. (Eds.): Person memory: The cognitive basis of social perception. Hillsdale, N.J.: Erlbaum 1980.

Die Herausgeber zum folgenden Beitrag

Sicherlich ist die Unterscheidung zwischen kategorialem und prozessualem Gedächtnis 'analytisch'; es handelt sich nicht um zwei getrennt als quasi-geschlossene Systeme existierende Speicher. Es mag auch sein, daß Personen Schemata (Skripte usw.) in gleicher Weise benutzen, um Informationen zu verarbeiten, ob sie diese in physischen oder (im weitesten Sinne) sozialen Protokollsprachen behandeln. Die Psychologie aus kognitiver Perspektive (klassisch: Wahrnehmungs-, Lern-, Gedächtnis- und Denkpsychologie) scheint eher auf einer 'molekularen' Ebene der Beobachtung und Analyse zu operieren, die kognitive Sozialpsychologie auf einer eher 'molaren' Ebene im Sinne von KRECH & CRUTCHFIELD *(1948). Sollte man die Forschung, die im folgenden Beitrag berichtet wird, deshalb nur bedingt der Sozialpsychologie zuordnen?*

Die Sender physischer Signale prozessieren akzidentiell, aber weder inzidentiell noch intentional. Die Sender sozialer Signale agieren; diese Akte können den Empfänger kommunizierter Nachrichten akzidentiell, inzidentiell und/oder intentional affizieren. Eine Person, die mit einem entsprechend programmierten Computer prozessiert, interagiert sozial! Der Computer ist nicht mehr nur in physischer Protokollsprache begreifbar, sondern nur in sozialer Sprache: Er ist Akteur in einer sozialen Interaktions-Episode. Schemata und Skripte (usw.) beziehen sich auf prozessuale Gedächtnisse sozialer Handlungen und Interaktionen. Der folgende Beitrag befindet sich im Zentrum sozialpsychologischer Forschung, die nicht dem Reiz-Reaktions-Schema folgt und neue Beziehungen zu anderen Sozialwissenschaften öffnet, die auf höheren Aggregatsebenen operieren.

Theorien konzeptgesteuerter Informations- verarbeitung in der Sozialpsychologie[1]

NORBERT SCHWARZ

1. Einleitung

«Der Kellner servierte Paul sein Dessert. Anschließend sah Paul sich im Kino einen Film an.» – Was wissen Sie, nachdem Sie diesen Satz gelesen haben? Obwohl dies nirgends explizit erwähnt wurde, haben Sie dem Satz wahrscheinlich entnommen, daß Paul in einem Restaurant ißt, daß er dort vermutlich eine größere Mahlzeit zu sich nahm und daß es sich bei dem Restaurant nicht um eine Imbißstube handelt. Weiterhin würden Sie auf entsprechende Fragen wahrscheinlich bejahen, daß Paul etwas bestellte, für seine Mahlzeit zahlte bevor er ins Kino ging, vor dem Film eine Kinokarte löste usw. Keine dieser Handlungen wurde in dem obigen Satz explizit erwähnt, trotzdem dürften Sie sich bei diesen Folgerungen recht sicher sein. Warum?

Nun, schließlich «wissen» Sie, wie jeder andere Erwachsene in unserer Kultur auch, daß Kellner in Restaurants auftreten (aber nicht in Imbißstuben), daß man dort etwas bestellen muß, bevor man es serviert bekommt, daß das Dessert meist den anderen Gängen einer Mahlzeit folgt und daß man normalerweise seine Rechnung bezahlt, bevor man geht. All diese Dinge (und viele andere mehr) sind Bestandteil Ihres Alltagswissens über Restaurants, sie sind in Ihrem «Restaurant-Drehbuch» enthalten. Dieses Alltagswissen wird beim Lesen eines Satzes, in dem ein Kellner eine Mahlzeit serviert, aktiviert und erlaubt Ihnen Schlußfolgerungen, die über den expliziten Inhalt des Satzes hinausgehen. Sie «vervollständigen» die gegebene Information durch Wissen über entsprechende Situationen, das Sie aus Ihrem Gedächtnis abrufen können. Würde Ihnen solches Wissen nicht zur Verfügung stehen, wüßten Sie also z.B. nicht, was ein «Kellner» ist, wäre Ihnen der Satz selbst schon unverständlich geblieben. Der Satz hätte dann wahrscheinlich so auf Sie gewirkt wie das nächste Beispiel:

«Der Heuhaufen war wichtig, weil der Stoff riß.»
Erscheint Ihnen dieser Satz seltsam? Wahrscheinlich nicht mehr, wenn Sie wissen, daß es sich bei dem erwähnten Stoff um den eines Fallschirmes handelt:

---

[1] Ich danke Dieter Frey, Bettina Scheuring und Fritz Strack für Anmerkungen zu einer früheren Fassung dieses Kapitels, sowie Robert S. Wyer, Jr. für eine kritische Diskussion des Exposés.

«Der Heuhaufen war wichtig, weil der Stoff des Fallschirmes riß.» Dieser Hinweis erlaubt es Ihnen, auf Ihr Wissen um die Funktion von Fallschirmen zurückzugreifen: Es erscheint Ihnen eine Szene, in der eine Person am Fallschirm auf die Erde zuschwebt, aber der Stoff reißt. Nun wird der Heuhaufen wichtig, um eine andernfalls sehr unsanfte Landung zu bremsen. Die Heranziehung Ihres Wissens über Fallgesetze, Fallschirme und Heuhaufen erlaubt es Ihnen, den Satz zu verstehen. Zugleich machen Sie dabei eine Reihe von Annahmen, die über die im Satz gegebene Information hinausgehen, z.b. daß der Fallschirm in der Luft riß, daß eine Person daran hing, daß diese Person im Heuhaufen landete usw.

Dieses Beispiel, das von BRANSFORD & McCARRELL (1975) übernommen wurde, verdeutlicht, daß Verstehen ein *konstruktiver* Prozeß ist, an dem außer der direkt gegebenen Information weitere Information – unser «Wissen» – beteiligt ist, die wir aus dem Gedächtnis abrufen. Elemente der gegebenen Information, wie «Kellner» oder «Fallschirm» in den obigen Beispielen, aktivieren allgemeine Wissensbestände in unserem Gedächtnis, und indem wir dieses Wissen an die gegebene Information herantragen, können wir diese «verstehen». Zugleich erlaubt uns die Heranziehung unseres allgemeinen Wissens Schlußfolgerungen, die über die konkret gegebene Information hinausgehen, und einige dieser Schlußfolgerungen sind Bestandteil des Verstehensprozesses.

Der Weg von der konkreten Information zum abstrakten allgemeinen Wissen wird meist als «aufsteigende Informationsverarbeitung» (bottom-up processing) und der Weg vom allgemeinen Wissen zur konkreten Information als «absteigende Informationsverarbeitung» (top-down processing) bezeichnet. «Datengesteuerte» vs. «konzeptgesteuerte» Informationsverarbeitung sind weitere Bezeichnungen für die gleichen Sachverhalte.

Neben unserem Verständnis für Information beeinflußt das Alltagswissen, das wir an neue Information herantragen, auch, was wir von dieser Information behalten und erinnern. Z.B. neigen wir dazu, Dinge zu «erinnern», die im Text nicht direkt gesagt wurden, die aber Teil des Alltagswissens sind, das wir an den Text herangetragen haben. So könnten Sie sich z.b. daran «erinnern», daß im Einführungsbeispiel Paul eine Kinokarte kaufte. Diese Information ist im Text nicht enthalten, der lediglich berichtet, daß Paul sich im Kino einen Film ansah. Daß man dazu eine Karte lösen muß, ist Teil des zusätzlichen Wissens, das Sie zum Verständnis des Textes heranziehen.

Mit diesen Beispielen sind die zentralen Themen des vorliegenden Kapitels benannt. Wir werden uns damit beschäftigen, wie (Alltags-)Wissen organisiert ist, welche Rolle es bei der Aufnahme, Verarbeitung und Erinnerung von Informationen hat und wie es unser Verhalten beeinflußt. Dazu werden zunächst «Schemata» als Organisationseinheiten von Wissen dargestellt. Dem folgt ein Überblick über die Bedeutung von Schemata beim Verstehen, Beurteilen und Erinnern sozialer Sachverhalte, sowie über die Rolle von Schemata in der Steuerung unseres Verhaltens. Das Kapitel wird schließlich mit einer Kritik der Schematakonzeption und dem Aufzeigen einiger offener Fragen enden.

2. Schemata als Organisationsform von Wissen

2.1 Zur Entwicklung des Schemabegriffs: Assoziationismus und Konstruktivismus

Überlegungen, die dem heutigen Schemakonzept verwandt sind, finden sich bereits 1781 in den Schriften KANTS sowie in lerntheoretischen Überlegungen des französischen Philosophen BERGSON (1902). In die experimentelle Psychologie wurde der Begriff erstmals von dem deutschen Psychologen Otto SELZ (1913, 1922) eingeführt. GRAUMANN & SOMMER (1983) geben einen Überblick über diese frühen Schematheorien. Ungeachtet dieser Vorläufer wird der Schemabegriff in der aktuellen (amerikanischen) Diskussion aber meist auf die Gedächtnisuntersuchungen des britischen Psychologen Frederic C. BARTLETT (1932) zurückgeführt, denen er seine heutige Popularität verdankt. BARTLETTS Untersuchungen waren geprägt von der Auseinandersetzung mit der gedächtnispsychologischen Forschungstradition des *Assoziationismus.* Der assoziationistischen Sicht des menschlichen Gedächtnisses – die sich auf ARISTOTELES zurückverfolgen läßt, ihre wesentliche Ausprägung aber von den britischen Philosophen HOBBES, LOCKE und BERKELEY erfuhr – liegt die Frage zugrunde, wie Elemente der Welt im Wissen des Wahrnehmenden verknüpft werden. LOCKE vergleicht dabei das Gedächtnis mit einem Blatt weißen Papiers, auf dem die Ereignisse gemäß ihrer räumlichen und zeitlichen Nähe (Kontiguität), ihrer Ähnlichkeit, Häufigkeit usw. festgehalten werden. Gemäß dieser Vorstellung liegt dem Gedächtnis somit eine weitgehend passive Registrierung von Ereignissen im Sinne einer «aufsteigenden» Informationsverarbeitung zugrunde (vgl. die Darstellung bei LANDMAN & MANIS, 1983). Diese Vorstellungen fanden durch die Arbeiten des deutschen Psychologen Hermann EBBINGHAUS (1885) Eingang in die Psychologie, wo sie für lange Zeit zur dominanten Gedächtnistheorie wurden. Allerdings experimentierten EBBINGHAUS und seine Nachfolger überwiegend mit sinnlosen Silben, um Störvariablen, die mit bedeutungshaltigem Material verknüpft sind, auszuschließen. BARTLETT kritisierte an dieser Forschungstradition, daß die Vorstellung vom Gedächtnis als «passive patchwork»

(1932, S. 201) nur durch die Verwendung von sinnlosem Lernmaterial aufrechtzuerhalten sei. Bei sinnvollem Material werde hingegen deutlich, daß dem Gedächtnis *aktive Konstruktionsprozesse* zugrunde liegen. Die wesentliche Frage sei daher nicht, wie Elemente im Wissen des Wahrnehmenden verknüpft werden, sondern wie der Wahrnehmende sein Wissen über die Welt aktiv konstruiert. Als Sozialpsychologe hob er dabei die Rolle der kulturellen Zugehörigkeit des Wahrnehmenden hervor. Er schrieb, daß die Kultur das Gedächtnis der Person beeinflusse, «by providing a persistent framework of institutions and customs which acts as a schematic basis for constructive memory» (1932, S. 255). BARTLETT illustrierte diese Sichtweise durch eine Reihe einflußreicher Experimente, in denen er seine Vpn Geschichten aus einer fremden Kultur lernen ließ. Er fand, daß die Vpn in der Erinnerung diese Geschichten an ihnen vertraute Inhalte anglichen, also in ihrer Erinnerung eine für sie sinnvolle Geschichte «konstruierten», die vom Original in vorhersagbarer Weise abwich. BARTLETT bereitete mit diesen Untersuchungen die Grundlagen für eine *aktive, konstruktivistische Sicht* des Gedächtnisses, die der «absteigenden» oder «konzeptgesteuerten» Informationsverarbeitung eine zentrale Rolle zuweist.

Die hier in ihren Anfängen skizzierte Auseinandersetzung zwischen Assoziationismus und Konstruktivismus in der Gedächtnispsychologie ist bis heute nicht abgeschlossen. Allerdings zeichnet sich im Bereich der sozialen Informationsverarbeitung eine Annäherung beider Forschungstraditionen ab, wie die lesenswerte Darstellung von LANDMAN & MANIS (1983) aufzeigt. Dem Begriff des Schemas, dem wir uns nun zuwenden werden, kommt in dieser Auseinandersetzung eine zentrale Bedeutung zu.

2.2 Allgemeine Merkmale von Schemata

Unglücklicherweise gehört der Schemabegriff nicht nur zu den meist benutzten, sondern auch zu den inhaltlich am wenigsten spezifierten Begriffen der kognitiven Psychologie. Wenn auch die Wichtigkeit von Schemata als «building blocks of cognition» (RUMELHART, 1980) kaum umstritten ist, besteht über die Frage, was denn eigentlich ein Schema sei, wenig Einigkeit. Diese Heterogenität spiegelt sich auch in der Vielfalt der Begriffe, die für Schema-ähnliche Konstrukte verwendet werden, wie «schema» (BARTLETT, 1932), «frame» (MINSKY, 1976), «script» (SCHANK & ABELSON, 1977), «prototype» (CANTOR & MISCHEL, 1979; ROSCH, 1978), «category» (MANDLER, 1979) usw. In diesem Einführungskapitel wird versucht werden, die Gemeinsamkeiten dieser Konzepte herauszuarbeiten, ohne auf ihre unterschiedlichen Feinheiten detailliert einzugehen. Ohnehin wird der Schemabegriff in der sozialpsychologischen Forschung mit geringerer Stringenz verwendet als in der kognitiven Psychologie, und es scheint, daß Sozialpsychologen häufig jede Art von konzeptgesteuerter Informationsverarbeitung als schematische Informationsverarbeitung bezeichnen, auch wenn das Konzept nicht immer im strengen Sinne ein Schema darstellt (so etwa bei NISBETT & ROSS, 1980, oder WYER & CARLSTON, 1979). In der heutigen Diskussion werden Schemata als *allgemeine Wissensstrukturen* betrachtet, die die wichtigsten Merkmale des Gegenstandsbereiches wiedergeben, auf den sie sich beziehen und zugleich angeben, welche Beziehungen zwischen diesen Merkmalen bestehen: «A schema is an abstract or generic knowledge structure, stored in memory, that specifies the defining features and relevant attributes of some stimulus domain, and the interrelations among those attributes» (CROCKER, FISKE & TAYLOR, 1984, S. 197). Ein Restaurant-Schema z.b. ist eine Repräsentation unseres Wissens über das, was in Restaurants passiert, vom Betreten des Lokals über das Bestellen, Essen, Zahlen bis zum Verlassen. Das Schema unterscheidet sich von der Erinnerung eines ganz bestimmten Restaurantbesuchs durch seinen höheren Allgemeinheitsgrad: Während in der spezifischen Erinnerung z.b. die Kellnerin Maria Weißwürste serviert, ist es Bestandteil des allgemeinen Schemas, daß in Restaurants «Kellner» «Speisen und Getränke» servieren. Schemata repräsentieren somit Wissen auf einem höheren *Abstraktionsniveau* als dem der Erinnerung konkreter Ereignisse. Schemata haben *Variablen* oder *Leerstellen* («slots») (wie «Kellner», «Speisen und Getränke») die, vergleichbar den Rollen in einem Theaterstück, durch verschiedene konkrete Akteure (wie «Maria», «Weißwürste») ausgefüllt werden können. Man würde in diesem Fall sagen, daß «Maria» und «Weißwürste» die Variablen «Kellner» und «Speisen» einnehmen oder *instantiieren*. Allerdings kann nicht jeder beliebige Akteur den Platz einer Variable einnehmen; so würde es z.b. keinen Sinn machen, wenn der Hund Bello als Kellner aufträte. Schemata haben daher *Variablen-Begrenzungen* («variable constraints»), die den Rahmen möglicher Instantiierungen durch konkrete Akteure, Gegenstände usw. begrenzen. Werden keine konkreten Instantiierungen angegeben, so werden *Standardwerte* («default values») eingesetzt; wir würden also z.B. nicht annehmen, daß das Servieren von einem Hund erledigt wird. Außerdem gibt das Schema auch die *Beziehungen* wieder, in denen die Variablen zueinander stehen. Diese Beziehungen können z.B. zeitlicher, räumlicher oder kausaler Art sein. Das Restaurant-Schema enthält z.B., daß man erst bestellen muß, um etwas serviert zu bekommen. Allerdings unterscheiden sich verschiedene Arten von Schemata in dem Ausmaß, in dem sie Beziehungen spezifizieren, wie wir im nächsten Abschnitt sehen werden.

Schließlich sind Schemata *hierarchisch organisiert* und Schemata höherer Ordnung wie z.B. «Restaurantbesuch», haben Subschemata, wie z.B. «Essen» oder «Zahlen», für die weitere Schemata bestehen. Manche Autoren nehmen darüber hinaus an, daß mit dem Schema auch ein «typisches Beispiel» gespeichert wird. Sie vermuten, daß Schemata neben Variablen und Standardwerten auch Repräsentationen einzelner konkreter Instantiierungen enthalten, von denen allerdings angenommen wird, daß sie den Standardwerten sehr ähnlich seien (vgl. CROCKER, FISKE & TAYLOR, 1984; ROSCH, 1978).

Welches Wissen wird nun in Schemata repräsentiert? Die Antwort der meisten Forscher lautet, unser gesamtes Wissen über die Welt. «Our schemata *are* our knowledge. All of our genetic knowledge is embedded in schemata» (RUMELHART, 1980, S. 41). Wir werden uns im folgenden jedoch auf zwei Inhaltsbereiche beschränken, die in der sozialpsychologischen Forschung besondere Aufmerksamkeit fanden, nämlich auf Ereignisschemata und Personenschemata. Wir werden zunächst diese Konzeptionen und einige exemplarische Untersuchungen darstellen und danach gemeinsame Themen dieser Konzeptionen aufgreifen und allgemeine Merkmale konzeptgesteuerter Informationsverarbeitung diskutieren.

2.3 Ereignisschemata: Skripte

Eine der am weitesten entwickelten Schematheorien wurde von Robert ABELSON und Roger SCHANK an der Yale University erarbeitet (ABELSON, 1976, 1981; SCHANK & ABELSON, 1977). Sie beschäftigen sich mit der Frage, wie unser Wissen über häufig wiederkehrende Alltagsaktivitäten organisiert ist, wie dieses Wissen unser Verständnis solcher Situationen und ihrer Beschreibungen beeinflußt, und welche Rolle es in der Steuerung unseres Verhaltens spielt. Ein Hilfsmittel ihrer Arbeit ist, diese Prozesse auf dem Computer zu simulieren, was ein hohes Maß an theoretischer Spezifikation erfordert. Wir werden an dieser Stelle jedoch nicht auf ihr Simulationsmodell «SAM» eingehen, sondern verweisen dazu auf SCHANK & ABELSON (1977).

Das zentrale Konzept ihrer Theorie ist das «Skript». Ein Skript ist ein Drehbuch, das die angemessene Abfolge von Ereignissen in vertrauten Alltagssituationen beschreibt. Ein Skript, das allen Erwachsenen unserer Kultur vertraut ist und das in der bisherigen Forschung häufig benützt wurde, haben wir bereits in der Einleitung kennengelernt, nämlich das Drehbuch eines typischen Restaurantbesuches. Wie andere Schemata auch, bestehen Skripte aus einer Reihe von Variablen oder Leerstellen («slots»), im Restaurantskript z. B. Leerstellen für typische Akteure (Gast, Kellner, Koch, usw.) und Objekte (Tische, Speisekarten, Speisen,

Rechnungen, usw.). Das Skript spezifiziert außerdem die Voraussetzungen und Ergebnisse des Ereignisablaufes, z. B. daß der Gast hungrig ist und Geld hat und daß er hinterher weniger hungrig ist, aber auch weniger Geld hat. Schließlich spezifiziert das Skript den typischen Ablauf der Ereignisse beim Restaurantbesuch, nämlich Betreten des Restaurants, Bestellen, Essen und Verlassen des Restaurants.

Das Skript verbindet somit einzelne *Szenen* zu einem integrierten Ablauf aus der Sicht eines *bestimmten Akteurs.* Das wiedergegebene Restaurantskript beschreibt den Ablauf aus der Sicht des Gastes – aus der Sicht des Koches würde dieses Skript anders aussehen. Außer der beschriebenen *zeitlichen Organisation,* die die Abfolge der typischen Ereignisse angibt, haben Skripte eine *hierarchische Organisation:* So wie das Skript eines Restaurantbesuches die beschriebenen Szenen beinhaltet, so beinhalten diese Szenen einer Reihe weiterer Aktivitäten auf einer niedereren Ebene der Abstraktion. «Bestellen» beinhaltet z. B. den Erhalt und die Lektüre der Speisekarte, die Entscheidung, was man möchte, und die Aufgabe der Bestellung. Mehrere Aktionen auf einer niederen Abstraktionsebene können jeweils durch eine Aktion auf der nächsthöheren Abstraktionsebene zusammengefaßt werden, ohne daß in nennenswertem Maße Information verloren geht – es sei denn, die Handlungen weichen wesentlich vom Skript ab.

Man könnte also die Abfolge «Speisekarte erhalten, öffnen, lesen, entscheiden, was man will, Kellner rufen, Bestellung aufgeben» als «bestellen» im Gedächtnis speichern und die Details dieses Bestellvorgangs vergessen. Die wesentlichen Aspekte dieses Vorganges könnte man jederzeit rekonstruieren, da sie in der Bestellszene des Restaurantskripts spezifiziert sind. Wenn der Kellner jedoch keine Speisekarte bringt, sondern man an die Theke gehen muß, um dort das Angebot auf einer Holztafel zu lesen, müßte dieser Aspekt separat im Gedächtnis gespeichert werden, da er im Skript nicht vorgesehen und daher nicht rekonstruierbar ist.

Skripte bieten somit eine sehr ökonomische Form der Speicherung von Information: Standardereignisse können einfach durch einen Hinweis auf das entsprechende Skript gespeichert werden. Treten Ereignisse auf, die im Skript nicht vorgesehen sind, muß dem Skripthinweis eine Anmerkung hinzugefügt werden, die auf die Abweichung verweist. Diese Vorstellung von der Funktion von Skripten in der Speicherung von Information wurde als «Skript-Hinweis plus Anmerkung»-Modell («Script-pointer plus tag») bezeichnet (GRAESSER, GORDON & SAWYER, 1979) und ist auch auf andere Schemata anwendbar (GRAESSER & NAKAMURA, 1982).

Außer bei der Speicherung von Ereignisinformation spielen Skripte auch eine wichtige Rolle beim Verstehen und Erinnern von Information, wie wir bereits in unserem Einleitungsbeispiel gesehen haben. Darüberhinaus bieten Skripte dem Akteur Information über situationsadäquates Verhalten an («Was tun in Restaurants?») und haben dadurch verhaltenssteuernde Wirkung. Diese Funktionen werden später ausführlicher dargestellt werden.

2.4 Personenschemata

Neben Ereignisschemata fanden in der sozialpsychologischen Forschung vor allem Personenschemata große Beachtung. Bei Personenschemata lassen sich mehrere Typen unterscheiden, die verschiedene Abstraktionsebenen wiedergeben, nämlich einerseits Schemata konkreter Personen und andererseits Schemata von Personengruppen oder Typen, sowie Wissen über die Eigenschaften von Personen. Ein Beispiel für ein Schema einer einzelnen Person wäre Ihr schematisch organisiertes Wissen über Ihre Mutter, das neben einer visuellen Repräsentation Ihrer Mutter auch Ihr Wissen über ihre typischen Verhaltensweisen, ihre Ansichten usw. beinhaltet. Neben diesen Schemata für konkrete andere verfügen wir auch über schematische Repräsentationen unserer eigenen Person, über «Selbstschemata» (MARKUS, 1977; ROGER, KUIPER & KIRKER, 1977). Andere Schemata beziehen sich hingegen auf Personengruppen, die durch soziale Merkmale wie Rolle («Kellner»), Einstellung («Linke») oder Persönlichkeitsmerkmale («Extravertierte») bestimmt sind. Diese Schemata haben als «Stereotype» eine lange Tradition in der sozialwissenschaftlichen Forschung. (HAMILTON [1979] bietet eine ausführliche Diskussion der Stereotypisierungsforschung aus dieser Perspektive und TAJFEL & FORGAS [1981] unterziehen diesen Ansatz einer Kritik aus einer mehr traditionellen Orientierung.)

Personenschemata unterscheiden sich von Ereignisschemata außer in ihrem Inhalt auch im Grad ihrer inneren Organisation. Ereignisschemata wie unser Beispiel des Restaurantbesuches sind zeitlich geordnet, das Bestellen kommt vor dem Essen usw., während andere Schemata, wie z.B. Wahrnehmungsschemata, räumlich geordnet sind und wir von einem Gesicht z.B. erwarten, daß die Nase zwischen den Augen sitzt. Schemata dieser Art erhalten somit natürliche räumliche oder zeitliche Ordnungsbeziehungen. Unser Wissen über bestimmte Personentypen ist hingegen vergleichsweise wenig strukturiert. Das Schema eines Professors mag z.B. enthalten, daß es sich um jemanden handelt, der Vorlesungen hält, relativ wohlhabend, in praktischen Dingen unbegabt und häufig zerstreut ist. Diese Merkmale stehen untereinander in keiner klaren Beziehung, sondern sind lediglich eine Aufzählung von Attributen eines «typischen» Professors. Einige Forscher (MANDLER, 1979; WYER & GORDON, 1984) haben vorgeschlagen, solche Aufzählungen als Kate-

gorien zu bezeichnen und sie von Schemata zu unterscheiden. Kategorien enthalten lediglich eine Liste von Variablen (Merkmalen), mit deren Hilfe man die Mitgliedschaft in der Kategorie erschließen kann. Wir würden somit unter Umständen bei der Beschreibung einer Person, die sich gut artikulieren kann, aber unfähig ist, ein Bild an die Wand zu hängen, annehmen, daß es sich um einen Professor handelt. Im Gegensatz zu einem Ereignisschema, das zeitlich strukturiert ist, könnten wir aber nicht vorhersagen, was die Person als nächstes tun wird. Wir könnten lediglich einige andere Merkmale aus der Merkmalsliste der Kategorie aufzählen, von denen wir annehmen, daß sie auf die Person wahrscheinlich auch zutreffen. In diesem Einführungstext wird allerdings der Sprachgebrauch der Mehrheit der Forscher eingehalten werden, die auch Kategorien im hier beschriebenen Sinne als «Schemata» bezeichnen.

2.5 Schemata als Denkregeln

Neben den beschriebenen schematischen Repräsentationen von inhaltlichem Wissen fanden in der Sozialpsychologie auch sehr abstrakte Wissensbestände Beachtung, die man als Denkregeln bezeichnen könnte und die sich von Schemata im Sinne dieses Kapitels wesentlich unterscheiden. Insbesondere in der Attributionstheorie Harold KELLEYS (1971) spielen «Kausalschemata» eine wichtige Rolle, die Personen heranziehen, wenn sie versuchen, die Ursache eines Ereignisses zu erschließen. Wichtige Beispiele solcher Schemata sind das Aufwertungs- und Abwertungsprinzip («augmentation» und «discounting principle»), das Personen benützen, wenn sie mehrere mögliche Ursachen für ein Ereignis wahrnehmen. (Zur Einführung eignet sich die Darstellung von BIERHOFF & BIERHOFF-ALFERMANN, 1983.) Ebenso wurden z.B. die Prinzipien der Balancetheorie (HEIDER, 1958) als Schemata betrachtet (PICEK, SHERMAN & SHIFFRIN, 1975; WYER & GORDON, 1984). Schemata in diesem Sinne sind keine Repräsentationen typischer Ereignisse oder Personen, sondern Denkregelmäßigkeiten, auf die hier nicht näher eingegangen werden soll.

3. Konzeptgesteuerte Informationsverarbeitung: Die Funktionen von Schemata

Im Prozeß der Informationsverarbeitung muß zunächst ein Schema identifiziert werden, das zur Verarbeitung der gegebenen Information geeignet ist. Diese Phase der Schemaidentifikation (vgl. NORMAN & BOBROW, 1976) ist eine Phase «aufsteigender» oder «datengesteuerter»

Informationsverarbeitung, in der Merkmale der dargebotenen Information mit Merkmalen der im Gedächtnis verfügbaren Schemata verglichen werden. Wird im Verlauf dieses Prozesses eine Übereinstimmung von Merkmalen der aufgenommenen Information mit Merkmalen eines Schemas festgestellt, wird dieses Schema zur weiteren Verarbeitung der Information herangezogen. Diese weitere Verarbeitung, die Phase der Schemaanwendung, entspricht dann einer «absteigenden» oder «konzeptgesteuerten» Informationsverarbeitung, in der das benutzte Schema die Aufmerksamkeit auf unterschiedliche Aspekte der Information lenkt, ihre Interpretation beeinflußt usw.

3.1 Schemaidentifikation, Verstehen und Inferenz

Der Prozeß der Schemaidentifikation ist ein Prozeß der Mustererkennung («pattern recognition»), in dem Merkmale in der zu verarbeitenden Information mit Merkmalen verfügbarer Schemata verglichen werden. So wird etwa bei der Lektüre eines Satzes, in dem ein Kellner vorkommt, ein Restaurantschema herangezogen und kein Schema einer Vorlesung, weil Kellner lediglich im Restaurantschema als «Variable» vorkommen, während das Vorlesungsschema keine «Leerstellen» («slots») für Kellner enthält.

Kann die Person kein geeignetes Schema finden, wird die Informationsverarbeitung erschwert. Im Extremfall bleibt die Information unverständlich. Dies kann entweder der Fall sein, weil die Person in ihrem Wissensbestand über kein geeignetes Schema verfügt oder weil die dargebotene Information keine geeigneten Hinweise enthält, die ihr erlauben würden, ein Schema zu identifizieren. Der Satz «Der Heuhaufen war wichtig, weil der Stoff riß», illustriert dieses Phänomen. Wie in der Einleitung diskutiert, wird dieser Satz erst «sinn-voll», wenn man erkennt, daß es sich um den Stoff eines Fallschirmes handelt, was es erlaubt, das allgemeine Wissen um die Funktion von Fallschirmen zur Interpretation des Satzes heranzuziehen. Etwas verstehen heißt immer, es in vorhandene Wissensbestände einordnen zu können, wie insbesondere Bransford und Kollegen (Bransford & Johnson, 1972; Bransford & McCarrell, 1975) experimentell zeigen konnten (vgl. Kintsch, 1978 zum Überblick).

Allerdings ist die Identifikation des angemessenen Schemas nicht immer einfach und es besteht häufig Unklarheit, welches von mehreren Schemata angemessen ist. In diesem Fall wird meist das erste anwendbare Schema benützt, das der Person einfällt. D.h. Personen prüfen nicht alle in ihrem Gedächtnis vorhandenen Schemata auf Brauchbarkeit, sondern brechen die Informationssuche ab, sobald sie eines von möglicherweise mehreren Schemata identifiziert haben, das «paßt» (Wyer,

278

1980; WYER & SRULL, 1980 b). Welches Schema einer Person in den Sinn kommt, hängt neben der Übereinstimmung mit der aufgenommenen Information von der kognitiven Verfügbarkeit des Schemas ab. Ein Schema ist um so verfügbarer, d. h. fällt einer Person um so wahrscheinlicher ein, je weniger Zeit seit seiner letzten Benützung verstrichen ist («recency»-Effekt; WYER & SRULL, 1980a) und je elaborierter das Schema ist.

Welches von mehreren anwendbaren Schemata zur Enkodierung einer Information herangezogen wird, hat weitreichende Konsequenzen, wie u. a. eine Untersuchung von HIGGINS, RHOLES & JONES (1977) illustriert. Sie ließen ihre Vpn unter einem Vorwand über verschiedene positive oder negative Personeneigenschaften nachdenken. Für Personen, die gerade über negative Eigenschaften nachdachten, sollte ihr Wissen über diese Eigenschaften kurz danach «verfügbarer» sein (d. h., ihnen leichter einfallen) als für Personen, die gerade über positive Eigenschaften nachdachten. Nach dieser Aktivierungsaufgabe lasen die Versuchspersonen im Rahmen eines vermeintlich davon unabhängigen Experiments, eine mehrdeutige Beschreibung einer Person. Über diese Person, Donald, wurde z. B. gesagt, er sei sich «seiner Fähigkeit, in vielen Bereichen ausgezeichnete Leistungen zu vollbringen, wohl bewußt». Die Einstellung, die in dieser Beschreibung zum Ausdruck kommt, kann positiv interpretiert werden als «selbstbewußt» oder negativ als «eingebildet». Wie die Versuchspersonen Donald bewerteten, hing ab von den Eigenschaftsschemata, die ihnen (a) kognitiv besonders leicht zugänglich waren und sich (b) auf das Material sinnvoll anwenden ließen: Versuchspersonen, denen durch die experimentelle Manipulation auf die Verhaltensbeschreibung passende negative Eigenschaftskonzepte eher in den Sinn kamen als positive, zogen diese Konzepte zur Interpretation der Verhaltensbeschreibung heran und bildeten sich einen negativeren Eindruck von Donald als die anderen Versuchspersonen.

Welche Wissensbestände wir an eine Information herantragen, bestimmt somit, *ob* wir etwas «verstehen» und *was* wir verstehen, welche Bedeutung wir also der Information verleihen. Außerdem können wir Informationen, für die ein «passendes» Schema verfügbar ist, *schneller* verarbeiten als Informationen, für die zum Verarbeitungszeitpunkt kein Schema zur Verfügung steht. Schemata erhöhen also die Effizienz der Informationsverarbeitung und erlauben eine schnelle Verarbeitung mit minimaler Aufmerksamkeit (s. TAYLOR & CROCKER, 1981 zur Übersicht). Welches Schema jeweils zur Verarbeitung herangezogen wird – und was wir demgemäß verstehen, welchen Eindruck wir uns bilden, usw. – hängt häufig von recht zufälligen Faktoren ab, wie etwa der Zeit, die seit der letzten Benützung dieses Wissens verstrichen ist. WYER & SRULL (1980 a) und HIGGINS & KING (1981) geben einen Überblick über entsprechende Untersuchungen.

Wie wir bisher gesehen haben, ist das Verstehen einer Information eng mit Schlußfolgerungen verknüpft, die über die explizit dargebotene Information hinausgehen. In einem der Einleitungsbeispiele sahen wir bereits, daß die Information «Der Kellner servierte Paul sein Dessert» weitergehende Schlußfolgerungen erlaubt, wie z. B. daß Paul in einem Restaurant ißt, an einem Tisch sitzt, etwas bestellte usw. Diese Informationen sind im Satz nicht explizit erwähnt, sie sind aber im Restaurantskript impliziert, das wir zur Interpretation des Satzes heranziehen. Das Skript erlaubt uns somit, Lücken in der Erzählung zu füllen und über die gegebene Information hinauszugehen, indem wir im Schema enthaltene Standardwerte einsetzen. In der Erinnerung werden die im Schema implizierten Handlungen häufig mit den erzählten oder beobachteten Handlungen verwechselt, wie im nächsten Abschnitt dargestellt wird.

3.2 Schemata und Erinnerung

Schemata beeinflussen nicht nur die Aufnahme und das Verständnis von Information, sondern auch unsere Erinnerung. Wie bereits bei der Besprechung von Skripten diskutiert wurde, bieten Schemata eine besonders effiziente Form, Information zu speichern und zu erinnern. Solange die zu erinnernde Information dem Schema entspricht, genügt es, einen Hinweis auf das Schema zu speichern. Das Schema erlaubt dann später die Rekonstruktion der schemakonsistenten Information. Information, für die ein Schema identifiziert wird, wird daher nicht nur besser und schneller verstanden, sondern auch besser erinnert.

Dies illustriert u. a. eine Reihe von Untersuchungen zur Personenwahrnehmung, in denen die Versuchspersonen entweder aufgefordert wurden, sich die dargebotene Information über eine Person gut zu merken («memory set») oder sich einen Eindruck von der Person zu bilden («impression set»). Die Aufgabe, sich einen Eindruck zu bilden, verlangt die Identifikation eines geeigneten Personenschemas, das die Integration der dargebotenen Information ermöglicht. Personen, die sich einen Eindruck bilden sollten, erinnerten später mehr Information über die Stimulusperson als Personen, die sich möglichst viel merken sollten (vgl. HAMILTON, KATZ & LEIRER, 1980, und HASTIE, 1981 zur Übersicht).

Allerdings begünstigt die Identifikation eines geeigneten Personenschemas bei einer solchen Aufgabe nicht die Erinnerung aller Information, sondern nur die Erinnerung von Information, die mit dem Schema konsistent oder inkonsistent ist. Von Inkonsistenz sprechen wir in diesem Zusammenhang dann, wenn das Schema beinhaltet, daß das Auftreten des betreffenden Merkmals sehr unwahrscheinlich ist. So wäre es z. B. mit dem Schema einer «schüchternen Person» inkonsistent, wenn diese Person bei Parties als sprühender Unterhalter im Mittelpunkt der Aufmerksamkeit steht.

Der förderliche Effekt des Schemas auf die Erinnerung konsistenter Information ist nach den bisherigen Ausführungen leicht zu verstehen: Diese Information kann anhand des Schemas rekonstruiert werden. Warum aber sollte inkonsistente Information besser erinnert werden? Warum sollte man z. B. extravertierte Verhaltensweisen gut erinnern, nachdem man die Person als «typischen Introvertierten» identifiziert hat? Die Ursache liegt in dem Maß an Aufmerksamkeit, das diese Information enthält. Extravertierte Verhaltensweisen sind bei einem Introvertierten unerwartet und erfordern einiges Nachdenken, um in die Repräsentation der Person integriert zu werden. In der Tat zeigen Experimente von HASTIE (1980), daß Personen versuchen, Erklärungen für diese unerwarteten Verhaltensweisen zu finden. Je mehr man über eine Information nachdenkt, desto größer ist die Wahrscheinlichkeit, daß man sie auch erinnert (CRAIK & LOCKHART, 1972) – zumindest für einige Zeit. Experimente von GRAESSER und Kollegen (zur Übersicht s. GRAESSER & NAKAMURA, 1983) zeigen dementsprechend, daß kurze Zeit nach der Darbietung der Information sowohl schemakonsistente wie -inkonsistente Information gut erinnert wird. Mit zunehmendem Zeitabstand zur Informationsaufnahme wird aber die schemainkonsistente Information zunehmend vergessen und nach einer Woche wird lediglich die schemakonsistente Information – die aus der Kenntnis des Schemas rekonstruierbar ist – noch gut erinnert.

Schemata fördern somit die Erinnerung schemakonsistenter Information durch Rekonstruktion anhand des Schemas. Und sie fördern – zumindest zeitlich begrenzt – die Erinnerung schemainkonsistenter Information, indem sie diese Information als unerwartet ausweisen, weshalb sie mehr Aufmerksamkeit erhält. Information, die mit dem Schema weder konsistent noch inkonsistent ist, schema-irrelevante Information also, wird hingegen mit besonderer Wahrscheinlichkeit schon nach kurzer Zeit vergessen. Außerdem gibt es Hinweise darauf, daß Information, die mit dem Schema so extrem inkonsistent ist, daß sie nicht mehr plausibel erscheint, leicht vergessen wird (HASTIE & KUMAR, 1979; HASTIE, 1980), vermutlich weil sie erst gar nicht in die Repräsentation der Person oder des Ereignisses aufgenommen wird.

Allerdings führt die Rekonstruktion von Information anhand eines Schemas auch zu systematischen *Erinnerungsfehlern,* die dadurch entstehen, daß Handlungen oder Merkmale «erinnert» werden, die zwar im Schema vorkommen, aber nicht Bestandteil der Originalinformation waren. So könnte bei der Erzählung, daß der Kellner Paul sein Dessert servierte, z. B. «erinnert» werden, daß Paul ein Dessert *bestellte.* Diese Handlung kam im Text nicht vor, ist aber im Restaurantskript impliziert, in dem Kellner nichts servieren, wenn man nichts bestellt. Die Verwechslung solcher implizierter Handlungen mit real erzählten oder beobachteten Handlungen ist um so wahrscheinlicher, je zentraler die implizierte Handlung im Schema ist (BOWER, BLACK & TURNER, 1979; GRAESSER, WOLL, KOWALSKI & SMITH, 1980). Solche Erinnerungsfehler, in denen sich im Schema implizierte Elemente in die Erinnerung einschleichen, werden als «intrusion errors» bezeichnet.

Eine Untersuchung von SNYDER & URANOWITZ (1978) bietet eine interessante sozialpsychologische Illustration dieses Phänomens der «intrusion errors». Die Versuchspersonen dieser Untersuchung lasen eine ausführliche Fallgeschichte, in der das Leben von Betty K. von ihrer Geburt bis zu einer erfolgreichen Karriere als Ärztin beschrieben wurde. Einige Versuchspersonen erfuhren nach der Lektüre, daß Betty K. mittlerweile verheiratet sei und mit ihrem Mann zusammenlebe, während andere erfuhren, daß sie lesbisch sei und mit einer Frau zusammenlebe. Eine Woche später wurden den Versuchspersonen verschiedene Aussagen über Betty K. präsentiert und sie wurden gebeten, anzugeben, welche dieser Aussagen in der Fallgeschichte enthalten waren und welche nicht. Versuchspersonen, die annahmen, Betty K. sei lesbisch, «erkannten» mehr Aussagen wieder, die mit ihren stereotypen Vorstellungen eines lesbischen Lebensstils vereinbar waren als Versuchspersonen, die annahmen, Betty K. lebe mit ihrem Ehemann zusammen – auch wenn diese Aussagen in der Fallgeschichte nicht vorkamen. Die Benützung eines Lesben-Schemas führte somit in der Rekonstruktion der Information zu schemakonsistenten Erinnerungsfehlern.

Die gute Erinnerung schemakonsistenter Information durch die Rekonstruktion von Information mit Hilfe des Schemas wird also erkauft durch «intrusion errors» in Form der Erinnerung weiterer schemakonsistenter Information, die nicht Bestandteil der Originalformation war. SPIRO (1977) und WYER & SRULL (1980a) berichten weitere Untersuchungen zu Rekonstruktionsfehlern dieser Art und BALLSTAEDT et al. (1981, S. 93 ff.) diskutieren Rekonstruktionsprozesse im Lichte verschiedener Gedächtnistheorien.

Schließlich stellt sich die Frage, ob schemabedingte Unterschiede der Erinnerung auf Unterschiede in der Informations*aufnahme* oder nur auf Unterschiede im Informations*abruf* zurückzuführen sind. Das heißt, treten Unterschiede in der Erinnerung auf, weil das aktivierte Schema beeinflußt, welche Information überhaupt aufgenommen wird, oder treten sie erst auf, wenn die aufgenommene Information rekonstruiert wird? Dies wurde in mehreren Experimenten untersucht, indem das entsprechende Schema vor oder – wie bei dem gerade besprochenen Experiment – nach der Informationsaufnahme aktiviert wurde (z. B. ROTHBART, EVENS & FULERO, 1979; ZADNY & GERARD, 1974).

Die Ergebnisse zeigen, daß die Einflüsse eines Schemas stärker sind, wenn es bereits vor der Informationsaufnahme aktiviert wurde, als wenn das Schema erst nach der Aufnahme der Information eingeführt wird (vgl. TAYLOR & CROCKER, 1981 zur Übersicht). Dies war zu erwarten, da ein Schema, das erst nach der Informationsaufnahme aktiviert wird, lediglich die Rekonstruktion der Information, aber nicht die Aufnahme der Originalformation beeinflussen kann, während ein Schema, das vor der Informationsaufnahme aktiviert wird, beides zu beeinflussen vermag.

3.4 Schemata und Verhaltenssteuerung

Die Funktion von Schemata in der Verhaltenssteuerung hat bisher relativ wenig Aufmerksamkeit gefunden, zum Teil wohl, weil einige der Funktionen offensichtlich scheinen. Schemata stellen Wissen über das angemessene Verhalten in bestimmten Situationen oder gegenüber bestimmten Personen zur Verfügung. Ohne ein Restaurantskript wüßten wir z.B. nicht, wie wir uns in einem Restaurant verhalten sollten, und wenn wir bei einem Empfang nicht entscheiden können, ob der Herr mit der schwarzen Fliege der Kellner oder der Gastgeber ist, entstehen Verhaltensunsicherheiten. Es scheint sicher, daß das Schema, das wir zur Interpretation einer Situation heranziehen, unser Verhalten beeinflußt, sobald wir eine der Leerstellen im Schema eingenommen haben. Allerdings wissen wir wenig darüber, unter welchen Bedingungen Personen einen Platz im Schema einnehmen (ABELSON, 1981).

Ein interessantes Experiment über den Einfluß von Personenschemata auf die soziale Interaktion haben SNYDER, TANKE & BERSCHEID (1977) berichtet. Wie wiederholt gezeigt wurde (s. BERSCHEID & WALSTER, 1978), enthält das Schema für gut aussehende Personen Eigenschaften, die im Schema für körperlich unattraktive Personen nicht oder in geringem Maße vorkommen. Insbesondere wird von gut aussehenden Personen erwartet, daß sie charmant, sozial aufgeschlossen, freundlich, interessant und geschickt im Umgang mit anderen sind. In diesem Experiment führten jeweils ein Mann und eine Frau, die sich vorher nicht kannten, eine Unterhaltung am Telefon. Den Männern wurde vor Beginn der Unterhaltung ein Bild gezeigt, das angeblich ihre Gesprächspartnerin wiedergab. Unabhängig davon, wie attraktiv die Partnerin wirklich war, zeigte dieses Bild für einige Versuchspersonen eine attraktive und für andere Versuchspersonen eine unattraktive Frau. Die sich dann entwickelnde Telefonunterhaltung wurde auf Tonband aufgezeichnet und andere Versuchspersonen, die keine Information über die Frau hatten (auch nicht über ihr angebliches Aussehen) hörten später zufällig ausgewählte Gesprächsausschnitte. Danach beurteilten sie, wie charmant, aufgeschlossen usw. die Frau war, die sie gehört hatten. Die Ergebnisse zeigten, daß Frauen, von denen ihre männlichen Gesprächspartner dachten, daß sie attraktiv seien, von einer anderen Gruppe von Männern als charmanter, aufgeschlossener usw. beurteilt wurden als Frauen, von denen ihre Gesprächspartner dachten, daß sie unattraktiv seien – unabhängig davon, wie attraktiv sie wirklich waren. Es scheint, daß die im Schema für attraktive Frauen enthaltenen Erwartungen das Verhalten der Männer gegenüber ihren Gesprächspartnerinnen beeinflußten, was zur Folge hatte, daß Frauen, von denen erwartet wurde, daß sie charmant seien, sich auch in der Tat charmanter verhielten. Eine weitere Analyse der Tonbandkontrolle bestätigte diese Vermutung: Männer, die dachten, ihre Gesprächspartnerin sei attraktiv, gingen selbst aufgeschlossener und charmanter auf sie zu als Männer, die dachten, sie sei unattraktiv. Das Experiment zeigt somit, daß das durch das Bild aktivierte «schöne Frau»-Schema das Verhalten der Männer beeinflußte. Die Art, in der die Männer dann auf ihre Gesprächspartnerinnen zugingen, beeinflußte wiederum das Verhalten der Frauen, so daß Frauen, von denen die Männer erwarteten, daß sie charmant seien, sich auch charmanter verhielten. Ein solcher Zirkel wird häufig als «sich selbst erfüllende Prophezeiung» bezeichnet und DARLEY & FAZIO (1980) geben einen Überblick über die Forschung und zu diesem Phänomen (s. auch SNYDER & SWANN, 1978, und WORD, ZANNER & COOPER, 1974).

3.5 Wann verändern sich Schemata?

Die meisten Untersuchungen zu sozialen Schemata betrafen den Einfluß von Schemata auf die Enkodierung, Speicherung und den Abruf von Information, sowie ihre Konsequenzen für die Urteilsbildung. Wenig Aufmerksamkeit wurde hingegen der Frage gewidmet, wie Schemata entstehen und unter welchen Bedingungen sie sich verändern. Meist wurde hervorgehoben, daß Schemata sehr resistent gegen Änderung seien, und daß widersprüchliche Information eher dem Schema angepaßt werde, («Assimilation») als daß das Schema geändert würde, um den «Daten» gerecht zu werden («Akkommodation»). In der Tat erscheint eine gewisse Resistenz von Schemata gegen Änderung auch als funktional: «Stable schemata lend a sense of order, structure, and coherence to social stimuli that would otherwise be complex, unpredictable and often overwhelming. If cognitive representations of the world shifted in response to each piece of information that was not exactly consistent, then this order and predictability would be lost» (CROCKER, FISKE & TAYLOR, 1983, S. 199). Andererseits ist die weitere Benützung von Schemata, die den Daten nicht gerecht werden, ebenfalls dysfunktional, da sie zu einer großen Zahl von Interpretations-, Urteils-, Erinnerungs- und Verhaltensfehlern führen kann.

Der Realität unangemessene Schemata müssen daher eine gewisse Anpassung oder «Akkommodation» erfahren. Diese Anpassung wird jedoch nicht durch einzelne, schemainkonsistente Informationen bewirkt, sondern nur durch größere Mengen schemainkonsistenter Evidenz. Einzelne inkonsistente Informationen werden entweder dem Schema assimiliert, um ihre Inkonsistenz zu mindern, oder als «schlechte Daten» ignoriert. Bei Personenschemata z. B. könnte man «unpassende» Verhaltensweisen als situativ bedingt und absolut untypisch betrachten, so daß kein Anlaß zur Änderung der Repräsentation der Person gegeben wäre (vgl. z. B. CROCKER, HANNAH & WEBER, 1983).

Mit größeren Mengen inkonsistenter Information nimmt die Leichtigkeit der Assimilation ab und die Notwendigkeit der Schema-Akkommodation zu. Drei Modelle der Schema-Akkommodation wurden untersucht: Ein «Buchhaltungsmodell», demgemäß das Schema bei jedem Auftreten von widersprüchlicher Information etwas korrigiert wird, was in langsamen Änderungen resultiert; ein «Bekehrungsmodell», demgemäß das Schema plötzlich geändert wird, wenn die Menge der widersprüchlichen Evidenz eine kritische Grenze überschreitet und ein «Substitutionsmodell», demgemäß die Schemaänderung in erster Linie durch die Bildung von Subschemata erfolgt, die der widersprüchlichen Information gerecht werden sollen (ROTHBART, 1981). Die bisherige empirische Evidenz legt nahe, daß eine Ausbildung von Subtypen erfolgt, wenn die widersprüchliche Evidenz konzentriert auftritt, während das Buchhaltungsmodell zutrifft, wenn die widersprüchliche Evidenz über zahlreiche Ereignisse verstreut auftritt (CROCKER & WEBER, 1983). «Bekehrungen» scheinen nur wahrscheinlich zu sein, wenn die Person bereits über ein neues Schema verfügt, das den Platz des alten Schemas einnehmen könnte. Diese Möglichkeit wurde experimentell noch nicht untersucht.

Die Änderung von Schemata und die Mechanismen ihrer Änderungsresistenz werden in den nächsten Jahren zu einem zentralen Forschungsproblem der sozialen Kognition werden. Dabei sind wichtige Erkenntnisse auch von der entwicklungspsychologischen Forschung zur Entstehung sozialer Schemata zu erwarten (vgl. z. B. NELSON, 1981). Dieses Thema wurde in der Sozialpsychologie bisher vernachlässigt, indem lediglich darauf hingewiesen wurde, daß Schemata im Laufe konkreter Erfahrungen (z. B. mit Restaurants oder Extravertierten) entstünden und im Laufe neuer Erfahrungen verändert würden.

4. Zur Kritik der Verwendung von Schemakonzeptionen in der Sozialpsychologie

Die Verwendung von Schemata als theoretische Konzepte in der sozialpsychologischen Forschung wurde häufig kritisiert, wobei zwei Einwände dominieren: Einerseits wurde betont, daß der Schemabegriff selbst zu unklar sei um nützlich zu sein. Andererseits wurde gefragt, was an Schemata überhaupt sozial sei und welchen Stellenwert dieses aus der kognitiven Psychologie übernommene Konzept in der Sozialpsychologie haben könne.

Die Unklarheiten des Schemabegriffes spiegeln sich nicht nur in der Vielzahl verwandter Konzeptionen wie schema, frame, scipt, category, prototype, personae usw., sondern finden ihren Ausdruck auch in der wenig stringenten Explikation jedes einzelnen dieser Konzepte (vgl. z. B. die Kritik bei GRAUMANN & SOMMER, 1983; HERRMANN, 1982). Diese Unklarheiten werden bei der Verwendung des Konzeptes in der sozialpsychologischen Forschung noch dadurch verstärkt, daß sozialpsychologische Forscher sich selten auf die eine oder andere Variante des Schemabegriffes festlegen, sondern sich meist global auf «Schemata» beziehen und damit die Gemeinsamkeiten der Konzepte in den Mittelpunkt rücken – wie dies auch in diesem Kapitel geschehen ist. Allerdings scheint dies, wie FISKE & LINVILLE (1980) darstellen, beim gegenwärtigen Forschungsstand gut rechtfertigbar: Sozialpsychologen sind bei Untersuchungen, wie z. B. der zuletzt dargestellten Arbeit von SNYDER et al. zum Einfluß körperlicher Attraktivität auf das Interaktionsverhalten, weniger auf detaillierte Annahmen über die kognitive Repräsentation des Wissens über die Eigenschaften von Attraktiven angewiesen, als dies etwa kognitive Psychologen sind, deren Gegenstand eben diese Repräsentation ist. Sozialpsychologische Forschung kann daher, zumindest für einen Teil der Fragestellungen, mit globaleren Schemakonzeptionen auskommen. Bedenklicher ist, daß Sozialpsychologen meist auch darauf verzichten, zu überprüfen, ob ihre Versuchsperson überhaupt für den untersuchten Gegenstandsbereich über ein Schema verfügen und welche Elemente dieses Schema enthält (WYER, 1979) – meist wird dies durch die Wahl kulturell vertrauter Gegenstände vorausgesetzt.

Nichtsdestotrotz erwies sich der Schemabegriff in der sozialpsychologischen Forschung als sehr stimulierend, was sich in einer Vielzahl von Untersuchungen niederschlug. Zugleich warf die Anwendung des Konzeptes auf komplexes soziales Material eine Reihe neuer Fragen auf, die sich im Rahmen der Forschungtradition der kognitiven Psychologie kaum stellten: Welche Rolle spielen Schemata bei der Handlungsplanung und bei der Realisierung der Handlung? Welche Rolle spielen die affektiven Erfahrungen, die mit sozialem Material verknüpft sind? Wie beeinflussen z. B. Stimmungen die Verfügbarkeit von Schemata? Haben Schemata affektive Komponenten? Wie verändern sich Schemata, die nicht länger adäquat sind, z. B. wenn man die Kultur gewechselt hat? Werden neue Schemata, z. B. für neue Verhaltensweisen in einer fremden Kultur, in Analogie zu vorhandenen Schemata für vertrautes Verhalten aufgebaut?

Neben konzeptuellen Problemen konzentrierte sich die Kritik vor allem auf die Frage, was an Schemata überhaupt «sozial» sei. Diese Kritik zielt meist nicht nur auf die Verwendung des Schemakonzeptes, sondern auf das gesamte Paradigma der Informationsverarbeitung in der Sozialpsychologie (zur Einführung in die Grundannahmen s. STRACK, 1983). FORGAS (1981, S. 3) meint, nach anfänglicher Begeisterung für das Informationsverarbeitungsparadigma habe die Sozialpsychologie sich wiedergefunden als ein Feld «now mainly concerned *not* with human social action, but with human beings as thinkers and information processors about social stimuli». Er kritisiert, wie viele andere, die Beschränkung auf Denken und Gedächtnis, die viele sozialpsychologische Arbeiten im Informationsverarbeitungsparadigma charakterisiert und fordert eine stärkere Berücksichtigung von Motivation, Emotion und Handlung. Eben diese Berücksichtigung wird zunehmend auch von Forschern innerhalb dieses Paradigmas gefordert und entwickelt (vgl. BOWER, 1981; HIGGINS, 1981; HIGGINS, KUIPER & OLSON, 1981; SCHWARZ, 1983; SCHWARZ & CLORE, 1983). Ungeachtet dieser Schwierigkeiten eines jungen Forschungsparadigmas, das erst seit Mitte der siebziger Jahre größere Aufmerksamkeit findet, ist der Versuch zu begrüßen, allgemeine Theorien menschlicher Informationsverarbeitung zu entwickeln, die menschliches Denken über soziale und nicht-soziale Sachverhalte aus einem einheitlichen Bezugsrahmen erklären können. Daß diese Ansätze auch für sozialpsychologische Probleme eine fruchtbare Perspektive bieten können, sollten die im vorliegenden Kapitel berichteten Forschungsbeispiele verdeutlichen.

Literatur

ABELSON, R.P.: Script processing in attitude formation and decision-making. In: J.S. CARROLL & J.N. PAYNE (Eds.): Cognition and social behavior. Hillsdale, New Jersey: Erlbaum 1976.

ABELSON, R.P.: The psychological status of the script concept. American Psychologist, 1981, *36*, 715–729.

BALLSTAEDT, S.P.; MANDL, H.; SCHNOTZ, W. & TERGAN, S.O.: Texte verstehen, Texte gestalten. München: Urban & Schwarzenberg 1981.

BARTLETT, F.C.: Remembering: A study in experimental and social psychology. London: Cambridge University Press 1932.

BERGSON, H.: L'effort intellectuel (1902). In: H. BERGSON: Mélanges. Paris: P.U.F. 1972.

BERSCHEID, E. & WALSTER, E.H.: Interpersonal attraction. Reading, Mass.: Addison-Wesley 1978.

BIERHOFF, H.W. & BIERHOFF-ALFERMANN, D.: Kognitive Prozesse im Motivationsgeschehen: Attributionen als Ursachenerklärungen von Handlungen. In: H. THOMAE (Hrsg.): Theorien und Formen der Motivation. Göttingen: Hogrefe 1983.

BOWER, G.H.: Mood and memory. American Psychologist, 1981, *36*, 129–148.

BOWER, G.H.; BLACK, J.B. & TURNER, T.J.: Scripts in memory for text. Cognitive Psychology, 1979, *11*, 177–220.

BRANSFORD, J.D. & JOHNSON, M.K.: Contextual prerequisits for understanding: Some investigations of comprehension and recall. Journal of Verbal Learning and Verbal Behavior, 1972, *11*, 717–726.

BRANSFORD, J.D. & McCARRELL, N.S.: A sketch of a cognitive approach to comprehension. In: W. WEINER & D.S. PALERMO (Eds.): Cognition and the symbolic processes. Hillsdale, N.J.: Erlbaum 1975.

CANTOR, N. & MISCHEL, W.: Prototypes in person perception. In: L. BERKOWITZ (Ed.): Advances in experimental social psychology. (Vol. 12). New York: Academic Press 1979.

CRAIK, F.I.M. & LOCKHART, R.S.: Levels of processing: A framework for memory research. Journal of Verbal Learning and Verbal Behavior, 1972, *11*, 671–684.

CROCKER, J.; FISKE, S.T. & TAYLOR, S.E.: Schematic bases of belief change. In: J.R. EISER (Ed.): Attitudinal judgment. New York: Springer 1984.

CROCKER, J.; HANNAH, D.B. & WEBER, R.: Person memory and causal attributions. Journal of Personality and Social Psychology, 1983, *44*, 55–66.

CROCKER, J. & WEBER, R.: Cognitive structure and stereotype change. In: R.P. BAGOZZI & A.M. TYBOUT (Eds.): Advances in consumer research. (Vol. 10), 1983.

DARLEY, J.M. & FAZIO, R.H.: Expectancy confirmation processes arising in the social interaction sequence. American Psychologist, 1980, *35*, 867–881.

EBBINGHAUS, H.: Über das Gedächtnis. Leipzig: Duncker & Humblot 1885.

FISKE, S.T. & LINVILLE, P.W.: What does the schema concept by us? Personality and Social Psychology Bulletin, 1980, *6*, 543–557.

FORGAS, J.P.: What is social about cognition? In: J.P. FORGAS (Ed.): Social Cognition. London: Academic Press 1981.

GRAESSER, A.C.; GORDON, S.E. & SAWYER, J.D.: Recognition memory for typical and atypical actions in scripted activities: Tests of a script pointer + tag hypothesis. Journal of Verbal Learning and Verbal Behavior, 1979, *18*, 319–332.

GRAESSER, A.C. & NAKAMURA, G.V.: The impact of a schema on comprehension and memory. In: G.H. BOWER (Ed.): The psychology of learning and motivation, (Vol. 16), New York: Academic Press 1982.

GRAESSER, A.C.; WOLL, S.B.; KOWALSKI, D.J. & SMITH, D.A.: Memory for typical and atypical actions in scripted activities. Journal of Experimental Psychology: Human Learning and Memory, 1980, *6*, 503–515.

GRAUMANN, C.F. & SOMMER, M.: Schema and inference: Models in cognitive social psychology. Annals of the International Journal of Theoretical Psychology, (Vol. 1), 1983.

HAMILTON, D.L.: A cognitive attributional analysis of stereotyping. In: L. BERKOWITZ (Ed.): Advances in experimental social psychology, (Vol. 12), New York: Academic Press 1979.

HAMILTON, D.L.; KATZ, L.B. & LEIRER, V.O.: Organizational processes in impression formation. In: R. HASTIE, T.M. OSTROM, E.B. EBBESEN, R.S. WYER, D.L. HAMILTON & D.E. CARLSTON (Eds.): Person memory: The cognitive basis of social perception. Hillsdale, New Jersey: Erlbaum 1980.

HAMILTON, D.J. (Ed.): Cognitive processes in stereotyping and intergroup behavior. Erlbaum 1981.

HASTIE, R.: Memory for behavioral information that confirms or contradicts a personality impression. In: R. HASTIE, T.M. OSTROM, E.B. EBBESEN, R.W. WYER, Jr., D.L. HAMILTON & D.E. CARLSTON (Eds.): Person memory: The cognitive basis of social perception. Hillsdale, N.J.: Lawrence Erlbaum 1980.

HASTIE, R.: Schematic principles in human memory. In: E.T. HIGGINS, P. HERMAN & M. ZANNA (Eds.): Social Cognition: The Ontario Symposium. (Vol. 1) Hillsdale, N.J.: Lawrence Erlbaum 1981.

HASTIE, R. & KUMAR, P.A.: Person memory: Personality traits as organizing principles in memory for behaviors. Journal of Personality and Social Psychology, 1979, 37, 27–38.

HEIDER, F.: The psychology of interpersonal relations. New York: Wiley 1958.

HERRMANN, T.: Über begriffliche Schwächen kognitivistischer Kognitionstheorien: Begriffsinflation und Akteur – System – Kontamination. Sprache und Kognition, 1982, 1, 3–14.

HIGGINS, E.T.: The communication game: Implications for social cognition and persuasion. In: E.T. HIGGINS, C.P. HERMAN & M.P. ZANNA (Eds.): Social cognition: The Ontario Symposium. (Vol. 1), Hillsdale, New Jersey: Erlbaum 1981.

HIGGINS, E.T. & KING, G.: Accessibility of social constructs: Informationprocessing consequences of individual and contextual variability. In: N. Cantor & J.F. Kihlstrom (Eds.): Personality, cognition, and social interaction. Hillsdale, N.J.: Lawrence Erlbaum 1981.

HIGGINS, E.T.; KUIPER, N.A. & OLSON, J.M.: Social Cognition: A need to get personal. In: E.T. HIGGINS, C.P. HERMAN & M.P. ZANNA (Eds.): Social cognition: The Ontario Symposium. (Vol. 1), Hillsdale, New Jersey: Erlbaum 1981.

HIGGINS, E.T.; RHOLES, W.S. & JONES, C.R.: Category accessiblity and impression formation. Journal of Experimental Social Psychology, 1977, 13, 141–154.

KELLEY, H.H.: Causal schemata and the attribution process. In: E.E. JONES, D.E. KANOUSE, H.H. KELLEY, R.E. NISBETT, S. VALINS & B. WEINER: Attribution: Perceiving the causes of behavior. Morristown, N.J.: General Learning Press 1971.

KINTSCH, W.: Comprehension and memory for text. In: W.K. ESTES (Ed.): Handbook of learning and cognitive processes, Vol. 6. Hillsdale: Erlbaum 1978.

LANDMAN, J. & MANIS, M.: Social cognition: Some historical and theoretical perspectives. In: L. BERKOWITZ (Ed.): Advances in experimental social psychology. (Vol. 16) New York: Academic Press 1983.

MANDLER, J.M.: Categorial schematic organisation in memory. In: C.R. PUFF (Ed.): Memory, organization and structure. New York: Academic Press 1979.

MARKUS, H.: Self-schemata and processing information about the self. Journal of Personality and Social Psychology, 1977, 35, 63–78.

MINSKY, M.: A framework for representing knowledge. In: P.H. WINSTON (Ed.): The psychology of computer vision. New York: McGraw-Hill 1975.

NELSON, K.: Social cognition in a script framework. In: J. FLAVELL & C. ROSS (Eds.): Social cognitive development. Cambridge: Cambridge University Press 1981.

NISBETT, R.E. & ROSS, L.: Human inference: Strategies and shortcomings of social judgment. Englewood Cliffs, N.J.: Prentice-Hall 1980.

NORMAN, D.A. & BOBROW, D.G.: On the role of active memory processes in perception and cognition. In: C.N. COFER (Ed.): The structure of human memory. San Francisco: Freeman 1975.

PICEK, J.S.; SHERMAN, S.J. & SHIFFRIN, R.M.: Cognitive organization and coding of cognitive structures. Journal of Personality and Social Psychology, 1975, 31, 758–768.

ROGERS, T.B.; KUIPER, N.A. & KIRKER, W.S.: Self-reference and the encoding of personal information. Journal of Personality and Social Psychology, 1977, 35, 677–688.

Rosch, E.: Principles of categorization. In: E. Rosch & B.B. Lloyd (Eds.): Cognition and categorization. Hillsdale, N.J.: Erlbaum 1978.

Rothbart, M.: Memory processes and social beliefs. In: D. Hamilton (Ed.): Cognitive processes in stereotyping and intergroup relations. Hillsdale, N.J.: Lawrence Erlbaum 1981.

Rothbart, M.; Evans, M. & Fulero, S.: Recall for confirming events: Memory processes and the maintenance of social stereotypes. Journal of Experimental Social Psychology, 1979, 15, 343-355.

Rumelhart, N.: Schemata: The building-blocks of cognition. In: R. Spiro, B. Bruce, W. Brewer (Eds.): Theoretical issues in reading comprehension. Hillsdale, N.J.: Erlbaum, 1980.

Schank, R. & Abelson, R.: Scripts, plans, goals and understanding: An inquiry into human knowledge structures. Hillsdale, N.J.: Lawrence Erlbaum 1977.

Schwarz, N.: Affekt und Informationsverarbeitung. In: D. Frey & S. Greif (Eds.): Sozialpsychologie. Ein Handbuch in Schlüsselbegriffen. München: Urban & Schwarzenberg 1983.

Schwarz, N. & Clore, G.: Mood, misattribution, and judgments of well-being: Informative and directive functions of affective states. Journal of Personality and Social Psychology, 1983, 45, 513-523.

Selz, O.: Über die Gesetze des geordneten Denkverlaufs. Stuttgart: Spemann 1913.

Selz, O.: Zur Psychologie des produktiven Denkens und des Wirkens. Bonn: Cohen 1922.

Snyder, M. & Swann, W.B., Jr.: When actions reflect attitudes: The politics of impression management. Journal of Personality and Social Psychology, 1978, 34, 1034-1042.

Snyder, M.; Tanke, E.D. & Berscheid, E.: Social perception and interpersonal behavior: On the self-fulfilling nature of social stereotypes. Journal of Personality and Social Psychology, 1977, 35, 656-666.

Snyder, M. & Uranowitz, S.W.: Reconstructing the past: Some cognitive consequences of person perception. Journal of Personality and Social Psychology, 1978, 36, 941-950.

Spiro, R.J.: Remembering information from text: The «state of schema» approach. In: R.C. Anderson, R.J. Spiro & W.E. Montague (Eds.): Schooling and the acquisition of language. Hillsdale, N.J.: Erlbaum 1977.

Strack, F.: Soziale Informationsverarbeitung. In: D. Frey & S. Greif (Eds.): Sozialpsychologie. Ein Handbuch in Schlüsselbegriffen. München: Urban & Schwarzenberg 1983.

Tajfel, H. & Forgas, J.P.: Social categorization: Cognitions, values, and groups. In: J.P. Forgas (Ed.): Social cognition. London: Academic Press 1981.

Taylor, S.E. & Crocker, J.: Schematic bases of social information processing. In: E.T. Higgins, P. Herman & M. Zanna (Eds.): Social cognition: The Ontario Symposium. (Vol. 1) Hillsdale, N.J.: Lawrence Erlbaum 1981.

Word, C.O.; Zanna, M.P. & Cooper, J.: The nonverbal mediation of self-fulfilling prophecies in interracial interaction. Journal of Experimental Social Psychology, 1974, 10, 109-120.

Wyer, R.S.: The nature and use of schemata about persons. Vortrag bei der Jahrestagung der Midwestern Psychological Association, Chicago, Mai 1979.

Wyer, R.S.: The acquisition and use of social knowledge. Basic postulates and representative research. Personality and Social Psychology Bulletin, 1980, 6, 558-573.

Wyer, R.S. & Carlston, D.E.: Social cognition, inference, and attribution. Hillsdale, New Jersey: Erlbaum 1979.

Wyer, R.S. & Gordon, S.E.: The cognitive representation of social information. In: R.S. Wyer & T. Srull (Eds.): Handbook of social cognition. (Vol. 2). Hillsdale: Erlbaum 1984.

WYER, R.S. & SRULL, T.K.: The processing of social stimulus information: A conceptual integration. In: R. HASTIE, T.M. OSTROM, E.B. EBBESON, R.S. WYER, D.L. HAMILTON & D.E. CARLSTON (Eds.): Person memory: The cognitive basis of social perception. Hillsdale, New Jersey: Erlbaum 1980 a.

WYER, R.S., Jr. & SRULL, T.K.: Category accessibility: Some theoretical and empirical issues concerning the processing of social information. In: E.T. HIGGINS, C.P. HERMAN & M.P. ZANNA (Eds.): Social cognition: The Ontario Symposium, (Vol. 1), Hillsdale, N.J.: Lawrence Erlbaum 1980 b.

ZADNY, J. & GERARD, H.B.: Attributed intentions and informational selectivity. Journal of Experimental Social Psychology, 1974, *10,* 34–52.

Die Herausgeber zum folgenden Beitrag

Die Theorie zur Laien-Epistemologie ist sowohl eine Theorie zur Erklärung von Prozessen der Verarbeitung sozialer Informationen wie eine Theorie, die – drei! – Motive postuliert und als intervenierende Variable zur Erklärung von Erkenntnis-Entscheidungen, nicht von Handlungs-Entscheidungen oder gar von Handlungen einsetzt. Diese Theorie sucht Gleichgewichtsprozesse und Attributionsprozesse gleichermaßen zu erklären. Sie versucht, Informationsverarbeitungen weniger kognitiv als motivational zu erklären. Diese Theorie versucht zu integrieren, indem sie beansprucht, daß so gut wie alle als sozialpsychologisch etikettierte Theorien auf sie reduzierbar, durch sie erklärbar seien. Dieser Anspruch ist kühn. Diese Theorie ist noch allgemeiner konzipiert als die Theorie der kognitiven Dissonanz. Sie gerät noch leichter in die Gefahr, sich gegen widersprechende empirische Fakten zu immunisieren. Diese Theorie mit ungeheuer breitem und tiefem Anspruch empirischer Geltung demonstriert indirekt, warum auch die Sozialpsychologie engerer Theorien mit detailliert definiertem Anspruch empirischer Geltung bedarf. Diese Grand Tour ist eher ein Standpunkt zur Weltperspektive als eine Theorie; sie formuliert invariante Kernannahmen, die sich – immunisiert – durch empirische Falsifikationen nicht erschüttern lassen. Die Herausgeber meinen, daß sich auch solche Weltbilder empirisch erschüttern lassen. Sozialwissenschaftlich wird so oder so ein Durchbruch erreicht: Der Entdeckungszusammenhang von Erkenntnissen – und dieses ist wissenssoziologisch ungemein wichtig! – ist (sozial-)psychologisch für Laien und Wissenschaftler gleichartig zu erklären. Aber auch der Geltungszusammenhang von Erkenntnissen (Theorien) ist nur präskriptiv eine Frage der Wissenschafts-Methodologie; deskriptiv ist er eine Frage der Sozial-Psychologie. Dieses ist der heuristische Wert der Theorie, mit der die drei Bände zu Theorien der Sozialpsychologie abgeschlossen werden.

Die Theorie der Laienepistemologie[1]

ARIE W. KRUGLANSKI
MARK W. BALDWIN
SHELAGH M.J. TOWSON

Einleitung

Die Theorie der Laien-Epistemologie (vgl. KRUGLANSKI, 1980; KRUGLANSKI & JAFFE, im Druck; KRUGLANSKI & AJZEN, 1983) entstand als Reaktion auf verschiedene theoretische Modelle, die dem Gebiet der Kausalattribution entstammen. Ein genauer Blick auf diese Theorien ergab eine Anzahl konsistenter Aspekte, deren Synthese zur Entwicklung eines Modells des epistemologischen oder «allgemein wissenssuchenden Prozesses» führte. Dieser laien-epistemologische Ansatz eröffnet Perspektiven für eine Reihe von sozialpsychologisch interessanten Forschungsgebieten. Im Laufe der Entwicklung dieser Theorie wurde sie angewandt auf die Gegenstandsbereiche Attribution, kognitive Konsistenz, Schlußfolgerungsfehler sowie soziale Vergleichsprozesse; diese Gebiete werden in den nachfolgenden Abschnitten des Kapitels behandelt.

Zu Beginn soll bemerkt werden, daß die Theorie der Laien-Epistemologie keineswegs überraschende neue Einsichten in den menschlichen kognitiven Prozeß bereitstellt. Viele ihrer Ideen und Behauptungen sind in gewissem Sinn allgemeines Gedankengut darüber, wie Menschen denken und Schlußfolgerungen ziehen. Die Innovation unserer Theorie liegt vielmehr darin, daß sie diese Ideen in einer gemeinsamen Form vereinigt und eine Grundlage liefert für dezidierte Standpunkte gegenüber Fragen, die bisher durch Konfusion und Ambiguität gekennzeichnet waren. Wir glauben, daß der resultierende Bezugsrahmen ein wertvolles Instrument bildet für die Reinterpretation bekannter Phänomene unter Einschluß einiger überraschender Implikationen hinsichtlich früherer Theorien und Forschungsarbeiten. Ohne weitere Einführung wollen wir nun dazu übergehen, die laien-epistemologische Theorie ein wenig detaillierter zu betrachten.

---

[1] Die deutsche Übersetzung besorgten Klaus Wortmann und Carsten Unger.

Die Theorie der Laien-Epistemologie

Die Theorie der Laien-Epistemologie bezieht sich auf den epistemologischen oder wissenssuchenden Prozeß. Sie geht von der Annahme aus, daß alles Wissen aus Sätzen (propositions) oder Überzeugungen (beliefs) besteht (z.b. «Die Welt ist rund», «Es regnet»). Überzeugungen haben einige interessante Grundzüge: (a) Sie liefern eine orientierende *Struktur* zu einem Thema oder einem Problem; (b) sie liefern Präferenzen für einen *spezifischen Inhalt* oder eine Bedeutung bei einem gegebenen Thema; (c) sie werden für *gültig* (valide) gehalten, d.h. sie sollen hinsichtlich ihres spezifischen Gegenstandsbereiches die Wahrheit abbilden.

Es ist ein zentraler Grundsatz der laien-epistemologischen Theorie, daß Überzeugungen mittels deduktiver Logik validiert werden. Beispielsweise könnte eine Person dem Satz zustimmen: (1) «Nur wenn es draußen regnet, werde ich Wassertropfen vom Himmel fallen sehen und Donner hören.» Nehmen wir nun an, daß unsere Person (2) Wassertropfen niedergehen sieht und Donner hört. Logisch gesprochen führen die Prämissen (1) und (2) zu der Konklusion (3), daß es nun regnet. Mit anderen Worten, bezogen auf die laien-epistemologische Theorie, bildet sogar «direktes» oder «wahrgenommenes» Wissen (jemand sieht mit seinen eigenen Augen, daß es regnet!) eine Überzeugung mit logischer Struktur und spezifischer Bedeutung, die deduktiv validiert werden muß.

Stellen wir uns nun eine Situation vor, in der jemand in das Ohr unseres Wissenssuchenden flüstert, daß MGM gerade in seiner Straße eine Neuauflage von «Singing in the Rain» filmt. Dieses Wissen könnte das Vertrauen unseres Wissenssuchenden in die obige Prämisse (1) unterminieren, nämlich daß Wassertropfen und Donner *nur dann* auftreten, *wenn* es tatsächlich regnet, und die Alternativhypothese herausfordern, daß diese Phänomene auch durch das Team für Spezialeffekte von MGM hervorgerufen werden könnten.

Um zwischen diesen beiden Hypothesen zu entscheiden, könnte unsere Person eine andere «nur wenn, dann»-Behauptung aufstellen, so z.B. «Nur wenn es wirklich regnet und nicht künstlich, werden Tropfen und Donner auch von Bob drei Blocks weiter beobachtet werden.» Das Wissen über die Natürlichkeit des Regens kann dann deduziert werden von Bobs bestätigender Beobachtung. Zusammengefaßt wird unser Wissen also deduktiv validiert mittels Prämissen der «Nur wenn x, dann y»-Form und über die empirische Evidenz der in den Prämissen spezifizierten Ereignisse (x oder y).

In der gleichen Weise, in der Sicherheit aus der logischen Konsistenz unter den Sätzen (oder Hypothesen, Überzeugungen, Prämissen – die Bezeichnung ist beliebig) resultiert, führt das Bewußtsein von Inkonsistenz zu Zweifeln und Verwirrung. Logische Inkonsistenz entsteht dann, wenn zwei kontradiktorische Behauptungen *A* und *non A* beide als wahr erscheinen. Wenn eine Überzeugung zu anderen Überzeugungen im Widerspruch steht, wird ein Vertrauensverlust resultieren.

Zweifel resultiert auch aus der Kenntnis einer Alternativhypothese, die ebenfalls mit den verfügbaren Sachverhalten konsistent ist. Inkonsistenz kann nur aufgelöst werden durch die Ablehnung einer der kontradiktorischen Kognitionen, d.h. durch die Identifizierung derjenigen Feststellung aus einem kontradiktorischen Paar von Sätzen, die wahrscheinlich falsch ist. Nehmen wir an, daß Mary das Auftreten von Wassertropfen und Donner bestätigte, wohingegen Bob, der von derselben Stelle aus berichtete, dieses vehement bestritt. Die Verwirrung könnte zerstreut werden, wenn Bob am Telefon ein wenig betrunken geklungen hätte, einen Ruf als rechter Spaßvogel genießen würde, oder bekannt wäre für plötzliche Anfälle von zwanghaftem Lügen. In einem solchen Fall würde man wahrscheinlich die Gültigkeit von Bobs Bericht bestreiten und die Inkonsistenz zu Marys Gunsten lösen.

«Einfrierende» (freezing) und «nicht-einfrierende» (unfreezing) Mechanismen

Für jedes Muster beobachtbarer Sachverhalte (d.h.: jeder Satz von Behauptungen, an die man glaubt) gibt es eine unbegrenzte Anzahl möglicher erklärender Hypothesen. Vom Himmel fallende Wassertropfen könnten für den einfallsreichen Erkenntnisforscher auf einen Rasensprenger, einen Fensterwäscher oder auf nasse Vögel hindeuten. Solange diese Hypothesen konsistent mit den Beobachtungen sind, bleiben sie plausible Alternativen. Aber selbst dann, wenn alle bis auf eine der rivalisierenden Alternativen sorgfältig ausgeschieden würden, wäre das Vertrauen in die verbleibende Alternative weiterhin unsicher. Prinzipiell können nämlich jederzeit neue Hypothesen generiert oder Tatsachenbeobachtungen gemacht werden, die mit einer akzeptierten Überzeugung inkonsistent sind. Aber wie kann dann überhaupt jemand irgend etwas sicher wissen (oder wenigstens das Gefühl haben, daß er etwas sicher weiß)? Nach der laien-epistemologischen Theorie beendet eine Person an einem gewissen Punkt des Verarbeitungsprozesses die Erzeugung von Hypothesen und erzielt einen «Abschluß» für eine gegebene Überzeugung. In der Sprache der Laien-Epistemologie wird dieses mit *Einfrieren* (freezing) bezeichnet. Wenn eine Überzeugung eingefroren ist, bewertet die Person diese nicht länger gegenüber konkurrierenden Alternativen und/oder inkonsistenten Beweisstücken. Mit dem Einfrieren der hypothesenerzeugenden Sequenz geht einher, daß die Überzeugung aufgrund der Aussonderung von Alternativhypothesen mit einem größeren Grad an Vertrauen beibehalten wird. Die Erfahrung von Wissen stützt sich also darauf, daß eine Überzeugung in der hier beschriebenen Weise als gültig angenommen wird.

Ob eine Überzeugung eingefroren wird oder nicht, hängt von der Kapazität und der Motivation einer Person ab, Alternativhypothesen innerhalb eines gegebenen Zusammenhanges zu generieren.

Kapazität. Die hypothesengenerierende Kapazität hängt von dem allgemeinen Wissensumfang einer Person auf dem jeweils gegebenen Gebiet ab. Die hypothesengenerierende Kapazität kann auch von der momentanen *Verfügbarkeit* von Ideen abhängen. Die Verfügbarkeit wiederum kann beeinflußt sein von der Zeitspanne, die seit der letzten Anwendung der Idee verging, oder von der begrifflichen Verknüpfung mit anderen momentan hervortretenden (salienten) Ideen. Sozial- und kognitiv orientierte Psychologen haben sich zunehmend für Faktoren interessiert, die die Verfügbarkeit und/oder Salienz von Ideen determinieren, und auf welche Weise diese Faktoren die Urteile von Menschen beeinflussen (für einen aktuellen Literaturüberblick s. TAYLOR & THOMPSON, 1982).

Motivation. Wie bereits vorher bemerkt, liefern Überzeugungen (a) eine orientierende Struktur, (b) haben sie einen spezifischen Inhalt, und (c) werden sie für gültig angesehen. Jede dieser Eigenschaften des Wissens könnte eine Motivationsquelle sein, die den hypothesengenerierenden Prozeß beeinflußt. Speziell unterscheidet die laien-epistemologische Theorie zwischen drei epistemologisch relevanten Motivationen: (1) dem Bedürfnis nach Struktur, (2) dem Bedürfnis nach spezifischen Schlußfolgerungen, sowie (3) dem Bedürfnis nach Gültigkeit (validity). Wir besprechen diese der Reihe nach.

Bedürfnis nach Struktur. Das Bedürfnis nach Struktur ist der Wunsch, zumindest einen geringen Umfang an orientierendem Wissen auf einem bestimmten Gebiet zu besitzen, das der Verwirrung und Vieldeutigkeit entgegengesetzt werden kann. Wenn z.B. eine Person dringend eine Handlungsentscheidung auf Basis einer Überzeugung treffen muß, wird sie sich nach derjenigen Hypothese richten, die momentan mit dem meisten Vertrauen ausgestattet ist. Der Zeitdruck und die Notwendigkeit, eine Entscheidung zu treffen (z.B. wenn einem der Ober über die Schulter blickt, während man die Weinkarte studiert) können die Tendenz erhöhen, den kognitiven Abschluß der Verarbeitung anzustreben und die kritische Überprüfung und fortgesetzte Neubewertung der vorliegenden, scheinbar adäquaten Problemlösung aufzugeben (vgl. FRENKEL-BRUNSWICK, 1949; SMOCK, 1955; TOLMAN, 1948). Somit kann vom Bedürfnis nach Struktur vermutet werden, daß es das Einfrieren des epistemologischen Prozesses bewirkt: Es wird angenommen, daß es die Neigung zur Erzeugung von Alternativhypothesen und/oder zur Beachtung von Sachverhalten, die inkonsistent mit einer gegenwärtig akzeptierten Hypothese sind, reduziert. Wenn aber die inkonsistenten Sachverhalte besonders eklatant sind und nicht länger «unter den Teppich gekehrt» werden können, wird eine Person mit hohem Bedürfnis nach Struktur wahrscheinlich mehr Unbehagen spüren als eine Person mit niedrigem Strukturbedürfnis.

Bedürfnis nach spezifischen Schlußfolgerungen. Das Bedürfnis nach Struktur beinhaltet einen generellen Wunsch nach Klarheit und Orientierung gegenüber einem gegebenen Problem; das Bedürfnis nach spezifischen Schlußfolgerungen bezeichnet den Wunsch, eine Überzeugung mit einem ganz bestimmten Inhalt aufrechtzuerhalten. Menschen brauchen oder wünschen häufig die Beibehaltung spezifischer Überzeugungen, da diese mit ihren Wünschen im Einklang stehen. Ich könnte beispielsweise sehr stark die Überzeugungen benötigen, daß ich kluge Entscheidungen fälle, daß Menschen bekommen, was sie verdienen oder daß ich mich nicht von anderen Leuten herumkommandieren lasse. Wenn solche Überzeugungen durch logisch inkonsistente Information bedroht werden, kann das sich ergebende Unbehagen zu verhaltensgerichteten und/oder kognitiven Anstrengungen zur Reduktion der Inkonsistenz führen. In Begriffen des Einfrierens und Nicht-Einfrierens von Hypothesen können spezifische Schlußfolgerungsbedürfnisse in beide Richtungen wirken – Einfrieren günstiger Überzeugungen und Nicht-Einfrieren ungünstiger Überzeugungen. Die Tendenz einer Person, Alternativen zu einer gegebenen Überzeugung hervorzubringen, ist schwächer in dem Ausmaß, in dem die Überzeugung erwünscht und verstärkt in dem Ausmaß, in dem diese unerwünscht ist.

Bedürfnis nach Gültigkeit. Im allgemeinen kann kein Wissen aufrechterhalten werden angesichts erkannter Ungültigkeit: Etwas zu wissen in dem Glauben, es sei falsch, ist ein Widerspruch in sich. Aus diesem Grund ist das Bewußtsein von Inkonsistenz (was mögliche Ungültigkeit anzeigt) beunruhigend für eine Person mit hohem Bedürfnis nach Struktur in einem bestimmten Gebiet. Manchmal könnte jemand *Struktur* wünschen sogar bis zu dem Punkt, daß inkonsistente Sachverhalte ignoriert werden; zu anderen Zeiten könnte man weit stärker nach *Gültigkeit* verlangen, sogar wenn dies die zeitweise Preisgabe einer zweckdienlichen Struktur bedeutet. Vor der Zustimmung, ein Appartment mit einem Freund zu teilen, könnte ich z.B. wünschen, absolut sicher über seine Eignung zu sein, und deshalb werde ich wahrscheinlich eine große Anzahl von Hypothesen in Erwägung ziehen. Ich werde die Möglichkeit berücksichtigen, daß er zu Hause recht nörglerisch ist, obwohl er freundlich zu sein scheint; daß er faul sein könnte, wenn es um den Abwasch geht, wo er sonst einen sorglosen und immer zu Späßen aufgelegten Eindruck macht. Auf diese Weise wird das *Bedürfnis nach Gültigkeit* den epistemologischen Prozeß wieder forcieren, was in der Erzeugung weiterer Hypothesen resultiert. Dieses Bedürfnis nach Gültigkeit kann häufig das Ergebnis einer *Furcht vor Ungültigkeit* sein, wenn die erwarteten Konsequenzen eines Fehlers schwerwiegend sind.

Zusammenfassung der Laien-Epistemologie

Alles Wissen wird deduktiv validiert, ausgehend von Behauptungen der allgemeinen Form «Nur wenn x, dann y». Überzeugungen können mit unterschiedlichen Ausprägungen von Vertrauen bestehen, das ansteigt bezüglich jener Behauptungen, die logisch konsistent mit anderen Überzeugungen sind, und abnimmt mit dem Bewußtsein logischer Inkonsistenz. Im Prinzip kann man eine riesige Anzahl stets wechselnder Hypothesen hervorbringen, um irgendeinem Datensatz Rechnung zu tragen; wenn aber dieses jemand täte, wäre er für immer «in Gedanken vertieft», ohne jemals etwas sicher zu «wissen». Stattdessen findet in jedem Fall von definitivem Wissen unweigerlich ein Einfrieren des hypothesengenerierenden Prozesses statt. Die für das Einfrieren oder Nicht-Einfrieren einer gegebenen Überzeugung bestimmenden Faktoren umfassen die Kapazität und Motivation einer Person, wechselnde Hypothesen auf einem gegebenen Gebiet zu erzeugen. Die Kapazität der Hypothesengenerierung hängt wiederum von dem Vorrat schon vorhandenen Wissens und von der momentanen Verfügbarkeit der verschiedenen Ideen ab. Weiterhin kann die Hypothesenproduktion eingefroren werden aufgrund eines Bedürfnisses nach Sturktur, nicht eingefroren infolge eines Bedürfnisses nach Gültigkeit, oder in beide Richtungen beeinflußt werden aufgrund der Implikationen einer Überzeugung für ein spezifisches Schlußfolgerungsbedürfnis.

Die Theorie der Laien-Epistemologie beschreibt den allgemeinen Prozeß, durch den Wissen erworben und modifiziert wird, und liefert einen Bezugsrahmen für Modelle des menschlichen Schlußfolgerns mit begrenzterem Geltungsbereich. Im nächsten Abschnitt unternehmen wir eine epistemologische Reanalyse eines solchen Modells, der Attributionstheorie.

Attributionstheorie

Seit HEIDERS (1958) ursprünglicher Diskussion über den Menschen (knower) als naivem Wissenschaftler haben sich wichtige attributionstheoretische Formulierungen einer breiten Vielfalt epistemologischer

Probleme zugewandt. In KELLEYS (1967) varianzanalytischer (ANOVA-analysis of variance) Formulierung liegt das Problem des Attributors darin zu bestimmen, ob ein Effekt verursacht wurde von (a) externen Gegebenheiten (entity), (b) den besonderen Eigenschaften der Person, (c) der Art und Weise der Interaktion oder (d) der «Zeit», zu der eine Interaktion stattfand. Im Modell korrespondierender Inferenzen von JONES & DAVIS (1965) muß der Wahrnehmende entscheiden, ob eine Handlung von einem korrespondierenden Persönlichkeitsmerkmal veranlaßt wurde. Das Modell, das von WEINER und seinen Mitarbeitern erarbeitet wurde (WEINER et al., 1971), richtete sich auf das Problem der Attribuierung von Erfolg oder Mißerfolg auf Fähigkeit, Anstrengung, Aufgabenschwierigkeit oder Zufall. Das von KRUGLANSKI (1975) diskutierte Problem des Wahrnehmenden liegt darin zu entscheiden, ob eine Handlung als Zweck in sich oder als Mittel zu einem entfernter liegenden Ziel ausgeführt wurde.

Diese und andere attributionstheoretischen Modelle differieren hauptsächlich in ihrem Bezug auf unterschiedliche epistemologische Probleme. Anstelle der Beschreibung, wie Personen ganz allgemein Attributionen durchführen, versucht jedes Modell vielmehr zu beschreiben, wie Menschen an die Lösung ganz spezifischer Fragen herangehen (über Aufgabenresultate, Persönlichkeitszüge usw.). In dieser Spezifität läge kein unerfüllter Anspruch, wenn die Autoren die Beschreibung, wie spezielle Kausalprobleme gelöst werden, angestrebt hätten. In der Mehrzahl der Fälle beabsichtigten die Autoren jedoch, daß ihre Modelle den allgemeinen *Prozeß* erklären, durch den Menschen Kausalität ableiten. Die resultierende Konfusion zwischen spezifischem Inhalt und allgemeinem Prozeß kann wie folgt verglichen werden: Ein Lerntheoretiker verspricht, den Begriff «Verstärker» allgemein zu definieren, und fährt dann mit der Beschreibung der Charakteristika einer Möhre fort. Um die Prozesse zu verstehen, die beim Kausalattribuieren einfließen, ist es notwendig, ein generelles Prinzip zu identifizieren, das vom Laien-Wahrnehmenden in allen Fällen kausaler Inferenz angewandt wird. Wenn erst einmal ein solches Prinzip erkannt worden ist, kann es auf jedes interessierende Problem übertragen werden.

Gemäß der Theorie der Laien-Epistemologie werden kausale Schlußfolgerungen in gleicher Weise behandelt wie alle Schlußfolgerungen. Sie werden deduziert von den geeigneten «Nur wenn, dann»-Behauptungen, die der Attributor als wahr annimmt. Einige solcher Behauptungen können abgeleitet werden von dem, was der Attributor unter «Ursache» versteht. «Ursache» bedeutet für die meisten von uns «etwas, das dem Effekt vorausgeht» und «ohne das der Effekt nicht auftreten würde». Die letztere Bedingung bedeutet in wissenschaftlicher Ausdrucksweise, daß die Ursache *kovariiert* mit dem Effekt: Immer dann, wenn die «Ursache» auftritt, tritt auch der Effekt in Erscheinung; fehlt die «Ursache», bleibt auch der Effekt aus.

Angenommen, daß von einigen unterschiedlichen Sachverhalten (entity) vermutet wird, die Ursache eines bestimmten Effekts zu sein, könnte der Attributor eine Prämisse formulieren der Art, daß «Nur wenn eine dieser Entitäten mit dem Effekt kovariiert, während dies für die restlichen nicht gilt, ist die kovariierende Entität die Ursache für den Effekt». Genau solch eine Prämisse scheint vom Attributor in KELLEYS (1967) ANOVA-Modell angenommen zu werden. Nach KELLEY tritt eine überzeugte Zuschreibung der Kausalität auf eine externe Entität beispielsweise auf, wenn beobachtet wird, daß die externe Entität mit dem Effekt kovariiert (das Distinktheitskriterium), während Zeit, Umstände (modality) und Person nicht mit dem Effekt kovariieren (Konsistenz- bzw. Konsensus-Kriterium). (Für weitere Details zu diesem Punkt s. KRUGLANSKI, 1980).

Obwohl *Kovariation* als Kriterium für die Ursachenzuschreibung angeführt werden kann, ist es schwerlich das einzige Kriterium. Zunächst könnte man «nur wenn, dann»-Behauptungen konstruieren, ausgehend von der zeitlich vorangehenden Bedeutung von «Ursache». Man könnte argumentieren: «Nur wenn aus einer Reihe von Entitäten eine dem Effekt zeitlich vorangeht, während dies für die restlichen nicht gilt, ist diese Entität wahrscheinlich die Ursache für den Effekt.» Aber jenseits des *Zeit-* und *Kovariations-*Kriteriums, die beide mit der Bedeutung des Begriffs «Ursache» für einen Attributor zu tun haben, erlaubt unser laienepistemologischer Bezugsrahmen die Ableitung von Kausalität von *jeder* denkbaren Prämisse, abhängig von der individuellen Überzeugungsstruktur einer Person. Zum Beispiel könnten Mitglieder einer kultischen Gemeinschaft Kausalität erschließen aufgrund der epistemologischen Autorität ihres Guru, in der Überlegung: «Nur wenn der Guru von etwas behauptet, es sei die Ursache von x, dann ist es in der Tat die Ursache.»

Zusammengefaßt ist das generelle Prinzip für Ursachenzuschreibung – entsprechend unserer Theorie – das der Deduzierbarkeit und die in der Literatur beschriebenen «Attributionskriterien» sind nichts weiter als Prämissen, die bestimmte Leute erzeugen könnten, um plausible Gründe für bestimmte Effekte zu finden.

Das Verständnis des Attributionsprozesses aus dieser Perspektive kann befreiende Auswirkungen haben. Es öffnet die Tür zur Entwicklung weiterer Modelle, die Attributionen auf spezifischen inhaltlichen Gebieten ohne den Anspruch beschreiben, den Attributionsprozeß im allgemeinen abzubilden. Ein Forscher, der daran interessiert ist, ein Modell über die Attribution beispielsweise politischer Phänomene zu entwickeln, braucht sich nicht darum zu kümmern, auf welche Weise Kovariation, Distinktheit und andere solcher Konstrukte in seinem speziellen Interessengebiet vertreten sind. Erforderlich ist lediglich eine Erfassung der Hypothesen, die typischerweise für die interessierende Attribution in Betracht kommen, sowie der darin eingeschlossenen Behauptungen und Tatsachenbeweise, die normalerweise zum Testen der Hypothesen verwendet werden.

Der laien-epistemologische Bezugsrahmen kann somit sowohl für die Synthese vorhandener attributionstheoretischer Modelle als auch für die Entwicklung neuer Modelle für eine unbegrenzte Anzahl interessierender Inhaltsgebiete nützlich sein.

Betrachtet aus der laien-epistemologischen Perspektive vernachlässigen die vorhandenen attributionstheoretischen Formulierungen die *Kapazität* und *Motivation* des Wissenssuchers bei der Bearbeitung eines gegebenen kausalen Problems. Beispielsweise implizieren Attributionsmodelle stillschweigend, daß sich Menschen universell vor die gleichen Attributionsprobleme gestellt sehen, etwa, ob ein Effekt von «der Person» oder «der Umgebung» («internal» oder «external») verursacht wurde, oder ob Erfolg bzw. Mißerfolg in der «Fähigkeit», «Anstrengung», im «Zufall» oder der «Aufgabenschwierigkeit» begründet liegt. Die laien-epistemologische Analyse nimmt dagegen an, daß die Formulierung eines besonderen Problems für einen Attributor abhängig ist von verschiedenen Faktoren wie z.B. der geistigen Verfügbarkeit spezifischer Kausalkategorien und seinem individuellen Bedürfnis nach orientierender Struktur auf diesem speziellen Gebiet. In der Tat legt eine Untersuchung von KRUGLANSKI, HAMEL, MAIDES & SCHWARTZ (1978) folgendes nahe: Ob sich Personen für die «internal-external»-Unterscheidung bezüglich der Ursachen interessieren, hängt von dem Grad ab, in dem eine Antwort auf das internal-external-Problem ihre Ziele in der Situation fördert (s. auch JONES & THIBAUT, 1958).

Attributionstheoretische Formulierungen werden normalerweise als ihrer Natur nach mehr «informational» als «motivational» angesehen. Gleichwohl betonen zahlreiche Attributions-Artikel die Rolle defensiver Bedürfnisse bei der Erzeugung von Defensivattributionen (für einen aktuellen Überblick über die relevante Literatur s. ZUCKERMAN, 1979). In laien-epistemologischen Begriffen reflektieren Defensivattributionen die Auswirkungen eines besonderen spezifischen Schlußfolgerungsbedürfnisses, nämlich der Aufrechterhaltung positiver Wertschätzung. Eine solche Betrachtung von Defensivattributionen beleuchtet ihre Uneinheitlichkeit. Anders gesagt könnte eine Person neben der Selbstwertschätzung eine Vielfalt von spezifischen Schlußfolgerungsbedürfnissen besitzen; solche Bedürfnisse könnten auf ähnliche Weise Attributionen in Richtung auf erwünschte Schlußfolgerungen verzerren. Zum Beispiel könnte jemand den Glauben an sein körperliches und wirtschaftliches

Wohlergehen oder die Wahrnehmung einer gerechten Welt benötigen; beides macht die Ableitung bedürfnis-kongruenter Schlußfolgerungen wahrscheinlicher als die bedürfnis-inkongruenter Folgerungen.

Die laien-epistemologische Analyse zielt weiter auch auf Attributionsprobleme, die von früheren Ansätzen ignoriert wurden, wie z.b. das Problem der Identifizierung derjenigen Bedingungen, unter denen Attributionen mehr oder weniger einer nochmaligen Abwägung im Licht neuer Erkenntnisse unterworfen sind. Diese Bedingungen können die oben erwähnten einfrierenden und nicht-einfrierenden Prozesse mit einschließen; sie werden in einem folgenden Abschnitt empirisch beleuchtet.

Die laien-epistemologische Theorie liefert also einen Bezugsrahmen, innerhalb dessen attributionstheoretische Phänomene in einer neuartigen Weise verstanden werden können. Bei Anwendung der epistemologischen Perspektive wird deutlich, daß die frühere Theorienbildung auf dem Gebiet der Attribution eine Konfusion zwischen spezifischem Inhalt und allgemeinem Prozeß beinhaltete, die die Aufklärung der allgemeinen, den Kausalurteilen zugrundeliegenden Prinzipien behinderte. Es wird weiterhin offensichtlich, daß Kausalurteile – wie alle Urteile – über die Prinzipien der logischen Konsistenz oder Deduzierbarkeit validiert werden. Schließlich wird klar, daß frühere Theorien zur Attribution einige bedeutende bei Kausalinferenzen relevante Faktoren vernachlässigten, die im Zusammenhang mit der Kapazität und/oder Motivation einer Person bei der Bearbeitung eines gegebenen Attributionsproblems stehen.

Kognitive Konsistenztheorien

Aus einer laien-epistemologischen Perspektive stellen unterschiedliche attributionstheoretische Ansätze den gleichen epistemologischen Prozeß dar, angewandt auf unterschiedliche inhaltliche Gebiete. Das gleiche Argument gilt für die kognitiven Konsistenztheorien. Betrachten wir FESTINGERS Theorie der kognitiven Dissonanz (1957). Der zentrale Hauptsatz der Theorie ist, daß «zwei Elemente in einer dissonanten Beziehung zueinander stehen, wenn, betrachtet man nur diese beiden Elemente, das Entgegengesetzte des einen Elements aus dem anderen folgt (im Orig. S.13)». Dieser Satz kann ziemlich einfach in laien-epistemologischen Begriffen interpretiert werden. Der Ausdruck «folgt aus» bezeichnet eine Implikation oder eine *wenn-dann*-Beziehung in der Verbindung zweier Elemente. Der Begriff «das Entgegengesetzte» bezieht sich auf eine logische Negation. Eine dissonante Beziehung entsteht also immer dann, wenn man sich logischer Inkonsistenzen zwischen Überzeugungen und/oder ihrer Implikationen bewußt wird. Wie wir betont haben, führt logische Inkonsistenz zu Verwirrung und unterminiert die Möglichkeit abgesicherten Wissens. Wenn ich glaube, daß es regnet und daß man im Regen stehend naß werden wird, und gleichzeitig glaube, daß ich tatsächlich im Regen stehe und *nicht* naß werde, werde ich wahrscheinlich ein wenig verwirrt sein. Logische Inkonsistenz und die daraus resultierende Verwirrung wird als ein allen kognitiven Konsistenzformulierungen gemeinsames Element angenommen (für eine detaillierte Ausführung s. KRUGLANSKI & KLAR, 1982). Das Bewußtsein logischer Inkonsistenz kann aus zwei verschiedenen Gründen unangenehm sein. Erstens schließt eine ungelöste Inkonsistenz definitives Wissen aus und läßt Unbehagen aufkommen, wenn solches Wissen stark gewünscht wird. Das erinnert an das früher beschriebene *Bedürfnis nach Struktur.* Wenn man unbedingt sicheres Wissen über etwas braucht, wird man nicht die Mehrdeutigkeit und Unsicherheit tolerieren können, die bei logischen Widersprüchen zwischen den Überzeugungen auftritt. Zweitens kann Inkonsistenz die Aufrechterhaltung spezifischer Arten des Wissens untergraben. Zum Beispiel würde eine schlechte Entscheidung inkonsistent sein mit dem Wissen, daß man ein guter Sachkenner ist. Wird das Vertrauen in ein spezifisches Schlußfolgerungsbedürfnis wie dieses dermaßen bedroht, wird Streß resultieren.

KRUGLANSKI & KLAR (1982) haben kürzlich dieses allgemeine Modell auf die Analyse einer Reihe von Konsistenztheorien angewandt. Um der Kürze willen wird die gegenwärtige Diskussion auf die Überprüfung der kognitiven Dissonanztheorie beschränkt sein. Die vorgeschlagenen unterschiedlichen Arten kognitiver Dissonanz (z.B. ungenügende Rechtfertigung, Dissonanz nach Entscheidungen, Rechtfertigung von Anstrengung) können alle als spezifische Beispiele für ein allgemeineres Phänomen angesehen werden. Betrachten wir die Dissonanz nach Entscheidungen (postdecisional dissonance). Innerhalb dieses Paradigmas zeigen Vpn typischerweise eine erhöhte Präferenz für die gewählte Alternative, relativ zur nicht gewählten Alternative. Nach der Entscheidung, einen bestimmten Wagen zu kaufen, könnte eine Person z.B. das Gefühl haben, dieser Wagen sei weit besser als jeder andere auf dem Markt, und sie könnte selektiv Informationen beachten, die diese Überzeugung stützen. Worin besteht in diesem Beispiel die logische Inkonsistenz und worin das bedrohte spezifische Schlußfolgerungsbedürfnis? Die Inkonsistenz tritt hier wahrscheinlich auf zwischen den Behauptungen «Ich *treffe keine* guten Entscheidungen (Was hab' ich mir da bloß gekauft?!)» und «Ich *treffe* gute Entscheidungen», eine hoch erwünschte Konklusion. Diese Inkonsistenz fordert somit ein spezifisches Schlußfolgerungsbedürfnis heraus, und motiviert Anstrengungen, auf irgendeine Weise die Inkonsistenz zu lösen.

Die laien-epistemologische Perspektive erlaubt uns, die Dissonanztheorie auf weithin unentdeckte Territorien auszudehnen. Die Interpretation des Autokäufer-Konflikts könnte uns z.B. zu Voraussagen führen, die das kognitive Dissonanzmodell – bei üblichem Verständnis – nicht gemacht hätte. Wir könnten in diesem Fall ein Ausbleiben von Dissonanzeffekten nach Entscheidungen für Personen vorhersagen, denen nicht wirklich daran liegt, gute Entscheidungen zu treffen.

Andere interessante Möglichkeiten entstehen aus der Vorstellung unterschiedlich gewichteter Überzeugungen, die von inkonsistenter Information bedroht werden könnten. Einige Leute mögen ein höheres Engagement in die Überzeugung «Ich lasse mich nicht zwingen, etwas zu tun, an das ich nicht glaube» investieren als in die Überzeugung «Die Art und Weise meines Verhaltens reflektiert meine Einstellungen». Wenn diese Personen dazu gebracht würden, einen ihrer Einstellung entgegengesetzten Aufsatz zu schreiben, wäre für sie die *low choice* (geringe Wahlmöglichkeits-)Bedingung eines Dissonanzexperiments beunruhigend, da die Kognition «Ich tat etwas gegen meine Überzeugung, weil es mir gesagt wurde» das spezifische Schlußfolgerungsbedürfnis «Ich lasse mich nicht herumkommandieren» bedroht. Für diese Vpn in der *low choice*-Bedingung könnten wir einen aufsatzkongruenten Einstellungswechsel vorhersagen, damit die Kognition «Der Vl zwang mich nicht; ich wollte den Aufsatz sowieso schreiben» ermöglicht wird. (Diese Vorhersage steht im Gegensatz zu einer reaktanztheoretischen Position, die vorhersagen würde, daß einige low choice-Vpn sich auf die Kognition «Ich tat dies nur, weil ich es tun mußte,» konzentrieren würden und damit Einstellungen zeigen würden, die in starkem *Gegensatz* zu den im Aufsatz ausgedrückten ständen.)

Vpn, die sich als stark selbstbestimmt wahrnehmen, dürften parallel hierzu nicht den traditionell erwarteten Einstellungswechsel in der *high choice*-Bedingung zeigen. Schließlich ist die Kognition «Ich wähle frei, etwas zu tun, von dem ich *nicht* überzeugt bin» in der *high choice*-Bedingung nicht inkonsistent mit der gewünschten Überzeugung «Ich lasse mich nicht herumkommandieren» und sollte so nicht in einem Einstellungswechsel resultieren.

Soweit hat unsere Diskussion der Dissonanztheorie die zentrale Rolle des Selbst-Konzepts als Quelle von inkonsistenzreduzierender Motivation beibehalten. Die Durchdringung der Dissonanztheorie von Punkten, die das Selbstkonzept betreffen, führte ARONSON (1968, 1972) zu einer Rekonzeptualisierung der Dissonanz als einer Theorie der «Selbst-Rechtfertigung». Aus der laien-epistemologischen Perspektive gesehen gibt es seitens des Modells keinen Grund, warum hochgeschätzte Überzeugungen über das Selbst nicht ersetzt werden können von *jedem* starken Bedürfnis nach spezifischen Schlußfolgerungen. Wir könnten durch die Vorstellung spezifischer Schlußfolgerungsbedürfnisse durchaus neue «Typen» der Dissonanz erfinden, die recht unterschiedlich zu den bisher vorgeschlagenen sind. Was ist z.b. mit «Übereinstimmungsdissonanz», die dann entsteht, wenn die angenehme Überzeugung «Ich sehe gewöhnlich die Dinge in gleicher Weise wie die meisten Menschen» bedroht wird durch die inkonsistente Information, daß jedermann die Dinge ganz anders sieht. Oder «Hunger-Dissonanz», bei der die Kognition «Die mich gefangennahmen, werden mich wohl ernähren» unterminiert wird durch die Überzeugung «Sie werden mich niemals ernähren, außer ich stimme mit ihrer politischen Philosophie überein». Oder «Glücks-Dissonanz», bei der das spezifische Schlußfolgerungsbedürfnis «Ich werde ein normales Leben führen und in der Lage sein, all das zu tun, was ich immer tat,» angezweifelt wird durch die Kognition «Ein kompetenter Arzt hat mir gerade mitgeteilt, daß ich bettlägerig sein werde für den Rest meines Lebens». Diese drei Beispiele mögen weit entfernt scheinen von Theorien, die gemeinhin mit dem Etikett «kognitive Konsistenz» versehen werden. Doch sie sind insofern grundlegend ähnlich zu anderen Konsistenzmodellen, als sie teilhaben an demselben Satz laien-epistemologischer Prinzipien: Aufgrund des Bewußtseins logischer Inkonsistenz folgt Streß aus dem Verlust von Vertrauen in eine der Überzeugungen. Der Streß ist bedingt durch (a) ein hohes Bedürfnis nach Struktur auf dem in Frage stehenden Gebiet oder (b) ein hohes Bedürfnis, eine Schlußfolgerung beizubehalten, die durch Inkonsistenz unterminiert wird.

Es sollte nun offensichtlich sein, daß die Paradigmen der kognitiven Konsistenz und der Attribution unterschiedliche Facetten desselben Prozesses beleuchten, nämlich den des Erwerbs und der Modifikation von Überzeugungen. Im einzelnen behandeln kognitive Konsistenztheorien typischerweise die Effekte inkonsistenter Information, wogegen Attributionstheorien die Auswirkungen konsistenter Information betrachten. Bezüglich des Interessenwechsels von den kognitiven Konsistenztheorien in Richtung auf die Attributionstheorien glaubte man oft, daß er eine auf Seiten der Sozialpsychologen deutlich gewordene Präferenz reflektiere, den kognitiven Prozeß mehr als logisch denn als motivational anzusehen. Aus unserer gegenwärtigen Perspektive ist die Nebeneinanderstellung von logischen (rationalen) versus motivationalen (irrationalen) Sichtweisen des menschlichen Schließens unklug. Nach der laienepistemologischen Theorie gibt es keine Inkompatibilität zwischen logischen und motivationalen Faktoren. Tatsächlich ist jede Art der Folgerung bei sinnvoller Betrachtung sowohl logisch als auch motivational. Sie ist logisch, insofern sie das Kriterium der logischen Konsistenz oder Deduzierbarkeit beachtet, und sie ist motivational, insoweit sie die Bedürfnisse nach Struktur, Gültigkeit und nach bestimmten Schlußfolgerungsinhalten widerspiegelt.

Urteilsverzerrungen und -fehler

Wenn ein neuer Laien-Attributor sich Überzeugungen über die Welt bildet, wird angenommen, daß er dabei nicht vollständig rationale Abkürzungen der Informationsverarbeitung oder «Heuristiken» benutzt. Während diese Heuristiken manchmal zu validen Konklusionen führen, verzerren sie häufig auch die Realität in bedeutsamer Weise. Fehler ergeben sich, weil Heuristiken wie Repräsentativität und Verfügbarkeit die Aufmerksamkeit von Informationen ablenken, die für eine optimale Verarbeitung (oft definiert unter Bezug auf statistische Modelle) für notwendig gehalten werden. Im Vergleich zu den komplexeren normativen Modellen, die beim wissenschaftlichen Schlußfolgern angewandt werden, führt der Gebrauch von Heuristiken zu Fehlern wie Stichprobenverzerrung, Selektivität von Aufmerksamkeit und Gedächtnis, Verankerung und Perseveranz, wobei jeder dieser Fehler die Irrtumsanfälligkeit der Laien-Inferenz steigert.

Von einer laien-epistemologischen Perspektive aus ist die Anwendung der sogenannten normativen Modelle keine Garantie für die Wahrheit, selbst nicht für die Wahrscheinlichkeit von Schlußfolgerungen. In dieser Behauptung stimmen wir überein mit zeitgenössischen Wissenschaftsphilosophen wie Karl Popper, Thomas Kuhn, Imre Lakatos und Paul Feyerabend (für einen aktuellen Überblick über ihre Positionen s. WEIMER, 1976). Aus unserem Blickwinkel sind normative Modelle lediglich Hypothesen, die zur Erklärung von Daten entwickelt wurden; sicherlich hoch formalisierte und mathematisierte Hypothesen, dennoch nicht mehr als Hypothesen. Es können viele alternative Interpretationen für jede «normative» Interpretation eines Datensatzes bestehen, ohne Möglichkeit, im voraus zu beurteilen, welche der konkurrierenden Interpretationen gültiger ist.

Eine interessante Anwendung der laien-epistemologischen Perspektive ist die Vorhersage der Bedingungen, unter denen Menschen beim Fällen eines Urteils tatsächlich statistische Begriffe verwenden werden. Wie bei anderen Hypothesen wird eine statistische Hypothese dann in Betracht kommen, wenn sie der Person verfügbar ist und als relevant für das Problem wahrgenommen wird. In einer neueren Studie stellten KRUGLANSKI, FARKASH und FRIEDLAND (1982) Bedingungen her, in denen die Möglichkeit der statistischen Regression für die Vpn deutlich hervortrat. Im einzelnen wurden den Vpn Informationen über einen Basketballspieler zur Verfügung gestellt, der bei einem gegebenen Spiel entweder Punkte weit über oder unter seinem Durchschnitt erzielte. Die Vorhersagen der Vpn über die Punkte des Spielers im nächsten Spiel folgten der Regressionslogik; diejenigen Vpn, denen gesagt wurde, daß der Spieler erheblich über seinem Durchschnitt gepunktet hatte, sagten einen beträchtlich niedrigeren Punktwert beim nächsten Spiel voraus, während diejenigen mit der Information, daß er weit unter seinem Durchschnitt gepunktet habe, einen beträchtlich höheren Punktwert prognostizierten. Die statistische Regressionshypothese oder irgendeine statistische Vorstellung kann vom naiven Wissenssucher (knower) angewendet werden, wenn sie salient ist und relevant erscheint. In dieser Hinsicht wird sie in gleicher Weise wie jede andere Vorstellung oder Hypothese angewendet.

Eine andere Verzerrung (bias), von der man annimmt, daß sie das schlußfolgernde Verhalten von Laien charakterisiert (die aber vermutlich vermeidbar wäre gerade *durch* die Anwendung normativer Wissenschaft) resultiert aus der offensichtlichen Tendenz von Laien-Überzeugungen, trotz diskreditierender Beweise zu überdauern. Aus der laien-epistemologischen Perspektive gesehen könte die Überzeugungs-Perseveranz ein «Einfrieren» des hypothesengenerierenden Prozesses darstellen. Natürlich beraubt eine solche Interpretation die Überzeugungs-Perseveranz um jeden Anspruch eines spezifischen Phänomens. Alle sicheren Überzeugungen sind in gewissem Sinn eingefrorene Überzeugungen – eingeschlossen alle sicheren wissenschaftlichen Überzeugungen. In diesem Sinn ist die Überzeugungs-Perseveranz nicht ein besonderes Kennzeichen der Laien-Schlußfolgerung; vielmehr ist sie genauso ein Teil der wissenschaftlichen Inferenz, eine Sichtweise, die zwingend von Kuhn (1962) in seiner klassischen Arbeit über wissenschaftliche Paradigmen dargelegt wurde.

Vielleicht von noch größerer Wichtigkeit ist, daß unsere laien-epistemologische Theorie einige Vermutungen aussprechen kann über die Bedingungen, unter denen «Überzeugungs-Perseveranz» oder «Einfrieren» verstärkt oder vermindert wird. Zum Beispiel sollte das Nicht-Einfrieren einer überdauernden Überzeugung wahrscheinlicher sein, wenn das Bedürfnis einer Person nach Gültigkeit erhöht ist oder wenn der Überzeugungsinhalt stark unerwünscht ist. Schließlich sollte das Nicht-Einfrieren wahrscheinlicher sein, wenn die Überzeugung anfangs eher schwach als stark ist.

Diese Implikationen des laien-epistemologischen Modells wurden in einigen experimentellen Studien überprüft. Kruglanski & Meschiany (1981) versuchten, die Überzeugungs-Perseveranz in einer Versuchssituation zu überwinden, die von Ross, Lepper & Hubbard (1975) entwickelt wurde. In den Ross et al.-Experimenten wurden die Vpn fälschlicherweise zu der Überzeugung geführt, daß sie entweder erfolgreich waren, Mißerfolg hatten oder daß ihre Leistung auf einem Durchschnittsniveau lag bei einer Aufgabe, die in der Einschätzung der Ernsthaftigkeit von Selbstmordanzeichen bestand. Sie erfuhren dann, daß die Rückmeldung und ihre Leistung tatsächlich in keiner Beziehung zuein-

307

ander standen. Obwohl die Vpn sogar die Vl-Listen sahen, auf denen sie per Zufall der Erfolgs-, Mißerfolgs- oder Durchschnitts-Bedingung bei der Rückmeldung zugeordnet waren, schien die Aufklärung völlig ineffektiv. Die späteren Berichte der Vpn über ihre Leistung wiesen darauf hin, daß sie noch immer an die falsche Rückmeldung glaubten.

Die Interpretation dieses Phänomens als eine Erscheinung des epistemologischen Einfrierens läßt die Art der Faktoren vermuten, die eine Auflockerung bewirken könnten, wie etwa ein erhöhtes Bedürfnis nach Gültigkeit oder ein spezifisches Schlußfolgerungsbedürfnis, mit dem die überdauernde Überzeugung inkonsistent ist. Diese Bedürfnisse wurden in dem Experiment von KRUGLANSKI & MESCHIANY (1981) manipuliert. Zunächst wurde der von Ross et al. festgestellte Perseveranzeffekt erfolgreich repliziert: Die Bewertungen der Vpn über ihre Leistung bei der Aufgabe, Selbstmordanzeichen einzuschätzen, basierten auf der falschen Rückmeldung des Vl und dauerten trotz einer Aufklärung an. In der *Genauigkeits*(accuracy-set)-Bedingung wurde nach der Aufklärung das Bedürfnis der Vpn nach Gültigkeit durch die Information erhöht, daß ihre Bewertungen öffentlich verglichen würden mit ihren tatsächlichen Werten. Ihnen wurde außerdem gesagt, daß Genauigkeit in der Selbst-Wahrnehmung von beträchtlicher Bedeutsamkeit für eine Person ist und besonders wertvoll sein kann in Entscheidungssituationen und bei der Anpassung an neue Situationen. Die Vpn in dieser Bedingung schienen ihre Überzeugungen nicht einzufrieren und der Perseveranz-Effekt verblaßte.

Um das Konstrukt spezifisches *Schlußfolgerungsbedürfnis* zu manipulieren, wurde einem Teil der Vpn wiederum nach der Aufklärung gesagt, daß weiterer Verdienst und Gelegenheiten für interessante Forschungsarbeiten von ihrer Aufgabenleistung abhängig wären. Einigen wurde gesagt, daß die erfolgreichen Vpn in den Genuß dieser Vorteile gelangen würden, anderen wurde mitgeteilt, daß die nicht erfolgreichen Vpn die Glücklichen wären. Die Überzeugungen wurden wie vorhergesagt in den Situationen im allgemeinen nicht eingefroren, in denen die falsche Rückmeldung inkonsistent mit dem nun gewünschten Selbstbild war.

Die Überzeugungs-Perseveranz ist ein wichtiger Bereich, in dem laienepistemologische Konstrukte interessante Vermutungen über einschränkende Bedingungen ermöglichen. Eine Reihe kürzlich abgeschlossener Experimente von KRUGLANSKI & FREUND (1982) wandte diese gleichen Grundgedanken an auf solch unterschiedliche Phänomene wie Primacy-Effekte in der Bildung von Eindrücken (vgl. LUCHINS, 1957), ethnische Stereotypisierung (vgl. HAMILTON, 1979) und Verankerung numerischer Schätzungen an den Anfangswerten (vgl. (TVERSKY & KAHNEMAN, 1980). All diese Phänomene können als Beispiele des epistemologischen Einfrierens interpretiert werden.

Auf Basis dieser Überlegungen führten KRUGLANSKI & FREUND (1982) drei Experimente durch, wobei in jedem das Bedürfnis nach Struktur, manipuliert über verschiedene Grade des Zeitdrucks, orthogonal gekreuzt wurde mit dem Bedürfnis nach Gültigkeit, manipuliert über einen erwarteten Gesichtsverlust im Fall von Ungenauigkeit beim Urteil. Z. B. wurden in dem Experiment, das sich mit ethnischer Stereotypisierung beschäftigte, Studenten eines Lehrerseminars gebeten, einen Aufsatz zu bewerten, der nach ihrer Vermutung von einem örtlichen Schüler der achten Klasse geschrieben worden war. Stereotypisierung wurde festgesetzt als der Grad, in dem die Bewertungen mehr auf dem dem Kind zugeschriebenen ethnischen Hintergrund als auf der Untersuchung des Aufsatzes zu basieren schienen. Den Vpn wurde entweder eine volle Stunde (geringes Bedürfnis nach Struktur) oder nur zehn Minuten (hohes Bedürfnis nach Struktur) zur Vervollständigung ihrer Bewertung gegeben. In der Bedingung «geringes Bedürfnis nach Gültigkeit» wurde den Vpn versichert, daß das Ziel der Untersuchung nicht darin bestehen würde, in irgendeiner Weise die Korrektheit ihres Urteils einzuschätzen, sondern vielmehr darin, mögliche individuelle Differenzen des Bewertungsstils zu identifizieren. In der Bedingung «hohes Bedürfnis nach Gültigkeit» wurde den Vpn mitgeteilt, daß sie aufgefordert würden, ihre Einstufung vor einer Gruppe ihrer Kommilitonen zu verteidigen. Die Ergebnisse dieses Experiments lieferten starke Unterstützung für die laien-epistemologische Analyse: Das Einfrieren war signifikant stärker unter der Bedingung hohes (vs. niedriges) Bedürfnis nach Struktur und signifikant schwächer unter der Bedingung hohes (vs. niedriges) Bedürfnis nach Gültigkeit. Diese Ergebnisse wurden in zwei anderen Experimenten repliziert, in denen Primacy-Effekte und numerische Verankerung als Beurteilungsobjekte verwendet wurden.

Anstatt die Debatte über die letztendliche Rationalität oder Irrationalität des Menschen fortzuführen, schlägt die gegenwärtige Analyse eher einen Wechsel vor in Richtung auf eine Untersuchung der Bedingungen, unter denen eine gegebene Urteilsverzerrung mehr oder weniger wahrscheinlich sein könnte. Anstatt zu diskutieren, ob Personen schlechte oder gute intuitive Statistiker sind, sollten wir uns mit den Bedingungen befassen, unter denen Menschen statistische Konzepte (wie etwa Regression) benützen. Und mehr als die «Irrationalität» perseverierender Urteile zu betonen, sollten wir uns mit der Identifikation jener Faktoren befassen, die die Perseveranz fördern oder hemmen.

Bis hierher sollte es offensichtlich geworden sein, daß die laienepistemologische Analyse Implikationen aufweist für eine breite Vielfalt von Problemen und Forschungsthemen in der sozialen Kognition. Im nächsten Abschnitt betrachten wir ein weiteres solches Thema, nämlich das der sozialen Vergleichsprozesse.

Soziale Vergleichsprozesse

FESTINGERS Theorie der sozialen Vergleichsprozesse (1954) ist eines der einflußreichsten Konzepte in der gegenwärtigen Sozialpsychologie, und Jahrzehnte nach ihrer ursprünglichen Formulierung werden Forscher immer noch von dieser Theorie inspiriert (s. z. B. SULS & MILLER, 1977, die einen aktuellen Literaturüberblick liefern).

Im Rahmen der gegenwärtigen Interpretation ist das Feld der sozialen Vergleichsprozesse ein Untergebiet des epistemologischen Verhaltens. Das spezielle Augenmerk der Theorie sozialer Vergleichsprozesse war auf die Faktoren gerichtet, die das Vertrauen in die Meinungen anderer Personen im Prozeß der Bildung einer eigenen Meinung determinieren. Gerade in Anbetracht dieser Faktoren unterscheidet sich die laienepistemologische Analyse von der FESTINGERS und enthält abweichende empirische Vorhersagen. Insbesondere betonte FESTINGERS Theorie die Bedeutung von ähnlichen im Gegensatz zu unähnlichen Personen als Vergleichsstandard und sagte vorher (1) eine daraus folgende Präferenz für den Vergleich mit ähnlichen als mit unähnlichen Personen, (2) ein eher größeres Vertrauen in Meinungen, die von einer ähnlichen Person unterstützt werden als von einer unähnlichen Person. Im Kontrast dazu läßt die Theorie der Laien-Epistemologie vermuten, daß die Ähnlichkeitsvariable nicht einen einheitlichen Effekt hervorruft. Die Wahl einer ähnlichen oder unähnlichen anderen Person für den Vergleich sowie der relative Einfluß dieser Person auf die eigene Meinung sollte abhängen von der individuellen epistemologischen Motivation und von der zugrundeliegenden Bedeutung von «Ähnlichkeit». Zum Beispiel kann eine Person mit hohem Bedürfnis nach Gültigkeit sich lieber mit einer unähnlichen Person vergleichen wollen, um eine abweichende Meinung zu hören und so die Chancen für die Wahl der richtigen Meinung zu maximieren. Eine Präferenz für eine unähnliche (statt für eine ähnliche) Person als Vergleichsmaßstab kann auch dann auftreten, wenn die gegenwärtige eigene Meinung vom Standpunkt einiger hervorstechender spezifischer Schlußfolgerungsbedürfnisse hoch unerwünscht ist. Umgekehrt kann die Präferenz für eine ähnliche Person auftreten, wenn die gegenwärtige Meinung unseres Wissenssuchenden erwünscht ist und/oder wenn er ein hohes Bedürfnis nach Struktur empfindet.

In einem neuen Experiment, das diese laien-epistemologischen Implikationen untersucht, überprüfte MEIZELS (1982) die Annahme, daß die Präferenz für eine unähnliche Person als Vergleichsmaßstab gesteigert würde durch ein hohes Bedürfnis nach Gültigkeit und reduziert würde durch ein hohes spezifisches Schlußfolgerungsbedürfnis, d. h. bei Erwünschtheit der gegenwärtigen Schlußfolgerung. MEIZELS' Vpn, Psychologiestudenten der Haifa-Universität, beurteilten, welcher von zwei

Bewerbern für ein Graduierten-Programm in klinischer Psychologie tatsächlich aufgenommen würde. Die Vpn hörten Tonband-Interviews mit den beiden Kandidaten und bildeten sich eine Meinung über deren relative Chancen. An diesem Punkt wurde den Vpn die Wahl gelassen, entweder eine Beurteilung ähnlich ihrer eigenen oder unähnlich ihrer eigenen zu lesen. In der Bedingung *spezifisches Schlußfolgerungsbedürfnis* wurden die Vpn anfangs im Glauben gelassen, daß sie ihre Beurteilung vor ihrer Gruppe rechtfertigen müßten. Diese Manipulation sollte ihren Wunsch steigern, an die Korrektheit ihres Anfangsurteils zu glauben. in der Bedingung *Bedürfnis nach Gültigkeit* wurde den Vpn gesagt, daß sie ihre Meinung nach Wunsch ändern könnten und daß sie eine finanzielle Belohnung für eine korrekte Beurteilung erhalten würden. In einer *Kontroll*-Bedingung schließlich fand keine Motivationsbeeinflussung statt. Die Ergebnisse waren hoch konsistent mit den laienepistemologischen Vorhersagen: In der Bedingung *Spezifisches Schlußfolgerungsbedürfnis* wählte eine große Mehrheit (80 %) der Vpn den Vergleich mit der *ähnlichen* Person wogegen in der Bedingung *Bedürfnis nach Gültigkeit* eine fast gleich große Mehrheit (75 %) den Vergleich mit der *unähnlichen* Person wählte. In der *Kontroll*-Bedingung wählte etwa die Hälfte der Vpn den Vergleich mit der *unähnlichen* Person.

In einem zweiten Experiment stellte MEIZELS nochmals die *Bedürfnis nach Gültigkeits*- bzw. die *Kontroll*-Bedingung her mit einem anderen Beurteilungsinhalt, der diesmal die Wahl zwischen zwei Waschmaschinen betraf. Die Ergebnisse waren praktisch identisch mit denen des ersten Experiments.

Die Präferenz für eine unähnliche (vor einer ähnlichen) Person als Vergleichsmaßstab kann auch von der Bedeutung von «Unähnlichkeit» abhängen. Ist die Unähnlichkeit *methodischer* Art, kann eine unähnliche Person sehr wohl vor einer ähnlichen Person bevorzugt werden, da eine über ungleiche Methoden erreichte Übereinstimmung der Schlußfolgerungen die Alternativhypothese ausschließt, daß die eigene Konklusion auf einer methodischen Verzerrung beruht. Ist dagegen die Unähnlichkeit eine des *Kriteriums,* sollte als Vergleichsmaßstab eine ähnliche vor einer unähnlichen Person bevorzugt werden. Wenn zum Beispiel Carls Kriterium für die Beurteilung der Attraktivität «Wärme» und «Empathie» ist, dagegen Fritz' Kriterium der «Sinn für Humor» und «Lebhaftigkeit», dann kann Carl nicht viel Information über Glorias Attraktivität vom Wissen ableiten, daß Fritz sie für attraktiv oder unattraktiv hält.

MEIZELS testete die oben angeführten Ideen in einem dritten Experiment unter Verwendung eines 2 × 2-faktoriellen Designs, in dem die Vpn mit dem Urteil einer anderen Person konfrontiert wurden, wobei diesem eine ähnliche oder unähnliche *Methode* bzw. ein ähnliches oder unähnliches *Kriterium* zugrundelag. Die Aufgabe der Vpn bestand darin, die relative Befähigung der beiden Kandidaten für ein Graduiertenprogramm in klinischer Psychologie zu beurteilen.

Die Daten unterstützten die laien-epistemologische Analyse: War die Ähnlichkeits-Unähnlichkeits-Dimension *methodischer Art,* stieg das Vertrauen der Vpn in ihre Überzeugung stärker an, wenn die übereinstimmende Vergleichsperson unähnlich war. War die Ähnlichkeitsdimension dagegen eine des *Kriteriums,* stieg die Sicherheit der Vpn mehr an, wenn die übereinstimmende Person ähnlich war.

MEIZELS' Experimente demonstrieren den Wert der epistemologischen Theorie für das Verständnis sozialer Vergleichsprozesse. Im Gegensatz zu früheren Annahmen scheint es, daß für den sozialen Vergleich eine ähnliche Person nicht notwendigerweise einer unähnlichen anderen vorgezogen wird. Vielmehr kann die Wahl einer Vergleichs-Person von der epistemologischen Motivation abhängen und von der Bedeutung der Dimension «Ähnlichkeit».

Abschließende Bemerkung

Der vorangehende Überblick illustriert einige Implikationen, die der laien-epistemologische Bezugsrahmen für breite Gebiete von Theorie und Forschung zur sozialen Kognition aufweist. Auf theoretischer Ebene leistet das epistemologische Modell eine Integration zahlreicher, vorher nebeneinanderstehender Ansätze wie der Attributionstheorie, der kognitiven Konsistenzmodelle und der Theorie sozialer Vergleichsprozesse. Diese Integration wird erreicht durch die Beobachtung, daß die verschiedenartigen Theorien sich tatsächlich auf den gleichen Prozeß beziehen, nämlich die Art und Weise, in der Menschen ihre Überzeugungen bilden und/oder modifizieren. Die Ansätze unterscheiden sich (1) in dem besonderen Aspekt des Prozesses, der beleuchtet wird (z. B. die Effekte konsistenter oder inkonsistenter Information) und (2) in den Inhalten der Überzeugungen, die behandelt werden (z. B. Überzeugungen über Kausalität, Entscheidungen oder relative Fähigkeiten).

Die laien-epistemologische Theorie nimmt weiter die essentielle Ähnlichkeit der Prozesse an, durch die naives wie wissenschaftliches Wissen erworben wird. Wir schmeicheln nicht der Laien-Inferenz und nehmen an, sie sei wunderbarerweise frei von Verzerrung, Irrtum oder motivationalen Einflüssen; vielmehr dämpfen wir den Glorienschein der wissenschaftlichen Inferenz mit der Annahme, daß diese die gleichen Fehlerquellen enthält. Unser Ansatz impliziert somit die Nutzlosigkeit von Debatten, die die letztendliche Rationalität oder Irrationalität des Laien-Urteils betreffen. Solche Debatten fordern gewöhnlich den Vergleich von Laien-Schlußfolgerungen mit verschiedenen normativen Modellen der wissenschaftlichen Inferenz heraus, in der nach unserer Meinung ziemlich unangemessenen Annahme, daß letztere eine bestätigte Überlegenheit aufweisen. Über das Engagement in «Rationalitäts-Debatten» hinausgehend schlagen wir eine Re-Orientierung der Forschungsbemühungen in der sozial-kognitiven Psychologie vor in Richtung auf ein besseres Verständnis der Bedingungen, bei denen Urteilsverzerrungen manifest werden.

Jenseits seiner theoretischen Implikationen ist der laienepistemologische Bezugsrahmen an erster und wichtigster Stelle eine psychologische Theorie des Wissenserwerbs-Prozesses; als solche hat sie eine Vielfalt zu erforschender Implikationen. Auf den vorangehenden Seiten beschrieben wir einige Untersuchungen, die durch die epistemologische Analyse angeregt wurden, wie etwa Studien über Probleme der Kausalattribution, der Überzeugungs-Perseveranz, der Eindrucks-Bildung und des sozialen Vergleichs. Diese Untersuchungen illustrieren das heuristische Potential des laien-epistemologischen Modells für eine breite Vielfalt von Phänomenen, die einen sozial-kognitiven Forscher interessieren.

Literatur

ARONSON, E.: Dissonance theory: Progress and problems. In: R.P. ABELSON, E. ARONSON, W.J. McGUIRE, T.M. NEWCOMB, M.J. ROSENBERG, and P.H. TANNENBAUM (Eds.) Theories of cognitive consistency: A sourcebook, Chicago: Rand McNally 1968, 5-27.

ARONSON, E.: The social Animal. San Francisco: Freeman, 1972.

FESTINGER, L.: A theory of social comparison processes. Human Relations. 1954, *7,* 117-140.

FESTINGER, L.: A Theory of Cognitive Dissonance. Stanford, California: Stanford University Press 1957.

FRENKEL-BRUNSWICK, E.: Intolerance of ambiguity as an emotional and perceptual personality variable. Journal of Personality, 1949, *18,* 108-143.

HAMILTON, D.L.: A cognitive attributional analysis of stereotyping. In: L. BERKOWITZ (Ed.), Advances in Exp. Social Psychology, Vol. 12, New York: Academic Press 1979.

HEIDER, F.: The Psychology of Interpersonal Relations. New York: Wiley 1958.

JONES, E.E. & DAVIS, K.E.: From acts to dispositions: The attribution process in person perception. In: L. BERKOWITZ, (Ed.): Advances in Experimental Social Psychology, Vol. 2. New York–London: Academic Press, 1965.

JONES, E.E. & THIBAUT, T.W.: Interaction goals as bases of inference in interpersonal perception. In: R. TAGIURI and L. PETRULO (Eds.) Person Perception and Interpersonal Behavior. Stanford, California: Stanford University Press 1958.

KELLEY, H.H.: Attribution theory in social psychology. In: D. LEVINE (Ed.) Nebraska Symposium on Motivation. Lincoln, Nebraska: University of Nebraska Press 1967.

KRUGLANSKI, A.W.: The endogenous-exogenous partition in attribution theory. Psychological Review, 1975, *82,* 387-406.

KRUGLANSKI, A.W.: Lay epistemologic process and contents. Psychological Review, 1980, 87, 70–87.

KRUGLANSKI, A.W. & AJZEN I.: Bias and error in human judgement. European Journal of Social Psychology. 1983, 13, 1–44.

KRUGLANSKI, A.W. & FREUND, T.: The freezing and unfreezing of lay-inferences: Effects of impressional primacy, ethnic stereotyping and numerical anchoring. Unpublished manuscript. Tel-Aviv University 1982.

KRUGLANSKI, A.W.; FRIEDLAND, N. & FARKASH, E.: Lay persons' sensitivity to statistical information. Unpublished manuscript. Tel-Aviv University 1981.

KRUGLANSKI, A.W.; HAMEL, I.A.; MAIDES, S.A. & SCHWARTZ, J.M.: Attribution theory as a special case of lay epistemology. In: J.H. HARVEY, W.J. ICKES, and R.F. KIDD (Eds.) New Directions in Attribution Research, Vol. 1, Hillsdale, N.J.: Erlbaum Associates, 1976, 1978, 1981.

KRUGLANSKI, A.W. & JAFFE, Y.: Lay Epistemology: A theory for cognitive therapy. In: L.Y. ABRAMSON (Ed.) An Attributional Perspektive in Clinical Psychology. New York: Guilford Press (in press).

KRUGLANSKI, A.W. & KLAR, I.: A view from a bridge: Synthesizing the consistency and attribution paradigms from a lay-epistemic perspective. Unpublished manuscript. Tel-Aviv University 1982.

KRUGLANSKI, A.W. & MESCHIANY, A.: Overcoming belief perseverance. Unpublished manuscript. Tel-Aviv University 1981.

KUHN, T.S.: The Structure of Scientific Revolutions. The University of Chicago Press 1962.

LUCHINS, A.S.: Experimental attempts to minimize the impact of first impressions. In: C.E. HOVLAND (Ed.), The Order of Presentation in Persuasion. New Haven, CT: Yale University Press 1957.

McGUIRE, W.I.: The probabilogical model of cognitive structure and attitude change. In: R.E. PETTY, T.M. OSTROM, and T.C. BROCK (Eds.) Cognitive Responses in Persuasion. Hillsdale, New Jersey: Erlbaum 1981.

MEIZELS, O.: Social comparison as a special case of the epistemic process. Unpublished doctoral dissertation. Tel-Aviv University 1982.

ROSS, L.; LEPPER, M.R. & HUBBARD, M.: Perseverance in self-perception and social perception: Biased attributional processes in the debriefing paradigm. Journal of Personality and Social Psychology, 1975, 32, 880–892.

SMOCK, C.D.: The influence of psychological stress on the «intolerance of ambiguity». Journal of Abnormal and Social Psychology, 1955, 50, 177–182.

SULS, J. & MILLER, R. (Eds.): Social Comparison Processes. Washington: Hemisphere Publishing Corporation 1977.

TAYLOR, S.E. & THOMPSON, S.C.: Stalking the Elusive «vividness» effect. Psychological Review, 1982, 89, 155–181.

TOLMAN, E.C.: Cognitive maps in rats and men. Psychological Review, 1948, 55, 189–208.

TVERSKY, A. & KAHNEMAN, D.: Causal schemas in judgments under uncertainty. In: M. FISHBEIN (Ed.), Progress in Social Psychology, Vol. 1, Hillsdale, N.J.: Erlbaum, 1980.

WEIMER, W.B.: Psychology and the Conceptual Foundations of Science. Hillsdale, New Jersey: Erlbaum, 1979.

WEINER, B., FRIEZE, I., KUKLA, A., REED, L., REST, S. & ROSENBAUM, R.M.: Perceiving the causes of success and failure. In: JONES, E.E. et al. (Eds.): Attribution: Perceiving the causes of behavior. Morristown, New Jersey: General Learning Press, 1971.

WYER, R.S. & SRULL, R.K.: Category accessibility: Some theoretical and empirical issues concerning the processing of social stimulus information. In: E.T. HIGGINS, P.C. HERMAN, and M. ZANNA (Eds.). The Ontario Symposium on Personality and Social Psychology: Social Cognition. Hillsdale, New Jersey: Erlbaum, 1981.

ZUCKERMAN, M.: Attribution of success and failure revisited, or: The motivational bias is alive and well in attribution theory. Journal of Personality, 1979, 47, 245–287.

Sachregister

Aberglaube 136
Ablenkungsstrategien 138
Abrufung 244 f.
Abstraktionsniveau 273
Abwertung 93
– Abwertungsprinzip 277
Adaptationsniveau 213
– dichtespezifisches 188
Ähnlichkeit 19, 254 ff., 310 ff.
– Kriteriumsähnlichkeit 311 f.
– Methodenähnlichkeit 311 f.
Änderungsresistenz 284 f.
Ängstlichkeit 14
Affiliationsforschung 11 ff., 17
Aggression 183, 203 f.
Akkommodation 284 f.
Akteur 273 ff.
Aktivierung 179
– unspezifische, physiologische 188
Akzentuierung 227
Akzeptanz, Wunsch nach 17 ff.
Alltagswissen 269 ff.
Altersheim-Untersuchungen 159 ff.
Anfangswert 261 ff.
Angst 11 ff.
Angstreduktion, direkte 11
– indirekte 13
Anonymitätsbedingung 65 ff.
Anpassung 261 ff.
Antizipationsphase 140 ff.
Apriori-Wahrscheinlichkeit 257 ff.
Assimilation 216 f., 284 f.
Assoziationismus 271 f.
attitude content 218 f.
attitude rating 218 f.
Attitüdenänderung 218 f.
Attitüdenposition 214 ff.
Attitüdentheorie 218
Attribution 94 ff., 188 f., 277, 298 ff.
– externe 70 f.
– gegendefensive 102 f.
– interne 70 f.
Attributionsasymmetrie 95 ff.
Attributionsmuster 95 ff.
Attributionstheorie 70 f., 298 ff.
Attributionsvoreingenommenheit 95 ff.

Audience-Effekt 179
Aufmerksamkeit 226, 247, 249 ff., 281
– selektive 231 f.
Aufmerksamkeitsanforderung 181 f.
Aufmerksamkeitskapazität 180 f.
Aufmerksamkeitsverteilung 181 f.
Aufwertungsprinzip 277
Augmenting 106

Balancetheorie 277
Basking and blasting 63
Bedeutsamkeit, subjektive 155
Bedingung, suboptimale 241
Bedrohung, generelle 22 f.
– physische 22 f.
– spezifische 22 f.
Bedürfnis, konsumatorisches 15
Beeinflußbarkeit 128 ff.
Beeinflussung, soziale 48, 58
Beeinträchtigungspolaritäten 192 ff.
Beengung 175 ff.
Beengungstypen 193 f.
behavior setting 185
Bekehrungsmodell 285
Belastungssymptome 143
Bezugsrahmen 213
Bezugsskala 212 ff.
Bezugssystem 212 ff.
bias 307
– control serving 131
– egocentric 252
Bogus-Pipeline-Apparatur 66 ff., 103
bottom-up processing 270
Buchhaltungsmodell 285

chunking 182
commitment 52 ff.
conjunction fallacy 260 f.
consensus, false 251
cross modality matching 233
crowding 175 ff.
Crowding-Forschung 162
Crowding-Typologie 192
cue, retrieval- 245

Defensiv-Attributions-Hypothese 135 f.

density-intensity-Modell 178
Dependenz 23
Depressivität 90 ff., 131 f., 142
Desengagement, soziales 186
Diagnostizität von Tests 82
Dichte 175 ff.
Dichte, räumliche / soziale 175 ff.
Discounting 106
Diskriminationsleistung 226 ff.
Dispositionsattribution, interpersonale 134
dissonance, postdecisional 303
Dissonanz, kognitive 67 ff.
Dissonanztheorie 67 ff., 302 ff.
Distanzierung 183
Distinktheitskriterium 300

Effizienzmotivation 130
egotism 95 ff.
Einfluß, sozialer 231 f.
Einfrieren 295 ff.
Einstellungsänderung 67 ff.
Einstellungsmessung 66 ff.
Einstellungsurteil 249
Einwirkungsphase 141
Einzelkind 12, 23 f.
Emotionstheorie 188
Enge 175 ff.
Ereignisschema 95 ff., 274 ff.
Erinnerung, selektive 108 ff.
Erkenntnis-Entscheidung 295
Erregung, physiologische 141 f.
Ersatzaufgabe 34
Ersatzhandlung 31 ff.
Ersatzprinzip 35 ff.
Ersatzziel 31 ff.
Erstgeborenes 12, 23 f.
Erwartung 57 ff., 98 ff., 133, 213, 227,
   251 ff.
– normative 187 f.
Erwartungsverletzung 187 f.
Erwünschtheit, soziale 65
Etikett, soziales 226 ff.
executive monkeys-Untersuchungen 143
Externalität 155
Extremwert 213 ff.

Fehlattribution 136, 189
Fehlkategorisierung 256
Fehlurteil 241 ff.
Filterung 183
foot-in-the-door-Technik 72
forced compliance 67 ff.

Forschung, anwendungsorientierte 157 ff.
Fremdadministration 140
Fremdwahrnehmung 89 ff.
Furcht 21, 142
Furcht vor Ungültigkeit 298

Gedächtnis 240 ff., 269 ff.
Gedächtnisstruktur 229
Generierung von Information 253 f.
Gerechtigkeitstheorie 72, 134
Geschlecht 16, 23 f.
Geschlechtseffekt 178
Geschlechtsrollen 72
Geschwisterreihe, Stellung in der 13,
   16, 23 f.
Gesundheitspsychologie 157 ff.
Gewichtung, selektive 91
Glaubwürdigkeit 88
Globalität 155
Gruppenleistung 93, 97
Gruppenzugehörigkeit 186
Gültigkeit, Bedürfnis nach 296 ff.
Gummiband-Theorie 214

Häufigkeitsbias 222
Häufigkeitsurteil 240
Handeln, zielgerichtetes 31 f.
Handicap 105 f.
Handlungs-Ergebnis-Kontingenz 128 f., 142
Handlungstheorie 31 ff.
Handlungsverpflichtung 52
Heuristik 222
high-choice-Bedingung 304
Hilflosigkeit 127 ff., 190 ff.
– gelernte 128 ff., 142 ff., 190 ff.
– persönliche / universelle 155

Ich-Bedrohung 22 f.
image-control 59
impression-management 42, 57 ff.
Incongruity Adaptation Level, General
   (GIAL) 187 f.
Incongruity Adaptation Level, Specific
   (SIAL) 187 f.
Inferenz, Laien- 306 ff.
– wissenschaftliche 307 ff.
Information, selbstwertbedrohende 79 ff.
– selbstwertdienliche 79 ff.
– selbstwertschützende 85 f.
– Prozedur- 145 f.
– Sensations- 145 f.
Informationsanforderung 181

Informationssuche 80 ff.
Informationsverarbeitung 87 f., 98 ff.,
  131, 181
- aufsteigende 270 ff.
- hypothesengesteuerte 88 f.
- konzeptgesteuerte 269 ff.
- soziale 292
ingroup favorism 93
Inhalte, kognitive 253 f.
Inkongruenz 187 f.
Inkonsistenz, logische 297 f., 302 f.
Instantiierung 273
Insuffizienz, soziale 186
Intensivierung 179
Intentionalität 192
Interaktionismus, symbolischer 57
Interaktionsdistanz 177 ff.
Interaktionsprozesse 57 ff.
Internalität von Attributionen 155
Interpretation, selektive 248
Intervallskala 215 f.
intrusion error 282 f.
Irrationalität 263, 309, 312
Isolation 146, 185

Kapazität 296
Kategorisierung 247 f., 254
Kausalattribution 293
Kausalbeziehung 260
Kausalität 299
Kausalschema 277
Kenntnisnahme, soziale 34, 36, 39 ff.
Klarheit, Wunsch nach kognitiver 13, 18
knew-it-all-along-Effekt 111 f., 136
knower 307
Kognitions-Motivationsdebatte 87 ff.,
  99 ff., 132 ff.
Kognition, soziale 293 ff.
Kommunikationsbedürfnis, nichtinstru-
  mentelles 20
Kompensation 31 ff.
Kompetenz 150 ff.
Konformitätsdruck 234
Konsensus-Kriterium 300
Konsistenz 67 ff.
- kognitive 293 ff., 302 ff.
Konsistenzeffekt 87
Konsistenzkriterium 300
Konstruktionsprozesse 272
Konstruktivismus 271 f.
Kontaktsuche 11 ff.
Kontext 211 ff.

- sozialer 224 ff.
Kontingenzvorstellung 98 ff.
Kontingenzwahrnehmung 191
Kontinuum, physikalisches /
  psychologisches 212 ff.
- Reiz- 212 ff.
- Urteils-, externes 212
Kontrasteffekt 216
Kontrolle 176 ff.
- Entscheidungs- 129
- Illusion von - 130 f.
- kognizierte 127 ff., 146
- persönliche 194
- psychologische, wahrgenommene 127 ff.
- retrospektive 128 ff., 147 f.
- sekundäre 157
- Verzicht auf - 132 ff.
Kontrollierbarkeit 181, 190
Kontrollmotivation 129 ff.
Kontrollverlust 127 ff., 180
Koordination 183
Korrespondenz, Beschreibungs- 227 ff.
- Wert- 227 ff.
Kovariation 98, 300 ff.
Krebs 158
Kultur 272 f.

Laien-Epistemologie 292 ff.
Lebensereignisse, belastende 158 f.
Lebenssituation, aversive 127 ff.
Leistungserwartung 86
life-event-Forschung 158 f.
Logik, deduktive 294 ff.
lost-letter-technique 181
low-choice-Bedingung 304

Machiavellismus 62
Machtgewinn 58
Mehrdeutigkeit 247
Minimax-Hypothese 150
Modelle, normative 306 ff.
Motivationsforschung 234 f.
mum-Effekt 63
Mustererkennung 278

Naive Psychologie, Theorie der 58
need for space 197
Normen, überlastungsspezifische 180

Öffentlichkeitsbedingung 65 ff.
Operationen, kognitive 245
outgroup discrimination 93

317

paradigm-merging 198
Perseveranz-Phänomen 263
persönlicher Raum 187
Persönlichkeitsfeedback 38
Persönlichkeitsmerkmal 276
Personeneigenschaften 258
Personenschema 276 f.
Perspektive 249 ff.
Perspektiventheorie 214 ff.
Position 185 f.
post-stressor-Phase 140 ff.
primacy-Effekt 263, 308
Privatheits-Regulationsmodell 184 f.
Prozeß, wissenssuchender 293 ff.
Psycho-Physik 210 ff.
Publikum 65

Quasi-Bedürfnis 31

range-frequency-Theorie 221 ff.
range-Prinzip 221 ff.
Rationalisierung 146
Reaktanz 72
Reaktanztheorie 153 ff.
Reaktion, affiliative 11 ff.
Reaktionsneigung 226 ff.
Realisierung 35
Realität, soziale 34 ff.
recency-Effekt 279
Regression, statistische 306 f.
Reiz, sozialer 181
Reizdiskrimination 216 ff.
Reizmittelwert 213 ff.
Reizspannweite 213 ff.
Reizspektrum 212 ff.
Rekonvaleszenz 145
Repräsentation, interne 213 ff.
Repräsentativitätsheuristik 255 ff.
Ressourcenknappheit 183 f., 186
Ressourcenverfügbarkeit 183 f.
Rolle 185 f.
Rückmeldung 80 ff.

Salienz 98 ff., 189, 247, 296
Sanktion 227
Schema 133, 271 ff.
Schemainkonsistenz 110 f., 280
Schemakonsistenz 110 f.
Schlußfolgerung, Bedürfnis nach
  spezifischer 296 ff.
Schuld 147 f.
Schwierigkeit bei der Abrufung 242 ff.

search for feedback that fits 83
Selbstadministration 140
Selbstaufmerksamkeit, objektive
  113 ff., 136
Selbstbeschreibung 44 ff.
Selbstbeschuldigung 147
Selbstbild 83 f.
Selbstdarstellung 59 ff., 101 ff.
Selbstdefinition 33 ff.
Selbsteinschätzung 79, 149 ff.
Selbstergänzung, symbolische 31 ff.
Selbstkonzept 58, 32 f., 79 ff., 304
Selbstschema 97 ff., 276
Selbstsymbolisierung 36 ff.
Selbstsymbolisierungsmittel 46 ff.
Selbsttheorien 59
Selbstwahrnehmung 89 ff.
Selbstwerterhöhung 79 ff., 101 ff.
Selbstwertgefühl 22 ff., 79 ff.
Selbstwertschutz 79 ff.
Selektion 182
self-handicapping 105 f.
self-monitoring 42, 59, 71
self-presentation 42, 59
– assertive 60 ff.
– defensive 60 ff.
self-presentation-Strategien 60 ff.
self-presentation-Taktik 60 ff.
self-serving bias 95 ff.
Separierbarkeit von Reizen 226
Sicherheits-Signal-Hypothese 151
Signal-Entdeckungs-Theorie 212 ff.
Signifikanz, motivationale 133
Skript 274 ff.
Skripthinweis 275
slot 273
Spannung 31 ff.
Spannungsreduktion 31 ff.
Spannweitenprinzip 213 ff.
Speicherung 275
Spezifität von Attributionen 155
Stabilität von Attributionen 155
Status, sozialer 93
Stereotyp 276
Stereotypisierung 136, 308
Störungsmodell 183 f.
Streß 20, 179 ff.
– ambienter 201
Streßbedingung 177 f.
Streßbewältigung, kognitive 146 ff.
Streßforschung 20
Stressoren 21 ff.

318

Streßreduktion 139, 152
Struktur, Bedürfnis nach 296 ff.
Substitutionsmodelle 285
Substitutionsprinzip 35 ff.
Subjektivierung der Crowding-Forschung 199
sudden death phenomenon 127
Sündenbock 136
Symbole, dinghafte 49 ff.

Täuschung, kognitive 239
top-down processing 270
Transformation, lineare 215 ff.
Typen 276
Typ A / Typ B-Personen 134

Überbesetzungsmodell 185 f.
Überlastung 180 ff.
- Entscheidungs- 182
- Informations- 182
- Stimulus- 182
Überzeugung 294 ff.
Überzeugungsperseveranz 307
Uminterpretation 146 ff.
Umwelt, primäre / sekundäre 192 ff.
- urbane 180 f.
Umweltpotential 195
Umweltpsychologie 161 ff.
Ungleichgewicht 184
Unsicherheit 14 f.
Unterbrechungsparadigma 34 f.
Ursachenzuschreibung 249 ff.
- spezifische 188
Urteilsbildung, soziale 211 ff., 247 ff.
Urteilsfehler 306 ff.
Urteilsheuristiken 239 ff.
Urteilskategorie 213 ff.
Urteilsskala 213 ff.
Urteilssprache 214 ff.

Urteilsverschiebung 211 ff.
Urteilsverzerrung 240 ff., 306 ff.

Variabilität 155
Variable, latente 220
Variablen-Begrenzung 273
Verankerung 213, 261 ff., 308
Verantwortungsübernahme 97
Verantwortungszuschreibung 134 ff.
Verdrängung 108 f.
Verfügbarkeit 242 ff., 279, 296
Verfügbarkeitsheuristik 242
Vergessensvorgänge 108 ff.
Vergleichsperson, soziale 93 f.
Vergleichsprozeß, sozialer 11, 310 ff.
Vergleichsstandard 310
Verhalten, destruktives 162
- kooperatives 64
- prosoziales 72
Vermeidung von Vorwürfen 135
Verneinung 146
Verteilungsinformation 257 f.
Vollkommenheit 33 ff.
Vollständigkeit 39 ff.
Vorhersagbarkeit 181, 190
Vorhersehbarkeit, inhaltliche / zeitliche 143 ff.

Wahrnehmungsschema 276
Wahrnehmungsselektion 181 f.
Wahrnehmungsverzerrung, egozentrische 91
Wissensstruktur 273
Wohnbedingungen 183

Zeigarnik-Effekt 109
Ziel, selbstbezogenes 31 ff.
Ziel-Indikator 32
Zufallsstichprobe 256

319

Theorien der Sozialpsychologie

Herausgegeben von Dieter Frey und Martin Irle

Gesamtinhaltsverzeichnis

Band I

Kognitive Theorien

Herausgegeben von Dieter Frey

Waldemar Lilli: Die Hypothesentheorie der sozialen Wahrnehmung
Gisla Gniech, Hans-Joachim Grabitz: Freiheitseinengung und psychologische Reaktanz
Jochen Haisch, Dieter Frey: Die Theorie sozialer Vergleichsprozesse
Wulf-Uwe Meyer, Heinz-Dieter Schmalt: Die Attributionstheorie
Hans-Joachim Grabitz: Die Theorie der Selbst-Wahrnehmung von Bem
Hans-Joachim Grabitz, Gisla Gniech: Die Kognitiv-physiologische Theorie der Emotion von Schachter
Dieter Frey, Robert A. Wicklund, Michael F. Scheier: Die Theorie der objektiven Selbstaufmerksamkeit
Günter F. Müller, Helmut W. Crott: Gerechtigkeit in sozialen Beziehungen: Die Equity-Theorie
Dieter Frey: Die Theorie der kognitiven Dissonanz
Dieter Frey: Abschließende Bemerkungen

Band II

Gruppen- und Lerntheorien

Herausgegeben von Dieter Frey und Martin Irle

Gruppentheorien

Marita Rosch: Verhalten im sozialen Kontext: Soziale Förderung und Unterdrückung von Verhalten
Martin Irle: Konvergenz und Divergenz in Gruppen

Anne Maaß, Stephen G. West, Russell D. Clark: Soziale Einflüsse
von Minoritäten in Gruppen
Helmut Crott: Theorien des interpersonalen Konflikts
Erich H. Witte: Theorien zur sozialen Macht
Dieter Frey, Günter F. Müller: Führungstheorien
Amelie Mummendey: Verhalten zwischen sozialen Gruppen: Die
Theorie der sozialen Identität

Lern- und Austauschtheorien

Hans-Joachim Grabitz: Die soziale Lerntheorie von Rotter
Josef Stalder: Die soziale Lerntheorie von Bandura
Gerold Mikula: Psychologische Theorien des sozialen Austausches

Band III

Motivations- und
Informationsverarbeitungstheorien

Herausgegeben von Dieter Frey und Martin Irle

Motivationstheorien

Bettina Götz-Marchand: Die Affiliationstheorie von Schachter
Robert A. Wicklund, Peter Gollwitzer: Symbolische Selbst-
ergänzung
H.-D. Mummendey, H.G. Bolten: Die Impression-Management-
Theorie
Dagmar Stahlberg, Gabriele Osnabrügge, Dieter Frey: Die Theorie
des Selbstwertschutzes und der Selbstwerterhöhung
Gabriele Osnabrügge, Dagmar Stahlberg, Dieter Frey: Theorien zur
kognizierten Kontrolle
Jürgen Schultz-Gambard: Crowding: Sozialpsychologische Erklä-
rungen der Wirkung von Dichte und Enge

Informationsverarbeitungstheorien

Jürgen Beckmann, Axel Mattenklott: Theorien zur sozialen Urteils-
bildung
Fritz Strack: Urteilsheuristiken
Norbert Schwarz: Theorien konzeptgesteuerter Informations-
verarbeitung in der Sozialpsychologie
Arie W. Kruglanski, Mark W. Baldwin, Shelagh M.J. Towson: Die
Theorie der Laienepistemologie

Kurzbiographien der Autoren aller drei Bände «Theorien der Sozialpsychologie»

BALDWIN, Mark, geb. 1957. Forschungsassistent. The Clarke Institute for Psychiatry, Toronto. Studium der Psychologie an der Universität Toronto und an der Universität Waterloo. B A 1979, M A 1982, Ph.D. 1984. Interessenschwerpunkte: Selbstbewertungsprozesse, Selbstaufmerksamkeit, Depression. Adresse: The Clarke Institute of Psychiatry. 250 College St. Toronto, Ont. M5T 1R8.

BECKMANN, Jürgen, geb. 1955. Studium der Sozialwissenschaften, Psychologie und Philosophie in Bochum (Diplom 1981). Promotion in Mannheim (1984). 1981–1983 wissenschaftlicher Mitarbeiter im Sonderforschungsbereich 24 der Universität Mannheim, seit 1984 wissenschaftlicher Mitarbeiter am Max-Planck-Institut für psychologische Forschung, München. Arbeitsschwerpunkte: Motivations- und Volitionspsychologie, Informationsverarbeitung, Kognitive Dissonanz. Adresse: Max-Planck-Institut für psychologische Forschung, Leopoldstraße 24, 8000 München 40.

BOLTEN, Heinz-Gerd, geb. 1950. Wissenschaftlicher Mitarbeiter an der Kriminologischen Forschungsstelle des Kriminalwissenschaftlichen Instituts der Universität zu Köln. Diplom in Soziologie 1979, in Psychologie 1981. Promotion 1984 an der Universität Bielefeld. Veröffentlichungen zur experimentellen Überprüfung des Bogus-Pipeline-Paradigmas. Adresse: Siechenmarschstraße 11b, 4800 Bielefeld 1.

CROTT, Helmut W., geb. 1938. Studium der Publizistik, Soziologie und Psychologie in Münster und Hamburg, Dipl. Psych. (1964). Promotion in Hamburg (1967) und Habilitation (1974) in Mannheim. Seit 1975 Professor für Psychologie am Psychologischen Institut der Universität Freiburg. Lehr- und Forschungsschwerpunkt: Sozialpsychologie, insbesondere Soziale Entscheidungsprozesse, Verhandlungen, Machtbeziehungen. Buchpublikationen: Verhandlungen I, II (1977 zusammen mit M. Kutschker und H. Lamm), Soziale Interaktion und Gruppenprozesse (1978). Adresse: Psychologisches Institut der Universität Freiburg, Niemannstraße, 7800 Freiburg i. Br.

FREY, Dieter, geb. 1946. Studium der Psychologie und Soziologie in Mannheim und Hamburg. Diplom 1970, Promotion 1973. Wissenschaftlicher Angestellter und stellvertretender Sprecher des Sonderforschungsbereiches 24 der Universität Mannheim (Sozialwissenschaftliche Entscheidungsforschung). Habilitation 1978, Privatdozent an der Universität Mannheim. Seit 1978 Professor für Psychologie an der Universität Kiel, seit 1981 geschäftsführender Direktor des Instituts für Psychologie der Universität Kiel. Arbeitsschwerpunkte: Experimentelle und Angewandte Sozialpsychologie, Persönlichkeitspsychologie, Organisationspsychologie. Adresse: Institut für Psychologie der Christian-Albrechts-Universität Kiel, Olshausenstraße 40–60, 2300 Kiel.

GNIECH, Gisla, geb. 1937. Dipl.-Psychologin, Dr. phil. Professorin für Psychologie mit den Schwerpunkten experimentelle Verfahren, Sozialpsychologie und Allgemeine Psychologie. Studium an der Universität Hamburg bis 1964. Angestellte im Institut für Verbrauchs- und Einkaufsforschung in Hamburg (Unilever) bis 1966. Wissenschaftliche Mitarbeiterin, später Wissenschaftliche Assistentin am Lehrstuhl für Sozialpsychologie der Universität Mannheim bis 1973. Seit 1. 10. 1973 Professur an der Universität Bremen. Arbeits- und Interessengebiete: Sozialpsychologie, Methodologie, Rechtspsychologie, Theorie der psychologischen Reaktanz, Territorialität, Barrieren, Psychologie des Essens. Adresse: Studiengang Psychologie, FB 9, Universität Bremen, MZH, Bibliothekstraße, 2800 Bremen 33.

GOLLWITZER, Peter M., geb. 1950. Studium der Psychologie in Regensburg und Bochum. 1977 Dipl.-Psych. an der Ruhr-Universität Bochum. 1977–1982 Research Assistant an der University of Texas at Austin. 1981 Promotion (Ph. D.). 1982–1983 wissenschaftlicher Mitarbeiter am Psychologischen Institut der Ruhr-Universität. Seit 1983 wissenschaftlicher Angestellter am Max-Planck-Institut für psychologische Forschung in München. Forschungsschwerpunkte: (1) Psychologie des Selbst, (2) Motivation und Volition, (3) Soziale Einflußnahme. Adresse: MPI für psychologische Forschung, Leopoldstraße 24–26, 8000 München 40.

GÖTZ-MARCHAND, Bettina, geb. 1943. Dipl.-Soz., Prof. Dr. phil. Interessengebiete: systemische Familientherapie, Einsamkeit und soziale Unterstützungssysteme, Entscheidungsverhalten in politischen Krisen. Adresse: Institut für Pädagogische Psychologie, Fachbereich Erziehungswissenschaften der Universität Göttingen, Waldweg 26, 3400 Göttingen.

GRABITZ, Hans-Joachim, geb. 1937. Studium der Psychologie in Hamburg. Wissenschaftlicher Assistent am Institut für Sozialwissenschaften, Universität Mannheim. Prof. FU Berlin, Prof. Universität Düsseldorf. Arbeitsschwerpunkte: Lern-, Motivations- und Sozialpsychologie, psychologische Methodenlehre. Adresse: Psychologisches Institut der Universität Düsseldorf, Universitätsstraße 1, D-4000 Düsseldorf.

HAISCH, Jochen, geb. 1947. Studium der Soziologie und der Psychologie in Tübingen und Mannheim. 1971 Dipl. Soz., 1973 Dr. phil., Habilitation voraussichtlich 1985. Wissenschaftlicher Assistent am Psychologischen Institut der Gesamthochschule Kassel. Schwerpunkte: Experimentelle Sozialpsychologie, Angewandte Sozialpsychologie, Rechtspsychologie. Adresse: Gesamthochschule Kassel, Fachbereich Psychologie, Musik, Sportwissenschaft, Heinrich-Plett-Straße 40, 3500 Kassel.

IRLE, Martin, geb. 1927. Studium der Psychologie und Soziologie an der Universität Göttingen. Dipl.-Psych. 1952, Dr. rer. nat. 1955, Habilitation 1962. Seit 1964 o. Professor für Sozialpsychologie an der Universität Mannheim. 1968–1983 Sprecher des SFB 24 «Sozialwissenschaftliche Entscheidungsforschung». Interessenschwerpunkte: Integration kognitiver Gleichgewichts- in kognitive Lerntheorien, Beziehungen «nomologischer» sozialpsychologischer Theorien zu Sozialtechnologien, Programm-Evaluation. Adresse: Lehrstuhl für Sozialpsychologie, Universität Mannheim, Postfach 2428, 6800 Mannheim 1.

KRUGLANSKI, Arie W., geb. 1939. Professor für Sozialpsychologie an der Universität in Tel-Aviv (Israel). Studium der Psychologie an der Universität Toronto und der University of California in Los Angeles. B A 1966, Ph. D. 1968. Arbeitsschwerpunkte: Soziale Kognition, Attribution, Epistemologie. Adresse: Department of Psychology. Tel-Aviv University Israel, 69978.

LILLI, Waldemar, geb. 1937. Wirtschafts- und sozialwissenschaftliches Studium, Diplom-Kaufmann, Promotion und Habilitation in Sozialpsychologie. Lehrstuhlvertretungen in Bielefeld, Bochum und Mannheim. Lehraufträge an der EWH Rheinland-Pfalz in Landau. Leiter von Forschungsprojekten im SFB 24 der Universität Mannheim. Arbeitsgebiete: Soziale Wahrnehmung und Kognition, Urteilsbildung, Vorurteile. Zahlreiche Publikationen zu diesen Themen. Seit 1982 Prof. für Mikrosoziologie und Sozialpsychologie an der Universität Mannheim. Adresse: Fakultät für Sozialwissenschaften der Universität Mannheim, 6800 Mannheim 1.

MAASS, Anne, geb. 1953. Studium der Psychologie in Heidelberg, Rom, Tallahassee (U.S.A.). 1978–1979 DAAD-Stipendiatin. Ph. D. 1982 an der Florida State University (U.S.A.). 1982–1984 Hochschulassistentin an der Universität Kiel, Psychologisches Institut. Seit 1984 «ricercatrice» an der Universität Padua. Interessenschwerpunkte: Minderheiteneinfluß, psycholegale Forschung (Identifikation durch Augenzeugen), Geschlechtsunterschiede in der Kausalattribution sexueller Erfahrungen. Adresse: Istituto di Psicologia, Università di Padova, Piazza Capitaniato 3, 35139 Padova, Italien.

MATTENKLOTT, Axel, geb. 1942. Studium der Psychologie in Hamburg, Braunschweig und Mainz. Diplom 1971, Promotion 1974 (Mainz). Seit 1971 wissenschaftlicher Mitarbeiter am Psychologischen Institut der Universität Mainz. Arbeitsschwerpunkte: Soziale Kognition, Informationsverarbeitung, Diagnostische Urteilsbildung. Adresse: Psychologisches Institut der Universität Mainz, Postfach 3980, 6500 Mainz.

MEYER, Wulf-Uwe, geb. 1940. Studium der Psychologie in Münster und Bochum. Diplom 1967, Promotion 1971. Seit 1975 Professor für Allgemeine Psychologie an der Universität Bielefeld. Veröffentlichungen zu den Themen Leistungsmotivation, Selbstverantwortlichkeit, Attribution, Begabungskonzept. Momentaner Arbeitsschwerpunkt: Begabungskonzept. Adresse: Universität Bielefeld, Abteilung Psychologie, Postfach 8640, 4800 Bielefeld 1.

MIKULA, Gerold, geb. 1943. Studium der Psychologie und Zoologie in Graz. Promotion 1966, Habilitation 1972. Seit 1973 Professor für Psychologie und Leiter der Abteilung Sozialpsychologie am Institut für Psychologie der Universität Graz. Interessenschwerpunkte: Gerechtigkeit, interpersonale Attraktion, zwischenmenschliches Verhalten. Adresse: Institut für Psychologie, Karl-Franzens-Universität Graz, Universitätsplatz 2/II, A-8010 Graz, Österreich.

MÜLLER, Günter F., geb. 1946. Psychologiestudium, Promotion 1977, Habilitation 1984. Privatdozent Fakultät für Philosophie, Psychologie und Erziehungswissenschaft, Universität Mannheim. Akademischer Rat am Fachbereich 5, Fach Psychologie, Universität Oldenburg. Arbeits- und Interessengebiete: Organisationspsychologie, Sozialpsychologie; Psychologie sozialer Interaktion, Gleichgewichtszustände kooperativer Aufgabenbewältigung in Gruppen. Adresse: FB 5, Fach Psychologie, Universität Oldenburg, Postfach 2503, 2900 Oldenburg.

MUMMENDEY, Amélie, geb. 1944. Studium der Psychologie in Bonn. Diplom 1968, Promotion in Mainz, Habilitation 1974 in Münster. Professorin für Sozialpsychologie und Persönlichkeitspsychologie am Psychologischen Institut IV: Sozialpsychologie, Persönlichkeitspsychologie, Organisationspsychologie an der Westf. Wilhelms-Universität, Münster. Arbeitsschwerpunkte: Soziale Konflikte zwischen Individuen und zwischen Gruppen, prosoziale und antisoziale Interaktionen in spezifischen Kontexten, soziale Normen als Bedingungen für die Regulation sozialer Interaktionen. Veröffentlichungen u. a. zu den genannten Bereichen. Adresse: Psychologisches Institut der Universität Münster, Schlaunstraße 2, 4400 Münster.

MUMMENDEY, Hans Dieter, geb. 1940. Professor für Sozialpsychologie an der Universität Bielefeld. Studium der Psychologie in Köln und Bonn. Diplom 1963, Promotion 1965.

Wissenschaftlicher Assistent in Bonn und Mainz. Habilitation für Psychologie 1970. Wissenschaftlicher Rat und Professor am Psychologischen Institut der Universität Düsseldorf 1971–1974. Seit 1974 an der Universität Bielefeld. Veröffentlichungen auf den Gebieten Methodenlehre, Differentielle Psychologie, Sozialpsychologie. Arbeitsschwerpunkte: Verhaltens/Einstellungsforschung, Selbstkonzeptforschung. Adresse: Universität Bielefeld, Fakultät für Soziologie, Postfach 8640, 4800 Bielefeld 1.

OSNABRÜGGE, Gabriele, geb. 1957. Dipl. Psych. Seit 1982 wissenschaftliche Angestellte am Institut für Psychologie der Universität Kiel. Arbeitsschwerpunkte: Fehlattributionsforschung, Kontrolltheorien. Adresse: Institut für Psychologie der Universität Kiel, Olshausenstraße 40–60, 2300 Kiel.

ROSCH, Marita, geb. 1951. Studium der Psychologie und Erziehungswissenschaft in Mannheim. Dipl. Psych. 1975, Dr. phil. 1978, Universität Mannheim. Habilitation 1983 an der Universität Mannheim. Privatdozentin an der Universität Mannheim. 1984–1986 Visiting Professor am Department of Psychology der University of Michigan in Ann Arbor, MI. U.S.A. Interessenschwerpunkte: Kognitive Konsistenz, Attribution, Kritische Lebensereignisse, Minoritäten. Adresse: Department of Psychology, University of Michigan, 580 Union Drive, Ann Arbor, MI. 48109, U.S.A.

CLARK, Russell D. III., Geb. 1945. Studium der Psychologie am Tarkio College und an der University of Kansas. Ph. D. 1970 an der University of Kansas. 1970–83 Assistant, später Associate Professor, seit 1983 Professor an der Florida State University. Interessenschwerpunkte: Gruppenprozesse, Altruismus und Hilfeverhalten, angewandte Sozialpsychologie. Adresse: Dept. of Psychology, Florida State University, Tallahassee, Florida 32306, U.S.A.

SCHEIER, Michael F., geb. 1948. Associate Professor für Sozialpsychologie an der Carnegie-Mellon Universität, Pittsburg, PA (USA). Erhielt seinen A B Grad an der Universität von California in Berkeley, seinen Ph. D. an der Universität von Texas in Austin. Arbeitsschwerpunkt: Sozialpsychologie. Wichtige Veröffentlichung: Attention and Self-Regulation: A Control Theory Approach to Behavior (Co-Autor: Charles Carver). Adresse: Department of Psychology, Carnegie-Mellon University, Pittsburg, PA 15213, U.S.A.

SCHMALT, Heinz-Dieter, geb. 1944. Studium der Psychologie in Münster, Hamburg und Bochum. Professor für Psychologie (Schwerpunkt: Motivation, Emotion und Lernen) an der Bergischen Universität – Gesamthochschule – Wuppertal. Arbeitsschwerpunkte: Entwicklung von Verfahren zur Motivdiagnostik, Analyse von kognitiven und emotionalen Zwischenprozessen in Handlungsverläufen, Ursachenzuschreibungen im leistungs-, macht- und anschlußbezogenen Verhalten. Wichtige Veröffentlichungen: Das LM-Gitter (1976); Die Messung des Leistungsmotivs (1976); Leistungsmotivation und Verhalten (1976) (Hg., zusammen mit W.-U. Meyer); Motivation (1981) (zus. mit K. Schneider). Adresse: FB 3, Erziehungswissenschaften der Bergischen Universität – Gesamthochschule – Wuppertal, Gaußstraße 20, 5600 Wuppertal 1.

SCHULTZ-GAMBARD, Jürgen, geb. 1945. Dr. phil. Seit 1984 Hochschulassistent am Lehrstuhl Psychologie 1. Arbeitsbereich: Arbeits- und Organisationspsychologie an der Universität Mannheim. Forschungsschwerpunkte: Organisationsumweltkontrolle, sozialer Streß, sozial- und ökopsychologische Erweiterungen theoretischer Konzepte der Organisationspsychologie. Adresse: Universität Mannheim, Lehrstuhl Psychologie 1, Schloß, 6800 Mannheim.

SCHWARZ, Norbert, geb. 1953. Studium der Soziologie, Psychologie und politischen Wissenschaft an der Universität Mannheim. Diplom-Soziologe 1977, Dr. phil. 1980. «Postdoctoral year» an der University of Illinois at Urbana-Champaign 1980/81. Hochschulassistent für experimentelle Sozialpsychologie am Psychologischen Institut der Universität Heidelberg. Forschungsschwerpunkte: Informationsverarbeitung und Urteilsbildung; Emotion und Kognition. Adresse: Psychologisches Institut, Universität Heidelberg, Hauptstraße 47–51, D-6900 Heidelberg.

STAHLBERG, Dagmar, geb. 1956. Studium der Psychologie in Kiel. Dipl. Psych. 1981. Zurzeit Promotion im Bereich sozialpsychologischer Einstellungsforschung. Weitere Schwerpunkte: Strategien des Selbstwertschutzes, soziale Interaktion in Partnerschaften. Seit 1981 wissenschaftliche Assistentin am Institut für Psychologie an der Christian-Albrechts-Universität. Adresse: Universität Kiel, Olshausenstraße 40–60, 2300 Kiel.

STALDER, Josef, geb. 1944. Studium der Soziologie an der Universität Mannheim, Diplom 1969. Projektleiter an einem Meinungsforschungsinstitut. Promotion in Psychologie an der Universität Bern, 1975. 1971–1984 wissenschaftlicher Assistent an der Universität Bern. 1978–1981 Forschungsaufenthalte an University of Bristol, University of Michigan und University of Utah. Interessengebiete: Sozialisation, soziale Organisation, Verbindung von Soziologie und Sozialpsychologie. Adresse: Schule für Sozialarbeit, Gärtnerstraße 21, CH-4500 Solothurn.

STRACK, Fritz, geb. 1950. Studium der Psychologie in Mannheim, Freiburg und Stanford. Dipl.-Psych., M A Hochschulassistent am Lehrstuhl für Sozialpsychologie (Prof. Irle) der Universität Mannheim. Dr. Phil., Mannheim 1983. Schwerpunkte: Soziale Kognition, Aufmerksamkeit, Determinanten von Glück und Zufriedenheit, Politische Psychologie. Adresse: Lehrstuhl für Sozialpsychologie der Universität Mannheim, 6800 Mannheim A5.

TOWSON, Shelagh M.J., geb. 1948. Assistent Professor an der Universität Windsor. Studium der Psychologie an den Universitäten York, Wisconsin und Waterloo. B A 1969, M A 1971, Ph.D. 1984. Interessenschwerpunkte: Interethnische Kontakttheorien, Situationale Determinanten und Konsequenzen von Geschlechtsdifferenzen. Adresse: Department of Psychology, University of Windsor, Windsor, Ontario.

WEST, Stephen G., geb. 1946. Studium der Psychologie und Statistik an der Cornell University und der University of Texas. Ph.D. 1972 an der University of Texas. 1972–1981 Assistent und später Associate Professor an der Florida State University. Seit 1981 Associate Professor an der Arizona State University. Sommersemester 1983 Gastprofessor an der Universität Kiel (DAAD Forschungsstipendium) und Sommersemester 1984 Gastprofessor der Universität Heidelberg. Arbeitsschwerpunkte: (1) Angewandte Sozialpsychologie, besonders Gesundheitspsychologie, Drogen- und Energieproblematik, (2) Experimentelle Methodologie (Labor und Feld), (3) Evaluationsforschung, (4) Attributionstheorie und soziale Kognition. Adresse: Department of Psychology, Arizona State University, Tempe, Arizona 85287, U.S.A.

WICKLUND, Robert A., geb. 1941. Professor Ph.D. Studium der Psychologie an der University of Washington (B. S. degree, 1964) und an der Duke University (Ph.D. 1968). Tätig an der Fakultät der University of Texas von 1968–1984. Seit 1984 Professor an der Universität Bielefeld. Schwerpunkte: Einstellungsänderung im Rahmen der Reaktanztheorie und Dissonanztheorie; Theorie der objektiven Selbstaufmerksamkeit und Theorie der symbolischen Selbstergänzung. Adresse: Abteilung Psychologie, Universität Bielefeld, 4800 Bielefeld 1.